わが民家研究80年
宮澤智士

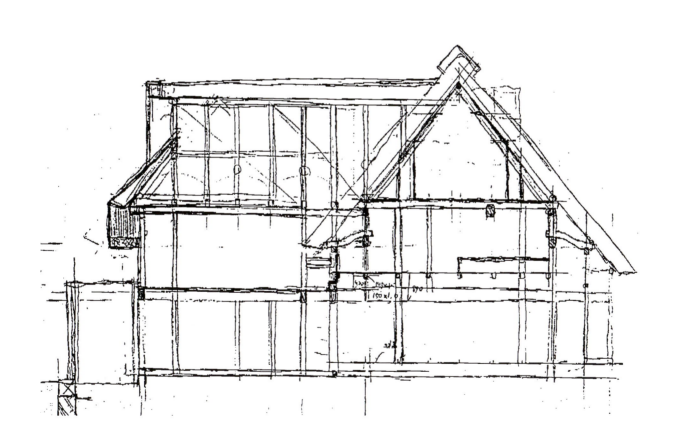

技報堂出版

本扉　ぶなの木学舎断面スケッチ（宮澤智士画）

書籍のコピー，スキャン，デジタル化等による複製は，
著作権法上での例外を除き禁じられています。

序

　「日本民家史」の研究は私のライフワークである。時間軸のある民家研究としての民家史をどう組み立てるか、この課題に私は最後まで取り組みたいと考えている。本書は、「日本民家史研究試論」と「実践的わが民家研究史」で構成した。以下にその意図を述べる。

日本民家史研究試論
　「日本民家史研究試論」は、現存する民家建築、特に重要文化財など指定物件を主要な資料として、日本民家史の大筋を記述することにした。この観点から現存する民家建築の棟数をみると、古代の民家には現存するものがなく、中世になるとわずか3棟であるが現存する。これが近世になると、初期のものは数少ないが、中期以降になると数多くの遺構が全国各地に存在する。民家建築の現存しない古代、ごく数少ない中世にあっても、地下には数多くの住居跡が発掘調査によって確認されている。
　上のような民家建築の各時代の残存状況の相違から判断して、古代と中世そして近世、さらに近代とを同等に扱うことはできない。数多く遺構が現存する近世が中心になるのはやむを得ない。また、本論は全国各地の民家を取りあげて日本民家の通史を書くのでなく、若干の地域の代表的な民家について、現在、問題となりうる課題をとり上げ「日本民家史研究」を構成することとした。
　私が現地におもむいて実施した調査研究は、民家の建築年代を確実に推定することであり、また、建築様式の全体像を把握することである。
　本調査研究においては、放射性炭素年代法（^{14}C法）の成果を積極的に活用し応用していることを特記しておきたい。
　放射性炭素年代法は、縄文時代、弥生時代など文字史料のない時代、つまり歴史時代より以前を主要な対象とする考古学などの研究に対して有効な方法である。放射性炭素年代法の研究によって弥生時代の始まりが500年も早いことがわかったことはその成果である（藤尾慎一郎：『＜新＞弥生時代—500年早かった水田稲作』，吉川弘文館，2011）。
　これに対して建築史学にあっては建築そのものが現存する歴史時代の研究が大きな部分をしめており、建築年代が明確でない建物については、年代が確定している建物を基準にして、様式の編年研究を行い年代を推定している。したがって何世紀の初期、中期、末期程度の推定をすることになる。これに放射性炭素年代法によって得た年代を加味すれば、建築年代は20〜30年の範囲内に限定し確定することができる。この研究成果を取り入れることによって、中世や近世初頭の民家史を確定的に記述できるようになってきた。その例をあげれば、ひとつは建物の増改築の場合で、増改築の順番は建物自体の編年調査によって確定できるが、その実際の年代は正確にはわからないことが少なくない。増改築の年代が確定すれば、その建物の歴史はより明確になってくる。もうひとつは、放射性炭素年代法によって、文献から推定した建築年代の誤りが判明することが稀にある。

日本民家史をどう書くか ── 本書『民家史論』を書く以前に、私は『日本列島民家史』（住まいの図書館出版局、1989）、『日本列島民家入門』（INAX ALBUM 14、INAX、1993）の2冊の日本民家史の概説書を書いている。しかし、この2冊の著書をまったく見ずに今回の仕事をはじめた。余りこれらの影響をうけない方がよいとする考えが頭の隅にあったのであろう。

前者の『日本列島民家史』の方は、わが国の南端の沖縄と北端の北海道を重視して、4章のうちそれぞれに1章ずつを与えている。書名に列島と題したのは、このためかもしれない。わが国に亜熱帯気候に属する沖縄と、亜寒帯気候に属する北海道がなかったならば、自然はもちろん文化的にもまったく淋しい国になってしまう。また、最後に付章を設けて中世民家にあてているが、その際には、日本最古の民家箱木千年家の建築年代が室町時代まで遡ることは確実であっても、鎌倉時代まで遡るとする研究も元気もなかった。しかし、今回は放射性炭素年代法によって鎌倉時代まで遡る可能性が出てきた。このこともあって中世民家については現在の方が、多少考え方がまとまってきている。

　後者の『日本列島民家入門』の方は、ごく基礎的な事項を取りあげている。両者の表題は「日本列島民家」までは共通しているが、両者の内容はまったく異なっている。

　本書もまた、違う内容にしたいとおもっている。今回は、『講座・日本技術の社会史第七巻　建築』所収の「近世民家の地域的特色」（日本評論社、1983）、および『日本名建築写真選集　第17巻　民家Ⅱ農家』所収の「農家の中世から近世へ」（新潮社、1993）は参考にしよう。今回の『民家史論』でも、「民家の地域性」、「中世から近世へ」の転換は取りあげるべき大きなテーマである。

実践的わが民家研究史

　私は大学時代に大岡實先生に師事して以来、今日まで民家とともに歩んできた。80歳という節目に、私の民家研究の道のりを若い世代に伝えたいという思いで、「実践的わが民家研究史」にまとめた。願わくば、私を乗り越えていってほしい。

　私は本をつくることが好きである。これまでに文化財関係の調査報告書など相当数の本をつくった。しかし、字を読むこと、文を書くことは余り好きではないし文章は下手である。そんなことで四苦八苦している。とにかく日本民家史を書かなければならない。「自己流」でよいから本をつくるのだ。調査、研究は本格的正統的であるのだから、まとめるのは実践的にいくことにしよう。

2017年3月

宮澤智士

箱木千年家
日本最古の民家　神戸市北区

小野綾子作画

民家史論——わが民家研究 80 年

目　　次

1　日本民家史研究試論 ―――― 1

1-1　日本民家史研究試論　3

【関連文献 国内】
1-2　会津の民家史研究　66
1-3　会津の享保期民家の比較研究
　　　―重文只見の五十嵐家・会津坂下の五十嵐家を中心にして―　68
1-4　会津滝沢本陣横山家住宅の特徴と建築年代　80

2　実践的わが民家研究史 ―――― 91

2-1　実践的わが民家研究史　93

【関連文献 国内】
2-2　近世民家普請の研究　149
2-3　結城家住宅　228
2-4　ぶなの木学舎　236
2-5　白川村合掌造迎賓館「好々庵」　244
2-6　沖縄の石・水・祈りの空間力
　　　―北中城村・中城村・宜野湾市の石造物―　252

【関連文献 国外】
2-7　カオハガン島の省エネそのものの暮らし　280
2-8　青洲十里古街まちの表情　286
2-9　イタリア中部の一山岳集落における民家調査報告　299

著作目録　387

1

日本民家史研究試論

中扉囲みイラスト　姫路城大天守の絵番付　16世紀
　　　　　　　（国宝・重要文化財姫路城保存修理工事報告書、1963）

目　次

民家の時期区分 ··· 5
　　1　古　代 ··· 5
　　2　中　世 ··· 5
　　3　近　世 ··· 5
　　4　近　代 ··· 6

第 1 章　民家の古代 ··· 7
　　1.1　榛名山の遺跡 ··· 7
　　1.2　アイヌのチセ ··· 7

第 2 章　中世の民家 ··· 9
　　2.1　中世の民家遺構（鎌倉・室町、1185〜1572） ······························· 9
　　2.2　中世Ⅰ——鎌倉時代 / 箱木家住宅 ··· 9
　　　　2.2.1　箱木家住宅の建築年代 ··· 9
　　　　2.2.2　箱木家住宅の建築概要と特徴 ·· 10
　　　　2.2.3　箱木千年家はどうして残ってきたか ································ 11
　　　　2.2.4　箱木家住宅の残存当初部材 ·· 11
　　　　2.2.5　箱木家住宅に特徴的な古い要素 ·· 13
　　2.3　中世Ⅱ——室町時代 / 古井家住宅、堀家住宅 ····························· 14
　　　　2.3.1　古井家住宅 ·· 14
　　　　2.3.2　堀家住宅 ·· 15
　　2.4　中世から近世へ——茂木家住宅 ··· 17
　　　　2.4.1　茂木家住宅の建築年代 ·· 18
　　2.5　まとめ——中世民家を読みとる ··· 21

第 3 章　近世民家 ··· 22
　　3.1　近世民家の残存状況を読む ··· 22
　　　　3.1.1　民家以外の住宅系小建物 ·· 24

3.2　中世民家から近世へ……………………………………………24
　3.2.1　五條市の栗山家………………………………………24
　3.2.2　会津の滝沢本陣横山家………………………………24

第4章　東北地方の近世民家（新潟県を含める）……………………25

4.1　私の東北地方における民家研究のあらまし…………………25
　4.1.1　研究にいたる経過、目的………………………………25
　4.1.2　東北地方は民家研究の先進地…………………………25
　4.1.3　東北地方の民家史における享保期……………………26
　4.1.4　江戸中期とみなされる現存民家………………………27

4.2　東北の古民家……………………………………………………28
　4.2.1　概要と保存………………………………………………28
　4.2.2　民家の規模と間取り……………………………………31
　4.2.3　曲屋と中門造……………………………………………35
　4.2.4　民家に見る東北らしさ…………………………………37
　4.2.5　豪農の館——越後の民家………………………………40
　4.2.6　弘前と黒石………………………………………………44
　4.2.7　曲屋や集落と盛岡………………………………………45
　4.2.8　秋田の武家住宅と角館…………………………………46
　4.2.9　登米の町…………………………………………………49
　4.2.10　米沢から七ケ宿・大内宿………………………………51
　4.2.11　会津の蔵造………………………………………………53
　4.2.12　佐渡の宿根木……………………………………………58
　4.2.13　まとめ……………………………………………………60

民家の時期区分

1 古代

古代の現存民家遺構は皆無であるが、地中に埋まっている竪穴住居跡などは数多くある。しかし、これらの住居跡からは、建築構造が判明するに足る建築部材までは多く発掘されていない。

住居跡資料のひとつ、日本のポンペイといわれる群馬県渋川市の古墳時代の黒井峰遺跡、中筋遺跡は、6世紀の2回にわたる榛名山の大噴火によって、東山麓の集落が一瞬のうちに火山灰、火石流によって埋もれ、住居建築形態や建築部材がわかる状況にある。

つぎに北海道の先住民であるアイヌのチセを取りあげる。現に居住して日常生活を営んでいるチセは既にないが、鷹部屋福平は、漁労採収の生活をしていた当時のアイヌのチセを、1935（昭和10）年頃に調査研究を始め、その成果を数点の著書、論文にまとめている。これらの内容は日本におけるアイヌのチセにかかわる信頼性がもっとも高い著作と考える。

2 中世

中世と目される遺構は、箱木家住宅（兵庫県神戸市北区山田町衝原）、古井家住宅（兵庫県姫路市安富町皆河）、堀家住宅（奈良県五條市西吉野町和田）の3棟である。

このうち、箱木家住宅は放射性炭素年代法によって鎌倉時代の遺構であり、古井家住宅は15世紀の建築であることが明確になった。堀家住宅は放射性炭素年代法による調査をしていないが、様式からは室町時代後期の遺構と考えられる。

3 近世

近世の遺構は、その初期のものは数少ないが、中期以降のものは全国各地に多くある。そこで筆者は、近世の民家について、時期区分を、建築史の時代区分を参考にして、桃山時代1期・江戸時代4期の計5期に区分し、また、気候状況をも考慮のうえ、日本全国を南日本・中日本・北日本の3地域に大別し、さらに中日本を6地方区分にわけることとした（**表 -1**、**表 -2** 参照）。

表 -1 中世・近世民家の時期区分

（中世：鎌倉2期・室町期3期、近世：桃山1期・江戸4期）

鎌倉前期	（1185～1274 年）
鎌倉後期	（1275～1332 年）
室町前期	（1333～1392 年）
室町中期	（1393～1466 年）
室町後期	（1467～1572 年）
桃 山 期	（1573～1614 年　天正・文禄・慶長）
江戸前期	（1615～1660 年　元和・寛永・正保・慶安・承応・明暦・万治）
江戸中期	（1661～1750 年　寛文・延宝・天和、貞享・元禄・宝永・正徳、享保・元文・寛保・延享・寛延）
江戸後期	（1751～1829 年　宝暦・明和・安永・天明・寛政、享和・文化・文政）
江戸末期	（1830～1868 年　天保・弘化・嘉永・安政・万延・文久・元治・慶応）

表-2　近世民家の地域区分（日本全国3大地域区分—気候考慮、中日本6地方区分）

≪南　日　本≫	・琉球／沖縄—亜熱帯（1県）
≪中　日　本≫	・本州・四国・九州—温帯（45都府県）
〈九　　　州〉	・鹿児島・熊本・長崎・佐賀・宮崎・大分・福岡（7県）
〈四国・中国〉	・愛媛・高知・香川・徳島、山口・広島・岡山・島根・鳥取（9県）
〈近畿日本〉	・畿内と周辺／兵庫・大阪・京都・滋賀・奈良・和歌山・三重（7府県）
〈中部日本〉	・中部／愛知・静岡・岐阜・福井・石川・富山・長野・山梨（8県）
〈関　　　東〉	・神奈川・東京・埼玉・千葉・群馬・栃木・茨城（7都県）
〈東　　　北〉	・福島・宮城・岩手・山形・秋田・青森、新潟（7県）
≪北　日　本≫	・蝦夷／北海道＜アイヌ＞—亜寒帯（1道）

4　近　代

　明治期、大正・昭和前期の庶民住宅のなかでは、近世民家の伝統的系譜を強くひく、いわば建築家なしの地域的民家、および北海道の近代の住宅が参考になる。

第 1 章　民家の古代

　　日本の古代建築のうち、現存する民家建築は皆無である[*1]。この一方、発掘調査によって古代の竪穴式住居跡や掘立柱を用いた平地式建物跡、また高床式建物跡などの遺構は数多くが確認されている。発掘調査にさいして、古代住居にかかわる建築の平面の概略が知られ、さらに建築部材などの出土にともなって、建物細部の納まりなどが部分的に判明してきている。しかし言うまでもないことだが、実際の古代住居を見た人は、現在いないし、まして住んだことのある人もいない。現在、全国各地で復元された古代住居が展示物件として多く造られている。これら復元古代住居は何れもわずかな資料を根拠にし、ここに多くの推定を重ねて建てられている。この復元住居がどれほど正確に古代住居を表現しているか、また、古代住居の雰囲気があるか、その判断は困難な状況にある。つまり、どこまでが本当で、どこからが推定かが分からないのである。遺構がない古代住居を復元的に建てた事例は全国各地に多くある。ただし、現在の思考や常識、現在の構造力学の知識に従って建てられていると思われるものが多くある。復元するからには、復元者自体の頭も古代に復元して考えなければならない。古代住居は、まずもって100年もの長年月に耐えうる住居ではなかったと考える。

　　古代の復元住居は、学問上からすれば一つの仮説を表現したに過ぎないのである。復原住居もないよりは、ある方がましである。静岡県の登呂遺跡の古代住居の復原はこのことを如実にあらわしている。誤りの箇所は誤りとして修正すればよいのである。調査研究の進展にしたがって、このような誤りが出てくるのは当然であり、学問が進展していることを示している。

1.1　榛名山の遺跡

　　筆者は現存する民家建築を資料として、民家の歴史を具体的に記述する方針を基本としているから、建築の皆無な古代住居に関しては、書きようがないことになる。一歩ゆずって、比較的具体な発掘資料がある群馬県渋川市の榛名山遺跡を取りあげることとした。

　　榛名山の遺跡[*2]は概要で述べたように、古墳時代の6世紀初頭・同中期ころの2回にわたる群馬県榛名山大噴火によって火山灰に埋もれたムラおよびイエの遺跡である。当遺跡は、1986年以来発掘調査が行われ、火山灰に埋もれた集落形態、住居形式が発掘されつつあり、古墳時代の遺跡として、画期的な資料を提供する。現存する古代住居の遺構はないので、住居の構造や部材が、出土遺物によって相当に判明する榛名山遺跡をもとに古代住居が復原できることに期待したい。

1.2　アイヌのチセ

　　アイヌのチセの資料は近代のものであるが、民家研究の立場から「民家の古代」、「古代的住居」と見做して取りあげることとしたい。こうすることで、アイヌのチセがアイヌ固有の住文化のみならず日本民家史の有用な資料として活きてくる。

　　アイヌのチセの調査研究に関しては、鷹部屋福平[*3]の1935(昭和10)年に始まる調査研究の成果は圧巻である。現に生活をしているアイヌのチセがすでになくなってしまっ

た現在、実物をもとにする調査研究は不可能である。現在のところ、鷹部屋福平を超える研究成果[*4]は出ていない。本書では同氏の論文をもとにして、アイヌのチセについて概略を述べる。

北海道の先住民であるアイヌの住居「チセ」の母屋は、掘立式の丸木柱の木造で、間口3間・奥行4間ほどの規模の1室住居であって、この下手に入口と物置を兼ねた張だし部分「モセム」を附属する。屋根は寄棟造で、壁とともに茅、笹、樹皮などで葺く。屋内に間仕切りはないが、中央に切ってある炉を中心にして、それぞれの場所は決まった役割をもっている。

炉の北側の座は「シソ」、南側の座は「ハルキソ」、奥の東側の座は上座で「ロルンソ」と呼ばれる。

現在、北海道各地にみられるチセは、本来の住居として造られたものはなく、多くは観光施設や教材であって、いわば実物大模型と考えることができる。1935(昭和10)年頃から、チセの調査研究を始めた鷹部屋福平によると、漁労採収の生活をしていた本格的なチセは、和人化が進んだ当時、すでに少なかったという。チセのこのような状況にあって、いくつか残っている明治時代に作成されたチセの模型は、当時のチセの構造を知るうえで役立つ。

[参考文献]
1) 澤田洋太郎：『沖縄とアイヌ』、新泉社、1996.11
2) 花崎皋平（はなざき こうへい）：『静かな大地　松浦武四郎とアイヌ民族』、岩波書店、1998.9

[注]
* 1 社寺建築は法隆寺金堂・五重塔をはじめとして50棟ほどが現存する。
* 2 当遺跡全体を把握するに値する名称は付いてない。本書では「榛名山遺跡」と命名して総括したい。
* 3 鷹部屋福平（1893〜1975）：北海道大学工学部土木工学科教授。昭和10年初頭からアイヌ住居の調査研究開始。
* 4 鷹部屋福平のアイヌのチセ関係著作
　「アイヌ屋根の研究と其構造原基体に就いて」1939
　北方文化研究報告第1輯、「アイヌ住居の研究」1939
　北方文化研究報告第2輯、「アイヌ住居の建築—アイヌ家屋の地方的特性」1940
　北方文化研究報告第3輯、「アイヌ住居の研究—日高平取方面に於ける地方性」1941
　北方文化研究報告第5輯
　「アイヌ建築の特徴とその変遷」1942〜
　北海道建築（雑誌）4回分載、『アイヌの生活文化』1942、『アイヌの住居』1943、『アイヌ民族誌上巻』の内「住居」1970
　高倉新一郎博士と共同執筆、「毛氏青屋集」私家本
　北大北方資料室蔵

第 2 章　中世の民家

2.1　中世の民家遺構（鎌倉・室町、1185〜1572）

　　　中世387年間に建てられたと、筆者が目している民家は、前述のように全国に3棟が現存する。箱木家住宅、古井家住宅、堀家住宅の3棟で、いずれも近畿地方に所在する。なお、阪田家住宅（兵庫県神戸市北区山田町上谷上）も中世の民家であったが、1962（昭和37）年に焼失した。

　　　中世民家3棟の内、もっとも古い箱木家住宅は鎌倉時代後期にさかのぼる。つぎに古い古井家住宅は15世紀中頃、堀家住宅は室町時代後期の建築と考えられる。箱木家住宅が鎌倉時代の建築であることを、理論的に論じた最初の論文は、1978（昭和53）年刊行『重要文化財箱木家住宅（千年家）移築復原工事報告書』の復原考察においてであった。これ以前は、同家住宅が室町時代までさかのぼることは誰しも認めていたが、鎌倉時代までさかのぼることを立証する論文はなかった。しかし最近、放射性炭素年代法によって箱木家が上記のとおり鎌倉時代後期、14世紀初めごろの可能性のある事が確認された。なお、伊藤鄭爾『中世住居史』（東京大学出版会、1958）では、箱木家住宅、古井家住宅、坂田家住宅など兵庫県に現存していた「千年家」と称する一連の民家、および奈良県の堀家住宅を室町時代の民家として取りあげている。

　　　ここでは、わが国の現存の中世民家を、古い順に詳しく説明する。これら3棟の民家は、いずれも重要文化財に指定されており、これまでに文化財保護法に基づいて解体修理工事が実施され復原整備され、修理工事報告書も刊行されている。これら3棟の建築年代に関して最新の情報を加えて整理しておこう（**表-2.1**）。

表-2.1　中世民家の復原整備修理および建築年代

名　称（所在地）	最近の修理	建築年代／根拠
箱木家住宅（兵庫県）	1978・昭53 移築	鎌倉後期・13世紀末〜14世紀初／^{14}C
古井家住宅（兵庫県）	1970・昭45 解体	室町後期・15世紀中頃／^{14}C
堀　家住宅（奈良県）	1998・平10 解体	室町後期・16世紀／比較推定
茂木家住宅（群馬県）	1976・昭51 移築	江戸前期・17世紀中頃（一部材中世か）／^{14}C

　　　なお、**表-2.1**にあげる群馬県富岡市の茂木家住宅には、大永七年（1527）の建築と伝える墨書のある部材が別途保存されていることから、私は当家を中世民家、そうでなくとも中世の部材を再利用していると考えていたのだが、放射性炭素年代法の測定調査の結果にしたがって、近世民家と考えるようになった。近世民家であるが、当家は関東地方の民家として中世的な古風なところを強く維持しており、中世から近世への橋渡しをする民家の好例と考えられるので、この章で取りあげてその内容を詳述したい。

2.2　中世Ⅰ——鎌倉時代／箱木家住宅

2.2.1　箱木家住宅の建築年代

　　　箱木家住宅は、江戸時代にはすでに古い家として知られ、千年家と称されていた［伊藤、1958］。近代になってからも、建築史・民俗学研究者などの間で特別に古い民家として注目していた。伊藤鄭爾は［伊藤、1958］のなかで、日本ではもっとも古い民家として

論じている。私は、他に比較しうる民家遺構がない古さで、黒漆を塗ったように見える柱表面や、建物の技法、様式からみて室町時代までは遡る古い民家遺構とは考えていたが、それ以上に古く鎌倉時代までさかのぼるとする勇気はもてなかった。

当住宅は1978(昭和53)年に移築、復原工事が実施され、1979年に『重要文化財箱木家住宅(千年家)保存修理工事報告書』[*1](以下「箱木家報告書」あるいは【箱木家、1979】とする)が刊行されている。文化庁文化財保護部建造物課『国宝・重要文化財建造物目録』(1999年)では建築年代を室町時代後期としているが、箱木家報告書「三 建物の変遷(59～66頁)」では、移築解体修理に伴う主屋、離れ座敷の調査、そのさいに行われた跡地の発掘調査の結果、古井家住宅と比較するなど総合的に判断して「建物の年代を十三世紀、鎌倉時代中期近くと考えることも可能となる」と考察している。これが箱木千年家の年代を理論的に鎌倉時代とした最初である。

その後、中尾七重は放射性炭素年代法の測定によって、建築年代が鎌倉時代13世紀末期から14世紀初頭までさかのぼると推定した［中尾、2007］。この推定結果は、13世紀にさかのぼる可能性があるとする箱木家報告書の年代考察と一致する。中尾は2014年に追加調査の結果を日本建築学会大会で報告し、箱木家住宅の建築年代について鎌倉案と室町案を併記した。

[注]

* [*1] 重要文化財箱木家住宅(千年家)保存修理工事報告書：文化財建造物保存技術協会の執筆担当者
  総括編集ならびに本文(第1章および第3章3節3項)；常務理事 日名子元雄、工事監督 湧田森徳
  本文(第1章および第3章の一部を除く)；工事主任 南川久義、(第3章第1節)補佐 賀古唯義

2.2.2 箱木家住宅の建築概要と特徴

箱木家主屋は、桁行11.4m、梁間8.4m、入母屋造、茅葺の比較的小規模な建物で、南を正面に向ける。平面は東半を土間、西半を居室とし、土間部の南東隅を囲ってウマヤとし、居室部は表側にオモテ1室、裏側にダイドコとナンドの2室を東西に並べる。

図-2.1 箱木家住宅 兵庫県神戸市、中世(中尾七重提供)

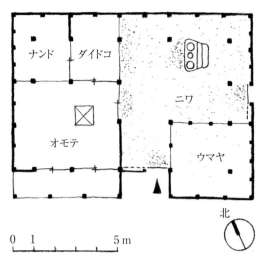

図-2.2 箱木家住宅 平面図（江村日奈子作図）

構造は、中央部の上屋は桁行4間、梁間3間でこの4周に半間程度の下屋がめぐる。上屋柱の柱間は桁行、梁間ともすべて異なり、4周の下屋の出も一定でなく、みな異なっている。上屋と下屋の各柱を水平に繋ぐ梁や貫などがなく、下屋柱の建つ位置は隅柱を除いて、上屋柱筋の延長上ではなく、下屋柱相互の配列の都合によって適当と判断される位置に自由自在に建っている。

柱間がみな異なっている点、下屋柱の建つ位置が自由自在である点は、現存民家にはみられない。ただし、中世の集落遺跡などの発掘遺構では一般的にみられることである。

小屋組構造はオダチトリイ組で、梁間の中央に棟束を立て棟木を支え、棟木から放射状に下屋桁に達する力垂木を配り、この間に丸竹の垂木を用いる。いわゆる垂木構造であって、サス組ではない。茅葺きの軒先は、地面から1.8mほどの位置までさがり非常に低い。

2.2.3 箱木千年家はどうして残ってきたか

このことに関して、解体修理にあたった南川久義は箱木家報告書［箱木家、1979］[*1]のなかで、代々の当主の残そうという強い信念のもとに護り続けてきたのであるとして、次のように記している。

「当家の代々の当主は、どんなに苦労してもこの家を護るという、強い信念、あるいは無言の家憲のようなものがあり、それが「千年家」という称号に象徴されて、この家を護り続けたことを思わせる。解体に当って、個々の部材を詳細に調べてみると、当初材と考えられる部材が、柱のみならず各所にかなり良く残されており、ただそれだけの意味でなく、建物の骨格となる中心の構造部分が、大きな組替えとか、取替えをせずに、古い姿をできるだけ残そうという、代々の当主の意志が、年代を経た満身創痍の古材の姿に感じられた」

修理にあたった箱木家報告書の執筆が、建築年代を鎌倉時代中期の可能性があるとし、これまでの通説よりも200年以上も古い遺構であるとした点、千年家と呼称され保存されてきた理由を、代々の当主が強い信念のもとに護り続けてきたと読みとって修理に活かした点に敬意を表したい。

2.2.4 箱木家住宅の残存当初部材

主屋の軸部および小屋組で当初材と目される部材を次にあげる。

軸部および小屋組の建築当初部材一覧（復原後のダイドコとナンドが復原前のヒロシキに該当する）

上屋柱（すべてオモテまわりの柱。全17本のうち）
  1　オモテ南側の中央柱
  2　オモテ・ヒロシキ境の中央柱
  3　オモテ・土間境の中央柱
  4　オモテ・土間境の東北隅柱
  5　オモテ西側上屋筋の南端柱
  6　オモテ西側上屋筋の北端柱

軒桁
  7　南正面セガイ桁
  8　北背面上屋桁

梁
  9　床上部西側上屋梁
  10　オモテ・ヒロシキ中央上屋梁
  11　土間、中央上屋梁

柱頭繋ぎ桁
  12　土間・床上部境の柱頭繋
  13　オモテ・ヒロシキ境の桁行柱頭繋

足固貫
  14　オモテ・土間境の足固貫
  15　オモテ中央南北の足固貫
  16　オモテ西側上屋筋の足固貫
  17　オモテ前面の足固貫
  18　オモテ・ヒロシキ境の足固貫

飛貫
  19　オモテ・ヒロシキ境の飛貫
  20　オモテ・土間境の飛貫
  21　オモテ西側上屋筋の飛貫

長押
  22　オモテ・土間境のオモテ側の長押
  23　オモテ南正面の室内側の長押
  24　オモテ・ヒロシキ境オモテ側の長押

棟束踏
  25　棟束踏

棟束（総数3本）
  26－28　西側上屋桁

　軸部および小屋組で当初材とみられる部材は、軸部材24本、小屋組材4本の計28本である。これらの部材によって上屋軸部の構造体は復原できた。一方、下屋部分の当初材は残っていないが、地面に残る建物周囲の土壁跡、雨落ちの痕跡によっておおよその構造が判明した。上にあげた当初材および部材に刻まれた痕跡などによって、建築当初の復原が可能になった。

2.2.5 箱木家住宅に特徴的な古い要素

箱木家住宅は、古い特徴ある構造形式を多くもっている。これらの構造形式は2種に分けて考えることができる。

a. 箱木家住宅のみにみられるもの

現存の中世民家と比較して箱木家住宅には、古井家、堀家にはみられない特徴がある。

① 柱間が桁行、梁間ともすべてで異なっており、一定の方眼座標にしたがって柱を建てていない。すべてが異なる柱間をどのように決めたのであろうか。現在の平面計画からは見当がつかない。違うことにどんな意味があるのだろうか。ただし、中世の集落跡、住居跡の発掘調査遺構では、方眼座標にのらない事例は一般的にみられるから、建築技術の水準が当時の発掘調査遺構と同程度であったことが考えられる。

② 足固貫および飛貫はあるが、内法貫がない。内法貫がないので、間仕切りの建具が入る箇所の内法に一定した寸法がない。内法高は概して低い。

このうち寸法関係を、柱間寸法および高さ関係の実測値（**表-2.2**）をもとに、どのように計画したのか、仮説を考えたい。

表-2.2 柱間寸法および高さ関係の実測値

上屋梁間は表側から			
第1間	2.245 m（7尺4寸）	下屋正面	1.212 m（4尺）
第2間	1.848 m（6尺1寸）	下屋背面	1.150 m（3尺8寸）
第3間	1.970 m（6尺5寸）		
梁間計	6.063 m（20尺）		
上屋桁行は下手から			
第1間	2.885 m（9尺5寸3分）	下屋東面	1.015 m（3尺3寸5分）
第2間	2.440 m（8尺0寸5分）	下屋西面	0.909 m（3尺）
第3間	2.309 m（7尺6寸2分）		
第4間	1.818 m（6尺）		
桁行計	9.452 m（31尺2寸）		

柱間寸法計画の仮説

① 上屋梁間を20尺、上屋桁行を31尺2寸として計画し、4周の下屋は正面の縁側を4尺、室内に取りこむ西面を3尺、東面および背面をほぼ3尺5寸前後とする。

② 上屋梁間20尺を3柱間に分ける。上屋桁行31尺2寸を、土間部で2柱間、床上部も2柱間に分ける。だだし各柱間とも均等にしない。

③ 上屋梁は各柱筋に架けわたす。上屋桁は土間部では前から第2通りに、床上部では前から第3通りに架けわたす。つまり、部屋境になる通りに梁を架けわたす。

④ 上屋梁と上屋桁との交点に柱を建てる。部屋の中央になる柱筋には上屋桁がないので柱は建たない。オモテの西側では下屋を室内に取り込んで1室にしており、上屋の西側通りは飛貫を通して柱を抜いている。なお、次にのべる古井家住宅では上屋梁と上屋桁の交点と柱筋の交点が一致しているので、すべての交点に柱を建てている。

上にみるような仮説をたててみたが、すべてで寸法が異なっている柱間、上屋桁の間隔、上屋梁の間隔をどう決めたかは判明せず、謎である。すべて異なる柱間寸法は中世

の遺跡にみられるものと同じであることから、これらは中世の特徴を現しているものと考える。

b. 近世の遺構にもみられるもの

近世前半の古民家にもみられる古形式として、次の点があげられる。

① 上屋と下屋の繋ぎに繋梁をもちいておらず、繋ぎ方がきわめて弱い。繋ぎ材の役割は垂木が果たしている。

② 柱断面が不揃であり、柱には大きな面がとってある。柱の表面は「ハマグリ刃のチョウナ」仕上げである。

2.3 中世Ⅱ──室町時代 / 古井家住宅、堀家住宅

2.3.1 古井家住宅

古井家住宅は、兵庫県姫路市安富町皆河に所在し、1967(昭和42)年6月15日付けで重要文化財に指定された。1970(昭和45)年に解体修理工事が実施され、翌1971年に『重要文化財古井家住宅修理工事報告書』(以下「古井家報告書」と略す)が刊行された。古井家報告書にもとづいて建物の概要と特徴をしるす。

皆河集落の一画にある古井家住宅は、入母屋造、茅葺きの農家で、その規模は桁行6間×梁間4間 (13.90 m × 8.09 m = 124.51 m^2) の比較的小規模な建物である。当家は千年家と呼ばれている民家の1棟であり、地理的に箱木千年家に近い位置にあり、時代的にも古く、その外観、内部の様式には箱木家に通ずるものを強く感じる。

古井家住宅の特徴をあげる。

① 平面の下手半部が広い土間で、ウマヤがある。

② 棟通りを境に、前座敷を広間とした三間取りである。

③ 下屋柱の配りが荒く、上屋柱筋とかならずしも一致して立っていない。1間半を二つ割にした箇所が多く、また上屋と下屋を繋ぐ構造はほとんど垂木に頼っている。

④ 柱間寸法は、桁行を6尺6寸、梁間を6尺9寸としている。1間が6尺5寸になる桃山時代以前の柱間である。

⑤ 柱の断面寸法が一定でないが、後世の大黒柱のように特に太い柱はなく、ゴヒラ角、瓜むき削りの柱を用い、部材は「ハマグリ刃のチョウナ」の仕上げである。

⑥ 軸組構造が簡素で初歩的な技法である。間取りと構造はかなり無関係で、上屋桁通りと棟下通りに1間ごとに柱が立つ。したがって座敷部や土間部の中にも独立柱が建つ。

⑦ 間仕切りに壁の部分が多いが、内法壁がない。

⑧ 側まわりは軒が深く、開口部がごく少なく、戸口も片引戸で狭い。

⑨ スノコ竹の床があり、天井にもスノコ竹を用いる。

⑩ 外壁は厚い大壁造で、下地にソダ(粗朶)を用いる。

⑪ 屋根は茅葺きで勾配がゆるい。棟に「ミヤグシ」を組む。

上にあげた古井家住宅の特徴は、同家がきわめて古い民家であることを示す。これらの特徴のなかには近世民家に受け継がれる要素もある。

古井家住宅修理の8年後に、箱木家住宅の移築復原修理が行われた。箱木家報告書では、千年家古井家と比較して箱木家住宅が格段に古いことを書きあげている。そのもっとも特徴とする点は、さきに記した柱間、内法高などの寸法関係であって、箱木家住宅には基準となる柱間寸法や内法高がないが、古井家では基準の寸法を設定している。こ

図-2.3 古井家住宅 兵庫県姫路市、室町時代（中尾七重提供）

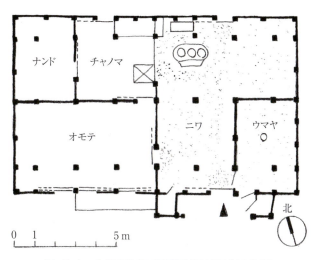

図-2.4 古井家住宅 平面図（江村日奈子作図）

の点で、箱木家住宅が中世でも鎌倉時代の遺構であるのに対して、古井家は鎌倉時代まではさかのぼらず、室町時代の遺構であることを感じさせる。しかし、上であげたとおり随所に古式な構造、細部がみられること、これに放射性炭素年代法による推定年代を考慮すると、当家は室町中期（1393〜1466）までさかのぼる建築であると推定できる。

2.3.2 堀家住宅

奈良県五條市西吉野町和田（旧西吉野村賀名生）の堀家は、南朝の行在所となったとの由緒をもつ旧家として知られている。その住宅主屋は南北朝時代のものと伝えられてきた。

当家住宅は1979（昭和54）年5月21日付で重要文化財に指定された。その後、解体修理工事が1996（平成8）年1月に着手され、1998年10月をもって完了している。

当家の建築年代を、修理工事報告書では、室町時代前期（南北朝、1333〜1392）まではさかのぼらず、室町時代後期（1467〜1572）としている。当家の建物は修理にさいし

図-2.5　堀家住宅 奈良県五條市、室町時代（五條市提供）

て復原調査をしたが、後世、特に明治6年の改造が大きく、建築当初の姿に復原するにたりる十分な資料がととのわなかった。そこで、室町時代後期の建築時の姿、その後の変遷過程に関しては図上での考察にとどめ、実際の修理では、現状を大きく変更することなく、ごく新しい時期の改造部分を整理する程度の範囲で復旧整備をしている。

　この結果、規模は桁行17.560 m（57.95尺）×梁間13.744 m（45.36尺）で、上屋は桁行15.280 m（50.42尺）×梁間10.977 m（36.23尺）である。

　間取りは、近世の奈良地方上層の家に普及する六間取り系であり、屋根は修理前の姿を踏襲して、入母屋造、茅葺きとしている。

　当家を中世とする根拠は以下の二点である。

① 多くの箇所で柱が一間間隔に建ち、その柱間は中世に使われていた6尺7寸である。

② 当初材に番付が書いてある。

　修理報告書によると、番付は漢数字で、筆で書いてある。それらは居室部の柱足元南面および礎石からみつかっている。ただし、土間の柱、礎石からはみつかっていない。建物の東南隅に始まる蛇行番付（または時香番付）で、東北隅で終わっているようである。

　堀家は、南朝の行在所となったと伝える家だけに、その後に建て替えられ、現存する主屋もそれに相応しい規模、様式をもっている。

　堀家住宅は、前記の「千年家」と呼ばれている中世民家、箱木家住宅、古井家住宅とくらべて、異なっている点が何点かある。その第一は規模が著しく大きいことで面積が2倍以上ある。第二は当初は居室部が一部2階建てであること、第三は屋根が切妻造で、葺き材は板葺きあるいは杉皮葺きであったことである。

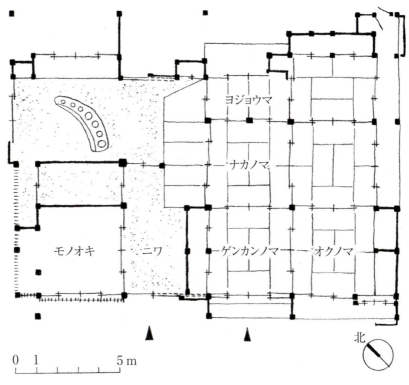

図-2.6　堀家住宅 平面図（江村日奈子作図）

2.4　中世から近世へ——茂木家住宅

　群馬県富岡市神農原の茂木家は中世武士の系譜をひく旧家であって、近世には、代々村の名主を務めてきた。敷地は周囲を土塁で囲まれ、中世武士住宅の屋敷構えを継承している。その主屋は1527（大永7）年の建築と伝えられていた。

　当茂木家住宅は、1970（昭和45）年6月17日付けで重要文化財に指定された。その後、1975（昭和50）年に富岡市の所有となり、翌1976年に神農原から市内宮崎公園地内に移築保存する工事が行われた。このさいに建物は復原修理されたのだが、後世の改造が大きく建物の4周全体に及んでいたので、建築当初の姿への復原は困難であった。そこで、復原整備は時代を大きく下げておおむね幕末ないし1908（明治41）年改造時の姿になった。つまり、建物中央部である板の間のチャノマおよびオザシキ・ヘヤ部分を中心としたものになった。かつては棟通りが建物の前後中央に通り、柱を梁間で1間間隔、桁行

図-2.7　茂木家住宅 群馬県富岡市、江戸中期（中尾七重提供）

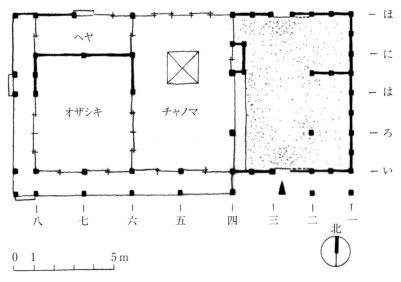

図-2.8 茂木家住宅 平面図（江村日奈子作図）

で2間半を二つ割り間隔に建てるという、単純明快な軸部構造であったので、このような復原整備が可能になった。なお、改造が大きかった外まわり4周、すなわち前面の広縁、上手の居室通り、下手の土間ダイドコ、背面の室内1間通りの部分は、十分に復原整備ができていないのは致しかたない。

復原整備された建物は、切妻造、板葺き石置き屋根で南面し、その規模は主体部が桁行八間（15.152 m）・梁間四間（7.576 m）で、この南正面と西側面に杉皮葺の庇（出3尺3寸 33 = 1.010 m）が附属する。なお、建築当初の姿は明確にできないものの断面や軸部構造などの大筋は理論的に復原が可能である。

2.4.1 茂木家住宅の建築年代

茂木家住宅の建築年代に関しては、次の3点から中世にさかのぼる可能性があると私は考えてきた。

① 1527（大永7）年の建築とする墨書のある部材が別途保存されている。
② 建築構造に古い様式がみられる。
③ 同県桐生市の江戸前期建築と推定される彦部家住宅との比較。

しかし、この一方で当住宅は近世の17世紀中頃の建築とする説も有力であった。このような中で当住宅の建築年代が中世になるか、あるいは近世であるか、この点に強い関心をもっていた。

当家は重要文化財指定説明では、部材の形状などからおして江戸時代初期を下ることはないだろうとする。また、修理工事報告書（昭和52年）では、架構法や表面加工の工具などから推して17世紀中期以降（慶安〜寛文頃）の建設と推定している。両者で推定年代に差はあるが、ともに17世紀初期ないし中頃までをあてている。

そこで時をえた2012年に放射性炭素年代法の調査を実施した[*1]。試料となった部材は、［茂木1］1527（大永7）年の建築と伝える墨書のある保存部材、［茂木2］棟持柱（「又は四」柱）、［茂木3］梁材（「い五〜ほ五」）、［茂木4］土間柱（「ろ二」）の4部材である。

年代調査結果によると、墨書のある［茂木1］保存部材は、保存処理剤の汚染により、残念ながら異常値がでて建築年代推定の資料とはならなかった。しかし、［茂木2］棟持柱は1636〜80年・1764〜74年・1775〜1800年の数値がでており、［茂木3］梁材は1520〜1602年・1626〜48年、［茂木4］土間柱は1669〜98年・1723〜80年・1798〜1816年・

1834～79年の数値がえられた。茂木2・茂木3・茂木4は辺材が確認できず最外年輪の年代から伐採年までの年数は不明ではあるものの、いずれも年輪幅の大きい材のため、製材時削除年輪は数年から十数年以内と考えられる。

放射性炭素年代法による建築年代の測定結果、および建築様式を加味すると、当家の建築年代は江戸時代、17世紀中頃とする方がよりよいと考えるようになった。私にとって茂木家住宅は、関東地方民家の中世から近世への転換を知る上で、重要かつ貴重な遺構であると考えられるので、ここで特に取りあげて、当家の建築年代、修理年代を整理しておきたい。まずは、修理時に建築部材に書かれたとみられる年代関係の墨書をあげる。

 a 「ヘヤ」大引の墨書（□は読めなかった文字）
  「大永□　□年　宝永五年迠百八拾年　茂木政右衛門相□
  「□□□□□　□□□□□　□□□　茂木庄右衛門　□□□□」
 b 「オザシキ」ユカ板裏3枚の墨書
  「明和五戊子季　夷則吉日　小林村
  □□□又四兵衛張之かえ申候」
  「明和五子年文月張之」
  「明和五年七月張之かえ申候　大工又四兵衛」
 c 「チャノマ」背面桁下端の墨書
  「文政十一戊子年　屋根直し五間ニ奥行三間半屋根ニ上ル當文政十一年迠三百弐年ニ成　仕次普請
  二月下旬　乾方仕次普請　此大家昔大永七年丁亥十二月建　茂木丈右衛門改之　大工榮八　粂之助」
 d 戸袋の墨書
  「文政十一戊子年二月末　茂翆案造　大工榮八
  良辰乾方続普請　　　　　　　　副工粂之助

上の墨書から読みとれる事項を書きあげる。

 ① 中世の茂木家住宅は1527（大永7）年12月に建てられた。(a) (c)
 ② 近世の茂木家住宅は1708（宝永5）年以前に建てられている。
 ③ 1708（宝永5）年、1768（明和5）年、1828（文政11）年に修理があった。(a) (b) (c) (d)
 ④ 宝永・明和・文政の修理はいずれも干支が戊子の年であり、修理は60年ごとに行われている。
 ⑤ 大永七丁亥年十二月は、1708（宝永5）年建築の翌年から数えると180年後にあたる。
 ⑥ 文政修理の80年後、1908（明治41）年戊申に建物背面および東側面を縮小するなど大改造を行った。
 ⑦ この後、1914（大正3）年、1949（昭和24）年、1963（同38）年、1968（同43）年戊申に改築を行った。

以上の記述によって、茂木家住宅の修理の経過が把握できるとともに、茂木家の代々が、大永7年建築の中世茂木家住宅に大変な興味をもっていたことが知られる。

次に1976（昭和51）年の移築解体のさいの調査および修理後の住宅にみられる、近世的要素および中世的要素を書きあげよう。

近世的要素
構造形式、柱材・梁材

　柱は居室部で5寸前後の角材であるのに対して、土間部、土間・居室境に太い柱を建てる。その断面はとくに太い柱は1尺、以下9寸〜6寸前後の不整多角形、面皮柱である。土間まわりの外壁には柱を半間間隔に建てる。ただし、これが建築当初からのものか、後の改造なのか否か問題が残る。

　桁行方向の梁を多く用いている。その断面は太く曲材が多い。梁間にも比較的太い材を用いている。ただし、小屋梁には比較的細い曲材を用いている。

単位寸法と柱間・内法

　単位寸法は、1間＝6尺2寸5分である。当家の梁間の柱間寸法は1間＝6尺2寸5分を用いている。この寸法単位は近世を通して当地方で使われてきている。

　内法高＝5尺8寸である。民家では特に規模が大きな建物では内法高6尺のものがあるが、5尺8寸が一般的な内法としては高い寸法である。群馬県に現存する近世民家で内法高が低い5尺5寸の事例として渋川市の神主入沢家住宅がある。近世の古い民家では内法高は5尺6寸から8寸程度で、5尺5寸の事例はごく少ない。

番　付

　移築解体時の調査にともなって、礎石・柱根・小屋梁の上端・小屋束の各正面および壁貫など6か所から番付がみつかっている。この番付は、復原当初建物の南東隅を起点とし、「六ノ三」、「八ノ二」など桁行方向、梁間方向にすすむ漢数字と漢数字の組合せ番付である。なお、中世民家の箱木家住宅、古井家住宅には番付は打っておらず、堀家住宅では東南隅を起点とする漢数字の蛇行番付（時香番付）がみつかっている。

　一般的に、漢数字と漢数字の組合せ番付よりも蛇行番付の方が古く、組合せ番付のうちでは、平仮名と漢数字の組合せ番付よりも漢数字と漢数字の組合せ番付の方が古い傾向がみられる。この番付からしても茂木家は近世初頭の建築と推定してよかろう。

中世的と想定される要素
軸部と小屋組－柱・梁

①　軸部と小屋組をはっきりと区別しない構造である。
②　上屋梁は3間で、土間・居室境の中央に建つ太い柱は棟木まで達している。
③　数は少ないが梁材に比較的細い材も用いている。
④　胴差は用いているが、差鴨居を用いていない。

屋根葺き材と形式

　板葺き、切妻造りである。中世の絵巻物にしばしば見られる。

寸　法

　桁行柱間に長い柱間寸法7尺8寸1分25 ≒ 2.367 mを用いている。この寸法を修理工事報告書では「7尺8寸1分25＝6尺2寸5分×2間半÷2」と計算している[*2]。つまり、桁行の柱間も1間＝6尺2寸5分の単位寸法を基にしているのである。そうであれば、礎石を据える位置は、7尺8寸1分2厘5毛という細かい数値によって1間ごとに決めたのではなく、例えば8間分の柱間62尺5寸を決め、これを半分にした位置、またその半分の位置、さらに半分にして位置（1間が7尺8寸125になる）を決めたものと考えられる。

［注］

*1　平成24年度科学研究費補助金　基盤研究（B）「文化財建造物の高精度放射性炭素年代測定」課題番号23300325 研究代表者 中尾七重
*2　『重要文化財茂木家住宅保存修理工事報告書』文化財建造物保存技術協会編、富岡市、p.10、1977

2.5　まとめ——中世民家を読みとる

　　現存する最古の民家は、兵庫県の鎌倉時代後期（13世紀末～14世紀初）建築の箱木家住宅である。箱木家に続いて兵庫県には室町中期建築の古井家住宅がある。また、奈良県の堀家住宅は室町後期の建築遺構である。これらはいずれも地侍などに出自をもつ旧家であって、当時の農村において最上層に属する家であったと考えられる。その間取りは、箱木家住宅、古井家住宅が「前座敷型系」、堀家住宅は「六間取り系」で一部二階建ての建物であった。

　　箱木家、古井家住宅の構造はともに上屋の周囲を下屋がまわる「下屋構造」であるが、上屋と下屋との間に繋梁を用いず、垂木で繋いでいるのみで繋ぎ方が弱く、上屋の軸組構造は簡素である。

　　群馬県の茂木家住宅は近世の民家であるが、中世から近世への橋渡しをする遺構の好例と考えられるので、この章で取りあげ、その内容を **2.4** で詳しく述べた。なお、中世の上層の家には、堀家の当初や茂木家住宅にみられるように板葺きの屋根の家が、比較的に多かったように思われる。

第3章　近世民家

3.1　近世民家の残存状況を読む

　日本各地の民家遺構の残存状況を、地域・地方ごとに調べることによって、それぞれの地域・地方の民家がいつの時代からのものが残っているかが判明する。すでに記した通り、古代の民家は残存せず、中世の民家は、近畿地方の兵庫県、奈良県にあわせて3棟が残存するにすぎない。これに対して近世民家は全国各地に数多く残存する。その残存状況は地域によって相当に異なっている。これらは、近世初頭（1573）から、江戸末期（1868）までのほぼ300年の間に建てられた民家が、現在まで残り得るためには、どんな条件があったか、建築構造はどんなであったか、また、残らなかったものはどんな事情、理由であったかを考察する基礎となる。

表-3.1　中世・近世民家の地域別残存状況（重要文化財など指定民家）

地　域		中　世 (1185〜1572)	近世初頭 (1573〜1614)	江戸前期 (1615〜1660)	江戸中期 (1661〜1750)	江戸後・末期 (1751〜1868)
《南日本》	琉球	なし	なし	なし	極少数	少数
《西南日本》	九州	なし	なし	なし	少数	多数
	四国中国	なし	なし	少数	多数	多数
《中央西日本》	畿内	3棟	極少数	あり	多数	多数
《中央東日本》	中部	なし	なし	少数	多数	多数
	関東	なし	なし	少数	多数	多数
《北東日本》	東北	なし	なし	なし	やや多数	多数
《北日本》	北海道	なし	なし	なし	なし	少数
	全国	3棟	極少数	少数	多数	多数

　ここでは重要文化財指定民家を中心にして近世民家の残存状況を、時代、時期、地域ごとに調べる。

■近世初頭（1573〜1614　天正・文禄・慶長）

　近世初頭のこの時期は42年間あり、奈良県五條市の栗山家主屋1棟が現存している。最近の研究によると、福島県会津若松市の滝沢本陣横山家住宅部材の一部に1600年頃の年代が得られ、前身建物が文禄期にさかのぼる可能性がある。

■江戸・前期（1615〜1660　元和〜万治）

　近世初頭に続く江戸時代前期の46年間の民家遺構は、沖縄・九州、東北・北海道には残存しないが、西日本では近畿地方大阪府・奈良県・京都府、中国地方広島県・鳥取県、四国の徳島県・香川県にあり、東日本では関東地方神奈川県・群馬県・茨城県、中部地方愛知県・石川県に存在する。これら現存民家の名称をあげる。

　◎西日本 – 近畿・中国・四国

　　京都府美山町の石田家・慶安三年。奈良県御所市の中村家・寛永九年、西吉野村の西田家、橿原市今井町の今西家・慶安三年、安堵村の中家、大宇陀町の笹岡家・寛永年間。大阪府堺市の山口家、泉佐野市の奥家、富田林市の杉山家、河内長野市の左近家、羽曳野市の吉村家、熊取町の中家。
　　鳥取県鳥取市の福田家、八東町の矢部家。徳島県木屋平村の三木家。
　　香川県高松市の小比賀家。

◎東日本－中部・関東
　　愛知県弥富町の服部家。静岡県韮山町の江川家。石川県珠洲市の黒丸家。神奈川県横浜市勝田の関家。群馬県桐生市の彦部家。茨城県の土肥本家。

　上にあげた民家は計23棟であり、この内訳は、西日本16棟、東日本6棟である。棟数からすれば、西日本が圧倒的に多い。県別にみれば、大阪府6棟、奈良県5棟、鳥取県2棟、他は1府8県で各1棟がある。ただし、この数は重要文化財指定の民家を主にあげているから、実際の数は、近畿地方をはじめとして、これよりは多くあることは想像に難くない。これらの多くの家は武士の系譜を引く上層の家々である。

■江戸中期（1661～1750　寛文～寛延）
　江戸中期初頭には、後世に続く各地域の民家形式があらわれる。この時期の遺構は、沖縄、北海道を除いた各地方に数多く存在する。江戸中期の元禄・宝永期（1688～1710）のものでは、庄屋、名主、肝入などムラの上層の家が残る。東北地方では享保年間建築の家が各地に残る。この時期の地域ごとの重要文化財指定民家の事例をあげよう。

◎西日本

九州　福岡県：横大路家。佐賀県：川打家。長崎県：本田家。鹿児島県：祁答院家。

四国　徳島県：木村家・元禄12年、粟飯原家・宝永7年、長岡家・享保20年。
　　　香川県：恵利家。愛媛県：真鍋家。高知県：山中家。

中国　山口県：菊屋家。鳥取県：後藤家・正徳4年。島根県：木幡家・享保18年、堀家。
　　　広島県：木原家・寛文5年、林家・元禄16年頃、太田家、真野家、旗山家、堀江家、荒木家。岡山県：犬養家、森江家。

近畿　兵庫県：岡田家・延宝2年、友井家・元禄頃。大阪府：高林家、泉家、山本家、高橋家、山添家・宝永2年、北田家。京都府：伊佐家・享保19年、澤井家・元文5年、岡花家、渡邊家。滋賀県：西川家・宝永3年、大角家・元禄頃。奈良県：臼井家・元禄頃、豊田家・寛文2年、上田家・延享元年、森村家・享保17年、米谷家、音村家、菊家（きくや）、藤田家、片岡家・寛文10年、村井家・元禄13年。和歌山県：谷山家・寛延2年、名手本陣妹背（いもせ）家・享保3年、増田家・宝永3年。三重県：町井家・延享元年。

◎東日本

中部　愛知県：熊谷家。静岡県：植松家・宝永～延享、中村家、友田家、大鐘（おおがね）家。岐阜県：牧村家・元禄14年、桑原家・享保19年、田中家、吉真（よしざね）家。長野県：竹村家、山田家・大阪府へ移築。山梨県：安藤家・宝永3年、門西家、平田家。福井県：瓜生家・元禄12年、坪川家、橋本家、堀口家、相（あいき）家。石川県：時国家、座主家。富山県：羽馬家。新潟県：長谷川家・享保元年、佐藤家・元文3年。

関東　茨城県：椎名家・延宝2年、平井家・元禄頃、中崎家・元禄頃、山本家、大塚家、飛田家。栃木県：羽石（はねいし）家・元禄2年、三森家・享保18年。群馬県：生方家、阿久沢家、戸部家。埼玉県：吉田家・享保6年、新井家・延享2年頃、平山家、小野家、高麗家。千葉県：尾形家・享保13年、花野井家、滝家。東京都：永井家、小林家。神奈川県：北村家・貞享4年、伊藤家、藤野の石井家・宝永4年、鎌倉の石井家。日本民家園：太田家、佐々木家・享保16年、江向家、作田家。

東北　福島県：滝沢本陣横山家、只見の五十嵐家・享保3年、馬場家、会津坂下の五十嵐家・享保14年。山形県：佐竹家・元文5頃、尾形家、有路家。秋田県：黒澤家、土田家、鈴木家・中門享保改造。岩手県：菅野家・享保13年、後藤家、

小原家。青森県：石場家。

（注記：年号記入の家は年代が推定できるもの）

■江戸後期（1751〜1829　宝暦〜文政）

　この時期の遺構は全国に存在する。

　現存する民家が、建築当時どのような位置にあったかは、これまでの人別改帳など文献資料の研究成果を参考することによって判明する。

■江戸末期（1830〜1868　天保〜慶応）

　この時期の遺構は小采家・天保頃をはじめ全国に存在する。

3.1.1　民家以外の住宅系小建物

　民家の残存状況を社寺建築や書院、茶室などとくらべると、中世の室町時代や近世初頭に遡る古い遺構の残り具合が少ないように思われる。民家では中世および近世初頭のものはほとんど全部、江戸前期のものは大部分が重要文化財に指定されて保存されていると考えられる。その棟数は30棟未満である。住宅系の単体の小建物である書院、茶室は4棟ある。これらは記念性をもっていたため保存されてきた。

　　書院　今西家書院・室町中期、降井家書院・江戸前期、旧正伝院書院・元和4年。

　　茶室　八窓庵（旧舎那院忘筌）・江戸前期、如庵・元和4年頃。

3.2　中世民家から近世へ

3.2.1　五條市の栗山家

　近世初頭の桃山時代に建築されたと目され、建築年代が明確な民家遺構は、奈良県五條市五條に所在する栗山家住宅主屋が唯一である。この建物は慶長12（1607）年2月の記がある棟札をもち建築年代が判明している。わが国の民家で建築年代が棟札によって明確になる最古の事例である。

　当主屋は、桁行16.9 m、梁間13.1 m、建築面積221.4 m²（73.06坪）ある規模の大きな入母屋造で、正面に庇が付き、一部に二階を設ける本瓦葺きの建物である。1968（昭和43）年4月25日付けで重要文化財に指定された。

　現栗山家住宅を栗山家が所有したのは明治時代以後のことであり、栗山家前身の所有者や家の由緒などを記した文書などがなく、当家の歴史は明らかでない。しかし、住宅に棟札があるので建築年代は慶長12年であることが明確である。重要文化財指定以降に本格的な解体修理工事が行われていないので、詳細な図面なども備わっていない。民家として最古の棟札を有する栗山家の位置づけを大いに調査研究する必要がある。

3.2.2　会津の滝沢本陣横山家

　横山家は文字史料がなく建築年代は明確でないが、放射性炭素年代法によって、17世紀後半の遺構と推定された。当家は本陣の建築としての特徴をもっている。「会津の滝沢本陣横山家住宅の建築年代」［宮澤、2012b］に建築年代を中心にしてまとめてある（**1-4**参照）。

第4章　東北地方の近世民家（新潟県を含める）

4.1　私の東北地方における民家研究のあらまし

4.1.1　研究にいたる経過、目的

　私は、宮城県の我妻家、洞口家、山形県の尾形家住宅など東北民家の土間に縄文的なものを強く感じる。この土間には太い独立柱が多く建ち、そこにはかまど神などが祀られている。

　東北は日本民家史の大きな一分野を占めている。そして縄文的な土間空間に魅せられて研究のフィールドとした。

　私は、東北の民家について理解を深めるとともに、日本民家史試論の構想を練ることを目的として、山形県上山市、秋田県由利本庄市・雄勝郡羽後町・横手市、福島県会津若松市・喜多方市・会津坂下町・只見町、宮城県白石市など東北各地および新潟県内で、重要文化財に指定されている民家を中心にして調査を行ってきた。この調査を通じて東北の民家史について、30年程前から考えていたことのいくつかが甦ってきた。また、民家史研究について新しい課題になりうる事項にも出くわした。

　東北にかぎって、文字史料によって建築年代が明確である民家は、私の知る限り18世紀初頭頃の享保期（1716〜1736）建築のものを最古とし、享保期のものが数棟現存する。享保期をさかのぼる建築年代が明確な民家は今のところ見つかっていない。このことに関してはすでに指摘したことがある［宮澤、1990］。

　東北民家史にとって享保期は、どんな時代であったのであろうか。その時代的、社会的、技術的な背景は何であったのか。このことを考察するのが本稿の目的である。

4.1.2　東北地方は民家研究の先進地

　東北地方は、わが国の近代における民家史研究の先進地である。小倉強に代表される一連の調査研究の成果は、1955（昭和30）年に『東北の民家』として著わされた。同書は現在も古典として活き輝いている。小倉強の後を継いだ一人が草野和夫であり、1991（平成3）年に『東北民家史研究』、1995年に『近世民家の成立過程』を出版した。小倉強『東北の民家』出版からほぼ60年、草野和夫からもすでに20年余りの年月をへている。私も東北の民家を、小冊子［宮澤、1990 民家と町並み　東北・北海道　日本の美術286］でとりあげたことがあるが、『東北の民家』にくらべてまったく物足りないものであった。

　小倉強は、宮城県内で調査したうちでもっとも古い民家として、遠田郡小牛田町北小牛田の伊藤一郎家住宅をあげる［小倉、1955］。当家は貞享年間（1684〜1687）の建築と伝え、この地方最初の石場建てとも伝えられていたという。また、建築年代が明確な古民家として、宮城県名取市下増田の鈴木政治家住宅を紹介している。当家は昭和初年に取り壊されたのだが、そのさいに台所の水屋柱の平枘に「正徳六年正月十七日、大工杢兵衛建立、久三郎」の墨書銘があった。同家は名取型＝整形四間取りであり、小倉は1930（昭和5）年12月に同家の間取りのスケッチをしている［小倉、1955］。なお、1716（正徳6）年は6月25日に改元して享保元年になる。

　上の事例でみるように、かつて調査をした民家で、その後に建物が取り壊され、または焼失するなどして現存しなくても、調査報告や論文などに間取りや建築年代が公表されていれば資料として役立つ。

4.1.3 東北地方の民家史における享保期

　会津に所在する1718(享保3)年建築の五十嵐家住宅(福島県南会津郡只見町)、および1729(享保14)年建築の五十嵐家住宅(福島県河沼郡会津坂下町)の2棟の農家を取りあげる。

　その理由は、以下の五点である。

① ともに会津に所在する本(平)百姓階層に属する。

② 享保年間の建築であることが文字史料によって明確な古民家である。

③ ともに重要文化財に指定されている。

④ 指定後に解体移築復原修理工事が行われ、修理工事報告書があって詳細な図面、写真など資料が整っている。

⑤ 建築年代差はわずか11年である。

　民家建築の観点からみれば、地域・社会的階層などに関係する構造形式が異なっている点があって、上記の研究目的を達成する資料として最適であると考えた。また、建築年代を示す墨書は柱、小屋束など建築部材の柄(ほぞ)にある。この柄の墨書は建物を建てた後には隠れてしまい普段はみることができない。これらの墨書は、大工自らが柄や柄穴を刻んださいに書いており、建物の解体修理のさいなどに初めて発見できる。それも意識して探さなければ見落としてしまう恐れがある。したがって、柄などの見えなくなってしまうところに書いてある墨書は、棟札や家普請帳などの文字史料とは違った意味があると思われる。大工は建ててしまえば見えなくなる場所にどんな想いがあって建築年代、所有者、施工者などを書いたのであろうか。この墨書は単なる落書きではあり得ない。後の世に再び見られることを期待したかしないかは定かではないが、記録や記念として書いたと思われる。柄などに書くことは大工棟梁から弟子へと伝わったか、地域によっては規範となっていた可能性も考えられる。東北ではこの時期が享保期であったのであろう。

　柱、小屋束など部材の柄に直接書いてある建築年代はゆるぎない史料である。民家史研究において未知な事柄が数多くあるが、建築年代が明確であることはその内の重要なもののひとつがわかったことを意味している。このことを頭にいれて、東北のこれまでに刊行されている民家調査報告書をひもとくと、享保期(1716〜1736)の建築であることが判明しているもの、これに加えて墨書銘など文字史料はないが享保期頃の建築と推定される民家が相当数ある。

　岩手県北上市の菅野家住宅の表門(1間薬医門)には1720(享保5)年の棟札があり、同家主屋は1728(享保13)年の普請帳をもつ、規模桁行21.3 m×梁間11.6 m＝247.1 m² あって大型である。

　秋田県雄勝郡羽後町の中門造り鈴木家住宅主屋は、17世紀後半の建築と推定されるが、その「中門」は1733(享保18)年『中門立替手伝覚帳』と題する普請帳を有している。当普請帳標題の中門立替とは、主屋の土間部分の前に突出する前中門の建て替えを指していることは間違いない。したがって、1733(享保18)年以前にも何らかの中門があったと推定される。

　享保期は、建築史の時代区分による江戸中期後半[*1](1715〜1750)の内の約20年間である。東北の民家史において、享保年間の墨書銘がある民家が多い。

　奈良県五條市の栗山家住宅は、1607(慶長12)年の棟札をもち建築年代が判明している。わが国の民家で建築年代が棟札によって明確になる最古の事例である。棟札は祈祷札であって一般的に住職が書いている。

このことから近畿圏内ではすでに1600年代初頭には民家に棟札を上げる慣習が成立していたと考える。この慣習を含む中央の庶民文化が1世紀以上の時間を要して東北に伝搬したとみることができる。

　一方、会津の両五十嵐家住宅、宮城県白石市の小関家住宅の墨書は、棟札ではなく柄に書いてある。つまり住職ではなく工事中に職人が書いたと推定できる。このことは享保期には大工棟梁などの職人が文字を書くようになったことを意味していよう。このことを含めて東北の享保期は庶民文化が充実してきた時期であったのではないか。

[注]

*1　建築史の時代区分による江戸中期は、1661(寛文元)年から1750(寛延3)年までの90年間をあてている。

4.1.4　江戸中期とみなされる現存民家

　東北地方に現存する最古の民家は、桃山期建築の可能性がある滝沢本陣横山家住宅[*1]である。桃山期につづく江戸前期には重要文化財指定民家はない。江戸中期の民家として岩手県の後藤家、秋田県の土田家などはいずれも17世紀後半建築と推定され、同雄勝郡羽後町の鈴木家住宅(17世紀後期)、秋田市の黒沢家住宅(17世紀末)、山形県上山市の尾形家住宅(17世紀末)、山形県最上町の有路家住宅(江戸中期)をくわえても、18世紀初頭までに建築された江戸中期前半と推定される古い民家にかぎれば7棟にすぎない(**表-4.1** ※印)。江戸前期および中期の現存する民家すべてが重要文化財に指定されているわけでないが、文化財指定以外の民家で江戸前期と確認されているものはなく、江戸中期の現存民家もその数はごく少ないと推定される。それも建築年代が文字史料によって明確にできるものは確認されていない。

表-4.1　東北6県の江戸中期以前の現存民家

県名	物件名：所在	建築年代／根拠(※印：17世紀末以前と推定)
青森県	石場家：弘前市	江戸中期・推定
岩手県	菅野家：北上市	享保13(1728)年　普請帳
	菅野家表門	享保5(1720)年　棟札、1間薬医門
	後藤家：奥州市	江戸中期※・菅野家より古いと推定
	小原家：花巻市	江戸中期・推定
宮城県	小関家：白石市	享保15(1730)年　墨書、県指定
秋田県	黒澤家：秋田市	江戸中期※・推定
	土田家：由利本荘市	十七世紀後半※・推定・県最古
	鈴木家：雄勝郡羽後町	十七世紀後半※・推定、中門享保18年建替[*2] 普請帳
山形県	尾形家：上山市	江戸中期※・推定
	佐竹家：西村山郡朝日町	元文5(1740)年頃
	有路家：最上郡最上町	江戸中期※・推定
福島県	滝沢本陣横山家：会津若松市	延宝6(1678)年※炭素14[*3]・様式編年、東北最古
	五十嵐家：南会津郡只見町	享保3(1718)年　墨書
	五十嵐家：河沼郡会津坂下町	享保14(1729)年　墨書
	馬場家：耶麻郡猪苗代町	江戸中期・推定(旧所在地　南会津郡伊南村)
	中山家：田村郡三春町	江戸中期・推定

東北6県の国の重要文化財指定物件のうち、江戸中期以前に建立されたことが明確な民家および江戸中期建立と推定される民家は全体で16棟ある（**表-4.1**）。なお、6県のうち宮城県には該当する国指定の重要文化財民家は今のところないが、宮城県指定文化財に指定されている白石市の武家屋敷旧小関家住宅は1730（享保15）年の墨書銘をもつ。なお、本稿では、様式編年や放射性炭素等によって建築年代が一定範囲に限定されている民家も建築年代判明の扱いをしている。

[注]

* *1　1990年当時、建築年代に関して特に吟味することなく、私も滝沢本陣横山家住宅を延宝6 (1678)年の建築とし、東北地方最古の民家と考えていた［宮澤、1990］。
* *2　当初の中門の詳細は明らかにし難いが、この中門は十七世紀後半の建築後、数十年で建て替えていることになる。このことから想像すると、中門は掘立柱建物であるなど構造的にも技術的にも、そして規模も主屋にくらべて貧弱であった可能性がある。あるいは主屋前面の一部の庇を葺き降ろした程度で大棟をもたないものであったかもしれない。それを建て替えたので、当普請帳では中門立替と題した可能性がある。
* *3　東北最古と推定され、放射性炭素年代法によって建立年代を調べたので、その構造形式などの特徴、建築年代に関しては、別稿「会津滝沢本陣横山家住宅の特徴と建築年代」で詳細な検討をしている。1-4参照。

4.2　東北の古民家

4.2.1　概要と保存

どれほど古い民家が、東北地方にあるだろうか。建築した年代が文字資料によってはっきりしているものでは、享保3(1718)年の福島県只見町の五十嵐家が最も古い。昭和48(1973)年、移築のため解体したさいに、柱の枘に年号のある墨書が見つかった。これに続くのが、岩手県北上市の中村屋敷といわれている菅野家である。この家には『享保拾参年正月吉日　色々御手伝物之下申候覚之帳』と題する普請帳がある。この普請帳は菅野家新築にさいして、手伝物と称して、縄やよし、茅などの建築材料や酒米などの食料品その他、村の人々や縁故者からもらったものを記している。次が福島県会津坂下町の五十嵐家で、昭和44(1969)年に移築解体したさいに、ザシキの束柄から享保14年の墨書が見つかった。

享保18年に、秋田県羽後町の鈴木家の中門が建替えられた。ここで中門というのは、主屋の正面に突出している部分で、ここに出入口や馬屋が設けられている。『享保十八年丑三月吉日　中門立替手伝覚帳』と題する普請帳には、中門の立替にさいして、村人などが手伝いにきた記録とともに、「かや・おがら諸持参手伝人之覚」があって、茅や縄、おがらなどもらったものも記録してある。

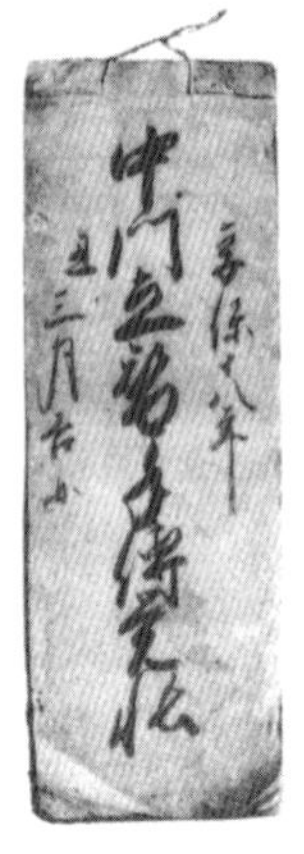

以上に記したように、享保年間に建築された建物が4棟知られている。ほかにこの4棟のように建築年代が明確ではないが、これより古いとみられる家が数軒ある。まず、さきにあげた滝沢本陣横山家があげられる。次いで秋田県羽後町の鈴木家は、中門

図-4.1　鈴木家住宅中門の普請帳
主屋前面に突出する中門を建替えにさいして村人の手伝いを記録した帳面の表紙。手伝いは労力、建築材料、食物など多岐にわたる。

が享保18(1733)年に建替えているから、主屋のほうは中門より古いことは明らかで、1600年代後半の建築と推定されている。同じ秋田県由利郡矢島町の土田家は鈴木家と同規模で、間取りや構造が非常によく似ており、建築された時期も同じころと考えられている。

つぎに、岩手県奥州市江刺区の後藤家は、享保13(1728)年の菅野家と建物の規模はほぼ同じであるが、土間に独立柱が多く建つなど古式なところが多いので、菅野家よりは古く、他の資料等もあわせて、元禄8(1695)年頃に建てられたのではないかと推定されている。このほか山形県上山市の尾形家、福島県会津若松市滝沢本陣横山家、同県の三春町の中山家は17世紀末までさかのぼる建築と考えられている。

いまここで、どれほど古い家があるか特にとりあげた理由は、東北の庶民たちが長い年月の風雪に耐えうる住まいをいつ頃から建てるようになったか知ることができ、その時期が東北における近世民家が成立した時期であると考えるからである。

東北には先に記したように17世紀後半に建てられた民家が現存している。このことは上層農民たちが、このころには300年もの風雪に耐えうる建築として本格的な住まいを建てる経済力や社会的な力を持ってきたことを意味している。ただ、300年前に誰もが現存する民家のような耐久性のある住まいをもてたのではない。一部上層に属する以外の多くの農民は掘立小屋同然の粗末な住まいしかもてなかった。彼らが耐久性のある住まいをもつようになるのは後のことである。

全国的にみて、上層農民が建築として本格的な住まいをもつようになるのは、近畿地方で早く、16世紀に遡るが、地方ではほぼ17世紀後半以後である。

ここで民家の保存について多少ふれておこう。

図-4.2　伊藤家住宅　岩手県花巻市、江戸後期
寄棟造、茅葺きの主屋と附属屋。岩手県には曲家が多くあるが、ごく古い家や小規模な家は直家である。

図-4.3　伊藤家住宅の主屋内部
土間にいろりが切られ、オカミと呼ぶ板間が張り出して設けてある。これらの上手（写真右）にザシキとデイの二室がある。

　現在、民家は公には国や県、市町村が文化財として指定したり、博物館・資料館なりの施設として保存がはかられていたりする場合が多い。これらの民家の保存方法を見ると、それぞれの物件によって違っている。

　青森県の6件の重要文化財民家では移築したものがなく、全て建築時の位置で保存されている。そのうち公有化されたものは3件である。秋田県では9件のうち2件が公有化されているが、他は個人所有で移築されたものは1件のみである。これに対し、岩手県では11件のうち9件までが公有化、移築保存されている。現地で保存されているのは1件にすぎない。福島県も6件のうち4件が公有化、移築されている。宮城県は5件

図-4.4　平山家住宅　青森県五所川原市、1769年
間口が33mある大規模な家。左手に玄関が突出して設けられ、右手に茅屋根を押上げて出入口をつくる。

図-4.5　我妻家住宅の茶の間　宮城県刈田群蔵王町、1753年

茶の間は土間に接した広い部屋で、間口8.5m、奥行9.8mもある。いろりがあり、天井が張ってなく梁組をみせる。

のうち3件が公有化、移築されている。残りの2件は個人所有で、現地で保存されている。山形県は7件のうち6件が公有化され、2件が移築されている。

　重要文化財指定民家の修理や改造にあたっては、文化財としての価値を損なうことをできるだけ少なくし、なおかつできるという条件が付く。この一見矛盾するような条件を満たすことは、難しい問題であるが、それだけにやりがいのある仕事である。大きな修理を実施する場合に、必ずつきあたる問題であり、一軒一軒の家の条件にしたがって解決していかなければならない。

4.2.2　民家の規模と間取り

　江戸時代の民家の規模と階層との間には相関関係があり、一般的に上層の家の方が規模が大きい。

　東北地方の重要文化財指定の農家について規模をみてみる。もっとも小規模な岩手県の伊藤家が桁行7間、梁間4間、面積28坪である。一方、もっとも大規模な秋田県の奈良家は、両中門造で、桁行12間、梁間7間の主屋の前面に二つの中門が出ており、面積は120坪ほどある。また正面桁行きの長さを見ると、最も小さいものが福島県只見の五十嵐家で13.3m、もっとも大きいものが宮城県の我妻家で36.3m、これに続いて青森県の平山家は33.0mある。

　以上でみるように規模の大小には非常に大きな差がある。ただ、ここで規模が小さいといっても、これらの民家が建築された当時の社会状況を考えると、これらは決して小

図-4.6 佐竹家住宅 山形県西村山群朝日町、江戸中期
大庄屋を勤めた家で、間口が25m あって規模が大きく、接客用の座敷がよく整っている。

図-4.7 洞口家住宅 宮城県名取市、江戸後期
館屋敷と呼ばれる上層の家で、敷地の周囲に堀、土塁をめぐらしている。主屋は寄棟造、茅葺きで規模が大きい。

図-4.8 洞口家住宅の内部
土間に張出した板間にはいろりが切ってある。曲りのある独立柱や梁に東北の古民家の特徴がでている。

規模な部類に入る家ではなく、むしろ一般的な規模と考えてよいだろう。ちなみに東北地方のものではないが、神奈川県葉山町（旧木古葉村）の元禄4(1691)年の資料による規模別の統計をみると、15坪と30坪前後のところにピークがあり、数の上で多いのは前者であり、後者は規模が大きい家のグループであることを示している。全国的にみて東北地方の民家の規模は平均して大きいのである。

間取りは、建物の規模、所在する地域、建築した時代によって異なっており、特徴を持っている。いまここでは、重要文化財指定の民家を中心にして、規模と間取りの関係を概観してみよう。

規模をA特大、B大1、C大2、D中、E小の5つのグループに分け、建築年代順に間取りを並べたのが61～62頁の図である。この図から読み取れることを記すと次のようになる。

① A特大、B大1の家は床の間のある座敷をもっている。D中、E小の家は18世紀のものは床の間のある座敷を持たないが、19世紀になるともつようになる。

② A特大規模のものは、書院座敷が整っている。福島県の滝沢本陣横山家では座敷棟を主屋の上手に増設して建て、山形県の尾形家では主屋の上手背後に座敷を突出した形で設けている。また宮城県の我妻家では主屋の上手に座敷を増設して、接客空間を充実したものにしている。これに対しB以下の家では座敷はあっても主屋内におさまっている。

③ 間取りを分類する指標として、土間に沿う部屋が1室か2室ないしはそれ以上か、すなわち「広間型」系か「四間取り」系かという点に注目してみる。

図-4.9　奈良家住宅の両中門　秋田県秋田市、江戸後期

両中門造で、土間と座敷の全面に中門が突出する。写真は両中門の間を写す。

図-4.10 奈良家住宅の内部
土間にいろりとかまどが並んで設けてある。写真奥の囲ってある部分は、中門に設けられた馬屋。

図-4.11 佐藤家住宅 新潟県北魚沼郡守門村、1738年
豪雪地帯新潟県魚沼地方の典型的な中門造。

　A特大規模の家5棟のうち、秋田県の奈良家以外は広間型系である。これに対し、B大1、C大2は17世紀に属するものからすでに広間型系でなく四間取り系になるが、それ以前は広間型系である。

　以上のことから不思議に思えるのは、特大規模の家が広間型系であるのに対し、これより規模の小さい家が四間取りである点である。これがなぜか詳細はいまのところ明らかでない。②で述べているように、座敷など必要な部屋は、四間取りとして増やすというよりは、桁行きや背面に突出させて増築している。上層で大規模な民家では家の格にふさわしく、ひとつひとつの部屋を広く大きくする必要があったと思われる。

　関西地方の上層民家ではほとんどが四間取り型系であり、接客空間などを充実したい場合は、増築せずに別棟とする点で大きな違いがみられる。

4.2.3　曲屋と中門造

　東北地方の民家でよく知られているのは、南部の曲屋と日本海岸に沿う地域や会津地方に分布する中門造である。曲屋と中門造は外観の形体は類似しているが、その発生や機能、分布する地域など多くの点で異なっており、別系統に属している。

　曲屋は、主屋の下手にある土間の前面に馬屋が接続したもので、全体としてL字型になっている。主屋と曲屋の接続部分の構造をみると、両者のつなぎは強固なものでなく、それぞれ独立した建物を後になってつないだような扱いになっている場合が多い。そしてまた、現在は曲屋であっても調べてみると、もとは直屋（すごや）（長方形平面の家で、曲

図-4.12　南部の曲屋
曲家正面の曲りの部分は馬屋である。馬屋の正面を入母屋造として、破風を飾っている。

図-4.13　南部の曲屋の内部
本屋と馬屋が接続する部分で、左が馬屋、右が本屋の土間で、両者は続いた空間をつくっている。葉タバコを吊るして乾燥させている。

図-4.14 渋谷家住宅 山形県鶴岡市、1882年

山形県の田麦俣はかつて養蚕が盛んであり、妻側の屋根を切り上げたり、屋根面に採光、通風用の窓をつくった。この特異な形式は高八方(たかはっぽう)と呼ばれる。現在、鶴岡市致道博物館に移築されている。

図-4.15 渋谷家住宅の屋根裏

屋根に開く櫛形窓は、蚕室として使う屋根裏の採光。通風のためのものであるが、外観の意匠に変化を与えている。

屋に対しているという)であって、後に馬屋を増設したものも多くある。

曲屋が普及するのは18世紀末以後、明治時代にかけての時期であって、この時期に多くの曲屋が建てられた。曲屋の発生については明らかでないが、家格を象徴するひとつの方法であり、武士住宅からの影響があったかもしれない。ただし、南部藩が農家に曲屋を推奨したというような確実な資料はいまのところ見つかっていない。

曲屋が馬の飼育を大切にしたつくりの家屋であることはこれまでにしばしば指摘され

ている。そのひとつは配置に対する配慮である。本屋と馬屋の入隅に当たる面を南向きにして、馬屋を陽当りのよい位置に配置しているのである。第二は、家の内部に入るときには、家人は馬と必ず目を合わせるように馬屋が配置されている。さらに馬屋は、いろりが切ってあって家族が集まるジョウイ、オウエなどと呼ばれる部屋と向かい合っている。家人は常に馬の動きを見まもることができる。また、土間には大きなかまどが築いてあり、寒い時期には飼料をここであたためてから与えるのである。

曲屋の曲がり部分は馬屋である。この点、多様な機能を持つ中門造と大きく異なっている。分布する地域は南部藩（盛岡藩）遠野の千葉家が代表的な民家（**図-4.20**）である。ただこのほかの地域にも南部の曲屋に類似した曲屋がある。

中門造は、主屋の下手にある土間の前面に出入口になる部分（中門）が突出しているものが代表的な形式である。この中門は出入口の機能のほか馬屋をあわせもっていることも多く、馬屋中門・玄関中門・前中門などと呼ばれる。中門は土間の前面だけでなく、座敷前面につく座敷中門もある。秋田県の奈良家は土間と座敷前面の両方に中門をもっており、この形式を両中門造と呼ぶことがある。なお新潟県では、主屋から突出する部分をどれも中門と呼んでいる。

中門造は日本海の海岸沿いの豪雪地帯に分布していることから、その発生は積雪時に、家への出入を容易にするための設けられた、ごく簡単な装置−付け庇などが、しだいに建築的に立派になり、家格をも表現するようになったと考えられる。中門造の発展の時期は、秋田県の鈴木家が1733（享保18）年中門の立替を行っているから、これ以前にも中門にあたるものがあったことがわかる。17世紀末から18世紀初頭には、上層の家では中門造が建てられていた。一方、中門造は新潟県下にも広く分布し、18世紀末から19世紀初めごろには、本家より中門のほうが面積的に広くなるものがあらわれる。寛文年間（1660年代）の『越後風土考』に「里方に至りては、近頃本家の外、部屋、水屋、馬屋等の中門又は付下を構えるものまれに見る所」とあって、17世紀後半には中門造が稀にあり、山間部より平地部に早くからあったことを記している。したがって、最初から作られている中門は構造的にも主屋とも結びつきが強固であるのが普通である。

4.2.4　民家に見る東北らしさ

曲屋も中門造も、東北地方を代表する民家形式であるが、ここでは、曲屋、中門造以外のことで、東北地方の民家に現れた東北らしさについて記そう。

まず、第一にあげられるのは、土間の内部にたつ独立柱の存在とそれによって形成される空間である。

東北地方の民家は概して規模が大きいことは前に記したが、規模が大きいだけに土間も広い。土間は元来、作業空間の機能をもっており、ここに内馬屋が設けられたり、青森県の平山家のように稲部屋、農作業場が区画されたりし、屋内で作業ができるような配慮がされている。また土間にはかまどや流しなどがあって、炊事場としての機能も一部もっている。

このような土間で、最も東北らしいのは、前に記した林立する独立柱とその空間である。岩手県の後藤家・菅野家、宮城県の我妻家・洞口家などに、その典型的な姿をみることができる。土間の独立柱は雑木を用い、断面が四角形でなく、自然木に近く不整形の多角形である。秋田県の奈良家の土間にたつ八角形の柱もこのような柱の名残であろう。これらの柱をつなぐ梁もまた曲材であり、天井が張っていないため、目が慣れてくると茅葺の屋根裏が見えてくる。この土間にいると、竪穴住居に入っているような錯覚

図-4.16 弘前市仲町の町並み

武家屋敷は、イヌマキの生垣や板塀で囲まれ、敷地ごとに門を開く。家々が軒をつらねる商家の町並みとは大変違っている。

図-4.17 石場家住宅 青森県弘前市、江戸中期

勾配の緩い栗屋根はもと柾板葺きであったことを示す。前面の庇はコミセ（ガンギ）で通路として使われる。

図-4.18 高橋家住宅 青森県黒石市、江戸後期

切妻造、妻入、もと柾葺きの町家で、前面にコミセを設けている。片側（写真右側）に通り庭をとり、これに沿って部屋を五室二列に並べる。

さえ覚える。

ところで我妻家をはじめ、宮城県の民家には、かまどの近くにたつ独立柱に「かまど神」とか「かま男」と称して、粘土でつくった人面が祭ってある。目には鮑の貝殻がはめ込んである。土間は窓など開口部が少なく薄暗いのであるが、光のあたり方によって、かま男の眼が光るのである。

言葉ではいいあらわしにくいが、私はこの土間の空間に縄文的なものを感じるのである。

東北らしさの第二番目として屋根の形をみてみよう。農家の屋根は茅葺で、寄棟造が多い。ただ岩手県南部の旧伊達藩には片方を寄棟造とし、他方を入母屋造としたものがあり、また秋田県などの中門造では、中門の正面を入母屋造として、大変凝った意匠になっているものも多くある。このような屋根で注目されるのは、屋根面に作られた窓である。この窓は、宮城県の洞口家（**図-4.7**）にみられるように比較的小さいもの、我妻家のように屋根面の中央に横に長くあけられているもの、山形県の渋谷家（**図-4.14、4.15**）にみられるように比較的大きく、建具が入っているものなどがある。これらの窓は煙抜きであったり、通気口であったりするが、渋谷家のものは屋根裏を養蚕のために使っているために採光の役目ももっている。山形県の田麦俣地方には、かつてこのような養蚕農家が多くあり、「高八方」と呼ばれていた。

屋根面の途中ではないが、青森県の平山家（**図-4.4**）にみられるように軒先を切りあげて、屋内の採光をはかっているものもあり、これらは東北地方民家のひとつの特徴的

図-4.19　黒石市中町のコミセ
各家の前面に続くコミセは、積雪時にはその威力を発揮する。普段もまた歩道の役目をもつ。

図-4.20　千葉家住宅 岩手県遠野市、江戸末期
石垣を築いて宅地を造成し、曲屋を建てる。破風を大きくみせた馬屋の全面は石垣の上にのり、家格を象徴する。右図は建物の配置図。

な意匠になっている。

　また棟のつくり方にも各地で特徴がある。いわゆる箱棟は各地で多くみられるのであるが、箱棟とせず、棟の上に直接板を並べたような棟のつくりは青森県にみられるもので、北海道南部にも及んでいる。

　棟の上に土をのせ、芝や岩松、ショウブなどを植える棟のつくりは、東日本に広くみられる。青森県の笠石家は芝を植えて棟をおさえている。

4.2.5　豪農の館──越後の民家

　日本海に沿う長い海岸線を持つ新潟県は、わが国有数の米穀地帯であり、豪雪地帯である。

　新潟県の民家で特徴ある形式のひとつは中門造であり、佐渡を除くほぼ全域に分布している。中門造は日本海岸沿いの山形県・秋田県そして、福島県会津地方など豪雪地帯に分布している。中門造とともに新潟県の民家を特徴づけているのは、大地主層の住宅である。

　新潟平野は米穀地帯であることは前記のとおりであり、17世紀から18世紀初頭にわたって、干拓等による水田開発が大々的に行われ、米の生産量が増加し、大地主層が形成される基礎ができた。大地主層は数百町歩の耕地を所有し、多くの小作農民をかかえていたが、大地主層の傘の下に入っていれば安心であるという一面ももっていた。

　大地主層の住宅は、広い屋敷を構え、大規模な主屋とともに多くの付属屋を伴っている。終戦後の農地改革・社会状況の大きな変化によって、かつての大地主層はなくなったが、家屋敷を現在にのこした。地主層の住宅として、現在、次の5件が重要文化財に指定されている。主屋の建築年代順にあげる。

長谷川家	長岡市	享保元年（1716）
佐藤家	岩船郡関川村	明和2年（1765）
目黒家	魚沼市	寛政9年（1797）
渡辺家	岩船郡関川村	文化14年（1817）
笹川家	新潟市	文政9年（1826）

　大地主層の住宅として最も古い長谷川家は、小千谷街道に面して西面する長屋門を開き、周囲に堀と土塁をめぐらした広い敷地のほぼ中央に主屋をおき、この背後に蒸籠蔵、帳蔵、鍛冶蔵、新蔵、米蔵などの付属屋を配し、敷地背面に裏門をもっている。主屋は1706（宝永3）年の火災後に建築された。平面は、南側に張りだす土間と、裏まで通じる通り土間、これに接して居室、この上手表側に玄関と接客座敷、裏側に居室部を突き出した形でもっている。南側に張出す土間には構造上の要所に独立柱が立っており、非常

図-4.21　渡邊家住宅 新潟県岩船群関川村、1817年
街道に面して妻を正面にみせた主屋がたち、両脇に土塀が続き、敷地の周囲に水路がめぐっている。

図-4.22　渡邊家の内部
表から裏に通ずる広い土間に沿って、茶の間、台所、流し場が配してあり、広大な空間を形成している。

に古めかしい。これに対して上手の接客部は、床・棚・書院などの座敷飾りをもつ座敷を中心に3室が並ぶ続き座敷で、縁をめぐらし、庭園を望めるようになっている。接客座敷は新しい感覚のデザインで材料の使い方にも新しさが見られる。古めかしい土間と同時期の建築とは信じられないぐらいの新しさを感じる接客座敷である。建築年代が古いだけに、部屋境部屋境には柱が密に立っている。屋根は茅葺きで、突出部をもつが、いずれも寄棟造である。

　佐藤家は明和2年の建築で、重要文化財に指定されている。後述する渡辺家から数軒離れ同じく米沢街道に面して建つ。平面構成など渡辺家と類似するが、屋根が茅葺きであり、優美で堂々とした姿をあらわしている。

　目黒家は、正面中央部に玄関が中門として突出しており、接客部分が発達している。

　渡辺家は、米沢街道に面して敷地を構え、主屋は街道に直接面して建っている。農家に対して町屋に分類される。平面構成の大筋は長谷川家と同じで、向かって右側に表から裏に通じる通り庭をおき、これに沿って板間・居間などの部屋を配し、表側上手に接客座敷を配し、廻縁を設け、この座敷に面して築庭している。ただし、屋根は石置板葺き・妻入りで、街道に面して上手に接客座敷、下手に部屋を突出した形で設けているので、屋根の形は撞木造などと呼ばれる逆T字型になっている。土間とこれに沿う板間境には間仕切りを設けないので、全体として非常に広い空間を構成しており、梁組も雄大である。付属屋として味噌蔵、金蔵、米蔵、宝蔵、新土蔵、裏土蔵などが主屋の下手から裏側にあり、敷地の周囲は、土塀、水路で囲まれ、一大建築群をなしている。なお、渡辺家から数軒離れ同じく米沢街道に面して建つ佐藤家は明和2年の建築で、重要文化財に指定されている。平面構成など渡辺家と類似するが、屋根が茅葺きであり、優美で堂々とした姿をあらわしている。

　笹川家は新潟平野のほぼ中央に位置し、信濃川の一支流である中之口川のすぐ西側にある。広い敷地は塀と土塁に囲まれ、その東面に表門を開き、ここから入ると広い前庭を隔てて表座敷が建つ。正面に大きな唐破風の玄関が突出し、土間入口への石敷きのアプローチとともにわれわれを迎えてくれる。表座敷の背後に大規模な居住棟が建つ。このさらに背後に数棟の土蔵があって建築群を構成している。

　笹川家の表座敷は規模が大きく、部屋割も大きいが、ただ大きいだけでなく、各部分の釣り合いがよい。玄関から入ると畳廊下をへだてて「三の間」がある。この部屋は間口3間、奥行3間半で、このうちに幅2間半の大床をもっている。この上手の次の間は間口2間半、奥行3間である。普通の畳を敷きつめれば15畳となるのだが、大きな畳を用い10畳敷きとなっている。「次の間」の奥には「上段の間」が続く。床・棚・書院の座敷飾りを備えた方2間半の座敷で、「次の間」と同様に大型の畳9枚を敷きつめている。各部屋は広いので天井が高く、内法は6尺(182 cm)で、一般の家より2〜3寸(6〜9 cm)高い。

　ここに立つふすまや障子などの建具も、2間半や3間のところに4枚建となっており幅が広い。柱や長押など部材も釣り合いがよく、新潟平野の豪農の館として豪華さを誇っている。

　以上にみた大地主層の住宅は新潟県の民家を代表するとともに、日本の民家のデザインや構造技術の水準の高さを示す建築でもある。

図-4.23　笹川家住宅の表座敷　新潟県新潟市、江戸後期

次の間から上段の間をみる。上段の間は2間半四方（12畳半）の大きさであるが、大型の畳9枚を敷きつめる。欄間の意匠も奇抜。

図-4.24　笹川家住宅の土蔵群

表座敷・居室棟の背後に、飯米蔵、米蔵、三戸前口上蔵（写真左）が通路の両側に並び豪農の家であることを示している。

図-4.25　笹川家住宅表座敷の広間

広間から三の間、次の間をみる。太い梁をみせる。規模の大きさを考慮して、建具などみな大柄につくってある。

*

次に、弘前・角館・大内宿など重要伝統的建造物群保存地区に選定されている集落町並みをはじめ、集落街並み保存調査を実施した地などを中心にして、東北地方の若干の歴史的な集落町並みについて話そう。

4.2.6　弘前と黒石

弘前は津軽氏の城下町である。戦国時代末期に為信は南部氏を圧して所領を広げ、1594（文禄2）年に豊臣秀吉から4万5000石を安堵された。その後、加増や黒石藩の分与などで石高は変わるが、新田開発がすすんだ1808（文化5）年高頼のとき石直しで10万石となった。1869（明治2）年に廃藩置県が実施され、県庁は青森市に置かれたが、文化の中心は依然として城下町として蓄積をもつ弘前にあった。

市街地の中心部にある弘前城は、公園としてみても津軽藩時代の大きな遺産である。弘前にはこの時代に建てられた社寺建築も多く、最勝院五重塔、長勝寺三門、弘前八幡宮、誓願寺山門、熊野奥照神社、東照宮、津軽家霊屋などが重要文化財に指定され、また旧第五十九銀行本店、弘前学園外人宣教師館など重要文化財指定の洋風建築のほかにも多くの古い建築がある。ただ、武家住宅や町家は、明治維新による変革や、その後の社会の変化、生活様式の変化によって、その大部分がなくなり、新しい形式の建物に変わった。

このなかにあって、城の北側に位置する仲町と称する武家屋敷地の一郭は比較的良く往時の姿を保っており、重要伝統的建造物群保存地区に選定され、街並み保存と地区整備がすすめられている（図-4.16）。

城の北門である亀甲門の北側には壕を隔てて亀甲町と呼ばれる町人町一筋が、仲町との間に挟まっている。ここに重要文化財の石場家住宅（図-4.17）がある。石場家は正

面を城のほうに向け、道路の沿った前面にコミセ（新潟地方ではガンギと呼ぶ）が付いており、積雪時の往来に便利なようにしていた。しかし現在では家々が建て替えられコミセのない建物がふえ、各家のコミセは連続しなくなってしまった。

　ところで仲町の景観を特徴づけているのは、道路沿いに続くサワラ垣や板塀と、そこに開く冠木門や薬医門などの門である。武家屋敷地であるので、主屋は比較的広い敷地の中に立っている。もともと屋根は茅葺きや木羽板葺きであったが、現在は鉄板葺きが多い。建物は平屋建てで、一部に二階建てもあり、良好な住宅地になっている。この地区から天気の良い日には、岩木山の美しい姿を見ることができる。

　黒石は津軽藩の支藩で、1656（明暦2）年津軽4代藩主信政の家督相続とともに、その後見人として3代藩主信義の弟信英が、5000石を分封されて新たに陣家を構えたときにはじまる。市街地のほぼ中央に位置する中町にはコミセをもった町家が並び、北国らしい町並みを形成している。町家は妻入りと平入の両方あるが、ともに屋根勾配がゆるく、もとは木羽板葺きであったことを示している。この中の1軒である高橋家（**図-4.18**）は宝暦年間の建築といわれる古い町家で重要文化財に指定されている。この付近一帯には一部であるがコミセが連続して残っており、雪国の町らしい情緒がある。

4.2.7　曲屋の集落と盛岡

　南部氏の盛岡藩（南部藩）でよく知られている民家は、馬屋を伴った民家、すなわち曲屋である。この曲屋は旧南部藩領内に分布する。特に盛岡付近の岩手郡、上閉伊郡遠

図-4.26　盛岡の町、岩手銀行（旧盛岡銀行）
赤煉瓦と白い石とが対比をなし、ドームをあげたこの建物は、町のシンボルのひとつである。
2016年から岩手銀行赤レンガ館として公開

野付近に著しく、主屋の前面に馬屋が接続してL字型をした曲屋が点在する集落景観には親しみが感じられた。どの家も東南の方向をL字型で抱いているような向きに配置されているので、家を見れば方位が分かる。

曲屋がなぜ生まれたか。東北地方の民家を早くから研究している小倉強は、南部藩が奨励したことはなく、総本家・本家は曲屋であるが、分家が直屋である例があることから、家格を表示するためとも考えられる。また武家住宅に曲屋があるから、富める農民がそれを模したものとも想像されると述べている。

かつて曲屋が多くある集落は少なくなかった。しかし現在では曲屋そのものがほとんど姿を消してしまった。最近まで曲屋が比較的多くあった遠野の砂子沢は1976（昭和51）年に重要伝統的建造物群保存対策調査を実施し、その調査報告書が刊行されているが、曲屋の集落を保存するまでにはいたっていない。曲屋として現地で保存されている好例として遠野市上綾織の千葉家がある（**図-4.20**）。石垣を積んだ敷地の上に馬屋が張出すように建ち、その堂々とした姿は格式を強くあらわしている。1830（天保元）年の建築という。曲り部分は馬屋で、この奥の土間には、大釜が築いてある。寒い季節には馬の餌をこの大釜で温めるのである。

盛岡市のことについてもう少し記そう。盛岡市では都市の美的価値に注目し、自然環境や歴史環境の保全に努め、「自然環境及び歴史的環境保全条例」を制定し、由緒由来ある建造物、古い建築様式を伝える建造物、情緒ある建造物を指定の対象とし、町の自然環境と建造物の調和をはかることとした。旧盛岡銀行（**図-4.26**）、旧第九十銀行、旧井弥商店、旧石井県令私邸などの建造物の18件を1977（昭和52）年1月から1979年4月までの間に3回にわたって指定した。この景観行政は「盛岡方式」として注目されたのであるが、このもとには、第一勧業銀行盛岡支店が取り壊されるという事件などを契機に、市民の歴史的遺産を町づくりに活かそうという強い支援があったという。

集落や町並み、そして歴史的建造物の保存は法律や条例を作ったからといってできるものではない。住民・市民の支援なしにはすすまない。

4.2.8　秋田の武家住宅と角館

秋田は久保田藩佐竹氏20万石の城下町で、廃藩置県後は、県庁所在地として発展した。市内には以前は武家屋敷やその一部の屋敷門が残っていたが、今ではほとんどが姿を消してしまった。このようななかに上級武士である黒澤家が家屋敷ともほぼ完全な姿で残っていた。しかしこの黒澤家も現地で保存することができず、市内の一つ森公園に移築してようやく保存することができた。移築工事は1988（昭和63）年に竣工した。

黒澤家は、石高五百石余を有し、現在地（一つ森公園に移築する以前、東根小屋町）に移ったのは1829（文政12）年のことである。その敷地は間口26m、奥行55mあり道路に面して東向きに長屋門を建て、この奥に庭を隔てて主屋を配し、主屋の背後には内蔵、米倉、木小屋などを配していた。また長屋門の北で、敷地の東北隅にあたる位置に氏神堂が祀ってあった。1988年の移築にあたっては、建物はもちろん、その配置もそっくりそのままの状態にした。主屋は書院と台所からなっており、書院は正面を東にとる妻入、木羽板葺きの建物で、この東側に玄関を設け、間取りは田の字型に4室を配し、東側2室を主室として、北側の8畳間に床・棚を設けている。床・棚の背後にあたる北側はコザと称する座敷をつくり、この西側に台所部分が続き、玄関から台所まで建物が雁行形に並んでいる。書院は18世紀前半頃の建築で、その後、増改築があって現在の姿になった。

図-4.27 黒澤家住宅 秋田県秋田市、江戸中期
長屋門、書院、台所、土蔵など武家住宅としてよく整っていた。城下町の中心部から建物全体が郊外の公園に移築され、保存公開されている。

図-4.28 黒澤家住宅の書院
比較的簡素で端正な座敷構えである。矩折りにつく棚は後設のもの。

図-4.29 角館の町並み
大樹が繁る町並みのなかに、板塀や柴垣が続き、門が開き、武家屋敷地の雰囲気を醸し出している。

図-4.30 石黒家住宅 秋田県仙北群角館町、江戸後期
茅葺き屋根の本屋の正面に大きな玄関を構え、武家住宅であることを表わしている。

　武家住宅で黒澤家のように付属屋まで全体がそろっている例は少なく、主屋部分の建築年代が古いこともあって、1989（平成元）年に重要文化財に指定された。
　次に重要伝統的建造物群保存地区に選定され、町並み保存につとめている角館の町並みをみてみよう。
　角館の現在に伝わっている町割りは、元和年間にこの地を知行地1万5000石として与えられた芦名盛重によって行われた。町は古城山南麓に芦名氏の館を構え、この南に武士の居住区である内町を配し、この南に火除地の土塁を隔てて、町人町である外町をおいた。保存地区はこのうちの内町に当たる部分で、道路に沿う南北約700mの町並みである。
　この地区で最も印象的なのは、うっそうと繁るシダレザクラ、モミなどの樹木である。これらの樹木は地区全体を濃い緑で覆っている。道路に面して板塀や柴垣があって屋敷地が区画され、屋敷ごとに小さな門が開かれている。この地区内の敷地の数は50軒ほどであるが、その数は江戸時代とほとんど変わっていない。商家の町並みと異なり、主屋は板塀や柴垣の内側のやや奥まったところに建つ。江戸時代に建てられたものは茅葺きで、現在5軒が残っている。明治期には茅葺きから板葺きに変わったが、これらはさらに鉄板などに変わっている。
　角館の町並みは、前記のように町家が並ぶ町並みとは全く異なっている。道路に面しているのは板塀や柴垣・門であり、さらに道路を覆うほど多くの樹木である。角館の町並み景観といえば、連続する家並みでなく、樹木が繁る町並みである。伝統的建造物として特定している物件は建物5、塀など工作物23に対し、樹木が160ある。これらの樹木が景観を特徴づけるとともに、かつての武家屋敷地らしい雰囲気を醸し出している。

4.2.9 登米の町

登米は仙台伊達家を宗家とする登米伊達家 2 万石の城下町で、いまなお城下町当時の面影をよく伝えている。北上川の西岸に接して開かれたこの小さな城下町は、水運に恵まれ、河口石巻と上流の盛岡地方とを結ぶ舟運の中継港として、農林産物の集散を主とする交易が行われ、商業も盛んであった。明治維新後も、この地方の中心地として、水沢県庁（明治 4 年、一関県を改称）、警察署が置かれた。明治 6 年に設立された小学校は、同 21 年には擬洋風建築によって校舎を建て替えた。翌 22 年には警察署も擬洋風建築となった。

江戸から明治にわたって栄えた登米の町も大正以降、鉄道など陸上交通機関の発達に伴って、北上川水運が不振となったこともあって、町は発展からとりのこされる。しかし、今ではこのことがかえって登米の歴史の重さをわれわれの眼前にあらわすこととなった。

登米の町は、かつて小説の舞台になったことがある。徳永直『妻よねむれ』である。ここで昭和二十年代の登米は、古い町であり、日露戦争以後の急展開した日本の資本主義から置きざりを喰ったような町、山と田圃と川とにかこまれ、工場らしい工場はない町と表現されている。また武家屋敷については、こわれかけた長土塀、いかにも朽ち倒れそうながらも威厳を保っている茅葺きの門、武者窓のついた白壁の長屋門など、このままそっくり博物館におさめても値打ちがあるような家ばかりであり、また川土堤沿いの町人町については、みな一様な 2 階建ての荒格子のある店がまえ、屋根と屋根の合間には、その店の奥行をみせている白壁の土蔵がならんでいる。そしてまた、登米小学校は町のめぼしい建築の一つで総 2 階建ての学校は古風などこかいかめしい面持ちで、今もちゃんとしていると書き表している。

図-4.31　登米市登米町の武家屋敷の町並み
土塀に囲まれた敷地内の所々に茅葺きの主屋が残る町並みは昔日の面影をしのばせるのに十分である。

図-4.32 旧登米高等尋常小学校
明治時代に入ると、武家屋敷とはまったく異なる擬洋風建築が町中に建てられた。この小学校もその一つ。

図-4.33 旧登米警察署庁舎
かつて、この地方の行政の中心地であったこの町には明治期に擬洋風の警察署も建てられ、近代化がすすめられた。

　小説に書かれたときから40年以上過ぎたある秋の1日、わたしは小さな城下町登米の町を歩いてみた。わたしはこの町について同様の印象を受けた。40年前とくらべれば、古い土塀や門、家はおそらくずっと減っているだろう。しかし、こわれかけた長土塀があり、門があり、茅葺きの家も何棟もあった。修理してピシッとした塀や門、家も少な

くなかった。重要文化財の旧小学校は修理ができピッカピカで警察署もペンキがきれいに塗られ資料館として再利用されていた。登米市は、この町を「みやぎの明治村」と名づけて売りだしている。このことは、この町が明治時代に盛んであったことの証であるが、これに優るとも劣らないのが、城下町時代の武家屋敷と町家である。武家屋敷は町の中心部に位置し、門、塀をもち、樹木にかこまれて主屋が建つが、茅葺きのものも少なからず残っており、現在では貴重なうえ、珍しい存在である。また町には、妻入の商家が軒をつらねている。現在では正面が看板等で隠されているが、ここを整備したならば、古い町家も甦るだろう。そしてまた明治以降になって普及したのであろうが、天然スレート葺きの建物が多くあることが注目された。玄昌石の産地として、この活用と歴史の蓄積とを組合せた町づくりがこの町の魅力を増すだろう。

4.2.10　米沢から七ケ宿・大内宿

　　上杉氏の城下町米沢の市街地には、江戸・明治期の建物が多少残っているが、江戸時代の雰囲気をよく残しているのは、市街地から約3km南方にある米沢市芳泉町の町並みである。ここはかつて原方(はらかた)とよばれる荒地であったが、上杉氏の城下町建設に伴って下級武士の居住地にあてられ、周辺の開墾もすすめられた。道路に沿って敷地内は樹々に囲まれ、生垣によって区別されている。茅葺きの主屋の多くは棟を道路と直角の方向にとっている。この点は会津の大内宿と類似しているが、敷地内に樹木が多く、道路に面して生垣がある点は異なっており、前記の角館と同様に武士の屋敷の特徴をもっている。

　　芳泉町の町並みについて建築群として保存しようとする気運は現在のところないが、

図-4.34　上戸沢の町並み

七ケ宿の一つであるこの町並みにはかつて茅葺きの家が軒を連ねていた。ただ現在では新しい家が多くなっている。

保存状況もよいので住民・市民・行政が協力して伝統的な環境を活かした町づくりがすすめられることを期待したい。

なお、芳泉町の近くにある通町も下級武士の居住区であったが、こちらは市街地に近いこともあって残存状況は芳泉町にくらべ劣っている。

米沢から宮城県白石に抜けるには七ケ宿を通る。この宿のひとつである白石市上戸沢は、ゆるやかな坂道に沿って茅葺きの家々が並んでおり、山間部の宿場らしさを保っていたが、最近は改築された家が多くなり、かつての姿はなくなってしまった。

東北地方の宿場で、江戸時代以来の伝統的な景観を最もよく伝えているのは福島県南会津群下郷町の大内宿である。大内宿は会津若松城下と下野今市を結ぶ会津西街道（南山通り）の宿場のひとつであって、会津若松の南約20 kmの山中にある。

大内宿の景観の特徴は、南北に通る街道の両側に四十数棟の寄棟造、茅葺の家々が、妻を街道に向けて規則的に並んでいる点にある。このなかにあって規模の大きな本陣のみが街道からやや奥まって建ち、妻側でなく平側を正面にして建っていて、景観の単純さを破っている。現在、屋根を鉄板で覆った家もあり、景観は江戸時代そのままの景観であるとは厳密にはいえないが、基本的なところは崩れていない。

規則正しく並ぶ茅葺き屋根の家並みとともに宿の特徴をなしていたのは、街道の中央を水路が通っていたことである。この水路は明治時代に道路の両側に二筋にわけられた。この水路で、かつて旅人はのどをうるおし、手足を洗った。また馬の飲み水でもあった。水路の位置は変えられたが、現在も水路には洗い場が設けてあり、村人の日常生活には欠かせない。野菜を洗う姿など農村らしい風景もみられる。

大内宿は昭和56(1981)年、重要伝統的建造物群保存地区に選定され、これに伴って保存整備の事業がすすめられている。この主なものは茅葺き屋根の葺替えであって毎年少しずつ進んでいる。このほか大きな事業として特記すべきは、福島県費の補助をえて

図-4.35　東からみた大内宿
街道に沿って茅葺きの主屋が規則正しく並び、その裏側には土蔵など附属屋が建っている。背後からみる景観は宿内とはまったく異なっている。

図-4.36　大内宿の用水路
街道の両側に水路があり、各家の生活用水として使われる。

本陣を復原したことである。この本陣は宿のほぼ中央西側にあり、前記のように正面を東に向けて建つ規模の大きな建物で、展示場として公開利用されている。

　宿の各家は主屋の背後に蔵や物置などの附属屋をもっている。主屋の間取りは、道路に面する側に座敷をとり、つぎに居間、最も奥に出入口を伴った土間・台所を配している。台所部分は現代風に改造されたり、この奥に増設をしたりして、日常生活の中心となる場をこちらにおいている家が多い。このようなこともあって、町並みの背後東西両側を通る道路が建設された。この道路はいわゆる生活道路であり、集落の中央を通る街道に面する景観を、よりよく保存するためには欠かせないものになっている。

　茅葺き屋根が大内宿の歴史的景観の重要な要素であることは言うまでもないが、茅屋根は火災に対しては弱い。この町並みを火災から守るために住民はこれまで万全の注意をはらってきてはいるが、万が一の場合を考えて火災に対する万全な施設を設置することも必要である。

4.2.11　会津の蔵造

　会津喜多方は蔵の町であるという。市内の土蔵造や煉瓦造の蔵をすべて数えると2000棟を優に越す。蔵を建てることは、この地方の人々にとって一生の夢であった。

　喜多方の人々は、厚い土壁で塗り込めた建物、煉瓦を積んでくんだ建物を「蔵」と総称している。この蔵の字の前に、その用途や機能を示す語を付して、たとえば「店蔵」、「座敷蔵」のように使う。ただこの「蔵」には2通りの意味がある。ひとつは、字義通り

図-4.37 喜多方の土蔵造の町並み

会津喜多方の人々は蔵を建てることに生きがいを感じた。土蔵とともに土蔵造の店舗も多くあって町並みをつくる。

図-4.38 喜多方の煉瓦造の店舗

明治時代には煉瓦造の店舗や蔵が建てられた。角地に建つこの建物は一段と目立った存在である。

に物を格納する場所としての使いかた、たとえば米蔵・味噌蔵・道具蔵・文庫蔵、その他さまざまな貯蔵のための蔵であり、もうひとつは、建物が単に蔵造である場合の呼びかた、たとえば主屋に建て組まれた蔵座敷、主屋とは独立の離れの座敷蔵、酒や味噌の製造所である醸造蔵などである。農村部では、作業小屋や便所までが蔵造で建てられ、作業蔵・厨蔵と呼んでいる（北村悦子：『会津喜多方の煉瓦蔵発掘』、普請研究第十三号、1985）。

　厚い壁に囲まれた蔵造の建物は、防火・気密・保温などの点ですぐれているため、大切な家財道具を収納するのに適し、また、挨をきらう漆塗りの作業場としても適してい

る。喜多方にはこのように使われている蔵も多いのだが、蔵造の建物で注目されるひとつは、座敷蔵である。蔵は一般的に開口部が小さい。座敷蔵もこの点は同じなので、外観をみただけではそのことがわからない。内部に床・棚・書院など座敷飾りをもつ座敷を作り、周囲に縁をめぐらすものもある。また道具蔵の一部に座敷を設けたり、2階を座敷としたりするものもある。座敷を蔵造としたのはなぜだろうか。

図-4.39　喜多方の煉瓦造の蔵座敷
煉瓦造の外観からは、内部に書院座敷があることは想像もできない。黒檀をはじめ銘木で造作してある。

その理由はいくつかあるだろうが、なんといっても蔵を建てたいという意欲であろう。この地方では前にも記したように蔵を建てることは一生の夢であり、それはまたスティタスシンボルでもあった。喜多方で土蔵造が普及するのは19世紀になってからであり、また煉瓦蔵が建てられるようになるのは明治後半以後である。

喜多方の町を歩けば、どこに行っても蔵にでくわす。このなかには一般に公開しているものもあるから一度は蔵座敷にあがってみるのもよいだろう。

次に喜多方の市街地の北方約4kmの位置にある三津谷とこの北約2kmのところにある杉山の二つの農村集落を紹介しよう。

三津谷は、道路の両側にわずか6軒の家々が並ぶ小集落であるが、茅葺きや瓦葺きの主屋とともに煉瓦造（構造は木骨煉瓦造である）の座敷蔵や作業蔵・収納蔵が多いことでひときわ目立った存在である。座敷蔵は5棟あり、このうち3棟は煉瓦蔵である。作業蔵・収納蔵は10棟で、6棟が煉瓦蔵、他の2棟も腰を煉瓦張りとしている。このように、この小集落に煉瓦蔵が9棟もある。これらはいずれも明治末から大正期に建てられた。

この集落になぜ煉瓦蔵が多いのだろうか。

岩越鉄道（磐越西線）の敷設を契機に瓦職人によって煉瓦生産が地元で始まったことと大きなかかわりがある。1890（明治23）年、三津谷の集落から南へ500mほど離れたところで樋口窯業が操業を始めた。ここで焼かれた煉瓦は鉄道のトンネルに使われたのをはじめ、地元の小学校や喜多方の町の座敷蔵にも使われ、煉瓦は地場産業のひとつになった。

図-4.40 三津谷の集落
家数わずか6軒の集落であるが、煉瓦蔵を主として、各家とも多くの蔵をもっている。

　喜多方には1897(明治30)年から昭和初期にかけて2戸から5戸の煉瓦および瓦製造工場があったが、昭和戦後まで操業を続けたのは樋口窯業のみであった(北村悦子前掲書)。しかし、樋口窯業も1970(昭和45)年に操業をやめ、80年にわたる歴史をとじた。一方、登り窯は現存しており、時には火を入れることもある。建築や土木用材としての煉瓦が喜多方で焼かれることはなくなったが、煉瓦蔵は残り、この歴史は今後も伝えられていくだろう。

　三津谷のなかで最も多くの煉瓦蔵をもつのは若菜徳家である。茅葺き(現在は鉄板をかぶせてある)、曲家主屋に向って、左側手前に座敷蔵と三階蔵が道路に沿って建ち並び、右側に作業蔵が建っている。この左側に主屋の前庭を囲むように味噌蔵が建ちこの4棟とも煉瓦蔵である。これらの煉瓦造は単に大壁を煉瓦におきかえただけではない。出入口には煉瓦造の特性を活かしたアーチが用いられており、また窓もアーチ型に作ってあ

図-4.41 三津谷樋口窯業の登り窯(1)
三津谷に煉瓦蔵が多いのは、煉瓦窯があり、煉瓦を生産していたからだ。登り窯の傾斜にしたがって屋根が段違いにかかっている。窯も煉瓦で築かれている。

図-4.42 三津谷樋口窯業の登り窯(2)

図-4.43 三津谷若菜家の煉瓦蔵群

主屋は茅葺きであるが、座敷蔵、道具蔵、味噌蔵、納屋蔵などの煉瓦蔵があり、アーチ形の出入口や窓には異国情緒がただよう。

り、煉瓦や石を用いている。

　これらの煉瓦蔵をみると、これが日本の農村かと目を疑うほどである。異国情緒さえ感じさせるのである。

　三津谷から2kmほど北に位置する杉山は、18戸ほどからなる小集落で、蔵が多くあることは三津谷と同様であるが、こちらには煉瓦蔵は1棟もない。座敷蔵も、収納蔵も、

図-4.44 杉山の土蔵
集落内の道路に面して土蔵が建つ。一、二階とも重々しい土扉が開く。この奥に茅葺きの主屋がある。

作業蔵もみな土蔵造である。なぜ杉山に煉瓦蔵がないのだろうか。この課題はむしろなぜ三津谷に煉瓦蔵があるのだろうかと考えたほうがよい。三津谷の樋口窯業で生産された煉瓦は、樋口家と地縁・血縁などの関係があるところで用いられ、喜多方のどの村々にも行き渡ったのではなかった。

杉山には土蔵造が多い。しかし主屋は現在鉄板葺きのものが半数を越えているが、かつては茅葺きであった。これらの建物の配置をみると、土蔵造の建物を道路沿いに建て、茅葺きの主屋はこの奥に建てている。この配置は土蔵造の建物に防火地帯の役割をもたせているのであって、特徴ある集落景観をつくっているとともに、村という共同体のなかで暮らす人々の知恵がにじみでている。

4.2.12 佐渡の宿根木

佐渡島の最南端に位置する宿根木は、狭い谷間に立地する集落で、地形を巧みに利用して住居を構え、家々が密集しているところに特徴がある。最盛期でさえ80軒ほどの、この小さな集落は西国と北海道を結ぶ中継点にあたる位置を占め、中世以来、農業と商業貿易で生計をたてて栄えてきた。ここは船大工の町であり、船持と船乗りの町でもあった。しかし、明治以後は、和船による廻船の不振によって、今ではかつての賑いはすっかり忘れられている。

密集して建つ家々、石敷の小径、集落の中央を流れる称光寺川から、かつての繁栄を知ることは難しい。

しかし、注意してみると、川にかかる石橋は尾道の産で安永五年の銘が刻まれており、

図-4.45　佐渡　宿根木の町並み
狭い平地に家々が密集しており港の町らしさを表している。

図-4.46　宿根木の民家
敷地にあわせて家を建てているので建物は直角でなく鋭角につくってある。

家々の土台、小径の敷石には瀬戸内海の島々の石が用いられており、宿根木の人々の活動ぶりを思いおこさせる。また板張りの家々の外観には特に変哲はないが、内に入ると、柱や梁、建具は漆が塗ってあって輝きをもち、2階にはトコ、タナなど座敷飾りを構え

図-4.47 宿根木の民家内部
外観をみただけではわからないが、内部の柱や梁、建具などは漆塗として盛んであった時代の面影をつたえる。

た座敷がしつらえてあって、富を蓄積したことが知られる。

過疎に悩むこの集落は、海と山、自然環境にめぐまれ、歴史の重みを十分にもっている。

4.2.13 まとめ

東北地方と新潟県の民家と町並みについて紹介し解説をくわえた。とりあげた時代は近世から近代にかけてであるが、町並み保存はひとつのまちづくりであり、当然現在の問題ももっている。新潟県を含む東北地方を日本列島全体からみたとき、どのような位置をしめているだろうか。

東北地方は、江戸時代にはすでに民家も都市も発達している。しかし、それ以前の住まいの状況をみると、掘立建物であったり、竪穴家屋であったりして近世のものとは大きなへだたりがある。近世に入って急激に新しい建築文化が入ってきた。このため古い要素が多く残ることになった。この点に東北地方建築分化の特異性が認められる。新潟県は米所として大地地主制が発達し、彼らの豪壮な邸宅が建てられ、現存しているところに特徴づけられる。

4.2 は［宮澤、1990 民家と町並み　東北・北海道　日本の美術286］の一部を加筆修正したものである。

1-1 日本民家史研究試論

重要文化財指定農家・漁家平面図（規模別建築年代順）　　〈五〇〇分の１〉

	A	B	C	D	E
17世紀	福島・横山家（延宝6） 山形・尾形家		秋田・土田家 秋田・鈴木家 岩手・後藤家（元禄8頃）	福島・中山家	
18世紀前半	宮城・我妻家（宝暦3） 山形・有路家 秋田・奈良家（宝暦頃）	山形・佐藤家（元文5） 宮城・洞口家（宝暦）	岩手・菅野家（享保13） 岩手〈神奈川〉・工藤家 山形・矢作家	福島〈会津坂下町〉・五十嵐家（享保14） 岩手・伊藤家	福島〈貝見町〉・五十嵐家（享保3） 福島・馬場家

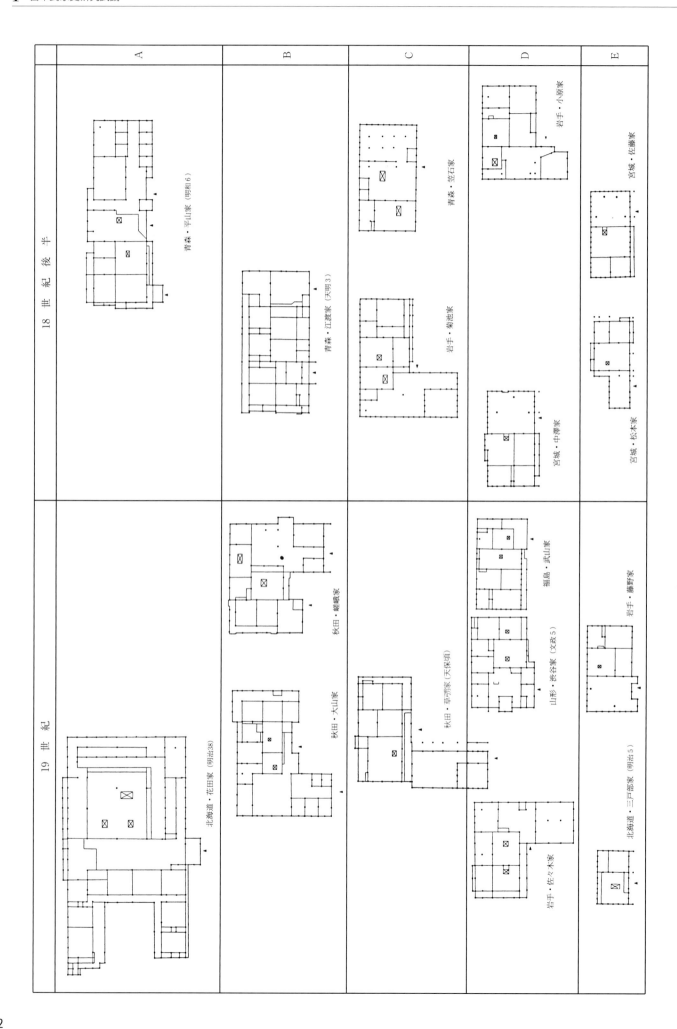

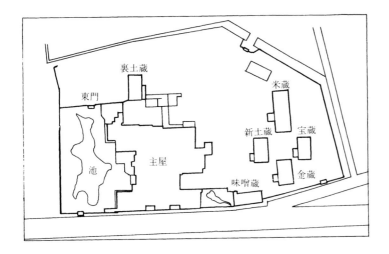
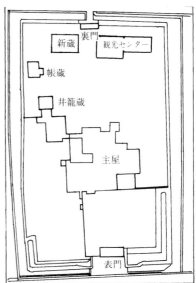
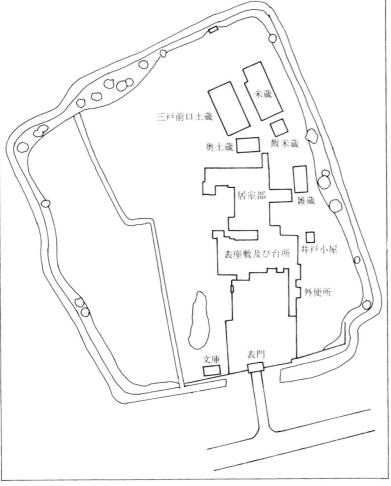

新潟県大規模民家配置図
上右　長谷川家(越路町)
上左　渡辺家(関川町)
　下　笹川家(味方村)

関連文献 国内

1-2　会津の民家史研究

長岡造形大学紀要

1-3　会津の享保期民家の比較研究
　　　―重文只見の五十嵐家・会津坂下の五十嵐家を中心にして―

長岡造形大学紀要

1-4　会津滝沢本陣横山家住宅の特徴と建築年代

長岡造形大学紀要

会津の民家史研究　History of Farm Houses in Aizu

宮澤　智士
MIYAZAWA Satoshi

　「会津の民家史研究」は、「公益財団法人LIXIL住生活財団　平成23年度（第20回）助成」をうけて実施した『「日本民家史研究の集大成」のうち特に中世近世について調査研究』の成果の一部である。

会津民家3件
　今回、長岡造形大学研究紀要第10号（2013・4）「会津の民家史研究」には、次にあげる3本の論文を収録している。
①　会津の享保期民家の比較研究―重文只見の五十嵐家・会津坂下の五十嵐家を中心として―
②　会津滝沢本陣横山家住宅の特徴と建築年代
③　会津滝沢本陣横山家絵図の作成時期
　ここで研究対象として、詳細にとりあげている民家は3件4棟である。現在、どれも福島県会津に所在する重要文化財指定物件で、その名称、員数、重要文化財指定年次は次の通りである。

　　旧五十嵐家住宅（福島県南会津郡只見町）　　　　　1件1棟　　　　　　　1972年
　　旧五十嵐家住宅（福島県河沼郡会津坂下町）　　　　1件1棟　　　　　　　1971年
　　旧滝沢本陣横山家住宅（福島県会津若松市一箕町）　1件2棟（主屋・座敷）　1971年

　上の3件とも1970年代初頭の重要文化財指定物件である。この内の2件はともに「旧五十嵐家住宅」であって、両者を区別するためにはカッコ内の所在場所をしめす必要がある。従来、刊行されている修理工事報告書では、表紙の標題に所在地が記してないので、どちらの報告書か表紙のみからでは区別ができない。区別するためには内容をみて調べなければならない。この点はなはだ遺憾である。そこで本稿にあっては、出典をしめすさいなどには名称が長くなることも避け、旧滝沢本陣横山家住宅の修理工事報告書を含めて、つぎにあげる略号等をもちいて区別することにした。なお、本稿の本文中では部屋名を原則として片仮名書きとした。この部屋名は一応の目安を示すものであって、ここで取りあげた各住宅で使っていた名称とは限らない。

　　只見の旧五十嵐家住宅修理工事報告書　　　　　　・「只見の五十嵐家工事報告書」　・〈報告書T〉
　　会津坂下の旧五十嵐家住宅修理工事報告書　　　　・「会津坂下の五十嵐家工事報告書」・〈報告書B〉
　　重要文化財旧滝沢本陣横山家住宅修理工事報告書　・「滝沢本陣横山家修理工事報告書」・〈報告書Y〉

調査研究でわかったこと
　今回の調査研究、3本の論文を書く考察のなかで新たに判明した要点を、各論文ごとに以下に書きあげる。
①　会津享保期民家の比較研究―重文只見の五十嵐家・会津坂下の五十嵐家を中心として―
　両五十嵐家住宅の建築年代は、只見が享保三年（1718）、会津坂下が享保十四年（1729）であることはすでに知られている。両者の年代差は11年であるが、両者の構造形態、材料の用い方、それにともなう空間構成は大きく違っている。只見の五十嵐家住宅が古い要素を受け継いでおり、会津坂下の五十嵐家住宅は新しい構造を有している。両住宅を比較すると、会津民家史における転換期が享保年間にもあったことを推察させる。このうち、日本民家史上でもっとも注目すべきは、只見の五十嵐家住宅の原型が分棟型であったと推定される点である。しかも、会津の場合は炊事場の方が居室部よりも主な建物であって、従来知られている琉球文化圏や本州、九州など本土の分棟型のように、居住部が主な建物で、炊事部が付属的性格であるものとは異なっている。
②　会津滝沢本陣横山家住宅の特徴と建築年代
　当住宅は主屋・座敷の2棟からなる。明確な年代はわからないが、放射性炭素年代法および様式編年によって、主屋の当初は桃山時代（1590年代）、この後十七世紀の中・後半に前身建物の一部の部材を再利用して改築した。座敷は延宝頃（1673～81）の建築と推定された。座敷の実年代が十七世紀の中・後半と推定されるにもかかわらず、重要文化財指定以来、ごく新しく19世紀初頭とする誤った建築年代推定が、後々まで尾を引いてきた。
③　会津滝沢本陣横山家所蔵の絵図の作成時期
　当絵図には年月日の記載がなく、明確な年代はわからない。絵図の内容から十八世紀前半以前であると推定される。年号が不明なためか、従来、詳しく紹介されることもなかった。
　以上でみるように、重要文化財指定民家によって、会津の近世民家にかかわる二、三の課題をあげた。なお、本冊子は「会津の民家史研究」としてくくっているが、3点の論文それぞれを独立して利用できるような配慮もしてある。

謝辞、調査協力
　最初に、公益財団法人LIXIL住生活財団の助成に対して、ここに記して感謝する。
　本稿の調査研究にあたっては、民家居住者・所有者の方々をはじめ、写真撮影は、安井妙子さん（安井妙子あとりえ主宰）、本稿の校正等には、江村日奈子さん、安井妙子さんの協力をいただいた。また長岡造形大学、株式会社中央印刷（長岡市）にもお世話になった。ここに記して謝意を表する。

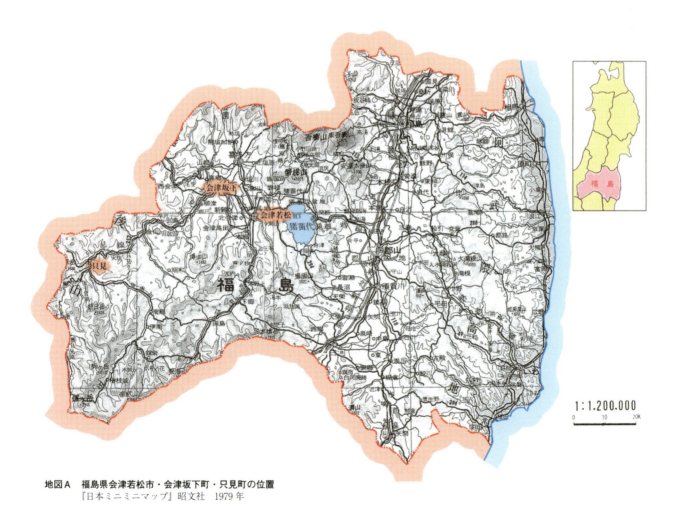

地図A　福島県会津若松市・会津坂下町・只見町の位置
　　　『日本ミニミニマップ』昭文社　1979年

1-3

会津の享保期民家の比較研究
―重文只見の五十嵐家・会津坂下の五十嵐家を中心にして―

A Comparative Study of Farm Houses in the *Kyoho* Era[1816－1836], *Tadami* and *Aizu-bange*

宮澤　智士
MIYAZAWA Satoshi

キーワード
享保期民家
原型−分棟型
建築年代の墨書銘
豪雪

目　次
序　節　　東北の民家調査研究のあらまし
　（1）研究にいたる経過、研究目的
　（2）具体例−只見の五十嵐家、会津坂下の五十嵐家
　（3）東北は民家研究の先進地
　（4）東北の江戸中期以前の建築年代が明確な民家の意義
　（5）時代区分および地域区分・住文化圏
本　節　　只見五十嵐家と会津坂下五十嵐家を事例とする会津享保期民家の位置づけ
本節の1　只見五十嵐家、会津坂下五十嵐家の概要
　1−1　重要文化財の両五十嵐家の指定内容
　1−2　両五十嵐家の外観および建築面積の比較−直屋と中門造
　1−3　建物のタチ、屋根
　1−4　軸部の立面
　1−5　両五十嵐家の軒高
本節の2　内部空間構成
　2−1　平面の特徴
　2−2　上屋柱、独立柱の建ち方とその特徴
　2−3　断面および構造
　2−4　屋内の設備・造作
本節の3　建築技術と生産
　3−1　番付
　3−2　石場建て
　3−3　部材表面仕上げ工具の刃型痕
　3−4　会津民家の保存経過と原型
　3−5　享保期民家の大工
結　節　会津享保期の民家両五十嵐家の位置づけ

序　節　　東北の民家調査研究のあらまし

（1）研究にいたる経過、研究目的

　東北は日本民家史研究の大きな一分野を占めている。私は、東北の民家について理解を深めるとともに、日本民家史研究の構想を練ることを目的にして、ここ二、三年の間、山形県上山市、秋田県由利本庄市・雄勝郡羽後町・横手市、福島県会津若松市・喜多方市・河沼郡会津坂下町・南会津郡只見町、宮城県白石市など東北各地で、重要文化財指定民家を中心にして調査をおこなってきた。この調査を通じて東北の民家史研究について、30年程前から考えていた問題点の幾つかが甦ってきた。また、新しく課題になりうる事柄にも出くわした。

　東北において、建築年代が、部材に書かれた墨書銘、棟札、普請帳などの文字史料によって明確になる現存民家およびその付属屋は、表1にしめす通り、十八世紀前半の享保期（1716〜36）以降に建築されたものに限られている。文字史料によって享保期をさかのぼることが明確な民家は今のところ見つかっていない。享保期建築の民家は、主屋をはじめ、その中門、表門など、少なくとも6棟が現存する。このことに関してはすでに指摘したことがある［宮澤1990］。

　そこで享保期（1716〜36）の約20年間は、東北民家の歴史にとって特別な意義のある時期であったと考えるようになった。その背景にある意義は何であるのか。本稿では、会津の享保期建築の民家を具体的な事例として、その背景と意義を考察することにする。

表1　東北6県の江戸中期以前の現存民家

県　名	物件名称（所在）	建築年代／根拠（★印：十七世紀末以前と推定）
青森県	石場家（弘前市）	江戸中期・推定
岩手県	菅野家（北上市）	享保十三年（1728）／普請帳
	同上表門	享保五年（1720）／棟札、1間薬医門
	後藤家（奥州市）	江戸中期★・菅野家より古いと推定
	小原家（花巻市）	江戸中期・推定
宮城県	小関家（白石市）	享保十五年（1730）／墨書、県指定
秋田県	黒沢家（秋田市）	江戸中期★・推定
	土田家（由利本荘市）	十七世紀後半★・推定・県最古
	鈴木家（羽後町）	十七世紀後半★・推定
	同上中門	享保十八年建替*1／普請帳
山形県	尾形家（上山市）	江戸中期★・推定
	佐竹家（西村山郡朝日町）	元文五年（1740）頃／佐竹家文書
	有路家（最上町）	江戸中期★・推定
福島県	滝沢本陣横山家（会津若松市）	十七世紀後半★／炭素14法・様式編年
	五十嵐家（南会津只見町）	享保三年（1718）／墨書
	五十嵐家（会津坂下町）	享保十四年（1729）／墨書
	馬場家（旧南会津町）現猪苗代町 会津民俗館内	江戸中期・推定
	中山家（田村郡三春町）	江戸中期・推定

（2）具体例 ── 只見の五十嵐家、会津坂下の五十嵐家

本稿で具体的に事例とする民家は、福島県南会津郡只見町に所在する享保三年（1718）の墨書銘（図1a）をもつ五十嵐家住宅、および同県河沼郡会津坂下町に所在する享保十四年（1729）の墨書銘（図1b）をもつ五十嵐家住宅の2棟で、いずれも農家[*2]である。この2棟をとりあげる理由はつぎの点にある。

① ともに享保年間の建築であることが部材に書かれた文字史料「墨書銘」によって明確である、
② ともに会津に所在する本百姓階層に属する農家であり、重要文化財に指定されている、
③ 重要文化財指定後に解体移築復原修理工事がおこなわれ、その修理工事報告書が刊行されていることから、詳細な図面、写真など資料が整っている、
④ 両家住宅は、建築年代の差がわずか11年ほどであるが、建築様式、構造形式の視点からみて両者の間に大きな相違点がある。

さらに

⑤ 両家の建築年代を示す墨書は、建築の1部材である小屋束の柄に、大工自らが刻んだ仕口に書いてある。これら仕口の墨書銘は建物を建てた後には隠れてしまい普段は見ることができない。後の建物の解体修理などのさいに初めて発見される。このように建築後には見えなくなってしまう位置に書かれた墨書銘は、棟札や家普請帳などの文字史料とは違った意味合いがあると考える[*3]。
⑥ 東北民家の土間空間には、独立した太い柱が多く建ち、また、土製の「かまど神」などが祀られている。ここに私は縄文的なものを強く感じる。この土間空間は、3000年以上も以前の縄文文化が、長期間にわたって、東北の人々の記憶のなかに、なんらかの形で生き、受け継がれてきたのではないかと考える。そうであれば　この縄文的なものは、最も長い年月にわたって住居に受け継がれてきた重要な一要素である［宮澤1990］。

上記の⑤⑥は、研究目的を達成するために必要な事項であると考える。

（3）東北は民家研究の先進地

東北は、わが国の近代における民家史研究の先進地である。とりわけ小倉強に代表される東北地方における一連の民家研究の成果は、いち早く1955年（昭和三十）に『東北の民家』［小倉1955］として著わされた。同書は現在も古典として活き輝いている。小倉強の後を継いだ一人が草野和夫であり、1991年（平成三）に『東北民家史研究』、1995年（平成七）に『近世民家の成立過程』を刊行している。小倉強『東北の民家』刊行から36年ないし40年の年月がすぎ、その後さらに今日まで20年近くの年月をへている。私も東北の民家を1990年（平成二）『民家と町並み　東北・北海道』（日本の美術　第286号）でとりあげたことがあるが、まったく物足りないものであったので、この機会に若干の補足をしておきたいと思う。

東北民家史研究に関する早い時期の具体的な記述として、先にあげた［小倉1955］につぎの記載がある。

宮城県内で調査したうち、もっとも古い民家として、①遠田郡小牛田町北小牛田の伊藤一郎家住宅をあげる。当家は貞享年間（1684〜87）の建築と伝え、この地方最初の石場建てとも伝えられていた、という。

また、建築年代が明確な古民家として、②宮城県名取市下増田の鈴木政治家住宅がある。これは昭和初年に取こわされたのだが、そのさい、台所の水屋柱の平柄に「正徳六年正月十七日、

図1　建築年代の墨書

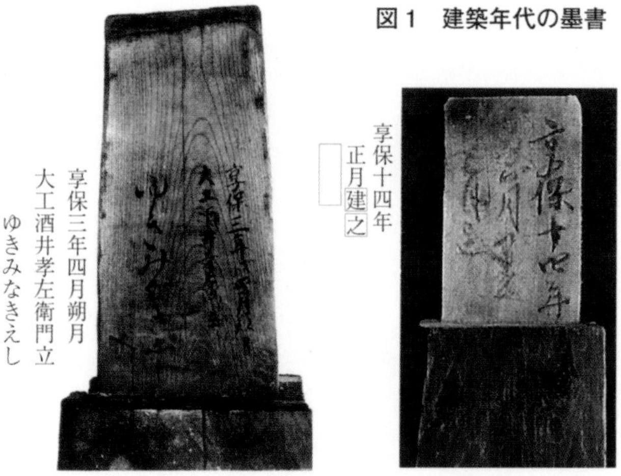

1a　只見五十嵐家の小屋束墨書
1b　会津坂下五十嵐家の小屋束墨書

大工杢兵衛建立、久三郎」の墨書銘があった。同家は名取型＝整形四間取りであるとし、昭和五年（1930）十二月付けの間取りのスケッチを載せている。なお、正徳六年（1716）は、六月二十五日に改元して享保元年（1716）になるので、当家を享保期と一連の民家と考えてもよいだろう。

上の小倉の事例でみるように、かつて調査をした民家で、その後に建物が取りこわされ、または焼失するなどして現存していなくても、著書や調査報告などに、間取りや建築年代が記載されていれば、それはそれなりに資料として役立つのである。

（4）東北の江戸中期以前の建築年代が明確な民家の意義

柱、小屋束など部材の柄に直接書いてある建築年代などは「生」の文字史料である。建築年代が明確になることは、民家史研究において数多くある未知な事柄の内の重要な一つがわかったことを意味する。

ところで現在では、放射性炭素年代法（炭素14法）による年代推定が歴史的木造建造物に応用できるようになり、建築年代を一定範囲に限定して推定できるようになった。この年代法は従来の建築史の方法とはまったく異なるものであり、今後の民家史研究に大きな影響を及ぼすであろう。民家における放射性炭素年代法による調査研究は中尾七重、坂本稔氏ら[*4]を中心とするメンバーによって進められてきた。

この調査研究の1例として東北では会津の滝沢本陣横山家住宅がある。当家は東北最古級の民家であり、放射性炭素年代法によって、その建築年代は桃山期創建で、十七世紀後半改築と推定される。

私は、様式編年や放射性炭素年代法などによる民家の建築年代が20年ないし30年の範囲以内に推定できるものは、建築年代が判明した物件として扱っている。つまり放射性炭素年代法によって民家の未知な事柄の内の重要な一つが確定することになる。建築年代が確定すると、その民家は、他の建築年代が明確でないものの年代を図る基準の「物差」にもなるのである。

（5）時代区分および地域区分・住文化圏

日本民家史の時代区分は、民家の建築遺構が現存しない古代以前と、現存する中世以後とに大別する。古代は平安時代以前であり、建築遺構が現存する中世以降は、文化財保護部建造物課『国宝・重要文化財建造物目録』（平成十一年　文化庁）の時代区分を参考にして、とりあえず表2のように細分する。

次に地域区分に関しては、日本全土を表3にみる通り、琉球住文化圏・本土住文化圏・蝦夷北海道住文化圏の3大住文化圏

に分ける。さらに本土住文化圏を、ほぼ地方別に6地方に分けて考える。また、近畿を中心にして西日本と東日本に大別することもある。

東北の享保年間の民家を主題としている本稿では、下の表2、表3をいますぐ十分に使いこなすことはないが、日本民家史研究のなかで、本稿の位置をよりよく理解するためにあげた。

表2　日本民家史の時代区分

中世；鎌倉時代（1185〜1332）
　　　　　前期（1185〜1274）　後期（1275〜1332）
　　　室町時代（1333〜1572）
　　　　　前期（1333〜1392）　中期（1193〜1466）
　　　　　後期（1467〜1572）
近世；桃山時代（1573〜1614）
　　　江戸時代（1615〜1867）
　　　　　前期（1615〜1660）　中期（1661〜1750）
　　　　　後期（1751〜1829）　末期（1830〜1867）
近代；明治時代（1868〜1911）以降

表3　日本民家史の地域区分

・琉球住文化圏（沖縄、鹿児島県の一部）	沖縄、南西諸島
・本土住文化圏	
九州（福岡・佐賀・長崎・熊本・大分・宮崎・鹿児島の7県）	北西九州、南東九州
中国四国（鳥取・島根・岡山・広島・山口・徳島・香川・愛媛・高知の9県）	中国、瀬戸内、四国
近畿（滋賀・京都・大阪・兵庫・奈良・和歌山の6府県）	畿内、畿内周辺
中部（長野・山梨・岐阜・富山・石川・福井・静岡・愛知＋三重の9県）	中央山地、北陸、東海
関東（茨城・栃木・群馬・千葉・埼玉・東京・神奈川の7都県）	北関東、武蔵、相模
東北（青森・秋田・山形・岩手・宮城・福島＋新潟の7県）	日本海側、太平洋側
・蝦夷北海道住文化圏	北海道、奥羽

本　節　只見五十嵐家と会津坂下五十嵐家を事例とする会津享保期民家の位置づけ

東北民家史のなかで、享保期がどんな時代であり、享保年間の墨書銘によって建築年代が判明する民家が多いのはなぜか。この課題を改めて取りあげたい。そこで本稿では、仮説「会津所在の享保期建築の民家2棟、すなわち只見町の重要文化財旧五十嵐家住宅（享保三年）および会津坂下町の同旧五十嵐家住宅（享保十四年）は、東北民家の一つの転換期を示している」

とのもとに、会津享保期民家の位置づけをおこないたい。

本節では享保期民家の「規模および外観」、「内部空間」、「建築技術と生産」の各項目について具体的に考察をすすめる。これに先立って、会津の民家をふくめてこの他の諸建築についても、2012年の春先に建築調査をおこなっているので、まずはそのさいの印象を述べて風土の概要に変えることにしたい。

会津の風土と民家

会津は福島県の西半を占めている。春先の会津は、磐梯山に若干の積雪がのこり、猪苗代湖は満々と水をたたえていた。寒冷地の会津には春が一度にやってくる。集落周辺にはサクラが咲き、周辺の山々にはブナの黄緑色の若葉が映え、際立って美しい。山間部に入るとまばらにのこる積雪と隣りあわせてフキノトウが芽吹き、あるものはすでに茎がのび花を咲かせている。この寒冷地の春先の集落景観は美しい。この地には歴史的建造物や町並みも多くある。福島県内の重要文化財指定建造物29件のうち、21件が会津地方に所在する。この指定物件の数は平成十一年（1999）以来変わっていない。

中世・近世から近代にいたる優れた歴史的建造物・町並みが多い会津に、私は、自然の美しさとともに、歴史、とくに建築文化の大いなる蓄積とその重さを感じている。平安時代末期の熊野神社長床、近代の猪苗代町所在の天鏡閣・高松宮翁島別邸、これに隣接する郡山市の旧福島県安積尋常中学校本館。会津若松市内の町並みには明治・大正・昭和初期の近代建築が数多くあり、歴史の蓄積と重みを感じさせる。喜多方市では、多様な用途の土蔵が群をなし、明るい町並みを形成するとともに、外壁に貼った焼き過ぎレンガはデザインを多様なものにしている。

只見町は会津南西部の奥会津の山間部に位置し、会津坂下町は会津盆地西北部にあって、両町は南北に60キロメートルほど離れている。ともに多雪地帯であるが、気象庁のデータ[*5]によると、ここ10年の只見の年間の降雪の合計は1200 cmほど、最深積雪は220 cmほどである。若松では年間の降雪の合計は350 cmほど、最深積雪は70 cmほどである。只見一帯は豪雪地帯であって、若松の3倍程度の積雪がある。なお、会津坂下の積雪のデータは得られなかったが、只見よりは少なく、若松よりは多い。只見町の民家の建ちが高いのは積雪量と強い関係があるようだ。

本節の1　只見五十嵐家、会津坂下五十嵐家の概要

1－1　重要文化財の両五十嵐家の指定内容

只見の五十嵐家および会津坂下の五十嵐家住宅、2件の重要文化財指定内容を以下に列挙する。

[1] 只見の重要文化財五十嵐家住宅
名称・員数；旧五十嵐家住宅（福島県南会津郡只見町）1棟
指定年月日；昭和四十六年三月十一日
所　有　者；只見町
所在の場所；福島県南会津郡只見町大字叶津字居平437番地
元所在場所；福島県南会津郡只見町大字只見字上町495番地
規模・構造形式；桁行13.3 m×梁間7.6 m、寄棟造、正面葺きおろし下屋、背面突出部附属[*6]、茅葺

表4　両五十嵐家住宅の規模、概要

名称	建築年代（西暦）	桁行×梁間 m	建築面積 ㎡	屋根形式	葺材	間取り形式	構造形式	建ち	部材	重文指定年	解体移築年
只見五十嵐家	享保三年（1718）	13.3×7.6m	101.1 ㎡	寄棟造	茅葺	広間型三間取系	四方下屋造	高い	太い	1971	1973
会津坂下五十嵐家	享保十四年（1729）	16.3×8.0m	130.4 ㎡	寄棟造	茅葺	広間型三間取	四方下屋造	低い	細い	1972	1969,1998

1-3 会津の享保期民家の比較研究

図2 只見五十嵐家住宅の外観・平面図

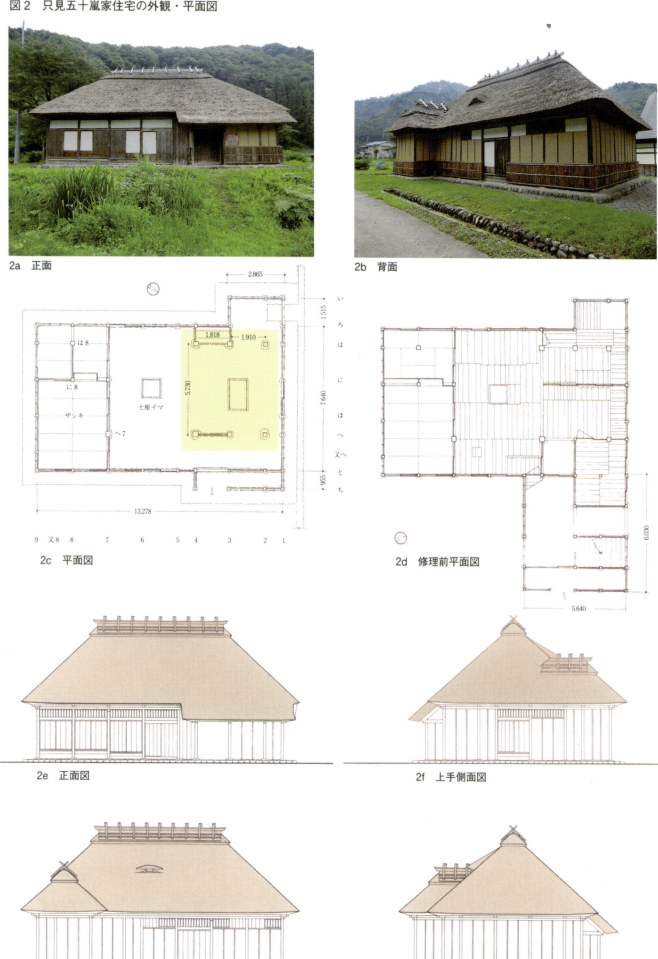

2a 正面
2b 背面
2c 平面図
2d 修理前平面図
2e 正面図
2f 上手側面図
2g 背面図
2h 下手側面図

図3　会津坂下五十嵐家住宅の外観・平面図

3a　正側面

3b　背側面

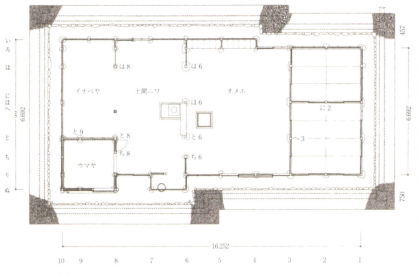

3d　平面図

3c　正面詳細

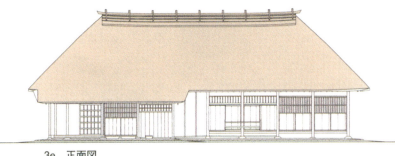

3e　正面図

3f　上手側面図

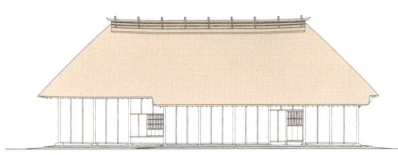

3g　背面図

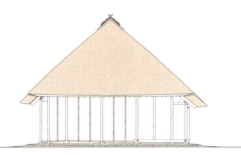

3h　下手側面図

建築年代；享保三年［柱柄墨書］
移築解体修理工事；昭和四十八年
［2］会津坂下の重要文化財五十嵐家住宅
名称・員数；旧五十嵐家住宅（福島県河沼郡会津坂下町）1棟
指定年月日；昭和四十七年五月十五日
所有者；会津坂下町
所在の場所；福島県福島県河沼郡会津坂下町大字塔寺心清水八
　　　　　　幡宮境内
元所在場所；福島県福島県河沼郡会津坂下町開津字中開津
規模・構造形式；桁行 16.3m × 梁間 8.0m、寄棟造、前後両面葺
　　　　　　　　きおろし附属、茅葺
建築年代；享保十四年［小屋束墨書］
移築解体修理工事2回；昭和四十四年、平成八年

1-2　両五十嵐家の外観および建築面積の比較－直屋と中門造

　只見五十嵐家と会津坂下五十嵐家両住宅の主屋はともに、寄棟造り茅葺の直屋を基本にしている。重要文化財指定後の修復復原後は両住宅ともに中門造ではなく、土間ニワ前面の屋根を葺き降ろして、ここに主要な入口を設けている。只見五十嵐家では土間の背面に大棟をもつ小規模な突出部がある。会津坂下五十嵐家では背面に幅広く出の小さな葺きおろしを設けている。ここで「中門」にこだわれば、新潟県魚沼あたりでは、只見五十嵐家の背面の突出部を「後ろ中門」と名付けている。本稿では、主要な入口が中門正面にある場合を「中門造」民家としてあつかうこととしたい。
　両住宅主屋の建築面積を建築基準法に準じて計算すると以下の通りである。
［1］只見五十嵐家の建築面積
本屋：桁行 13.300 m × 梁間 7.600 m （7間 ×4間）=101.08 ㎡。
　　　上屋梁3間
前面葺降し：幅 4.685m× 出 0.955m（2間半 × 半間）=4.474 ㎡。
　　　　　　1973年修理時に復原整備。修理前は中門造
背面突出部：梁間 2.865m× 出 1.515m（1 間 半 × 桁 行 5 尺）
　　　　　　=4.340 ㎡（後ろ中門）
建築面積：109.894 ㎡ ≒ 109.9 ㎡
［2］会津坂下五十嵐家の建築面積
本屋：桁行 16.300m× 梁間 8.000m（8 間半 ×3 間半）=130.4 ㎡。
　　　上屋梁2間半
前面葺降し：幅 6.692m× 出 0.730m（3 間半 ×2 尺 4 寸）=4.885 ㎡、
背面葺降し：幅 10.516m× 出 0.417m（5 間半 ×1 尺 3 寸 7 分）=4.385 ㎡
建築面積：139.670 ㎡ ≒ 139.7 ㎡
　建築面積は、只見五十嵐家が 109.9 ㎡、会津坂下五十嵐家が 139.7 ㎡である。只見五十嵐家に対して会津坂下五十嵐家はほぼ 30 ㎡広く 1.27 倍の広さがある。逆に会津坂下五十嵐家に対して只見五十嵐家は 0.787 倍、ほぼ 8 割の広さである。両住宅の比較分析にあたっては、上屋梁の長さ、すなわち只見五十嵐家が 3 間、会津坂下五十嵐家が 2 間半であるが、この半間の差が、階層差をあらわす大きな要件となる。

1-3　建物のタチ、屋根

　両家住宅の屋根は寄棟造、茅葺きである。只見五十嵐家では、背面下手端に突出部（後ろ中門）、大屋根の平の中央に気抜きがあるので、背面、下手側面の2面は変化に富んでいる。この一方で正面、上手側面の2方はごく平凡である。会津坂下五十嵐家では、正面、背面に葺きおろしがあり、軒高が低い。他に特別に目立つものがなく、全般に平凡である。両家ともに大棟には小さな千木をのせるが、この千木が建築当初からあった形式か否かは明らかでない。
　建物の建ち、軒高および棟高は、只見五十嵐家の方が高く、会津坂下五十嵐家が低い。一般的に古い民家の方が建ちが低いのだが、外観を一見したところでは建築年代が古い只見五十嵐家の方が建物の建ち高いので新しくみえている。なお、移築復原工事のさいに両家とも茅屋根全体を解体して葺き替えているので、屋根葺き材料の茅自体は新材になっている。

1-4　軸部の立面

　只見五十嵐家と会津坂下五十嵐家軸部の立面4面を、展開図風に正面から側面、背面の順に眺めてみたい。
［1］只見五十嵐家の立面（図2、表5）
　当家は、正面に向かって左が上手、右手が下手であるので時計まわりにまわる。
　正面は葺きおろしの右1間半が壁、つぎは1間幅の大戸口である。半間の壁をはさんで、この左4間の各間は開口部である。ただし、内法高をみるとザシキ前の2間は同じだが、残る2間は異なっている（図2e）。ただし、この4間を通して内法のすぐ上に欄間、すなわち高窓を設けている。上手の左側面の柱間はすべて壁である。背面は右から3間目に開口部がある。この他の各間は壁である。ただし、欄間は開口部の上1間とこの左右に各半間、それに右端間半間にもあって全体で2間半あることになる。右側面も開口部は1間である。ただし欄間は開口部上1間とこれに続く右側にもあって計2間ある。
　開口の形式は、袖壁付き板戸・明障子各引込み、および板戸2枚内側明障子1枚引込みの2形式である。高窓は縦連子に紙貼りで開け閉めはできない。壁部分は柱間1間の中間に2本のごく細い間柱を立て、半間の柱間には1本を立てる。
［2］会津坂下五十嵐家の立面（図3、表5）
　当家は向かって右が上手、左が下手であって只見五十嵐家とは逆勝手である。時計逆まわりにまわる。
　主入口は、前面葺きおろしのほぼ中央に半間セットバックしたところにある。この下手の1間半はウマヤで4尺の板戸を外側で片引きとしている。主入口の右手は小便所で上方に連子窓を設ける。つぎの土座前3間は、1間を壁、つぎの2間は各板戸引違・内明障子引込みの3枚戸であるが、内法がごく低く、上に設ける高窓とあわせて一般の内法高と同じにしてある。この上手居室前の2間は各腰高障子引違である。つぎの上手側面の1間は正面側と同じ開口として調和をとっている。つぎの間も開口で、袖壁付腰高障子引込みとするが、敷居の位置が高く、したがって建具セイは低い。この他は壁である。背面には上手から3間目に窓、ここから4間目に袖壁付引込み戸がある。下手側面はすべて壁で開口はない。壁部分は只見五十嵐家と同様に柱間1間の中間に2本のごく細い間柱を立て、半間の柱間には1本を立てる。

1-5　両五十嵐家の軒高

　屋根、軸部立面、開口部について、両家を比較すると、両家の間にみられる変化は、古い形式から新しい形式へと単純に変遷していないことも分かってくる。この理由は、同じ会津にあ

表5　両五十嵐家住宅軸部（参考、ぶなの木学舎の立面展開）

住宅名称	面積(㎡)	上屋梁(間)	各面の開口部数 正・背・上・下				高窓の箇所数 正・背・上・下			
只見五十嵐家	109.9	三間	5	1	0	1	4	4	0	2
会津坂下五十嵐家	139.7	二間半	7	2	1	0	0	0	0	0
ぶなの木学舎	138.6	三間	2	2	2	1	2	1	1	0

っても両家の間に地域差を考慮する必要があり、また、両家の間に社会的階層差のあることを考える必要がある。さらに所有者や大工職人などの個性が建築にあらわれていることもあり得る。この点に関しては内部空間とあわせて考察する必要があるが、本節ではとりあえず外観に関する部分をまとめておきたい。

上に記したように古い只見五十嵐家の方の軒高が、会津坂下五十嵐家とくらべて高く、柱が太い造りである。このことは、単に時代差を反映しているのではなく、両住宅が建つ地域、つまり地域の積雪に備えてきた歴史を強く反映している。同じ会津にあっても、只見と会津坂下では前述のように降雪量が大きく違う。降雪量の多少による違いは、開口部上の欄間の有無、建物のタチの高低、開口部の多少として建築の形態における地域差として如実にあらわれている。

ところで私は現在、新潟県十日町市上野の国道252号[*7]沿いで、享和三年（1803）建築の中門造民家を「ぶなの木学舎」と名付けてアトリエにしている[*8]。この民家はもと十日町市（旧中魚沼郡）中里にあったものを移築したのだが、中里も上野も有数の豪雪地域である。国道252号はこの豪雪地帯を東西に結び只見町、会津若松方面に通じている。ここでは、豪雪地域の文化圏にある民家として比較するため、参考に「ぶなの木学舎」の概要も表5にあげる。

平成二十四年（2012）の積雪量は、上野の方が只見よりも多いように見受けられた。「ぶなの木学舎」は桁行7間4尺×梁間4間で、只見五十嵐家よりもタチが高く、各開口部の上方に高窓[*9]（この窓は通常の欄間位置より上にある）が開く。6本の太い上屋柱と背の高い差物が軸部を固めていることなど、只見町の五十嵐家住宅と共通する。両地域は広くみるならば、わが国における「豪雪地帯文化圏」と見做すことができよう。

本節の2　内部空間構成

2-1　平面の特徴

間取りは只見五十嵐家と会津坂下五十嵐家ともに広間型三間取り系で、ともに床の張ってある居室が少なく、土間・土座の部分がひじょうに広い面積をしめている。

只見五十嵐家の間取りは、ニワと、イマ・ザシキ・ヘヤ（寝室）の3部分からなる広間型三間取り系で、ニワ前面を葺きおろして入口の土間を設け、ニワ背後にミズヤを張り出している。

床は、ニワが土間、イマが土座（床組は造らず土間にワラ、ムシロなどを敷いたユカ）で、それぞれにイロリを切っている。ザシキは床組をした10畳敷きで、ここに仏壇を背後のヘヤに張りだして設けている。ザシキ背後に3畳敷きのヘヤ2室が左右に並ぶ。イマ側に隣接した手前のヘヤの土間へは板戸3枚引違のところから入り、奥のヘヤへはザシキ境の板戸2枚引違のところからも入ることができる。

土間・土座の床が大変に広く全体の約8割をしめている。ザシキとヘヤは畳敷きであるが、ヘヤも建築当初から畳敷きであったかは精査が必要である。

[1]　只見五十嵐家の柱間寸法および分棟型

柱間寸法は一間を6尺3寸（1.910m）として計画している。梁間は6尺3寸の4間で、このうち下屋にあたる前後2か所が半間（0.955m）の柱間になる。桁行は7間であるが、土間ニワのイマ境の1柱間のみ、例外的にちょうど6尺（1.818m）[*10]を1間としている。残る6つの柱間のうち、土間ニワの下手下屋、および土座イマと土間ニワ境の柱間、つまりイマの下手にあたる箇所の2カ所を半間（0.955m）とする。

上屋は梁間3間×桁行6間で、この上屋の4周を半間幅の下屋がまわっている。さらに土座イマと土間ニワ境に半間の柱間があるを強いて解釈すれば、イマとザシキ・ヘヤ部分とを合わせた居室部と、土間ニワとがそれぞれ棟を別にした、つまり分棟型（別棟型、二棟造などともいう）であった時期の痕跡を伝えているのではないだろうか。仮にそうであれば、居室部は梁間3間・桁行4間半の規模で、上屋梁2間、桁3間半の周囲に半間通りの下屋がまわる建物が想定でき、土間ニワ部分は6本の太い独立柱6本を中心にした2間×2間半の周囲に半間の下屋がまわる建物が考えられる。

今ここで分棟型を想定したが、もう一点は、土間ニワ部分のみで独立した1棟の住宅であるとする考え方である。琉球文化圏などの分棟型では、居室棟と土間棟との関係は、土間棟を居室棟より一段格式の下の建物とするのが一般的である。しかし当住宅から想定される福島県会津の分棟型の主体部は、太い6本の柱、これにともなう太い梁などの土間ニワにある（図2cの黄色部分）。この主体部の構造は相当に格式が高く古めかしい。これを解釈すれば東北の分棟型は琉球文化圏などの分棟型とは逆に、土間ニワにある炊事場が主体となる分棟型が想定できるのである。

[2]　会津坂下五十嵐家の柱間寸法

実測によると、柱間寸法は一間は6尺3寸1分（1.912m）である。上屋梁は2間半、上屋桁は7間半あり、この4周に半間幅の下屋がまわっている。したがって、本体は梁間6尺3寸1分の3間半、桁行8間半となる。さらに、この表裏の一部に葺きおろし部分が附属している。附属部分の規模などの詳細は略す。

[3]　両家の実測値からみる柱間寸法

両家の整理した実測値をみると、柱間寸法は只見五十嵐家が6尺3寸（1.910m）、会津坂下五十嵐家が6尺3寸1分（1.912m）であって若干の違いがある。会津坂下五十嵐家の方がわずかに長い。その差は1尺について1厘程度である。この差は、建物の仕事の精度から判断すると、大工仕事にあたって特に意識したものでないと判断できる。大工が使った間竿の差、大工の仕事上の癖などによる違いとおもわれる。したがって、両建物の計画寸法は、1間が6尺3寸であったと結論づけられよう。

2-2　上屋柱、独立柱の建ち方とその特徴

上屋柱、独立柱の建つ位置、本数、断面寸法などの特徴に注目する。

[1]　只見五十嵐家の柱

上屋柱は全体で10本ある。このうち土間ニワに建つ独立柱6本（へ2・へ3・へ4、は2・は3・は4）は、前後に2間半を隔てて（へ通り・は通り）1間間隔に建ち3組になる。これらはやや太く曲りのある四角形の柱で、土間・土座空間を特徴づけている[*11]。この3組の前面柱筋の上手の土座イマ・ザシキ境（へ7）には五平の上屋柱が、その広い面を土座側にみせて建っている。残る3本の上屋柱はヘヤ前室を囲むように建っている（に7・に8・は8）。上屋柱の建ち方を見方を変えてみると、前面の入側通り（へ通り）に4本、背面の上屋通り（は通り）に4本、中央のザシキ・ヘヤ境（に通り）に2本が建つ。上屋の4隅に建つ上屋柱は土間隅（は2）の1本のみで、他の3隅（図2c平面図の「又へ2，又へ又8，は又8」位置）には建っていない。上屋の周囲に建つ下屋柱の建ち方は1間または半間間隔である。

[2]　会津坂下五十嵐家の柱

上屋柱は全体で11（見かけ上では12本あるがこのうちのウマヤの1本は管柱）本ある。只見五十嵐家より1本多い。これら上屋柱の建つ位置は、土座オメエと土間ニワ境に4本（は6・ほ6・と6・ち6）、土間ニワとイナベヤ境に2本（は8・と8・ち8）、イナベヤとウマヤ境（と9）に1本が建ち、残る4本は

図4　只見の五十嵐家住宅の内部（図2参照）

4a　土間の梁組。梁の元は太いが先は細い。6本柱のうちの中間通り

4b　土間の6本の太い柱（左右に3本ずつ立つ）

4c　ザシキから背面ナンドをみる。中央柱の右手は仏壇

4d　太い6本柱の上手柱間の4段の棚

4e　ヘヤの土間とイマ境に建つ多角形の柱の表面仕上げ

4f　ニワ・ミズヤ境の太い柱の表面仕上げ

4g　中央に立つ柱「は8」。ヘヤからヘヤの土間を通してオメエの方をみる

図5 会津坂下の五十嵐家住宅の内部（図3参照）

5a　小屋組（5dの上部）

5b　オメエの梁組

5c　オメエの背面側。全般的に部材が細い

5d　ザシキからヘヤをみる

オメエとザシキ・ヘヤまわり（は3・に3・へ3、に2）に建つ。上屋柱は上屋の側まわりに5本建つが、上屋の4隅には1本も建たない。

［3］両家の柱の相違点

上屋柱とその建ち方をくらべると、会津坂下五十嵐家では特に太い特徴的な柱がなく、一見、独立柱にみえる柱があるが、実質上の独立柱ではない。独立して建つ上屋柱が只見五十嵐家にはあり、会津坂下五十嵐家にはないという点が大きく異なっている。

2－3　断面および構造

只見五十嵐家と会津坂下五十嵐家はともに上屋の周囲を下屋がとりかこむ四方下屋造であり、小屋がサス組である点は共通するが、その構造手法は大きく異なっている。建物内部の構造を詳細にしっかりみてみよう。

［1］只見五十嵐家の梁組・小屋組

上屋の規模は桁行6間・梁間3間である。桁行には断面の大きな大梁が土座イマから床張りの居室部前後のヘヤ境を通って4間にわたる。土座イマの下手、土間ニワの下手の2間は細い梁となる。

小屋梁は3間で、土座イマの両端とその中央に3組、この下手半間の位置にもサスを組む。棟束は中央3組の内の下手の1組のみに建て、ここで土間上の小屋組を変えて、棟木の長さを3間とする。

当家では、下手の土間ニワ部と、上手の土座イマ・床張りの居室部とで梁組、小屋構造が異なっている。

［2］会津坂下五十嵐家の梁組・小屋組

上屋は桁行7間半・梁間2間半である。棟通りに断面が大きく長さが6間ある中引が、土座上から土間上にたっする。この両側に中引と同様に大きな断面の桁行の大梁が通っているが、両側とも土間と土座境で継いでいる。これらの上手の居室部上1間半にはごく細い桁行の梁、上屋桁をもちいている。ところで、中引は上屋2間半のちょうど中央棟通りを通るのだが、このためにオメエの左右両側の間仕切り筋の1間の柱間に繋梁を入れて中引をうけている。なお、棟木の長さは5間半あり、このうち上手の半間は跳ね出している。

当家においても、土間・土座部と床張りの居室部とで梁組、小屋構造が大きく異なっている。異なる位置は、当家が土間と居室部境であるのに対して、只見五十嵐家では土間部である。

［3］両家の構造形式

只見五十嵐家では土間ニワに3本ずつ相対して建つ太い独立柱6本と、これらをつなぐ梁3丁があり、いずれも断面が大きい。イマでは前後の入側筋、上屋筋に桁行の梁を通して、下屋部分を室内に取りこみ、室内部に柱が建たない大きな空間を造っている。当家にみられる古い要素として、ニワにみる6本の独立柱（図2c）と太い梁、およびその空間構成がある。新しい要素として、イマ・ザシキ境に五平の太い柱が建つが、太い梁を通してイマ内に上屋柱を独立柱として建てない構造を採用していること、また、ザシキ、ヘヤ内にも上屋柱を建てないことなどがある。こうした中引と両上屋桁の3丁を太い大梁にする構造

は、東北の十八世紀以降の民家に広く普及したものである。

両五十嵐家の建築年代は、わずか11年の差であるが、その構造や材質が表現する建築空間は大きく異なっている。

只見五十嵐家には古い構造形式が受け継がれ、会津坂下五十嵐家には後々に受け継がれる新しい構造形式が採用された。このことを考慮すると、会津の民家の構造形式は享保期に大きく転換したことが推定される。

2－4　屋内の設備・造作

屋内にはイロリ、カマド、ミズヤ、水槽、作り付け棚、仏壇、ウマヤ、イナベヤなどがあり、そこから地域性や階層差を読みとることができる。

[1] 只見五十嵐家の屋内設備・造作

土間ニワの中央に長方形の大きな炊事専用のイロリがあり、背後にミズヤが張りだしている。ミズヤには水槽があって、ここに用水路からの流れを取りいれるようになっていて、冬季の積雪時にも屋外へ出ずに用水が使えるようにしてある。ミズヤの脇に作り付け4段の棚（図4d）がある。大戸口を入るとすぐ前の柱間に目隠しの板壁がある。イマには方形のイロリがあって、家族の団らんや日常の接客用に供される。ザシキには、背面のヘヤに張りだす造り付けの仏壇がある。この仏壇は正面を向き、ザシキの一つの視点になっている。

ミズヤとその水槽、開口部上の明りとり欄間の存在は、豪雪地帯の特徴をあらわし、精巧な仏壇は当家の家格の高さをあらわしている（図4c）。

[2] 会津坂下五十嵐家の屋内設備・造作

土間ニワには、オメエ境の中央部にカマドがあり、前面トンボグチ脇にベンジョがある。土間ニワの下手はイナベヤで、この前面のトンボグチ脇にウマヤを配する。居間オメエの中央のニワ寄りに方形のイロリ、背面の2柱間には一段高い床を張った張出しのタナがある（図3d、図5c）。ザシキ、ヘヤに特別な設備はない。

本節の3　建築技術と生産

3－1　番付

只見五十嵐家、会津坂下五十嵐家の番付を調べた結果を述べたい。

[1] 只見五十嵐家住宅の番付。

移築解体のさいに、部材から2種類の番付の墨書がみつかった。その一つは漢数字と漢数字の組合番付（図6a）で、礎石（9ヶ所）（図6c）、貫（10ヶ所）、柱（1ヶ所）からみつかっており、建築当初の番付である。番付の起点は、前面上手隅の下屋柱位置であって、梁間方向に前面から背面に、そして桁行方向に上手から下手にすすむ。

もう一つは「いろは」と漢数字の組合番付で、貫（15ヶ所）・柱（4ヶ所）からみつかっている。これは側まわり改修時の番付で、上手背面隅の下屋柱を起点「いノ一」として、それぞれ前方および下手にすすむのであるが、番付が打ってあるのは側まわりの下屋柱にかぎられている（図6b）。

[2] 会津坂下五十嵐家住宅の番付

移築解体のさいに、部材から2種類の番付がみつかった。その一つは「いろは」と漢数字の組合番付（図6d）で建築当初のものとみられる。礎石・柱足元・桁上端・束の枘などに墨書きがしてある。建物の前面方向から梁間に「いろは」、現前面下屋柱通りを「り」としているから、これより前面に「い」から「ち」までの8柱間があったことが知られる。つまり出が4間ほどの中門のあったことが考えられる。漢数字は建物の上手から桁行方向に「一・二・三…」とすすむ。

この他に昭和移築時の番付があり、同じく「いろは」と漢数字の組合番付で、ベニア板小片の番付札を釘打ちしてある。礎石などには直接ペンキ書きしてある。番付は建物を西側面からみて、右奥を起点にしている。このような番付の方法は現在も同様であるという。

[3] 番付の歴史と会津民家の番付

組合番付は一般的に、漢数字と漢数字の組合番付が古く、仮名と漢字の組合番付の方が新しいという傾向がある。また、組合番付では、柱が実際に存在する一間前後の間隔の柱列に打つものと、柱列がないところにも機械的にほぼ半間ごとに打つものとがあるが、前者が古く後者は新しい。さらに江戸初期以前にさかのぼる民家では、一般的に番付は打っていない。

只見五十嵐家における建築当初の番付は漢数字と漢数字の組合番付、会津坂下五十嵐家におけるそれは仮名と漢数字の組合番付である。ところで会津には桃山期建築の重要文化財民家滝沢本陣横山家住宅がある。この番付を比較のためにみると建築当初は番付を用いずに建物を建てたことがわかっている。これらのことから会津の上層民家では、江戸時代以降に番付を打って建物を建てるようになったことが推定される。

3－2　石場建て（↔掘立て建て）

東北の宮城県あたりの石場建ての最初の例として、小倉強は、貞享年間（1684～88）の建築と伝える民家を紹介している［小倉1955］。十七世紀末期になると、当地方の上層階級の家では、掘立てから抜けだし、礎石をすえこの上に柱を建てる工法が採用されたのである。この工法によって、建物の持久性は大きく増すことになった。只見の五十嵐家、会津坂下の五十嵐家も石場建てである。

3－3　部材表面仕上げ工具の刃型痕

柱の表面はチョウナ、ヨキまたはカンナなどで仕上げ、ザシキまわりはカンナ、ヘヤおよび土間まわりはチョウナ仕上げとするなど部屋の格式によって異なっている。ここでは只見の五十嵐家住宅の柱にみる工具の刃型痕の写真（図4　只見五十嵐家住宅の内部；4e・4f・4g）をあげた。

3－4　会津民家の保存経過と原型
[1] 只見五十嵐住宅と原型

只見五十嵐家住宅は、只見町の山中の館ノ川集落で農家として享保三年に建築された。この住宅は、後世にニワ前面に中門を増設して中門造りとして整えた。また、イマ、土間ニワ部分に床を張り居室とする改造があった。この2点が大きな改造であった。

こうして創建以来ほぼ300年近くを経過する只見五十嵐家住宅にとって最後の大きな事件は、1970年代にいたって新たに住まいを建築することになったことである。これにより当住宅は1972年5月に重要文化財の指定を受け、翌年には4月から9ヶ月の工期で解体し、叶津集落にある福島県指定文化財長谷部家住宅の裏側にあたる場所に移築復原された。この地は町立只見山村民俗センターの予定地であったが、2012年現在、村の民俗センターとしての整備はいまだすすんでいない。

当住宅が享保三年に建築されたさいには、その原型として享保期以前の近世民家の存在が想定される。想定される住宅は、梁間4間、桁行7間程度で、後に「四間七（よましち）」と呼ばれ本百姓層の典型となる住宅に近いものであったと思われる。

この考察をする上では、同じく会津若松市に所在する重要文化財滝沢本陣横山家住宅が参考になる（別稿参照）。横山家住宅

図6　只見・会津坂下の両五十嵐家の番付図

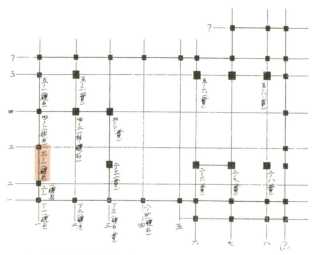

6a　只見五十嵐家住宅の建築当初番付（6c 参照）

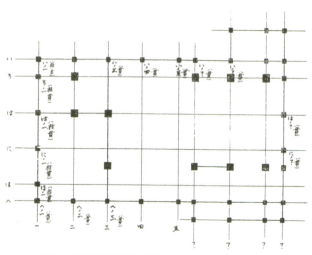

6b　只見五十嵐家住宅側面改修時の番付

6c　只見五十嵐家住宅当初の礎石番付「三ノ一」

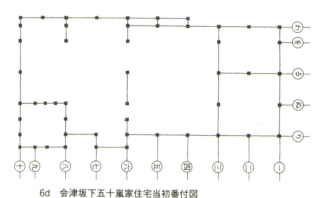

6d　会津坂下五十嵐家住宅当初番付図

は近世初頭の桃山期の創建と推定される上層階級の住宅であって、規模は大きいが梁間は4間であり、主体部の構造に簡素で古い形態が見出せる。

[2] 会津坂下五十嵐家住宅

会津坂下五十嵐家住宅の保存の経過は複雑である。当時の民家の保存にいたる1例として、多少長くなるが以下で説明する。

当住宅は、江戸中期に会津坂下町中開津で建築され、昭和三十年代までは住居とて住み続け、その後10年間ほどは物置小屋に利用されていた。この建物は昭和四十三年（1968）十二月十五日付で福島県文化財の指定を受け、翌四十四年に福島県の助成を受けて、塔寺の心清水八幡神社境内に移築する工事（七月一日〜十二月十三日）をおこなった。このさいに小屋束から享保十四年（1729）の墨書が発見され建築年代が明確になった。昭和四十五年三月に略式工事報告書が刊行された。移築となった建物は昭和四十五年（1970）に会津坂下町に寄贈され、翌四十六年三月十一日付で国重要文化財に指定された。この後、平成八年（1996）再度の移築があった。移築先は塔寺地区に町が建設する「歴史とふれあいの里」敷地内であり、他の施設に先駆けた移築となった。平成九年三月に移築解体工事報告書が刊行された。当報告書に昭和四十五年三月刊行の工事報告書の本文が復刻再録されている。

3−5　享保期民家の大工

東北民家史において、近世が始った時期は明確になっていないが、享保期は、近世が始まって以来一世紀余の年月を経ており、その民家はすでに掘建てではなく石場建てである。近世民家（住宅）として一定の成熟感がある。成熟した民家を建てているのだという意識と自信のもとに、大工は、部材の見えなくなる箇所に施主名、職人名、年代などを記念として書き残したのではなかろうか。十八世紀前半のこの時期になると、大工たちも文字を書く素養を身につけていたのである。（結節参照）

結　節　会津享保期の民家 —— 両五十嵐家の位置づけ

只見五十嵐家と会津坂下五十嵐家との位置関係、その環境、社会的階層、そして特徴などをあげるとつぎの通りである。
- 只見と会津坂下とは地理的に50 km程離れている。只見は会津南西の山間部に位置し、会津坂下は会津西北部の盆地平地部にある（地図A参照）。
- ともに多雪地帯にあるが、只見の方はさらに豪雪地域である。
- 両家は農家で、江戸時代の階層は本百姓層である。
つぎに両住宅の建築について比較する。
- 建築年代はともに享保年間の建築で、只見五十嵐家が古く享保三年、会津坂下五十嵐家は同十一年に建てられた。

- 建築規模は会津坂下五十嵐家がひとまわり大きい。
- 間取りはともに広間型三間取り系である。
- 軒の高さは只見五十嵐家が高く、会津坂下五十嵐家は低い。
- 柱断面は建築年代の古い只見五十嵐家が太く、新しい会津坂下五十嵐家は細い。

ところで只見五十嵐家と会津坂下五十嵐家の両住宅に、仮に墨書銘がなく建築年代が文字史料によって確定できなかったならば、建築年代の11年の差は誤差許容の範囲内であり、外観を一見しただけでは会津坂下五十嵐家が古く、只見五十嵐家が新しいと、実際とは逆に判断することがありうるだろう。しかし、内部に入って空間構成をみると、只見五十嵐家の方が圧倒的に古い感じが伝わってくる。

こう考えると、只見五十嵐家の軒高が高く、柱が太いのは豪雪に備えてきた地域とその歴史を強く反映したものであり、この両住宅の差は、同じ会津にあっても建築年代より降雪量の多少の違い、また山間部と平地部といった地域差が強く影響していると判断できる。

会津における享保期の民家は、東北の各県と同様に、建築年代が文字史料によって明確になる時代であり、さらに只見と会津坂下の両五十嵐家住宅を比較すると、建築年代はわずか10年ほどの差であるが、そこに建つ建物の原型は違っていると考えられる。その原型を考えると、只見五十嵐家は「分棟型」を原型としているのに対して、会津坂下の五十嵐家には分棟型の痕跡がなく、その原型は分棟型ではなかったであろう。

分棟型から発展したとする仮説にしたがえば、会津民家の発展経緯は、琉球文化圏の分棟型とは異なっている。琉球文化圏では居住部の軒下にあった程度の炊事場が、1棟の建物に発展する経緯をとっている。

私は東北の古民家に「縄文的」なものを感じる。古民家のどこに縄文的なものがあるのか？　只見の五十嵐家について、具体的にみてみよう。その第1点は、土間に建つ太い6本の独立柱が、桁行2間・梁間1間の建物のように建っている。柱間は桁行が狭く、梁間が広い。これら6本の柱は、青森県の三内丸山遺跡の6本柱遺構をごくごく小型にしたものを連想させる。中央部にイロリが切ってあり、内部はアイヌのチセの生活ぶりを思わせる1室住居である。第2点は、太い柱は曲りがあり、自然体を生かした表面仕上げがしてあり、製材した角材ではない点にある。

この1室住居は、長い時間の経過のなかで、居間にあたる建物なり、部屋を加えて、分棟型や1棟の建物へと展開し、さらにこの上手に書院座敷を加えて、近世近代の東北民家へと発展した。

上のように考えると、会津における享保期は縄文的なものを色濃く受け継いだ最後の時期でもあったとすることができよう。

[注記]

*1 鈴木家住宅の当初の中門の詳細は明らかにし難いが、当初の中門は十七世紀後半の建築後、数十年で建て替えていることになる。このことから想像すると、中門は掘立柱建物であるなど構造的にも技術的にもそして規模も、主屋にくらべて貧弱であったとおもわれる。あるいは主屋前面の一部の庇を葺き降ろした程度で大棟をもたないものであったかもしれない。それを建て替えたので、当普請帳では中門立替と題している。

*2 民家は、農家（農山村住宅）、町家（都市住宅）、漁家（漁村住宅）に大別される。

*3 棟札や家普請帳などは、施主側が作成する文字史料であるが、これに対して部材の柄や柄穴の墨書は、大工が自分自身や施主の名前、年月日などを記しているから、記念のために書いたものと考えられる。

*4 中尾；武蔵大学総合研究所、坂本；国立歴史民俗博物館。

*5 気象庁のデータ：只見は1976年〜2011年、若松は1953年〜2012年のものがある。

*6 「附属」の内容：本体に附属している部分で、本体の規模面積に数えていない部分であることを意味する。

*7 国道252号線は福島県と新潟県とを東西に結び豪雪地帯を通っている。「ぶなの木学舎」はもともとは十日町市旧中里村にあったのだが、中里も上野も全国有数の豪雪地域である。十日町市上野から只見までは約100kmの距離がある。国道252号は、会津若松市に端を発し、西に向かい河沼郡会津坂下で只見川をさかのぼって、南会津郡只見町で峠越えをして新潟県北魚沼郡入広瀬村に入る。さらに守門村を通りぬけ、信濃川を横切って十日町市上野を過ぎ、日本海に近い柏崎市で国道8号にたっする。

*8 このアトリエは享和三年（1803）の家普請帳を有している。

*9 只見の場合は、開口部の内法のすぐ上に欄間状にあるが、ぶなの木の場合は内法の上80cmほどの高い位置にある高窓であって、欄間と呼ぶようなものではない。

*10 1柱間のみ6尺となっているのはなんらかの意味があるとおもわれる。

*11 東北では現在も建物の要所に太い円柱を建てることが好まれている。このような例は、新潟県越路町の重要文化財長谷川家住宅主屋にみられる。当家は享保元年（1716）と伝承される大地主層の住宅で、規模が大きく土間に9本の独立柱が建つ。

【参考文献】

小倉　強『東北の民家』1950　相模書房、
　　　　『増補　宮城県の古建築』1979　宝文堂出版
草野和夫『東北民家史研究』1991、中央公論美術出版
　　　　『近世民家の成立過程』1995　中央公論美術出版
宮澤智士『民家と町並み　東北・北海道』（日本の美術　第286号）
　　　　1990.3　至文堂
宮澤智士『会津滝沢本陣横山家住宅の建築年代』

【図面・写真等出典】

図1a；〈報告書T〉
図1b；「重要文化財旧五十嵐家住宅」会津坂下町教育委員会（パンフ）
図2a・2b；安井撮影
図2c〜2h；〈報告書T〉
図3a；「重要文化財旧五十嵐家住宅」会津坂下町教育委員会（パンフ）
図3b・3c；安井撮影
図3d〜3h；〈報告書B〉
図4a〜4g、図5a〜5d；安井撮影
図6a〜6c；〈報告書T〉
図6d；〈報告書B〉

会津滝沢本陣横山家住宅の特徴と建築年代

Characteristics and the Construction Era of the *Yokoyama* Residence in *Aizu-wakamatu*

宮澤　智士
MIYAZAWA Satoshi

キーワード
本陣　　主屋と座敷　　四間の梁間　　放射性炭素^{14}C

第1節　研究目的とその背景

1-1　研究目的

　本稿は、滝沢本陣横山家住宅の「主屋」およびこれに接続して建つ「座敷」（本陣座敷）の二棟の建物、ともに重要文化財指定物件について[*1]、その特徴を把握し、建築年代[*2]を明確にすることを目的とする。
　滝沢本陣横山家住宅は福島県会津若松市一箕町大字八幡字滝沢に所在する。当地は会津若松城跡の東北方向にある。横山家は藩政時代には本陣として、会津藩主の参勤交代、領内巡視、土津神社[*3]参詣のさいの休息所として使われた。当住宅は、文化財建造物の立場から民家に分類されているが、十七世紀後半までにはすでに本陣に相応しく書院造の座敷をそなえており、一般民家と異なり最上層階級に属する別格の民家であった。
　横山家の歴史的背景を『新編会津風土記』を参考にして記す。
　文禄四年（1595）白河街道の整備にともなって、滝沢村・牛墓村は現在地に移転した[*4]。当家もそのさいに白河街道沿いに移ったと伝える。その後、延宝六年（1678）にいたって近隣十一か村からなる滝沢郷の郷頭になり、以降これを世襲した。また当家が本陣になった時期は明らかでないが、このころであろうか。時代は降って、慶応四年・明治元年（1868）の戊辰戦争のさいには一時本営となった。この戦争のさいに刀で切りつけられた傷跡や弾痕跡が座敷の柱や建具などに生々しく残っている。なお、家蔵の多くの文書はこのときに焼失して失われたといわれる[*5]。

1-2　主屋および座敷の建築年代にかかわる課題

　横山家住宅の主屋は従来から、東北最古の民家[*6]であり、延宝頃（1670年代）の建築とされてきたが、建築年代を明確にするに足りる確実な文字史料はなかった。しかし2008年に実施された放射性炭素年代法の年代調査によって、一部に十六世紀末までさかのぼる柱などの部材の存在が推定された［中尾2008］。
　放射性炭素年代法による主屋の年代調査がおこなわれて以降、再び滝沢本陣横山家住宅の建築年代が取りあげられるようになった。しかし座敷については墨書など直接の文字史料がなく、また従来、主屋とくらべてごく新しい建物とされていたこともあって、放射性炭素年代法による調査もおこなわれることなく、現在にいたっていた。実は、この座敷をごく新しい建物としたのは建築様式判定の錯覚[*8]である。この思いちがいが滝沢本陣横山家住宅の建築年代の研究をはじめとする同家の研究を遅らせた感がある。そこで主屋および座敷の建築年代について、その課題を整理しておきたい。
　主屋の建築年代は、滝沢集落が現在地に移転したといわれる文禄四年（1595）を上限とし、座敷が建った時期を下限とする期間に限定できる。私は、これに建築様式および放射性炭素年代法の調査の結果をふまえて、現存主屋の建築年代を次のように考える。一部に十六世紀後半から十七世紀前半の伐採と推定される部材（横山1、横山2）があることから、前身の建物は、十六世紀末前後の桃山期にさかのぼる可能性がある。しかし大部分は十七世紀後半の伐採と推定される部材（横山3～横山6）であり、構造形態などから判断して、十七世紀後半に、一部に前身建物の部材を再利用して建て替たのが現存の主屋である。
　いずれにしても、当家は東北最古級の民家であり、当住宅が東北民家史はもちろん日本民家史研究のうえでも、より一層重要な存在である。
　座敷の建築年代は、当家が本陣になった延宝六年（1678）頃とする年代を上限とし、十九世紀前半頃の改築であるとする従来からの年代を下限とする。上限下限の両年代の間には150年程の隔たりがある。この内でも、十九世紀前半改築説については詳細な議論がされることもなく、長期間にわたって一般的に採用されてきた経緯がある。私はこの理由を、重要文化財指定（昭和四十六年・1971）以来、座敷は主屋に対してごく新しい建物であるとした錯覚があったことに起因すると考えている。昭和五十二年（1977）の修復工事のさいにも、座敷の建築年代を十九世紀前半頃の改築とすることに疑問をもちながらも、建築年代を正すにはいたらず、十九世紀前半としている。しかし、私は座敷の建築様式からして、その建築年代は主屋より新しいが、主屋とそれほど大きな年代差はないと考えてきた［宮澤1990］。そこで建築様式、部材の古さ、主屋との接続状況、文献[*9]などを総合的に判断して、座敷の建築年代を十七世紀後半、延宝六年頃であるとする説をここに提示したい。
　なお、以下本稿では、とりあえず主屋の建築年代を「十七世紀後半」として論をすすめる。

[第1節 注]

* [*1] 重要文化財指定物件の主屋、座敷の二棟のほか、敷地内には指定外の建造物として、御成門、名子家、稲荷社などがある。
* [*2] 文字史料がない場合は、建築年代を20～30年あるいは50年前後の範囲内に絞りこむことになる。
* [*3] 土津神社の祭神は、会津藩祖松平肥後守正之。正之の遺言により延宝元年（1673）磐座木神社の末社として創建。三代以下の藩主を合祀した大社。
* [*4] 『新編会津風土記巻之二十六』に「文禄四年今ノ地ニ移スト云」とある。なお、滝沢村と牛墓村は隣接した集落で、両集落をあわせて一集落として扱うこともあった。『新編会津風土記』瀧沢組地理之図など参照。
* [*5] 会津若松市教育委員会編『史跡滝沢本陣報告書』（2004・3　横山俊彦）による。
* [*6] 重要文化財滝沢本陣横山家住宅修理工事のさいの現状変更説明、修理工事報告書［文建協1978］など。私もそう指摘したことがある［宮澤1985］、［宮澤1990］。
* [*7] 滝沢本陣横山家住宅が重要文化財に指定された昭和四十六年（1971）当時、建築年代が貞享・元禄期（1684

～1704）をさかのぼることが、文書史料によって明確になる民家は東日本になかった。したがって相当に古い民家であっても文字史料のないものは「十七世紀末」とし、「十七世紀中頃、前期」などと推定し確定することは当時の民家研究史の水準からしてできることではなかった。
*8　この錯覚は当家の重要文化財指定以来続いていた。ただし私はもっと古くみていた［宮澤1990］。
*9　横山家所蔵の文献に間取りの内容などが書いてあり、その内容は現座敷とよく一致している。

第2節　滝沢本陣横山家住宅の現況

2-1　敷地などの現況と重要文化財指定

滝沢本陣横山家の敷地（図1）は、東西に通る白河街道の北側に面し、敷地東を上手として、東寄りに御成門、中間に正門、下手西端に日常の通用口がある。主屋は敷地のほぼ中央前寄りに建つ。通用口の東脇に名子家*1が、主屋の土間ニワと相対して白河街道に背面を向けた形で建つ。横山家の家族が居住する家屋は、現在は敷地の北半部に建っている。

滝沢本陣横山家住宅の主要建物は、主屋とこの上手東南側の隅に接続して建つ座敷*2の二棟で構成される。この座敷の南西端から南に延びる廊下の先に湯殿・便所棟がある。主屋背後に池泉があり、座敷と主屋の入隅にあたる東北方に、座敷から眺める庭園が築いてある。さらに庭園先の東北方に張出す形で屋敷神の稲荷社が祀ってある。

滝沢本陣横山家住宅の敷地は、「旧滝沢本陣」として昭和四十五年（1970）に国の史跡に指定され、つづいて敷地内に建つ主屋および座敷の二棟の建物が、昭和四十六年（1971）三月十一日付けで「旧滝沢本陣横山家住宅（福島県会津若松市一箕町）」として重要文化財に指定されている。

当住宅は重要文化財指定後、昭和五十二年（1977）に根本的な解体修理工事が実施された。この修理工事にさいして、文化財保護法による「現状変更」*3がおこなわれ、建物は現在みる姿になった。修理工事にさいしても残念ながら建築年代を明確にできる史料はみつからなかった。その後、平成三年（1992）に茅屋根の葺き替え、および部分的な修理工事がおこなわれている。なお、当住宅は現在、一般に広く公開されている。

2-2　主屋および本陣座敷の特徴

重要文化財の主屋および座敷の構造形式、空間構成、その特徴を列挙する。

◎主　屋（図2a～2f、図3a～3e、図4a～4j）

主屋は全般的にみて、当時の上層農家の造りである。

① 主屋は、南面、平入り、茅葺き屋根の建物で、大棟を東西にとり、東側を上手、西側を下手とする。現在の屋根形式は西側が寄棟造り、座敷が接続する東側は切妻造りである。

② 平面規模は、桁行20.055メートル（一〇間半）×梁間7.640メートル（四間）*4で、式台の前面がわずかに張出している。平面形態は、梁間に対して桁行がとくに長い長方形で、梁間と桁行の比は〈1：2.625〉ある。

③ 間取りは広間型三間取りで、下手から桁行五間を土間のニワ*5、次の三間を板間のオメエ、上手二間半をザシキ部とする三区画の構成である。このうちザシキ部は現在、前面に玄関・式台を構え、これに続いて十畳敷きのデイと、この背後に七畳半大の板敷きのナンドの二部屋が前後に並んでいる。このデイにはトコノマ・タナ・ショインな

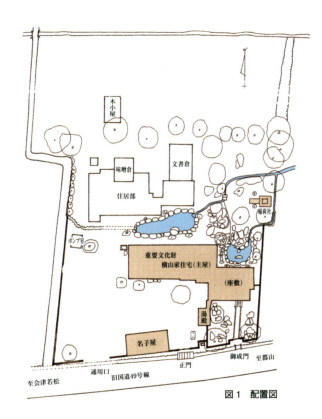

図1　配置図

どの座敷飾りがなく、書院的なザシキではない。

④ 構造形式は下屋造で、梁間三間の上屋の表裏両側および下手西側の三方を半間幅の下屋がとり巻いている。しかし、座敷が接続する上手東側は、前で記したとおり屋根が切妻造であって、この側面は下屋造にしていない*6。

⑤ 桁行には上手のデイにたっする、長さ七間の太く長い中引（牛梁ともいう）を通している。中引は向大黒の位置で継手を設けて別材に替え、さらに下手に延びる。なお、向大黒は、後世の改造のさいに撤去されていたのだが、昭和修理工事にさいして復旧された。

⑥ 土間内部の前後、下手側面の三方の上屋側筋に独立した上屋柱九本がコ字型に並び建つ。向大黒も独立柱であるから、これをあわせると土間の独立柱は一〇本になる。

⑦ 梁組は簡素であって、小屋梁以外の梁は、中引、オメエの前後の上屋側筋にはいる桁行の大梁二丁、およびナンド隅の上屋柱を抜くための曲りのある控梁一丁の計四丁にすぎない。このように上屋柱を抜く構法は新式の構造法である。

⑧ 小屋はサス組で、三間の上屋梁（サス梁）上に九組のサスを一間間隔に配置する。このうち部屋境の間仕切り筋のサス組にあっては、棟束を建て貫を通して土壁を塗って頑丈にしている。

⑨ 長い桁行に対して梁間は四間であって比較的狭い。そのうえ建物の建ちが低く、屋根勾配がゆるいので、茅葺きの軒先高は約2.7メートル（9尺前後）程、棟高も低く7メートル（23尺）弱である。したがって、当建物の外観は小振りにみえる。

⑩ 小振りな外観に対して建物内部の空間は広大である。下手の土間ニワおよび中央部の板間は面積が広く、梁組が簡素で天井を張っていないので、屋根裏まで見通せる大きな空間となっている。

この広い空間の中央棟通りに建つ大黒柱と向大黒は瓜むき状の太い柱であって、当建物の内部空間を豪壮なものにし、最上

図2 外観・座敷まわりの写真

2a 街道に面する冠木門

2b 街道に面する御成門

2c 主屋の側面・正面を西からみる

2d 主屋の側面（左）と名子家（右）

2e 主屋と座敷の入隅・右端の手前は便所棟

2f 主屋の式台（右端）付近と格子窓

2g 座敷のトコ・タナ

2h 座敷の次の間のトコ

2i 座敷の庭園

2j 座敷の縁側の小舞天井

1-4　会津滝沢本陣横山家住宅の特徴と建築年代

図3　本陣横山住宅図面　1:200　出典〈報告書Y〉図面頁1, 6～8

3a　平面図
3b　桁行断面図
3c　梁間断面図―ニワ
3d　梁間断面図―オメイ・ニワ境
3e　座敷断面図+主屋側面図

層階級の民家であることを特徴づけている。また、土間ニワの上屋側通りに独立して建つ九本の上屋柱、屋根裏まで見通せる上部の簡素な梁組、そして梁間が四間であることなどに[*7]、当主屋の古さを伝えている。

◎座　敷（図3a、3b、3e）

座敷の構造形式および内部空間の特徴を書きあげる。

① 主屋の東南隅に接続して建つ座敷は書院造であって、当家が本陣であることを表現している。
② 建物の規模は、桁行10.505メートル（五間半）×梁間7.385メートル（三間半＋榑縁（くれえん））である（図3a）。
③ 南を正面とする寄棟造、茅葺きの建物で、主屋と同様に大棟を東西にとり、東を上手、西を下手とする。
④ 平面は、本屋に接続する西北隅と南東隅の二隅を欠く形で、茅で葺いてある屋根の形態や納まりはやや複雑である。
⑤ 座敷の間取りは、トコノマを構える九畳敷きの御座之間（ござのま）と、トコノマをもつ八畳敷きの御次之間（おつぎのま）の二室からなる続き座敷の形式である。この南前面から西側面に沿って矩折に一間幅の畳廊下、北面に半間幅の畳縁を配している。さらに前面の畳廊下の前には小さな榑縁（くれえん）を設ける。
⑥ 各部屋に長押を打ち、御座之間は竿縁天井でトコザシ（図2g）とする。畳廊下の天井は化粧屋根裏である（図2j）。
⑦ 構造は上屋梁二間半の下屋造（げやづくり）で、小屋をサス組にする。上屋梁は前方半間を跳ねだして、その先端を一間の控梁上の中央に建つ小屋束でうける。背面は、とくに繋梁にあたる部材を用いず上屋柱と下屋柱とを垂木や長押・鴨居など造作材で繋ぐ。したがって梁間断面は左右対称形でない。
⑧ 当座敷にみられる古形式の一つとして、トコ・タナ部分の長押と落掛の上下間隔がごく短い点があげられる（図2g）。なお、下屋部分に造られているトコノマの天井はご

83

く低い位置に張ってある。
⑨ 建物が小規模であるので、柱、梁などの部材は、主屋にくらべて全般に一段細くしてある。

元来、民家の造りである主屋に対して、座敷は書院造であるので、トコ・タナ・ショインの座敷飾を構え、庭に面した北側に縁を備え、全般に書院造に見合った空間構成、構造形式を採用している。

2-3 主屋にみる近世の先駆け的要素および座敷の近世的要素

滝沢本陣横山家住宅の主屋の一部の部材は近世初頭までさかのぼる可能性がある。そこで中世から伝承されていると見做される古い要素、そして近世の先駆けとなる要素を書きあげてみよう。

◎主屋の古い要素
① 上屋柱を原則として一間ごとに建て、この上屋柱筋ごとに上屋梁（小屋梁、サス梁などともいう）を一間間隔に架けわたしている（図4c、4e、4g）。
② 上屋と下屋との繋梁は断面の小さな材である。
③ 構造は全般的に簡素であり、柱材にくらべ中引を除けば、梁、桁など横材は細い。
④ 梁間が四間である。
⑤ 番付を打たずに建てたと考えられる（修理時にも当初の番付が発見できなかった）。

◎近世の先駆け的要素
① 土間の中央棟通りに大黒柱と向大黒とを向きあわせて建て、ここに大きな断面の中引を架けわたす（図3b、3c、3d）。
② 柱を抜く目的で桁行に大梁をもちいている。オメエの前後上屋筋に入る桁のすぐ下に三間の大梁二丁、この前後上屋筋の中間通りに長さ六間の中引を通し、桁行の大梁を計三丁もちいている（図3d）。
③ ナンド内部に建つ上屋柱を抜くために、ザシキ境から下屋柱に向かって控梁をもちいている。ただ控梁をもちいているのはここ一か所のみである。
④ 構造は下屋造、小屋をサス組とした整った形式である。この整った単純明快な形式は近世初頭までにあらわれ、これを基にした構造形式が後世に受け継がれて変遷する。
⑤ 主屋にもちいている基準寸法は、一間が六尺三寸（1.915メートル）である。半間は三尺一寸五分(0.955メートル)、一間半（九尺四寸五分）を二つ割にした間は四尺七寸二分五厘（1.4325メートル）である。土間部と居室部で基準寸法を変えるようなことはない。

①〜④で記したように、土間ニワにみる太い柱や梁材の使い方は、近世初頭の桃山様式風の勢いを表現している近世的な姿であると考える。この近世的な新式構法の採用は、この地の有力者である当家がその先駆けになったのではなかろうか。なお、主屋の側まわりは後世の改造が多く、古式な形式を探しだすのが困難になっている。

◎座敷の近世的要素
① 近世的要素の第一点は、トコ・タナ・ショインの座敷飾りが整っていることである。中世にはこのように座敷飾りが整った構えの民家はみられない（図2g）。
② トコの落掛の高さと内法高との差がごく小さい。この差は、年代が下るのにしたがって大きくなる傾向にある。また、トコ柱の材料、表面仕上げの風格などの表現は、十七世紀の建築であることを示している。
③ 漢数字と漢数字の組合番付を打って建てている。
④ 座敷にもちいている基準寸法は主屋と同様であって、一間＝六尺三寸(1.910メートル)、半間は三尺一寸五分(0.955メートル)である。

座敷は藩主専用の接客座敷であって、家族が使う座敷ではない。部材が一見新しくみえるとしても*8、部材の風食具合、肌触りの感じからしても、その建築年代が十九世紀まで降ることはありえず、十七世紀後半の建築としてよい。

2-4 番付

主屋および座敷は建築年代にかかわる墨書などはなかったが、番付を打った墨書がみつかっている。この番付は主屋と座敷とで異なっている。

◎主屋
ザシキ・ナンドまわりの礎石、貫材などから片仮名「イロハ」と漢数字の組合番付の一部がみつかっている。ただし、これら断片的な番付から番付全体を系統的に把握できるような状況にはない。ただ、書院座敷より先に建てられた主屋でみつかっている番付は、主屋座敷部の礎石、貫など一部の部材にかぎられているから、建築当初のものでなく、後世の改造なり修理のさいに部分的に付けた番付と考えられる。この組合番付は近代になってから付けたものであろう。

◎座敷
柱・束・貫などから漢数字と漢数字の組合番付がみつかっている。この番付は、南東隅の上屋柱を「一ノ一」として、北（梁間）に「二ノ一」「三ノ一」と上がり、西（桁行）に「一ノ二」「一ノ三」「一ノ四」「一ノ五」とすすむ番付である。「○ノ二」「○ノ三」の番付がみられるが、この番付が上屋と下屋とにかかわるものであれば、隅柱は建っていないが、前面下屋の柱筋と上手下屋庇の柱筋の交点を起点「○ノ○」として、桁行に「○、一、二、三」とすすむ番付であると解釈できる。

座敷の番付は整然としているので建築当初のものであろう。なお、この他に上屋の南東隅を「ロノ一」、この北方の下屋柱位置を「ろノ三」とする部分的に番付がみつかっている。この番付は部分的であって、全体はつかみ難いが、近代の修理時に付けた番付であろう。

上記の外、主屋の下手の増築部、そして上手の座敷との接続部からもそれぞれ別の仮名と漢数字の組合番付がみつかっている。また、湯殿・便所棟にも「いろは」と漢数字の組合番付が確認されている。これらはそれぞれの建物の建築時の番付であろう。上記の番付から以下のことが読みとれる。
① 座敷に採用されている漢数字と漢数字の組合番付は、建物全体にわたり整然としたものである。これに対して主屋では、ザシキ・ナンドまわりにかぎって仮名と漢数字の組合番付が5か所ほどでみつかっているに過ぎない。座敷の番付は建築当初、主屋のものは、座敷増設時ないしはその後の修理時に打ったものと判断できる。したがって、主屋は当初は番付を打たずに建築したと考えてよい*9。
② 主屋上手裏側の東北隅の番付は「ぬノ一」である。「ぬ」は「いろは」の10番目であるから、この仮名「いろは」は前面下屋から半間ごとに数えた番付の可能性もあるが、一か所のみなので何ともいえない。

2-5 主屋と座敷の解体修理時の問題点および書院座敷の成立過程

横山家住宅の解体修理工事は昭和五十二年（1977）に実施された。工事のさいの修理方針は、「主屋は建築当初の姿を目標に

復旧整備する」、「座敷は戊辰戦争当時（1868）の姿を残して復旧整備する」という内容であった。主屋と座敷とで、建築年代が違うこともあって修理方針が異なったのである。

日常生活の場である主屋は、後世の増設、改造が多くあった。建築当初の姿に復旧することを目標にしたので、大々的な現状変更がおこなわれ、修理前後で建物の外観、内部空間ともに大きく変わった。これに対して座敷の方は、完成度が高い書院造の接客座敷であるという性格上、改造が少なく、土台を撤去して礎石建てに復した以外の現状変更がなかった。したがって、修理の前後で建物の形式は柱脚部以外は変わっていない。

上でみたように、建築年代が異なる複数棟を同時に現状変更するにあたっては、建物の性格、用途がそれぞれ異なっているのが一般的である*10。まずは復原するか否か、復原する場合にはどの時期を目標にして復旧するか、家の歴史を読みとるためには建物をどのように残すのか、どんな残し方が最良であるか、この点は考え方によって変わってくる。当然所有者の意向も大きくかかわることは言うまでもない。

主屋と座敷の修理方針は、座敷に建築空間を大きく変えるような増改築はなかったから、座敷増設時の姿に主屋を復旧整備するのが実質的である。ただし、ここで問題になるのは、前に記したように座敷の建築年代を錯覚していたことが大きく影響を及ぼしている、つまり、十七世紀後半の建築である現存の座敷を、十九世紀前半ころの建築ないしは改築として、非常に新しくみていた点にある。

民家において、主屋内にトコ・タナ・ショインを取りこんで造るようになるのはおおよそ十八世紀以降であり、それ以前の十七世紀の民家では、横山家住宅の場合と同様に本陣座敷は別棟として建てている。

なぜ、主屋内にトコ・タナ・ショインを取りこんだザシキを造らずに、書院造の座敷を別棟として増設したのだろうか。その理由は、民家と書院とは、和風と洋風とが違うように、両者は様式の違う建築であったからである。現在、われわれは住宅を、和風だ、洋風だということをほとんど気にせずに建てているし、自由に建てる技術が備わっている。ところが洋風建築が入ってきた初期の住宅では、洋風を取りいれるさいに、洋風と和風とをはっきり分け、洋風部分は本屋とは別棟として建てたのである。それが後世には、洋風部分を本屋内に取り込むようになる。こうして一般民家にも書院座敷が普及するのであるが、これと同様なことが民家と書院の場合にもあった。書院座敷が一般に普及する過程で、本来の民家の上手に書院座敷を増設するとか、または上手に位置するデイ*11を書院座敷に転換したのである。

横山家の場合、近世初期に現主屋を建て、その後、十七世紀後半に滝沢本陣となったさいに、あるいはその前後に必要に応じて主屋を建て替えるとともに別棟の書院座敷を建て増している。

近世民家の発展過程の目玉の一つは、座敷飾りであるトコ・タナ・ショインを備えた書院座敷を構えることであり、一般庶民がそれを確保する過程でもあった。最終的には封建社会が崩壊した明治期になっても庶民のこの努力は続いた。

[第2節 注]

*1 名子家の構造は寄棟造、茅葺きで、規模は桁行五間半×梁間二間半あり、内部は土間と板敷の二部分が左右にならぶ。構造は上屋のみからなる上屋造であって下屋造でない。柱、梁などの部材は全般的に細く簡素な造りである。このような名子家は付属屋の一つであり、主屋との間には大きな格差がある。このことが建築構造にも遺憾なくあらわれている。なお、同家幕末指図にも描いてある。

*2 重要文化財指定名称は「座敷」である。しかし単に座敷としたときに、部屋名称の座敷と紛らわしいので、「本陣座敷」と書き、主屋の部屋名称は片仮名で「ザシキ」とする。

*3 文化財保護法による「現状変更」。現状を変えることは、文化庁長官の許可事項である。

*4 第二節でもちいているメートル法による寸法は、滝沢本陣横山家住宅の修理工事報告書［文建協1978］記載平面図の書き入れ寸法であり、尺貫法による寸法はこれから一間を六尺三寸として換算した。

*5 「現状変更」にともなって間取りが変わったので、復原した各部屋の名前は、別棟の座敷と紛らわしくないように適宜付けた。

*6 座敷が接続して建つ以前の主屋は寄棟造、四方下屋造であった可能性はゼロではないが、現在、私は現状のように切妻造であったと考えている。この点は、［日塔2010］と同意見である。

*7 上屋梁三間、梁間四間とする軸部構造は基本的構造であり、中世民家からの構造形態を受け継いでいるものと考えられる。

*8 書院造である座敷は、記念性をもち完成度が高い建物であって、家族が日常的に使う一般的な座敷ではない。その性格から改造することは少ない。

*9 主屋の後世の番付は、一種類でないようにもみえるが、その全体像がつかめず不明である。

*10 座敷を別棟にして増設したものに、十七世紀中頃から後半に建築された実例がある。たとえば奈良県生駒郡安堵村の中家住宅も同様に座敷棟は主屋に比べて大変に新しくみえた。棟札がみつかる以前の調査では明治期としたものがあったが、実は棟札があって安永二年（1773）の建築であった。つまり文字史料の有無で百数十年程の差があったことになる。なお、主屋は江戸前期の建築とされている。神奈川県横浜市の関家、群馬県桐生市の彦部家なども、もともと主屋に書院座敷はなく、別棟の書院座敷を後に建てている。書院造は、家族のための空間でなく、大名にために用意された建物である。

*11 この箇所の部屋名はさまざまある。

第3節　滝沢本陣横山家住宅主屋・座敷の建築年代に関する諸説

3-1　主屋および座敷に関する従来の建築年代

滝沢本陣横山家住宅の主屋、座敷の新旧にかんしては、主屋が古く、座敷が新しいという点は衆目の一致するところである。しかし、その実の建築年代についてはこれまでに諸説があった。棟札、普請帳、墨書など建築年代を直接しめす文字史料がなく、また、昭和五十二年（1977）に実施した解体修理工事のさいにも文字史料がみつからなかったので、建築年代を確定するまでにいたらなかった。しかしその後、平成十七年（2005）にいたって主屋の放射性炭素年代法による年代調査がおこなわれ、主屋の建築年代が推定された。この推定年代と建物の様式編年の年代とをあわせて考察することによって、建築年代が推定できるようになった。ただし、座敷は放射性炭素年代法による調査をしていないこともあって、建築年代はいまだ確定していない。

本稿ではこのことも考慮して、主屋および座敷の建築年代を改めて考察する。なお、当住宅の年代について、私は［宮澤1985］の旧滝沢本陣横山家のなかで小見出し「建築年代を再考す」を設けて建築年代を考察している。この箇所を引用しておこう。

図4 主屋内部の構造・梁組

4a　ニワとニワ・オメエ境の対に建つ太い柱

4b　ニワ上部の梁組・小屋組

4c　下手からみたニワの梁組、小屋組、長い中引梁

4d　ニワの中央に通る長い中引梁

4e　ニワの独立して建つ柱

4f　ニワの梁組、上手から下手をみる

4g　ニワの梁組、奥から表側をみる

4h　オメエのザシキ境をみる。壁が小屋まである

4i　オメエ・ニワ境の太い柱、イロリ

4j　オメエ前半部の梁組

「建築年代を再考す　主屋は古風であり、建築年代は延宝六年（1678）ごろ、座敷は十九世紀前半の改築と考えられているが、柱や梁などの表面仕上げ痕跡をみると、実は主屋、座敷とも同時期の建築で、年代は本屋はややくだり、座敷はもっと古いのではないだろうか」

上の文中の「同時期」は「同時」でなく、ある範囲内の建築年代を指している。「年代は本屋はややくだり」は当時、私は主屋の建築年代を十七世紀末頃と考えていたことによる。上記の内容には、今になると間違いや、わかり難い箇所もあるが、座敷が古いことを強調したかったことが分かる。建築年代について現在の考えは、第4節まとめのところで記してある。

このほか、住宅の建築年代を直接あつかった文献はつぎの三点がある。
◎文化財建造物保存技術協会［文建協1978］　修理工事報告書で、放射性炭素年代調査以前のもの。
◎中尾七重［中尾2007］　放射性炭素年代法の調査を担当した当事者によるもの。
◎日塔和彦［日塔2010］　1977年修理工事の現場に常駐した技術者によるもの。放射性炭素年代調査後。

これらをもとに私は、横山家住宅主屋および座敷の建築年代を検討するのだが、これに先立って、主屋および座敷が重要文化財指定当時以来、建築年代がどのように考えられてきていたか、その概略をみておきたい。

① 重要文化財指定説明（1971年3月）では、主屋は「十七世紀末頃まで遡る」らしく、座敷は「十九世紀以降」らしいとする。
② 1977年実施された当建物の昭和修理工事のさいの「現状変更」説明でも、指定説明をほぼ踏襲して「主屋は十七世紀後半頃まで遡るらしく、座敷はそれを大分下るらしい」とするが、これにはつぎの注記がある。この注記では、ⓐ座敷はかなり古くからあった、ⓑ現在の座敷を建替えて加えたもの、とする点である。また、ⓒ「現座敷の年代は全体として十八世紀末あるいは十九世紀初頃まで下るように思われる。しかし主屋東端の「さす」は座敷の梁にのっていることから座敷はかなり古くからあって、建替えて加えたものが現在の座敷とも考えられる。主屋の座敷に近い部分の柱等もあるいは変わっているかも知れない」と説明している。
③ 文化庁編『国宝・重要文化財建造物目録』（1999年）には、建築年代の目安が書いてあるが、昭和修理工事の成果を反映して、当住宅の主屋を江戸中期（1661～1749）、座敷を江戸後期（1750～1829）としている。

上でみるとおり、公（おおやけ）の文書でも、現座敷の建築年代を実際よりも相当に新しくみている。本陣でありながら、書院造の座敷が十九世紀前半までなかったとするのは不都合であるから、修理工事報告書では、建替え説を考えだしたものとおもわれる。

横山家は延宝六年（1678）に滝沢里組十一箇村の郷頭となり、以後これを世襲してきていること、建物の様式からみても延宝には現主屋はすでにあったとし、建築年代を延宝六年（1678）頃としても大きな誤りはあるまいとする説が有力視されてきた。

座敷の建築年代も主屋と同様に決定的な文字史料がなく、議論されることもなく、主屋よりも相当に新しい建築とみなされ、十九世紀前半頃の建替えとする説がとなえられてきた。

3－2 昭和修理工事報告書にみる主屋・座敷の建築年代；［文建協1978］

修理工事において主屋、座敷とも建築年代に関わる墨書銘は発見できなかった。このため［文建協1978］では主屋の建築年代は、従来の延宝六年（1678）とする通説を採用している。座敷にあっては、十九世紀前半頃の建替えと推定している。ただし、座敷の年代推定には問題があるとの疑問を感じた形跡がある。参考になるのでこれを書きあげよう。

① 現座敷の年代は全体として、十八世紀末あるいは十九世紀初頃まで下るように思われる。しかし、主屋東端のサスは座敷の梁に乗っているところから、座敷はかなり古くからあって、建替えて加えたものが、現在の座敷と考えられる。（現状変更の説明の注記による）
② 十九世紀前半頃の建替えとするものの、建替え以前の建物の古材、転用材もなく形式は不明である。
③ 家蔵の正徳二～三年（1712～13）『御用留記』に、覚書として「一、拾畳　上ノ間但床、押込共　一、九畳　次の間、但押込共云々」の記事があり、現座敷と間取り内容、規模が一致する。

このような疑問を抱きながら、［文建協1978］にはこれ以上の考察はない。ただし当報告書で、建築年代を十九世紀前半頃の建替えとした理由はどこにあったのだろうか。これにかんして若干の私見をのべたい。

座敷について［文建協1978］では、創建、後世の建替えと前後2棟の建物を想定しているから、座敷と接続する主屋部分の部材の年代考察をいたずらに複雑化することになった。私見では、座敷は延宝六年（1678）前後の建築で現存しているとしているから接続部分の複雑さは多くない。『御用留記』の覚書当時、現存の座敷はすでに存在していたのだから、記事の内容と一致しているのは当然であり、前身建物の古材、転用材があろうはずもない。仮に十九世紀前半頃の建替えとするのであれば、建替えの理由はどこにあるのだろうか。この建替え説は、座敷の建築年代を余りにも新しくしたため、これを説明する理屈にすぎない。

昭和修理工事報告書［文建協1978］で、座敷を江戸末期十九世紀前半頃の建替えとする説は、実際と150年程もかけ離れて建築年代を新しくみているのだが、昭和五十二年（1977）の修理工事当時、民家研究の成果が一般にほとんど普及しておらず、座敷が書院造でありその性格や特徴を理解できていなかったこと、同じ重要文化財でありながら、社寺建築などとくらべて民家建築が一部の研究者、技術者の間では重要視されていなかったことを示す一事例であるとも考えられる。こうして横山家住宅座敷の錯覚した年代推定は、後々まで影響を及ぼすことになった。

これにつけ加えれば、修理工事にあたった技術者をふくめて、関係した建築研究者、技術者が、建物そのものの様式研究、編年研究にほとんど関心を示していないことが気になる。

3－3 中尾七重の放射性炭素年代法による調査報告；［中尾2008］

最近では放射性炭素年代法を応用した歴史的建造物の科学的年代研究が盛んになりつつある。技術の進展により年代調査に必要な試料量が僅少ですみ、年代測定の精度が向上したことにより、文化財建造物にも活用できるようになったのである。当横山家住宅主屋の放射性炭素年代法による調査は2005年10月に中尾七重を中心にして実施された。ここではまずこの結果を［中尾2008］によって紹介する。なお、この際に座敷の年代測定調査はおこなっていない。この座敷はごく新しい建物であるとの理由から測定しなかったとも聞く。

主屋の「ホ十四」「ヘ十四」「ロ二十」「チ二十四」の柱四本から採取した試料の解析をおこなっている。ここで［中尾2008］から解析結果の説明文を以下に引用する。

『「測定試料と炭素年代の解析の結果、および横山家住宅の文禄四年（1595）の移転経過から十五世紀以前の可能性を

表1　滝沢本陣横山家住宅の放射性炭素年代法の年代調査結果　　　　　　　　　　　　　（文禄五年十月二十七日（1596）＝慶長元年改元）

柱位置	伐採年代幅	材の特徴・形態	除去層	伐採年代など	部材の時期
横山1.ホ十四柱	1573～1630	芯持ち瓜むき丸柱	樹皮に近い	16c後半～17c前半	桃山・文禄四年（1595）以降
横山2.ヘ十四柱	1558～1632	角柱・ホ十四と同時期	樹皮に近い	16c後半～17c前半	桃山・文禄四年（1595）以降
横山3.ロ二十柱	1657～1668	年輪数少ないマツ角柱	数年～十数年	17c後半	延宝六年（1678）頃
横山4.チ二十四柱	1669～1682	年輪数少ないマツ角柱	数年～十数年	17c後半	延宝六年（1678）頃

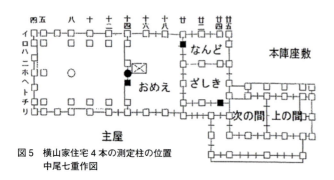

図5　横山家住宅4本の測定柱の位置
　　　中尾七重作図

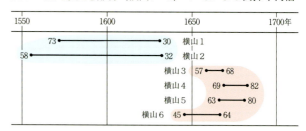

図6　横山家住宅部材（横山1～6）の^{14}Cによる伐採年代幅

除外すると、「ホ十四」柱は最外部で1573～1630年、「ヘ十四」柱は最外部で1558～1632年、「ロ二十」柱はウィグルマッチング年代測定で最外部1657～1668年、1787～1798年、「チ二十四」柱はウィグルマッチング年代測定で最外部1669～1682年、1783～1783年の年代値が得られた。「ホ十四」柱と「ヘ十四」柱は同時期で、かつ「ホ十四」柱は芯持ち・瓜剥きの丸柱で、樹皮に近いため十六世紀後半～十七世紀前半の伐採年代となる。一方、「ロ二十」柱と「チ二十四」柱は年輪数の少ないマツの角材で、除去層は数年～十数年程度と想定でき、その場合、十七世紀後半あるいは十八世紀末～十九世紀初頭の年代となる。」

上の分析から、「ホ十四」柱と「ヘ十四」柱は、十六世紀後半～十七世紀前半であり、「ロ二十」柱は十七世紀後半の延宝六年（1678）の年代に対応することから以下の推論を導く。
①保存材説：「ホ十四」柱と「ヘ十四」柱の材木が伐採後保存されて、十七世紀後半の建設時に用いられた。
②転用材説：横山家が文禄四年（1595）の現在地への移築時に「ホ十四」柱や「ヘ十四」柱を用いた住宅を建築したが、十七世紀後期に当初建物を解体して「ホ十四」柱や「ヘ十四」柱を再利用して現在の建物を建築した。
③改造説：文禄四年（1595）移築時に「ホ十四」柱や「ヘ十四」柱を用いた住宅を建築、十七世紀後半に「ナンド」「ザシキ」の改造をおこなった。

①は、保存期間が35～100年と長期である。②は、「ロ二十」柱の墨書「五」が後補柱「チ二十」柱の墨書「ヘノ五」と対応するなら「ロ二十」柱も後補の可能性がある。なお、横山家では現在の住宅は文禄四年（1595）建築と伝承されているが、建築年の書かれた文書は失ったとのことである。

以上より①、②、③のいずれとも決定できないが、③の可能性が高いように思われる。「チ二十四」柱が年代1669～1682年の場合、除去層の年輪数の不確定性を考慮すると、「ロ二十」柱と同年代の延宝六年（1678）時と考えられる。

これら［中尾2008］の関係事項、およびこの後に中尾氏から提供された柱、中引の2部材の調査結果は「横山5（土間上屋柱ち十二）1663～1680（71.4％）、1797～1808（24.1％）、横山6（おめえ中引ほ十四～ほ二十）1645～1664（95.4％）」である。

これらを、私なりにまとめると表1および図6のようになる。

3-4　日塔和彦の滝沢本陣横山家住宅の建築年代改正；［日塔2010］

滝沢本陣横山家住宅の修理工事は1978年に終了しているから、この工事終了の32年後に［日塔2010］は発表されたことになる。この間、日塔は、当本陣の主屋、本陣座敷の建築年代の実際を知りたかったであろう。そのチャンスは放射性炭素年代法との出会いによってやってきた。［日塔2010］の結論部分を以下で引用する。なお、［日塔2010］で使っている放射性炭素年代法による建築年代調査は［中尾2007］と同じ資料である。

　筆者（日塔）は設計管理の主任補佐として現場常駐し各種調査を担当した。当家所蔵の古文書『御用留記』には「延宝六年（1678）・中略・御普請被仰付」とあり、また「現在地に移転した文禄四年（1595）の建築」の伝承がある。文化庁の現状変更説明では「十七世紀後半頃までは遡るらしく」と年代を特定していない。横山家住宅の放射性炭素年代測定の結果、土間境にある丸太状の大黒柱「ホ十四」と脇柱「ヘ十四」は1600年前後、座敷側の二本からは十七世紀後半の年代が得られた。修理担当者として次の解釈を与えたい。すなわち横山家が現在地に移転した文禄四年（1595）建築の住宅の一部が土間境に転用されている。座敷側柱の寛文四年（1664）頃の柱は郷頭・本陣拝命時の柱で、現在の主屋はこの時の建築である。延宝六年（1678）頃の柱は本陣座敷の一部とも考えられる位置にあり、この柱は本陣座敷の建築時の年代を示している

日塔は、現在地での横山家住宅の創建は文禄四年（1695）、現在の住宅は寛文四年（1664）頃の建築、本陣座敷は延宝六年（1678）の建築と結論づける。日塔がかかわった修理工事報告書［文建協1978］での建築年代を、日塔自身が［日塔2010］で改めた点は、①主屋の建築年代を延宝六年（1678）から寛文四年（1664）頃とし、②座敷の年代を十九世紀前半頃の建替えから、延宝六年（1678）頃とした2点である。

［日塔2010］の建築年代解釈で問題となるのは、現在の住宅主屋を「寛文四年（1664）頃の建築」としている点である。寛文四年（1664）頃とした理由は明らかでないが、放射性炭素年代調査によったとすれば、「ロ二十」柱および「チ二十四」柱はウィグルマッチング年代測定でそれぞれ最外部1657～1668年、

1669～1682年の年代値が得られたのだが、日塔はこの数値を深読みしすぎている感がある。［中尾2007］が指摘している通り、この両柱は年輪数の少ないマツの角材で、除去層は数年～十数年程度と想定でき、両柱は十七世紀後半のものに違いないが、最外部1657～1668年、1669～1682年の年代値それぞれに分けて使うものではない。「ロ二十」柱と「チ二十四」柱の年代値が得られるまでの間に幾度かの仮定を設定しているから、このような二通りの数値が出ているのである。

第4節　まとめ―滝沢本陣横山家住宅の建築年代

横山家住宅の重要文化財指定以来、建築年代を主屋：延宝六年（1678）頃、座敷：江戸後末期（十九世紀前半頃）とする説が広く通用していた。それにしても座敷を江戸後末期（十九世紀前半頃）とする建築年代はあまりにも新しく見過ぎていた。私は建築年代についてつぎのように考えている。

① 現在地最初の主屋の建築年代は、放射性炭素年代法の調査結果［中尾2008］を加味すると、桃山期（1573～1614）建築の可能性がある。ただし、その建築年代は、『新編会津風土記』にでてくる現在地に移転した文禄四年（1595）、また横山家に伝承される文禄四年建築という一時点に限定せずに、「文禄四年～慶長初年頃」の桃山時代と幅をもたせるのが妥当であると考える。新編会津風土記には横山家住宅を建築したとは書いていないし、当家に伝承される文禄四年とする建築年代も、後世のある時期に新編会津風土記の記事をもとに生まれた可能性もある。近世初頭のこの時期に若松城下とその周辺がととのえられているであろうことは確かであるけれども、新編会津風土記の記事をそのまま私的住宅の建築にまで適応する根拠にはならない。

② 現存の主屋は移転後最初に建てた住宅の一部の部材を転用再利用して、十七世紀後半に建てられた。

③ 農村体制が固まってきた十七世紀後半になると、時代は本陣など最上層の家に格式の高い接客空間を要求するようになった。横山家では家格に相ふさわしい座敷として、トコ・タナ・ショインの座敷飾りを備えた本陣座敷を必要とした。

④ 横山家住宅の本陣座敷の建築年代は、家蔵の正徳二年（1712）「御用留記」[*1]の覚書の内容から判断して、延宝六年（1678）頃とすることは妥当であろう。当座敷は、主屋に接続して建てたため、主屋のザシキおよびナンド部分の改造にも及んだ。公の建物普請の場合、「御普請」と頭に「御」の字をつけるので、本陣の座敷のものであることが推定される。

⑤ 滝沢本陣横山家住宅の建築年代は、放射性炭素年代法の測定によってより実年代に近づいたものの、座敷の方は、上の④のとおり延宝六年（1678）頃と推定されるものが、昭和修理工事のさいにも十九世紀前半頃とする建築年代が採用され、両者の間に150年程もの年代差が生じているのは遺憾である。

⑥ 様式編年による建築年代推定と放射性炭素年代法の調査による年代推定とは車の両輪の関係にある。文化財建造物にかかわる仕事に従事する我々、とくに修復にかかわる技術者、研究者は建造物それ自体の調査研究に加えて、建築年代の考察に切磋琢磨しなければならない。この点が当滝沢本陣横山家住宅の場合は若干欠けていたとおもわれる。

⑦ 当住宅の主屋は、東北における現存最古級の民家であることに変わりはないが、これまでの研究を総合して考察することよって、創建時の主屋は、近世初期にさかのぼる可能性のある建築と推定した。わが国には中世と推定されている民家は三棟現存する[*2]が、これに次ぐランクの古民家である。

最後になったが、放射性炭素年代法による建築年代の調査研究は、従来からの様式編年とはまったく別分野に属する科学的方法であり、本稿でみるとおり建築史学研究に寄与することは大である[*3]。

[第4節　注]

*1　嘉永甲寅七年『先祖より相続之次第合集帳』
「去ル六日山三郎瀧澤里組郷頭ニ□　□仰付其旨可致承知候　以上　延宝六年甲極月九日　（以下略）」
「宝永七年正月　乍恐次書付御訴訟申上候　一私家座敷之義三拾七年以前寅之年柱根継気祢惣而破損申所御普請被仰候（略）」
「家蔵の正徳二年（1712）文書覚書「一、拾畳　上ノ間但床、押込共　一、九畳　次の間、但押込共　」
当覚書は現在の本陣座敷の間取り内容とほぼ一致する。

*2　中世民家として、兵庫県の箱木千年家、古井千年家、奈良県の堀家住宅、また、近世初頭桃山期の民家として、慶長十二年の棟札をもつ奈良県の栗山家住宅がある。

*3　本陣座敷に関しては、放射性炭素による年代推定の試料採集が2012年7月26日に実施されている。

[参考文献]

1・『御用留記』正徳二～三年（1712～13）
2・「先祖より相続の次第合集帳」嘉永七甲寅年（1854）
3・『新編会津風土記』全五巻　1962　雄山閣
4・『新編会津風土記』全四巻　1999～2002　歴史春秋出版
5・㈶文化財建造物保存技術協会編『重要文化財旧滝沢本陣横山家住宅修理工事報告書』1978・3　重要文化財旧滝沢本陣横山家住宅修理委員会　[文建協1978]
6・宮澤智士『日本の民家』1985　小学館
7・宮澤智士『民家と町並　東北-北海道』（日本の美術二八六号）1990　至文堂
8・草野和夫『近世民家の成立過程』1995　中央公論美術出版
9・会津若松市教育委員会文化課『史跡旧滝沢本陣報告書』2004
10・中尾七重「重要文化財滝沢本陣横山家住宅の放射性炭素年代測定について」2008・9　（日本建築学会大会学術講演梗概集）[中尾2008]。
11・日塔和彦「重要文化財旧滝沢本陣横山家住宅の建築年代について」2010・5　（第十二回AMSシンポジウム）[日塔2010]

[図面・写真等の出典]

図1：〈報告書Y〉
図2a～2j：安井妙子撮影
図3a～3e：〈報告書Y〉
図4a～4g：安井妙子撮影
図5：[中尾2008]
図6：宮澤作成

2

実践的わが民家研究史

2-1 実践的わが民家研究史

目　　次

はじめに ……………………………………………………………………………… 97

第1章　調査研究の初期
　　　　──大学・大学院時代 ＜1959～1966.9＞ ……………………………… 98

　　1.1　神奈川県丹沢山地の秦野および滋賀県の湖北菅浦・大浦で
　　　　最初の民家調査──1959年 …………………………………………… 98

　　1.2　様式編年──建築の時間・空間を把握して建築年代を推定 … 102

　　1.3　どの家が古いか、探し歩く予備調査 ………………………………… 104

　　1.4　小屋組の変遷 …………………………………………………………… 104

　　1.5　調査詳細──痕跡図・編年表の開発 ………………………………… 105

　　1.6　関西と関東の図面の相違──図面縮尺・野帳用紙 ……………… 109

　　1.7　部屋の呼称について …………………………………………………… 109

　　1.8　桁と梁──部材の名称 ………………………………………………… 110

第2章　奈良国立文化財研究所時代
　　　　──遺跡発掘と建築調査 ＜1966.10～1977.12＞ ……………………… 111

　　2.1　民家の棟札 ……………………………………………………………… 111

　　2.2　民家普請帳を読む ……………………………………………………… 112

　　2.3　全国規模の民家緊急調査　1966年開始 …………………………… 113

　　2.4　今井町の町並み調査 …………………………………………………… 114

　　2.5　シンポジウム日本民家の形成過程　1971年 ……………………… 115

　　2.6　イタリアをはじめとする海外の調査──自己流が通用 ……… 116

　　2.7　四国民家博物館と館内の指定文化財・登録文化財 ……………… 117

第 3 章　文化財保存の行政
　　　　——文化庁時代 ＜1978～1995＞……………………………………119

　　3.1　奈良国立文化財研究所から文化庁へ　1978 年
　　　　——現状変更を担当…………………………………………119

　　3.2　現状変更せずに現状維持の民家修理………………………………120

　　3.3　建築医——文化財建造物修理、設計・施工監理………………121

　　3.4　民家の保存公開施設…………………………………………………122

　　3.5　重要文化財民家所有者の様々な立場………………………………123

　　3.6　普請帳研究会の 10 年 ＜1982～1993＞……………………………125

　　3.7　沖縄竹富島で物置小屋を建てる……………………………………126

　　3.8　北海道の建築・住居、アイヌのチセ………………………………127

第 4 章　教育研究実践
　　　　——長岡造形大学教授時代 ＜1994.4～2003.3＞……………………128

　　4.1　全国の仲間たち——普請帳研究会から建築修復学会へ………128

　　4.2　白馬村の調査と野帳…………………………………………………128

　　4.3　1803（享和 3）年の中門造り民家保存……………………………129

　　4.4　雪との闘い—民家を護る大変さ…………………………………130

　　4.5　指定民家と未指定民家の保存修復の格差…………………………131

　　4.6　文化財保護法—指定、修理、公開に関して……………………132

　　4.7　合掌造りの研究開始…………………………………………………133

第5章　フリーの時代 <2004.4～> ……………………………………………… 135

5.1　みやづかえの40年 <1963～2004> ……………………………… 135

5.2　断熱気密で民家を快適な住空間に ……………………………… 135

5.3　放射性炭素 ^{14}C による建築年代調査 ………………………… 137

5.4　建築部材と空間の釣合い——四畳半 …………………………… 138

5.5　再び沖縄へ——石垣の調査 ……………………………………… 139

5.6　田中文男さんとの最後の仕事
　　　——国営ひたち海浜公園の集落 ………………………………… 140

第6章　まとめ ………………………………………………………………… 142

6.1　わが民家研究史——3回の画期的時代 ………………………… 142

6.2　民家史研究——石原憲治の大正から昭和戦前の仕事（地域軸）と時間軸の出現 ……………………………………………………… 142

6.3　復原調査・編年研究 ……………………………………………… 144

6.4　民家調査研究の資料の蓄積 ……………………………………… 145

はじめに

　私は長野県長野北高等学校（現：長野県長野高等学校）を1956年に卒業し、翌年、横浜国立大学工学部建築学科に入学した。

　まず、第一にあげなければならない恩師は大岡實先生である。横浜国立大学工学部でお会いして、「日本建築史」の講義を受け、卒業論文も先生のご指導のもとに書き上げた。

　このこともあって大学院に進むことになった。大岡實先生は、1949年（昭和24年1月26日）の法隆寺金堂火災当時に法隆寺国宝保存工事事務所長であったことからその責任を取って職を解かれた。その3年後の1952（昭和27）年に横浜国立大学工学部教授となられた。

　歴史学は一般的に文献を主要な資料として行う学問であり、暗記が重要であると思われているようだが、実際に大岡實先生のもとで民家、民家史の調査研究に参加してみると、民家史研究は、建築物それ自体を主要な資料として歴史を読み取る学問であり、暗記物ではないことが分かった。このことと大岡實先生との出会いが、私の一生の仕事を決めることになった。高校生の頃は、よもや歴史を仕事にすることになろうとは思ってもいなかった。大学1，2年の頃は「歴史ではめしが喰えない」と言われていた。しかし、大岡實先生についたからには「めしが喰えなくてもよい」と腹を決めた。

　この先1960年東京大学大学院に進学してからも奨学金（日本育英会および聖徳太子奉賛会給費研究生制度）がもらえるまでの1年余り、大岡實先生のご自宅で、2食付き下宿生としてご厄介になった。このご恩は一生忘れることはできない。大岡實先生のご配慮がなければ私の現在はない。

　大岡實先生は1900（明治33）年に生まれ、東京帝国大学工学部建築学科において伊東忠太と関野貞に師事した。先生は1987（昭和62）年12月7日にお亡くなりになった。

　横浜国立大学卒業後、東京大学大学院数物系研究科の建築学専攻課程に進み太田博太郎先生の研究室で建築史研究にはげんだ。太田先生は1973年退官後、九州芸術工科大学学長、武蔵学園長、文化財建造物保存技術協会理事長などを歴任された。

　伊東忠太、関野貞両先生は大岡實先生、太田博太郎先生の恩師であり、私は日本の建築史の正統を行く師に恵まれた。

第1章　調査研究の初期──大学・大学院時代 ＜1959〜1966.9＞

1.1　神奈川県丹沢山地の秦野および滋賀県の湖北菅浦・大浦で最初の民家調査──1959年

　私は1959年に、神奈川県秦野および滋賀県湖北地方（図-1.1）の2か所で行われた近世民家の現地調査に参加した。秦野は丹沢山地の南山麓東端にあり、その民家の基本的な間取りは、復原考察すると単純な広間型三間取りであった（図-1.2）。

　これに対して、琵琶湖北辺の民家の間取りは二種に大別でき、多少複雑にみえた。われわれは湖北地方に分布する二種類の民家群に、主要な集落の名をかぶせて、それぞれ「大浦型」（図-1.3）、「余呉型」と名付けた（図-1.4）。

　神奈川県、滋賀県のこの両調査は、私にとって学術的、組織的な民家調査への初めての参加であり、調査結果をまとめて卒業論文に仕立てた。また、成果の一部は日本建築学会大会で発表した。この秦野と湖北地方の調査研究は、後に続く私の民家調査研究の基礎を築くことになった。

　上で記した「学術的、組織的な民家調査」に関して若干ふれておこう。従来の民家調査は大学の研究室単位のものであり、また個人が行う比較的小規模なものであった。これに対して、1955（昭和30）年に実施した奈良県今井町の寺内町今井の調査は、東京大学、京都大学、奈良文化財研究所などの建築史、都市史などを専攻する教員、学生などを主体メンバーとして、民家などの建築と都市調査を合わせて行っている。滋賀県湖北地方の民家調査は、大岡實横浜国立大学教授を代表者として、旧文部省の科学研究費を得て、横浜国立大学、東京大学、東京工業大学の建築史関係教員、学生などが参加して実施した。このような調査方法は、これ以降にも受け継がれた。

　湖北地方の調査は滋賀県西浅井町の菅浦・大浦両集落を中心にして行われた。菅浦・大浦は中世菅浦文書の存在で知られている。秦野の調査は、横浜国立大学工学部大岡實研究室が1955年から神奈川県下で実施してきている民家調査の一環となるものである。

　私は歴史というものは、文献によって研究し紐解くものであると考えていた。先輩たちの論文に「民家の間取りが、広間型三間取りから田の字型の四間取りに変遷する」旨の解説があり、モノ自体の調査からこんなことがわかることに驚き、そこに興味をもったのであった。その事が、私が民家研究を卒業論文のテーマに選んだ主要な理由である。これに先立って、大岡實先生の人柄に強くひかれてもいた。優秀な友人数名を大岡研究室に誘って一緒に研究をすることにした。

　1960（昭和35）年4月、私は東京大学大学院数物系研究科に進んだ。この年は湖北地方に続いて民家調査をする候補地を探す目的で、滋賀県信楽地方および京都府丹波地方などで予備調査に参加した。この調査結果を受けて、藤島亥治郎、太田博太郎、伊藤鄭爾の諸先生方が丹波地方を本調査地として選んだ。

　丹波地方の民家の間取りや構造はこれまでのものとは異なっていた。この民家を「丹波型」と名付けた（図-1.5）。ただ「丹波型」は京都府が後に行った民家調査にさいして「摂丹型」と名付けている［永井規男、1977］。摂丹型は摂津国・丹波国にわたって分布しており、単に「丹波型」としたのでは摂津国が抜けており、必ずしも適当な名称でなかったのであろう（図-1.6）。なお、丹波地方の調査報告書は刊行されなかったが、益田兼房氏の配慮により、調査後15年を経た1975（昭和50）年、京都府教育委員会『京都府の民家　調査報告第七冊』に「丹波民家調査報告（1960年）」として私がその概略を報告した［宮澤智士、1975］。

2-1 実践的わが民家研究史

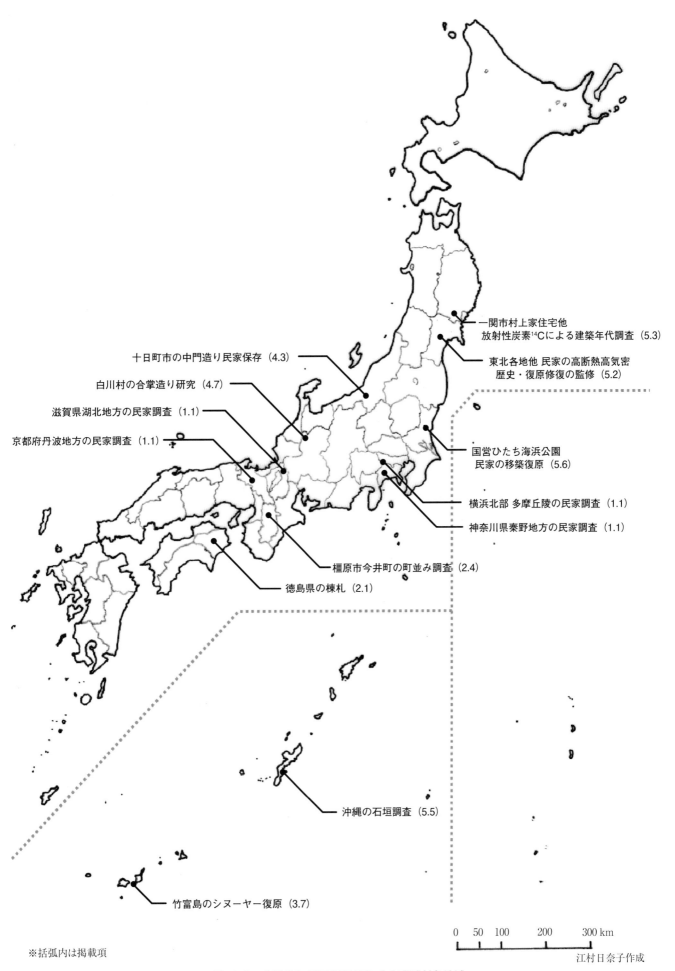

図-1.1 実践的わが民家研究史 主な実践対象地域

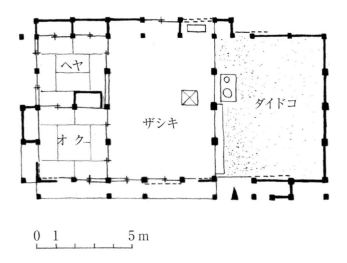

図-1.2　広間型三間取の例 旧北村家住宅

図-1.3　大浦型の例 旧山下家住宅

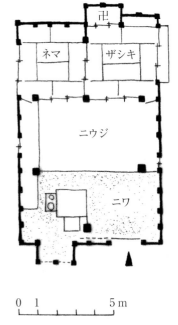

図-1.4　余呉型の例 旧宮地家住宅

図-1.5　摂丹型の例 旧泉家住宅

図-1.2〜1.5 江村日奈子作図

　同じく1960（昭和35）年の神奈川県における大岡實研究室の民家調査は、丹沢地方から離れて横浜市北部の多摩丘陵で行われた。この調査に、私は1959年に行われた民家調査の経験を活かして、後輩たち学生の調査指導にあたった。現在は重要文化財に指定されている関家住宅（横浜市都筑区勝田町）はこの調査対象の1軒としてあがってきた。当家は17世紀前半の建築であって、これまでに調査対象とした中ではもっとも古い民家の1棟となった。17世紀前半という建築年代は関家住宅の放射性炭素年代調査によって2005年に追認された。

　1960年代当時の民家調査のさいに対象とした民家は江戸時代に建てられた主屋であり、付属屋などは対象としていなかった。当時は付属屋まで調査対象とする余裕がなかったのである。

　調査研究の主要な目的は、地域ごとに古民家の残存状況を把握し、各民家遺構の復原考察を行い、その資料をもとに、建築年代を推定するための様式編年研究を行うことであった。いわば民家の建築年代を計る基準となる物差を作る必要があったのである。よ

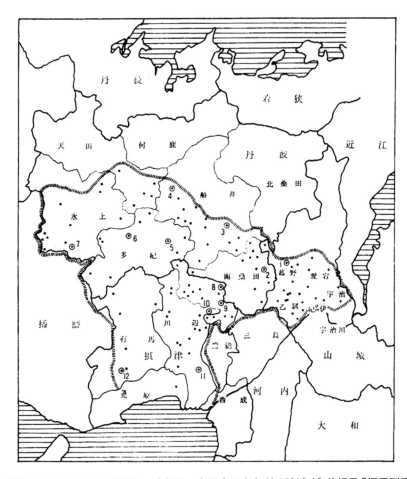

図-1.6 摂円型民家の分布　京都府、兵庫県、大阪府にまたがる地域（永井規男「摂丹型民家の形成について」より）

りよい物差を作るためには、限定した一定の地域内で20余棟程度の数の民家を調査対象とする必要があった。時には集落内の全戸を調査する悉皆調査の必要性も感じた。復原考察をして歴史資料に足りうる資料を作成することが急務であったので、これに近い調査も実施した。

当時、民家の勉強は小倉強『東北の民家』、わが先輩がつくった民家調査報告書『神奈川県における近世民家の変遷Ⅰ―藤野町牧野―』、大河直躬の論文「四つ間取りの成立」などを教科書として用いた。参考にできる民家調査報告書などは他にほとんどなかった。

［参考文献］

1) 小倉強：『東北の民家』、相模書房、1955
2) 大河直躬：「四つ間取りの成立」、『建築雑誌第843号』所収、1957.5
3) 大岡實・白石喜男・鈴木陸夫ほか：『神奈川県における近世民家の変遷Ⅰ―藤野町牧野―』、神奈川県教育委員会、1958
4) 大岡實・宮澤智士：「湖北地方における民家の編年」、日本建築学会論文報告集66、1960
5) 大岡實・鈴木充：「湖北地方における民家の類型」、日本建築学会論文報告集66、1960
6) 大岡實・宮澤智士ほか：『神奈川県における近世民家の変遷Ⅱ―秦野の民家』、神奈川県教育委員会、1963
7) 関口欣也：『神奈川県文化財図録　建造物編』、神奈川県教育委員会、1971
8) 宮澤智士：「書院的座敷の成立時期」、日本建築学会論文報告集第95号、日本建築学会、1964
9) 宮澤智士：「丹波民家調査報告(1960)」、『京都府の民家　調査報告第七冊』、京都府教育委員会所収、1975
10) 普請帳研究会：『大岡實・国宝保存法時代』、普請研究第24号、1988

1.2　様式編年——建築の時間・空間を把握して建築年代を推定

　民家の変遷を知ろうとするならば、民家の建築年代を知ることが絶対必要になる。ところが建築年代の明確な民家は少ない。そこで民家の建築年代をはかるための物差をつくる工夫が必要になってくる。この物差をつくる作業が様式編年研究である。民家を歴史資料として確実にする研究、すなわち、復原調査と編年研究が当時はもっとも大きな課題であった。建物それ自体の構造、形式や細部を比較検討して建築年代を推定するのである。より正確な編年結果を得るためには、地域や身分によって、構造形式や細部などの様式が大きく違わない範囲に限定して、時間差がどこにあらわれているのか、その指標を探すことから始まる。

　まずは、民家遺構を、古いもの、新しいもの、両者の間になるものとに、グループ分けして考える。年代が明らかな遺構がないとしても、もっとも古いものと、もっとも新しいものの区別は多少の知識や経験があればわかるであろう。建築年代が明確な民家があれば、それを基準として建築年代の前後関係を相対的に決めていく。われわれは編年表をつくり、試行錯誤を繰り返しながら編年作業をすすめた。すべての編年指標が上手く時代順に一直線にならぶとはかぎらない。一部に逆転するところもでてくる。その作業をしている間に、編年指標として不適当なものも分かってくる。

　民家の建築年代を示す資料として次にあげるものがある。

①　建物部材に記してある建築年月日、十干十二支などの墨書類
②　棟札、祈祷札など建築年月日などが記してある木札類
③　普請帳、建築願書、過去帳など文書類
④　伝承、その他

　これらの資料も史料批判して本物か否かを吟味する必要がある。ときには偽物に出くわすこともある。また「建築年代」といっても、厳密にいえば、建築を始めたとき、棟上げのとき、家に住み始めたときなど様々である。たとえば、茨城県の土肥分家の柱の枘に宝永六年霜月吉日の墨書がある。この墨書は組立てた後には見えなくなる位置であるので、大工が枘の細工をしたさいに書いたことがわかる。このときは仕事中であり、まだ上棟や竣工はしていない。様式編年ではここまで細かいことまでは分からないが、一般的にはそれで十分なのである。私は「建築年代」の語を幅広く総括的に使っている。

　近世の民家普請では竣工という概念が薄く、たとえば床や天井が張ってなく、今では未完成に思える家であっても住んでいる。このような事例として長野県小県郡東部町の重要文化財春原家住宅の場合、構造材である足固め貫は入っているが、床板が張ってないうちに住みはじめている。足固め貫を踏越えて往き来したことが、当家の解体修理工事のさいに、足固め貫の上端に残っていた「足あぶら」の痕跡によってわかった。当時の民家の工事は、未完成の家に住み始める点でも、現在の契約社会の場合とは大きく違っており、いまでいう「竣工」ということに一般の民家では、それほどこだわらなかったと思われる。ただし、大切な物品を収納する土蔵などでは竣工にこだわる必要があった。

　様式編年の結果は、建築年代が判明する遺構が多くあれば、それだけ正確になる。編年の方法は民家にかぎらず、社寺建築、城郭建築などの研究分野でも応用されている。

2-1 実践的わが民家研究史

A 藤野町牧野民家編年表

編年順序	分類番号	プラン型	構架法型	建具型	部落名	氏名	年代
1	I-2	広-B	桁-1	①+②	馬本	佐々木久蔵	宝永以前
2	I-1	六	桁-1	④	沢井村中里	石井逵夫	宝永4年
3	I-3	広-B	桁-2	①+②	中尾	佐藤長左衛門	不明
4	I-4	広-A	桁-3	④	小津久	井田陶三	〃
5	I-5	広-C₁	桁-3	②+③	小津久	山本勝次郎	〃
6	I-6	広-B	?	?	奥牧野	加藤重五郎	〃
7	II-1	広-B	中-4	②+③	伏馬田	倉田ナミ	〃
8	II-2	広-C₁	中-4	④	奥牧野	加藤重五郎	〃
9	III-1	四-D	梁-5	④+⑤	川上・下	佐藤義一	天保4年頃
10	III-2	広-C₂	梁-5	④+⑤	〃	佐藤恵二郎	〃
11	III-3	広-C₂	梁-6	④+⑤	〃	佐藤喜兵衛	〃
12	III-4	広-C₂	梁-6	④+⑤	〃	佐藤富一	〃
13	III-5	広-C₁	梁-6	④+⑤	〃	佐藤昌章	〃
14	III-6	広-C₁	梁-6	④+⑤		佐藤ハツ	天保4年頃移築
15	IV-1	四-D	梁-7	⑤	川上・上	佐藤悦重	明治30年頃
16	IV-2	四-D	梁-7	⑤	〃	佐藤進	〃
17	IV-3	四-D	梁-7	⑤	〃	佐藤秀吉	〃
18	IV-4	四-D	梁-7	⑤	〃	佐藤武雄	〃
19	IV-5	四-D	梁-7	⑤	〃	佐藤ナカ	〃
20	IV-6	特	梁-7	⑤	〃	佐藤義正	明治27,8年頃
21	V-1	四-E	雑	⑥	〃	佐藤昇	大正6年
22	V-2	四-E	〃	⑥	川上・下	佐藤章	昭和初年
23	V-3	特	〃	⑥	川上・上	丸山長太郎	大正13年
24	V-4	特	〃	⑥		丸山栄一	〃
25	V-5	四-E	〃	⑥	川上・下	佐藤光一	大正末年移築

B 牧野の民家各期のヒロマ開口と押し板の幅

	押板表	3′	6′
	ヒロマ開口		
第I期	2.5	I-3	—
	3.0	—	I-2, I-5, I-6
第II期	2.5	II-1	—
	3.0	—	II-2
第III期	2.5	—	III-4, III-5, III-6
	3.0	—	III-2, III-3
第III期	2.5	—	川上・上・部落
	3.0	—	
第V期	2.5	—	—
	3.0	—	—

A〜Cの出典および説明

*A〜Cの出典：『神奈川県における近世民家の変遷I 藤野町牧野』神奈川県教育委員会、1958
*Cの説明：この変遷表は、縦Y軸を時期・時間、横X軸を建物規模（梁間）として、平面図およびヒロマ・土間境の断面図を描きいれ、さらにZ軸を設定して表中に壁、建具の変遷を曲線であらわしている。

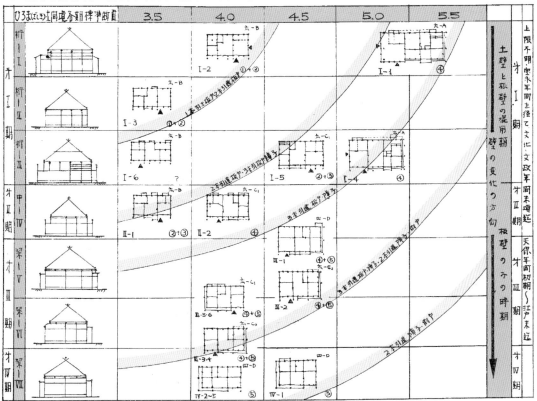

図-1.7 様式編年表／神奈川県藤野町牧野

[参考文献]
1) 太田博太郎 編：『民家の見かたしらべ方』、第一法規、1967
2) 文化財建造物保存技術協会：『春原家住宅修理工事報告書』、1980
3) 石野博信：「大和・纏向マキ向遺跡——三十八年目の建物群」、大美和第121号、三輪明神大神神社、「編年」、2011.7.1

1.3　どの家が古いか、探し歩く予備調査

　建築年代が様式編年などでわかってくると、本調査の候補地を探す予備調査のさいに、どんな民家が古いかがわかり、私はできるだけ古い民家を探すことが出来るようになってきた。古い民家があるところには新しい民家も必ずある。民家の歴史の構成をする上で、古い民家があるほど、いわば助走距離が長くなり、より長い時間にわたって民家の歴史がわかってくる。

　古い民家を探して集落を歩いていると、敷地の周囲に樹木が覆い茂っている家に出くわすことがある。このような家は一般的に家柄の古い家である。家柄が古いからといって現存する建物自体が古いか否かはわからないので、次に主屋の外観を観察する。茅葺き屋根で、屋根勾配が緩やかであれば、主屋も古いと一応の判断を付ける。そこで挨拶をして家のなかに入って、家人に、いつ頃に建てた建物かを尋ねてみるのである。さらに建築年代がわかる根拠となる棟札なり普請帳があるか、場合によっては家相図の有無も尋ねる。なかには家にあがって見てよいという家もある。こうして建物内部を一見することになる。私が民家調査をし始めた頃は、このような調査方法によって、古い家の見当をつけ本格的な調査をするきっかけをつかんだのである。

　多くの民家には後世の生活様式の変化にしたがって、改造や増築が加えられている。とりあえずは要点となる個所の痕跡を調べてみる。とくに古い家であれば、ヒロマ前面に格子窓の痕跡、寝室の入口に帳台構えの跡が残っている場合もある。そして明らかに後に加えたとわかる間仕切りなどは頭の中で取り除いてみて、内部空間の感じをつかむのである。

　関東の民家では、現在と較べれば当時は天井の張ってない家が多かった。特に秦野のようにタバコ葉をつくっている家では、家のなかでタバコ葉を干す必要から天井を張っていない。梁組から小屋組、屋根裏まですっかり見えるので、家の真中に座って見上げれば、梁の架かり方を示す構造図が描けるという状況であった。予備調査では1日に数軒から10軒程度の家々を見てまわることができた。

　しかし昭和が過ぎて平成になる頃には、天井を張り、改造のさいに壁に合板などを多く貼って、古い部材をみえにくくしている場合が少なくない。構造図はおろか断面の概略を把握し、部材に残る痕跡を調べることができない。建物の復原の見当をつけることが大変に困難になっている。

1.4　小屋組の変遷

　1960（昭和35）年の民家調査は先に記した丹波地方で実施しているが、当地の民家は小屋構造に特徴があった。古い民家遺構の小屋組はサス組でなく、その形態から地元で「オダチトリイ組」と名付ける形式であった。調査の最初はこの小屋組をわれわれは「垂木構造」と言っていた。この地域の小屋組は、時間とともにオダチトリイ組から、オダチトリイ組とサス組併用になり、さらにサス組へと変遷する。「オダチ」は棟束のこと

で「ウダツ」の訛り、トリイは小屋束と貫からなる小屋組の形体が鳥居に似ていると認識されたのであろう。

垂木構造（オダチトリイ組）は畿内を中心にしてこの周辺に分布している。この外に畿内から遠く離れた地域にも垂木構造が若干分布している。洛中洛外図には棟束（ウダツ）が棟木を受けている様子が描かれている。このことからサス組とともに、中世、近世初頭の民家には垂木構造がかなり広く分布していたのではないか、と想像される。

サス組は全国的に広く採用されている小屋組の一形式である。サス組と垂木構造とのどちらが古いか、という議論は以前からあり、現在のところ結論がでるまでにいたっていない。両者は古代から同時に存在し、一部の地域では垂木構造からサス組に変わってきたと、私は考えている。この変化は日本のみならず世界的にみられる傾向である。この他に、アイヌの古いチセの模型や、沖縄の古い茅葺き民家では相対する2組の三脚柱で棟木を受けている。これらは一見サス組のようにみえるが、近世民家のサス組とは区別すべきである。

次に軸部と小屋組の分離、不分離について述べる。

竪穴住居の構造は、近世民家のように軸部と小屋組が分離したものでなく、近世民家の小屋組部分のみからなっていたと解することができる。また、棟通りの一部の柱が一般の上屋柱より長く小屋組まで達している事例などが丹波地方などの古い民家にみられる。この構造は軸部と小屋組が分離していない時代の痕跡を残し伝えているのではなかろうか。

1.5 調査詳細——痕跡図・編年表の開発

現場で作成する実測図面（スケッチ）は、平面図、梁間断面図、構架図（構造図）、痕跡図など建物の現状の概略を描いたものである（**図-1.8～図-1.11**）。痕跡図とは、建物の復原考察をして復原図を作るために、部材に刻まれている痕跡を調べ、その痕跡を書きこんだ図面である。高さ関係の寸法を書き入れる断面図では、敷居と鴨居の内法は一般的に5尺7寸ないし5尺8寸（約1.73～1.76 m）であるから、まずは床高および内法高を描き、比例関係をみながら図面を描く。これより上部の構造も同様とするが、桁高や上屋梁、棟木などの上端寸法などを計ってから描く方が賢明であろう。断面図がちゃんと描けるようになれば、一応のプロと見なされる。

図面の他に建物内外や部材に残る痕跡を写真に撮る。また、居住者から建築年代、部屋名、普請帳・棟札など文献資料の有無を尋ねる聞きとり調査もあわせておこなった。特別に規模の大きな家を除くと、4人1組になって半日で1軒、1日に2軒の家の調査をするのが平均的なペースであった。宿舎に帰ってから夜なべに現場でつくった実測図、聞とり調査表など野帳（やちょう）の整理をし、復原案について議論するのが日課であった。これが済むまでは「トリス」を飲ませてもらえなかった。

これら昭和三十年代初頭の民家調査のさいに、平面図、断面図など一般図にくわえて構架図、そして復原図をつくるための痕跡図が新たに開発された。また、編年研究のために編年表の作成も考えられた。これら構架図、痕跡図、復原図や編年表は、民家遺構の資料批判をして、歴史資料として確実なものにするための資料である。復原調査や復原にもとづく編年考察は、日本民家史を体系づけるうえで基礎的な作業である。上にあげた図面は主に関東で開発されたものについてのべた。私はこの当時から日本中の民家を復原するのだという気構えを持って調査研究にあたっていた。

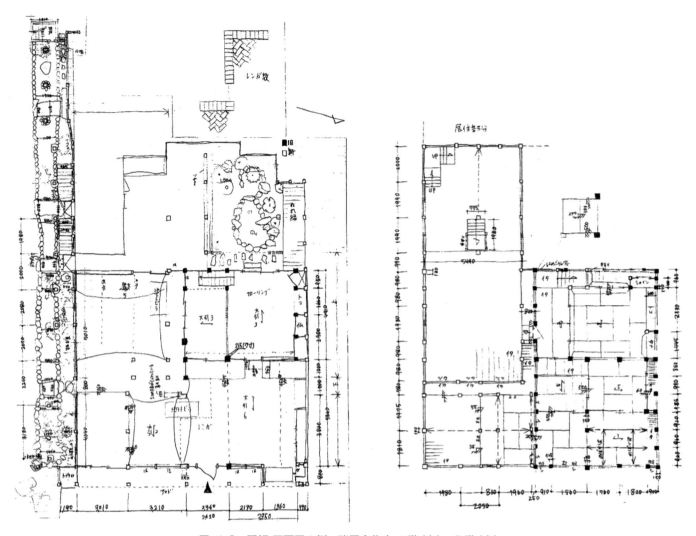

図-1.8　野帳 平面図の例　猪原金物店 1 階（左）、2 階（右）
（『島原 キリシタン弾圧の痕跡を残す町家と町なみ』、日本ナショナルトラスト、2002 年所収、作成：田中圭紅（左），野田美里（右））

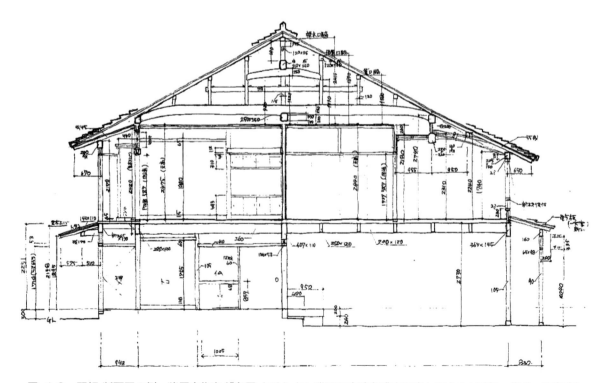

図-1.9　野帳 断面図の例　猪原金物店（『島原 キリシタン弾圧の痕跡を残す町家と町なみ』所収、作成：江島文）

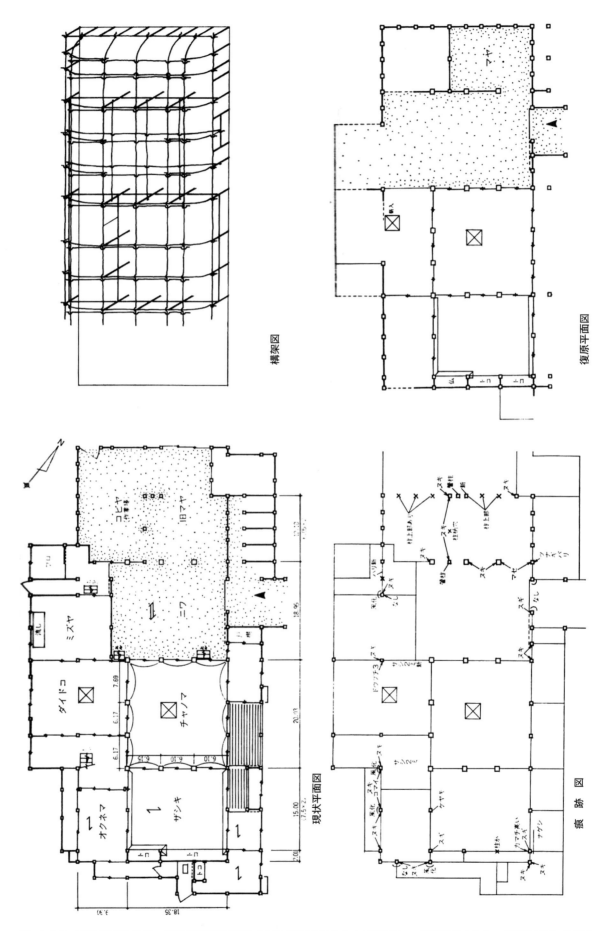

図-1.10 痕跡復原法の例　現状平面図に部材の痕跡情報を記入した痕跡図と、構架図をもとに、復原図を作成する
（越後の民家―上越編―新潟県民家緊急調査報告Ⅰ所収）

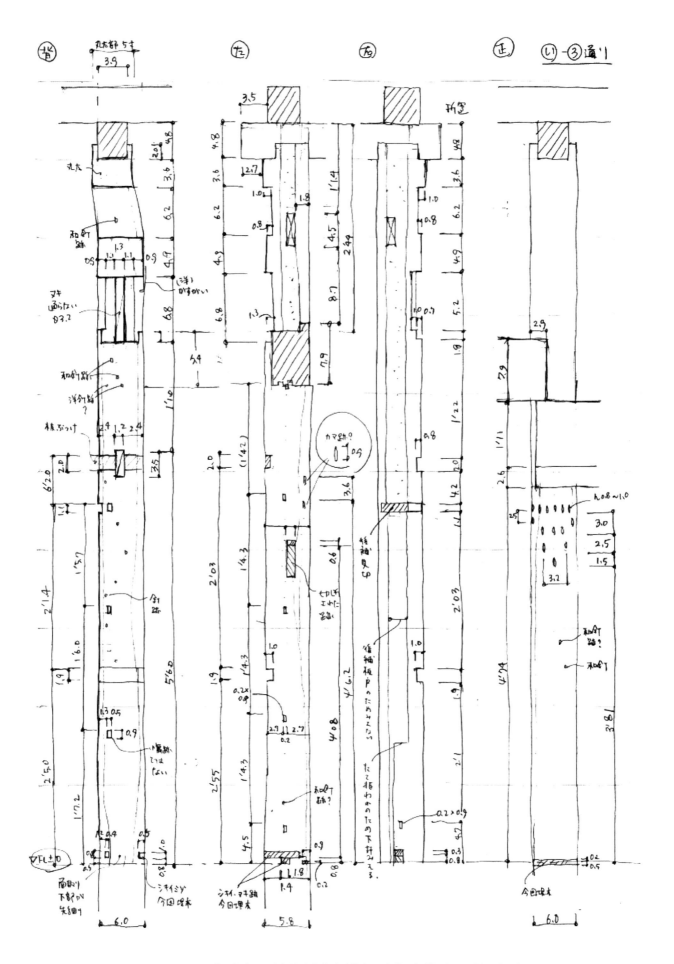

図-1.11　野帳 痕跡図の例 結城家住宅（仙台市青葉区）（作成：江村日奈子）

1.6　関西と関東の図面の相違——図面縮尺・野帳用紙

図面縮尺、野帳用紙について関西と関東との相違をのべる。

日本の民家は木造で、部屋の形は長方形ないし正方形が原則であり、柱芯々の寸法をもとにして建物を建てており、壁厚を気にしなくても図面は描けるから、野帳に方眼用紙を用いるのが便利である。この一方で、大学の演習で新築する建築の設計にあたっては方眼用紙を使ってならないと言われたものである。自由な発想を妨げるというのである。

関東の民家を主な調査対象としてきた私たちは、B列4判（364 mm × 257 mm）の5 mm方眼紙を野帳用紙につかって図面を描いていた。ところが関西に行ってみると野帳用紙がひとまわり小さく、B列5判（182 mm × 257 mm）の1 cm方眼の用紙を使っている。方眼用紙であることは同様だが、用紙の大きさと、方眼の目盛りが違う。「所変われば品変わる」という通り違うのである。考えてみると、野帳用紙の違うのはそれなりに合理的だからである。

関東の民家は一般的に6尺（1.818 m）を1間として平面計画がなされている。これに対して関西の民家は6尺5寸（1.970 m）を1間として、ここに6尺3寸×3尺1寸5分の畳を敷く内法制の平面計画がなされている。関東では方眼の1目盛り5 mmを1尺（0.303 m）、6目盛り3 cmを1間として図面を描くと描きやすい。図面の縮尺は約「60分の1」になる。いっぽう関西では1間（1.970 m）を2 cmとして描くのが便利である。縮尺はほぼ「100分の1」になる。丹波の民家を調査したさい、1間が6尺6寸（1.999 m）であるので、ほとんど「100分の1」の図ができる経験をしたことがある。こうしてスケッチした図面に、スチールテープ（コンベックス・商品名）や布テープなどで実測した柱間寸法を書き入れるのである。

民家調査に用いる野帳用紙が関西と関東で違ったのは、民家建築それ自体の平面計画や単位とする寸法に違いのあることを反映している。民家の平面・構造、形式など形態ばかりでなく、さらに発展経過にも大きな時間差が認められる。地域による発展の時間差をどう考えどう扱うかは、日本民家史を体系づける上で重要な課題であるが、大変に難しい問題であるだけにいまだ整理はされていない。

1.7　部屋の呼称について

ザシキと聞いて、皆さん方はどんな部屋を想いうかべるだろうか。民家の各部屋の呼称は、地域によって特徴ある共通の呼称がある。ある地域内では同じ部屋は同じ呼称であるのが普通であるが、細かく調査していくと、隣同士の家でも多少異なっていることがあり、さらに同じ家に住む親子の間で異なっていることが少なからずある。大きな立場からみると、部屋の呼称は関西と関東、東北、九州で相当に大きく異なっている。

1959（昭和34）年に、私がおこなった最初の民家調査地である神奈川県秦野地方の古い間取りは広間型三間取りである。ここでは土間庭をダイドコ、土間庭に接するイロリのある広い板敷の部屋をザシキと呼んでいた。この部屋をザシキと呼ぶことを不思議におもった。というのも長野県川中島の私の生家は、六間取りの養蚕農家で、ザシキは上手の床の間のある畳敷きの客座敷の名称であったからである。まったく違う部屋がともにザシキである。

床の間のある客座敷をザシキという地域は、関東から関西など西日本にも広く全国的に分布する。一方、土間に接するイロリのある広い板敷きの部屋をザシキという地域は、関東地方や他の一部の地域にも分布する。このようであるから秦野の人と川中島、関西の人がザシキと聞いたとき、言葉としては通じるものの、その意味する内容はまったく通じていないのである。

　イロリのある広い板の間をザシキというのは、イロリのある板の間に座るさいに円座など敷くこと、あるいは座るべきところに「座」が敷いてあることからきた呼称と考えられる。

　ザシキほど大きく違わないまでもダイドコロと呼ぶ部屋にも違和感があった。わが川中島の生家では下手の表側にある土間庭をダイドコと言っている。ここは農作業などをする作業空間である。正月に備える餅つきは、この土間庭のダイドコであった。餅米を蒸すのは、ダイドコ土間の背後のオカッテである。オカッテと呼ぶこの部屋は煮炊きその他、調理をする部屋であり、炊事場であり食事場であった。秦野で、土間庭をダイドコロと言っている点は川中島と同様である。しかし、川中島のダイドコとオカッテを合わせた機能をもつ部屋が秦野のダイドコロであると考える方が、むしろ妥当であろう。

　秦野の広間型三間取りでは、上手の表側の部屋をオク、裏側の部屋をヘヤというが、お年寄りの中にはデエ・デイ、ナンドと呼ぶ方が多くおり、この方が古い呼称であることが知られる。

　部屋の呼称は地域で異なるとともに、時間の経過とともに変化し、変遷している。これを時間・空間・個性のなかで、系統立てて整理する仕事はなかなか困難である。

1.8　桁と梁——部材の名称

　「桁行の梁」、ちょっと変な感じがする用語である。しかし、その意味するところは直ぐに理解できる。単に「梁」と言えば柱上部の梁行に水平に架る部材の名称である。ところで民家に用いられている建築用語で全国的に通用する語はどれほどあるだろうか。民家史の近代的研究が進展する以前の民家建築の用語はむしろ方言で成立っており、その多くは全国で一般に通用するものではなかった。全国に通じる建築部材の代表は「柱」である。ある見学会で建築構造を説明している方が、梁を指さして「このヨコの柱は何々」と言っていた。これが結構見学者に通じており、説明に納得しているのである。一方、梁と桁の違いとなると、建築を専門としている人々の間でも怪しくなってくる。

　関東地方の民家の建築部材の名称は成田市の岩瀬建築有限会社の職人たちによっているところが大である。岩瀬建築有限会社の方たちと一緒に仕事をしていて、このことを強く感じる。こんなこともあるので、岩瀬建築の5代目岩瀬繁さんに『木造建築用語集』を作ることをお願いしている。

第2章　奈良国立文化財研究所時代
── 遺跡発掘と建築調査 <1966.10〜1977.12>

2.1　民家の棟札

　棟札は、当該建物の上棟年月日、祈りの言葉、大工などの職人名や施主などを書いた木札で、祈祷の梵字や「家内安全」などと表面に書いてあるものもあり、その内容や添え物などから判断すると、祈祷札の性格を合わせもっていることがわかる。近世民家の棟札は一般的に、棟木や棟束に釘で打ち付け、もしくは括りつけて祀る。あるいは棟札用の箱をつくって屋根裏に祀る。

　棟札の多くは先端を山形にした尖頭形である。一般的に縦長でセイが高いが、日蓮宗の棟札には横幅が広いものもある。民家の棟札の大きさはセイ50cm前後である。大規模な家の棟札には1mを超えるものもごく一部に見られる。文字は木札の表面のみ、また表裏の両面に書いてあるものの両者がある。ただ2枚の木札の片面にのみ文字を書き、文字の書いてある面同志を内側に合わせて1組として、文字が煤けて見えなくなるのを防ぐための配慮をしたものがある。2枚1組の棟札は新潟県に多くある。丁寧なものには、棟札に紙を巻いてから箱に入れて納めているものもある。

　棟札の書き手は誰か。大阪府柏原市の重要文化財三田家住宅では、上棟をする年の正月に菩提寺に行って和尚さんにお願いしておき、棟札を書いてもらったという資料があった。このような資料があったのは私が知る限り、三田家住宅のみである。梵字がわかり、それを書けるものは僧侶をおいて他には多くはないであろう。

　棟札は建物の建築年代を明確にする最高の資料である。この棟札の有無やその数は地域によって異なっている。全国で棟札が多いのは徳島県の旧阿波国である。それもずば抜けて多い。調査にいったどの家にもあるように思えたほどだ。徳島県では、社寺建築のみならず民家であっても棟札を取りつけるのが一般的であった。棟札は棟木に取りつけるのだが、徳島県では現に建っている建物だけのものでなく、前身の建物の棟札の上に重ねて取りつけていく風習がある。

　わが国のもっとも古い民家の棟札として徳島県上勝町の関守家住宅のものが知られている。当家の現在の主屋は棟札によって1847（弘化4）年建築であるが、重ねて取りつけてあるもっとも下の棟札は、室町時代1469（文明元）年であり、次が1509（永正元）年の記がある。これらがわが国ではもっとも古い棟札の一群である。建物が現存している民家の棟札として、最も古いのは奈良県五條市の重要文化財栗山家住宅の1607（慶長12）年である。

　民家の棟木は一般的に丸太材であるが、徳島県民家の棟木は角材である。角材を用いる理由は、棟札を打ちつけて留め、また、縛りつけるのに便利であるからである。棟札が、建物の重要な部材である棟木の形態を変えたのである。

　徳島県の棟札の多さとその多様性に注目し、私は調査に同行し熱心に手伝ってくれた徳島県教育委員会の生野勇さんに棟札集をつくることをお願いし、棟札集の原稿ができた。刊行しなければならない。そこで公益財団法人文化財建造物保存技術協会に刊行をお願いすることにした。同協会は、文化財建造物の保存修理事業にあたっている組織であり、事業目的の一つに、文化財建造物の保存に関する調査・研究および資料の作成・公表をすることを含んでいる。生野さんの棟札調査は徳島県に限られているが、同協会では、刊行するために工夫を凝らし、香川県、愛媛県、高知県にも特徴ある棟札が若干

あることから、これらを含めて『民家の棟札集成―四国地方の民家を中心にして』と題して刊行したのである。当書は棟札の研究には大変に有用である。

ちなみに、文化財保護法によれば、建造物と一体をなしてその価値を形成している土地その他の物件を、文化財として指定できるのであるが、建築年代を明らかにする棟札、普請帳などはこの条件を満たしている。従来から、棟札、普請帳などは文化財建造物の「附（つけたり）」物件として文化財に指定されてきている。

[参考文献]
1) 生野勇：『民家の棟札集成―四国地方の民家を中心にして』、文化財建造物保存技術協会、1989
2) 奈良国立文化財研究所・徳島県教育委員会 編：『阿波の民家』、徳島県教育委員会、奈文研、1976
3) 宮澤智士：「徳島県民家の棟札」、『阿波の民家』所収、徳島県教育委員会、1976.3
4) 宮澤智士：「一宇村民家の棟札」、『四国の民家と集落１ 一宇村』所収、1977.8
5) 宮澤智士：「棟札からみた民家の耐用年限」、文化財保存修復研究協議会記録、東京国立文化財研究所、1985.10
6) 宮澤智士：「泊の千歳座の勘定帳と棟札」、普請研究第17号、『塩飽本島泊の芝居小屋』所収、1986.10

2.2　民家の普請帳を読む

民家普請帳は、家を建てるさい、また修理するさいに後々の付合いやお返しなどにそなえる控え、つまり覚え書きとしてつくられてきた。これら普請帳は、棟札とともに建築年代を明確にし、これを読みこなすと普請の内容が具体的に分かってくる。建築年代等のほかに、各家の階層による地域の付き合い、その広がりなどが明確になる。普請帳の内容はつぎのように大別できる。

① 貰い帳
② 勘定帳
③ その他

普請帳は、それぞれの地域の社会的背景を強く反映しており、

①貰い帳と②勘定帳の地域分布は、貨幣経済が普及している近畿地方を中心にして西日本は勘定帳、自給自足的経済の強い東日本では貰い帳という傾向が強い。

③その他は、普請に係わったさまざまな事項を便宜上一括したものであるから、大工・木挽・左官・屋根屋など職人の出面（でづら）、手間、木材など建築材料のリスト、普請にさいして行われる建築儀式や儀式で提供される献立など記したものすべてを含んでいる。普請帳は私的な覚え書きであるから、言うまでもなくその内容のあり方は家々によって異なっており、量的には、③その他が最も多い。

私が民家の普請帳を研究テーマにした時期は1970年頃（昭和四十年代半ば）である。当時は「普請帳」という語彙が建築学会で市民権を得ておらず、論文を提出したさいトラブルにあったことがある。なお、近世において土木工事が普請であり、建築工事は作事と言われているが、近世民家の普請帳では建築工事を普請としており、作事としている例はほとんど見当たらない。

最後に私が民家普請帳の研究を行うようになった理由は、もちろん、普請帳を読み解析することによって民家普請の諸相を知り、建物の建築年代を知ることができることにあった。この一方で職場が大学から遺跡発掘調査を主体とする奈良国立文化財研究所に

変わり、民家など建造物研究の目的で現場に出て建造物の調査を自由自在にできない環境になった。そこで、家にいても研究が続けられる普請帳の読みを研究対象に選び加えたのである。

[参考文献]
1) 宮澤智士：「普請帳成立の社会的背景」、普請研究第1号所収、1982.9
2) 大河直躬：「民家普請帳の源流」、普請研究第3号所収、1983.3
3) 普請帳研究会：「御子神家普請史料」、普請研究第4号、『特集安房の御子神家』所収、1983.6
4) 宮澤智士、上勢頭芳徳：「竹富島の家造到来帳」、普請研究第22号、『沖縄・竹富島の家造り』所収、1987.11
5) 宮澤智士：「新潟県松之山の一民家の明治27年主屋建替えと大正14年屋根葺替え普請の考察」、長岡造形大学研究紀要第3号所収、2006.3
6) 宮澤智士：「近代民家普請における村人の相互扶助の変容―岩手県藤沢町佐々木家住宅の場合」長岡造形大学研究紀要第4号所収、2007.3
7) 宮澤智士：「我孫子相島新田井上家住宅の昭和初期建設の米土蔵にみる先進性－前近代・近代民家普請の研究」、長岡造形大学研究紀要第6号所収、2009.3

2.3　全国規模の民家緊急調査　1966年開始

　文化庁は数年の準備調査の後、1966(昭和41)年から全国の都道府県に補助金をだして民家緊急調査を実施した。補助金は年5県を目安として10年余にわたって出された。この調査の結果は調査報告書として、各道府県教育委員会から刊行されている。緊急調査と名付けたこの調査は、わが国にとって重要かつ必要な民家を重要文化財に指定するための基礎的な資料を得るものであった。なお、この調査および調査報告書の作成は、各地の研究者などによるボランティアの精神で行われた。

　奈良国立文化財研究所が担当した以下にあげる10県のうち、＊印の8県の調査に参加する機会に恵まれた。

　　奈良県＊：昭和41年度　　和歌山県＊：昭和42年度　　福井県＊：昭和43年度
　　富山県＊：昭和44年度　　香川県：昭和44年度　　　　石川県＊：昭和45年度
　　宮崎県＊：昭和46年度　　鹿児島県：昭和47年度　　　徳島県＊：昭和48年度
　　新潟県＊：昭和49年度　　富山県：昭和52年度（再調査）

　このうち福井県、富山県、徳島県、新潟県の4県に関しては、現地調査とともに調査報告書の編集、執筆を担当した。なお、富山県は昭和52年度に再度の調査をしている。

　文化庁の補助事業開始以前から神奈川県、長野県、大阪府では民家調査を実施していた。神奈川県では、大岡實教授のもとで1955年以来、県下市町村の民家調査を実施していた。長野県では、教育委員会の委嘱により県文化財専門委員太田博太郎東京大学工学部教授が、1959(昭和34)年の長野県栄村秋山郷以来、継続して県下市町村の民家調査を実施している。私は佐久八千穂村、伊那大鹿村、伊那市、木曽開田村、松代町(長野市)などの調査に参加した。このなかで大鹿村の調査は八千穂村に続いて1961(昭和36)年に実施する予定で予備調査を行ったが、その年に大きな水害があり、本調査が実施できず、本調査は3年後の1964年に変更になったこともあった。長野県の民家調査には、東京大学 太田博太郎研究室の教員・大学院生ばかりでなく、他大学の学生などの参加もあったので、民家調査の普及に大きな役割を果たす一面もあった。大阪府では、大阪市立大学工学部 浅野清教授のもとで府下市町村の調査を行っている。

　この外、文部省科学研究費の助成をうけて、滋賀県の湖北地方、鳥取県などで民家

調査を行っている。また、朝日新聞社学術奨励金（代表者浅野清）を受けて、1970（昭和45）年に兵庫県下の市町村で調査を行っている。ただし、この調査の正式な報告書は未完である。

　文化庁は民家緊急調査に続き、次は集落町並み調査を全国規模で実施している。この調査に私は、長野県木曽奈良井、奈良県五條市、岐阜県高山市、香川県丸亀市塩飽笠島、神戸市北野町山本通などに参加した。ちなみに、私の洋館の知識や価値判断は、神戸の調査で神戸市職員であった坂本勝比古さんから教わったことが基礎になっている。

[民家緊急調査報告書]（各県の教育委員会発行。奈良国立文化財研究所を奈文研と略す）

1) 福井県教育委員会・奈文研 編：『福井県の民家』、1969.3
   富山県教育委員会・奈文研 編：『富山県の民家　図録編』、1972.2；『富山県の民家　本分編』、1977.3
2) 石川県教育委員会・奈文研 編：『石川県の民家』、1973.3
3) 徳島県教育委員会・奈文研 編：『阿波の民家』、1976.3
4) 新潟県教育委員会・奈文研 編：『佐渡の民家』、1978；『越後の民家―上越編』、1980；『越後の民家―中越編』、1979；『越後の民家―下越編』、1981
5) 各都道府県教育委員会 編：『日本の民家調査報告書集成』、第1巻～第16巻、東洋書林、1997～1999
6) 宮澤：「日本民家研究の礎「民家緊急調査報告書」復刻の意義」、『日本の民家調査報告書集成』、第1巻～第16巻所収、東洋書林、1997～1999

[長野県民家調査報告書]（長野県教育委員会発行）

7) 太田博太郎・吉田靖・田中文男：『秋山郷の民家　長野県民俗資料調査報告3』、1962.3
8) 太田博太郎・吉田靖：『八千穂村の民家　長野県民俗資料調査報告4』、1963.3
9) 太田博太郎・吉田靖：『伊那市の民家　長野県民俗資料調査報告6』、1965.3
10) 太田博太郎 編：『大鹿村の民家　長野県民俗資料調査報告8』、1966.3
11) 向山雅重調査主任：『木曽三岳村の民俗　長野県民俗資料調査報告9』、1968.3
12) 太田博太郎 編：『松代町の民家　長野県民俗資料調査報告10』、1970.3
13) 太田博太郎：『茅野市の民家』、1973.3

[集落町並み調査報告書]

14) 『高山―町並調査報告（奈良国立文化財研究所学報第24冊）』、1975
15) 『木曽奈良井―町並調査報告（奈良国立文化財研究所学報第29冊）』、1976
16) 『五條―町並調査の記録（奈良国立文化財研究所学報第30冊）』、1977
17) 坂本勝比古・奈文研ほか：『異人館のあるまち神戸　北野・山本地区伝統的建造物群調査報告』、神戸市、1982
18) 丹羽漢吉、岡林隆敏、宮澤ほか：『長崎　大いなる遺産』、長崎市教育委員会、1989
19) 『香川県丸亀市塩飽笠島』、重要伝統的建造物群保存地区丸亀市塩飽本島町笠島　丸亀市教育委員会 編、丸亀市教育委員会、1987

2.4　今井町の町並み調査

　寺内町としてしられる奈良県橿原市今井町は、1993（平成5）年12月8日付けで重要伝統的建造物群保存地区（以下重伝建と略称する）に選定された。その面積は約17.4ヘクタールである。伝統的建造物群保存地区以前に、町内の町家8件が重要文化財の指定をうけている。その最初の指定は、今井町総年寄であった今西家住宅（慶安三年＝1650：棟札）は1957（昭和32）年、以下、豊田家住宅（寛文2年＝1662：鬼瓦銘）、米谷家住宅（江戸中期）、音村家住宅（江戸中期、座敷部は安政2年増築）、上田家住宅（延享

元年＝1745：祈祷札）、中橋家住宅（江戸後期）、高木家住宅（文政〜嘉永7年：系譜など）の7件が1972（昭和47）年、河合家住宅（江戸後期）は1976（昭和51）年に指定され計8件になった。この後、頭書に記したように1993（平成5）年に今井町は重伝建に選定された。さらに御坊称念寺本堂が2002（平成14）年5月23日付で重要文化財に指定されている。この他に奈良県指定文化財称念寺鐘楼や民家などがある。

今井町のような小さな町内で民家が8件、そして御坊も重要文化財に指定されているのは寺内町今井の重要さを国が認めた証拠であり、寺内町今井全体を保存する強い意思表示であったと思われる。なお、寺内町では、大阪府富田林市富田林が1997（平成9）年に重伝建に選定されている。

奈良国立文化財研究所時代、私は最初に平城宮跡の発掘、この後飛鳥藤原宮跡の発掘にたずさわり、再び平城宮跡の発掘調査にたずさわったのだが、飛鳥藤原宮跡に通っていたときには、今井町が近いこともあって、一時は夕方になると毎日のように今井町に通って、住民から聞きとりや町並み調査などをした。この間に今井町の民家、町並みに関する小文を読売新聞地方版に50回にわたって掲載した。

今井町に通った頃からおおむね50年もの年月が過ぎた。最近今井町に行ってみると、寺内町を取り囲む環濠内は整備が行き届いていると思えた。この反面、橿原市が大阪のベッドタウンであるためか町の周辺は住宅などが著しく建て込んでいた。

[参考文献]
1) 『今井町史』、今井町史復刻編纂委員会、1978.1
2) 宮澤智士：「今井町古図（細川家蔵）の年代について」、日本建築学会近畿支部研究報告集、昭49計画系、1974
3) 宮澤智士：「今井町民家の今西家以前」、普請研究第5号、1983
4) 「今井町の町並み 1〜50」、読売新聞奈良県版、1978年4月1日〜6月13日
5) 宮澤智士、三沢博昭 編：『内子の民家と町並み』、愛媛県内子町、1991

2.5 シンポジウム日本民家の形成過程　1971年

日本民家史研究の中間的な総まとめを意識して、1971（昭和46）年4月24日、25日の両日「日本民家の形成過程」と題して、シンポジウムが奈良市元興寺仏教民俗資料研究所を会場として開かれた。各地から民家研究者30余名が参加した。

1971年は、組織的な民家史の調査研究をはじめてからほぼ15年を経過し、文化庁が都道府県の補助事業として全国規模の民家緊急調査が1966年に開始されてから5年を経過している。その時すでに全国の半数近くの府県で調査が実施されていた。シンポジウムの成果は、浅野清 編『シンポジウム日本の民家その形成過程』と題して1971年11月に刊行された。当シンポジウムは、浅野清（大阪市立大学教授）を代表研究者、太田博太郎（東京大学教授）、川上貢（京都大学教授）を研究者として、1969年度の朝日新聞社学術奨励金を受けて行った研究の一応のしめくくりとなるものであった。

当シンポジウムの前年1970年に、同学術奨励金によって「朝日民家研究会」と命名する調査会を組織して、兵庫県を調査地に選び、近畿地方の建築史研究者を中心に民家調査を実施している。兵庫県を選んだ理由は、畿内に隣接し、箱木家や古井家など中世に遡る古民家があることに関係している。この調査の報告書は刊行されていないが、調査野帳、その清書図面などのコピーが残っている。これによると、計76棟の民家がリストに載っており、奈良文化財研究所研究員諸氏が神戸市兵庫区山田町、三田市、美濃郡

吉川町、佐用郡佐用町、上月町、林野全孝氏が宍粟郡安富町・波賀町・一宮町・千種町・山崎町、青山賢信氏が神崎郡福崎町、多可郡加美町・中町、加西市、小野市、永井規男氏が朝来郡生野町、神崎郡大河内町で調査にあたっている。

　このような調査や民家シンポジウムが開催できた背景には、大岡實、浅野清、太田博太郎など、法隆寺の昭和修理にあたった東西両地域の先生方の信頼感に基づいた交流がすでにあったことが大きく係わっていたと、私は感じている。1971年以来40年余が経過しており、大岡實、浅野清、太田博太郎の各先生方はすでに他界されている。

［参考文献］
1）　浅野清 編：『シンポジウム日本の民家その形成過程』、朝日民家研究会、1971.11
2）　朝日民家研究会 編：「兵庫県の民家」、私家版、1970

2.6　イタリアをはじめとする海外の調査——自己流が通用

　日本で行っている、私の調査方法が海外でどれだけ通用するか検証する目的で、1977年9月の初めから11月の初めまでの2か月間、ヨーロッパに行き、イギリス、アイルランドからイタリアに渡り、イタリアに5週間滞在し、この間にイタリア中部の一山岳集落チェルクエト（CERQUETO）で民家・集落の調査を行った。この後、スペイン、フランスをまわって帰国した。この調査旅行には家族4人で行った。

　山岳集落チェルクエトの調査は、集落の地図づくりからはじめた。地元の町でレベル（水準器）とトランシットを借りることができた。測量は1人ではできない。家内と娘にも手伝ってもらった。集落の子どもたちも遊びながら手伝ってくれた。測量機器の三脚の下をくぐり抜けるのも手伝いの内である。概略の地図づくりに1週間を要した。1週間もいると村の方々の顔はみな覚えた。この後に各家の実測調査をしたのだが、どの家でもお茶を用意して待っていてくれた。

　集落は斜面に位置し、石造の住宅は、道路に沿って17戸が連続して、接して並ぶ。一戸建てはない。日本の木造民家と違い、石造の建物は壁が厚い。畳が敷いてない。部屋の形は不整形である。したがって、壁厚、部屋の対角線も測らなければ図面ができない。そこで自分流の方法を考えた。平面図の縮尺は50分の1に決め、測りながら図面にしていった。野帳でもそれなりに正確に描いたのである。集落の連続立面図は最初の家の高さ関係の寸法を測り、それ以後は平面図の寸法にしたがい、高さ関係はプロポーションをみながら描き、最後の家で寸法を測ってチェックした。ほとんど違っていなかったのでこれでよしとした。海外のはじめての自己流調査は成功裏に終わった。

　11月の初めに帰国して、すぐに調査報告書の作成に取りかかった。翌1978年1月には文化庁に転勤しなければならなかったことが報告書の執筆編集等に拍車をかけ、幸いにして136頁に及ぶ調査報告書の印刷が年度内の3月までにできあがった（『イタリア中部の一山岳集落における民家調査報告書 CERQUETO 1977』**2-9** 参照）。

　ヨーロッパの調査旅行の後、海外の民家など建築調査には東アジア、東南アジアを主として、韓国、中国、タイ、ベトナム、インドネシア、フィリピン、ブータン、ネパールに行っている。この外にメキシコの遺跡を巡ったことがある。この時にロスアンジェルス、以前のヨーロッパに行ったさいにはアンカレッジでトランジットしたが、アメリカ合衆国に行ったことはなく、一度は行ってみたいと思っていた。2016年6月にようやく渡米を果たすことができた。なお、訪問した国々の内、イタリア、アイルランド、

中国、韓国、タイ、インドネシア、フィリピン、ブータン、そしてメキシコについては、調査報告書ないしは簡単な報告を刊行している。

中国の調査は、宮崎県日向市の姉妹都市である山東省濰坊市で行ったのだが、日向市、同市職員黒木久遠さんの強力かつ全面的な協力があった。また、現地濰坊市では日本語が日本人より上手い劉偉地さんがその度に世話をしてくださった。ここに記してお礼を申しあげたい。なお、私は中国の建築に関して、大学院修士課程時代に宋代「営造方式」の研究に多少手をつけ、修士論文にしたことがあったので、難なく取りかかることができたように思う。これら海外での調査報告のリストを以下にあげる

[海外の調査報告書、論文]
1) 宮澤智士：『イタリア中部の一山岳集落における民家調査報告CERQUETO 1977』、奈良国立文化財研究所、第2回マルコポーロ賞受賞、1978.3（本書2-9所収）
2) 宮澤智士：「ジャワ島ラウ山麓の一民家」、普請研究第3号所収、1983.3
3) 普請帳研究会：『韓国の石と木の建築』、普請研究第16号、1986.6
4) 普請帳研究会：「タイ研修旅行報告1988」、普請研究第26号所収、写真・北田英治、1988.12
5) 普請帳研究会：『古代メキシコ尋訪（上）』、『古代メキシコ尋訪（下）』、普請研究第33号、第34号所収、1990.12
6) 普請帳研究会：『計画都市・計画農村』、普請研究第37号所収、1991.9
7) 三沢博昭：「写真・ネパール」；波多野純：「カトマンズ盆地の中世都市国家」；西村幸夫：「カトマンズの都市空間」；宮澤智士：「カトマンズ盆地の町」
8) 普請帳研究会：「トラジャの伝統的家屋と集落」、普請研究第38号所収、1992.2
9) 宮澤智士：「カオハガン島の省エネそのものの暮らし」、『長寿命省エネ住宅への道』所収、住まいと環境東北フォーラム、2006.9
10) 宮澤智士：『カオハガンの椰子と竹の家』、ぶなの森塾みやざわ民家研究室、2007.10

[中国関係]（特記のないものは長岡造形大学発行）
11) 宮澤智士：「営造方式の木割と"材"について」、日本建築学会論文報告集第81号、1961.10
12) 中国山東省歴史的建造物共同調査団：『楊家埠村・青州市の集落と建物調査』、2000
13) 『青州真教寺と十里古街』、2001
14) 『青州十里古街の建築と街なみ』、2002
15) 『青州十里古街まちの表情』、2003
16) 『回族が集住する青州十里古街の街と建築』、2004

2.7 四国民家博物館と館内の指定文化財・登録文化財

　四国民家博物館、愛称「四国村」の創立者は加藤達雄さんである。私が加藤さんに最初にお会いした1975（昭和50）年頃、加藤さんは加藤海運の社長であった。私はそれまでは経済界の方とのお付合いした経験がなかった。「四国村」は、高松市屋島の約5万m²ある広大な傾斜地に立地している。当地は国の史跡である。

　四国村とは創立初期からお付合いし、3分の1世紀余りを経て代替わりした今日も、お付合いは細々ながら続いている。私の付合いのきっかけは分からないが、どうも加藤達雄さんが、文化庁に行き、そこで四国村の指導にあたる適当な人物がいないか尋ねたことに始まるらしい。仕事内容は、四国村へ移築しようとしている民家など建造物の評価と、それが適当であるか否かの判断であった。このために加藤さん、番頭役の松本良一さんと四国各地を巡った。私もこれに伴った。このさいの印象に残っていることをひとつ紹介したい。

　高知市に「山内家下屋敷長屋」を見に行ったときのことである。私はこの長屋を価値

ある建物と判断し、四国村で引き受けてもよいことにした。長屋は、桁行33.4 m、梁間5.7 m、2階建て、入母屋造り桟瓦葺きの大規模な建物である。これを譲りうけてよいか否かは、敷地の関係もあって、一般的にはうかうか決めることはできない物件である。しかし、四国村には工夫すれば何とか敷地は確保できる。四国村という建物の保存公開施設を持った上で話をしているのだから、はっきりした返答ができる。持っていることがいかに強みであるかを感じた一幕であった。

結果として、この長屋は四国村が譲りうけることにならなかった。しかし幸いなことに、高知市が自ら現地で保存する腹を決めたのである。さらに幕末期頃1864(元治元)年建築のこの建物は「旧山内家下屋敷長屋」として、現地において1979(昭和54)年2月3日付けで重要文化財の指定を受け現在にいたっている。四国村移築決定が現地保存のきっかけになったことは幸いであった。

この他に印象に残ることは指定・登録文化財のことである。四国村の指定文化財「重要文化財2棟・民俗文化財1件、香川県指定・高松市指定以外の建造物のすべてを国の登録有形文化財にするために、建造物を調査してその説明文の原稿を2～3日で書いた。四国村の国の登録有形文化財は27棟(登録番号37-0027～0053)ある(2000年)。

[四国民家博物館関係文献]
1) 宮澤智士:『四国の民家と集落－一宇村－』、四国民家博物館、1977
2) 宮澤智士編:『旧下木家住宅の移築工事記録　四国の民家と集落二』、四国民家博物館、1980
3) 鈴木充:『四国の民家と集落三－旧河野家・旧宝田家住宅の移築工事記録』、四国民家博物館、1981
4) 宮澤智士:「民家の博物館四国村」、『日本発見第二十四号：民家と民具』所収、暁教育図書、1981

第3章　文化財保存の行政──文化庁時代＜1978〜1995＞

3.1　奈良国立文化財研究所から文化庁へ　1978年──現状変更を担当

　私は1978年1月1日付けで、奈良国立文化財研究所から文化庁文化財保護部建造物課に転勤した。文化庁建造物課では建造物の修理指導部門に配置され、ここでは重要文化財に指定されている建造物の修理工事にさいして生じる文化財保護法による「現状変更」に関する仕事を担当した。

　建造物は建築後、多くの場合、社会や生活状況の変化などにともなって、幾多の改造や増築を受け、また、所在の位置が変えられたりして現在にいたっている。

　重要文化財建造物の修理にさいしては、建物のこれらの後世の改造や増築の経過を追い、建築当初の姿を究明し、どの時期の状況に復原、復旧するかを決める。実際に復原できるのは、建築当初・現状・この中間の状況のどこか一時期になる。これをどの時期にするかは、当該建造物の特徴、性格、指定のさいの趣旨、そして復原するのであれば、復原に足りる資料がそろうか、などによって修理の方法は異なってくる。復原に足りる資料の目安は、70％以上そろうことであると考えていた。50％程度の資料では復原することが困難である。当時は建築当初の姿に復原するのが有力な筋であった。いずれにしても復原するに足りる資料がそろわなければ復原はできない。

　建築当初の姿に復原することに魅力があるが、その一方で、重要文化財の住宅を住めるようにするのも魅力的である。私は民家の場合は住めることを重要視して、現状変更を考えた。ある所有者から「復原して、しかも住めるようにしてくれ」と言われた。これが民家保存の極意であるとともに難しい課題であった。いろいろと考えをめぐらして、この課題に応えることができた。実際にはどうしたか。幸いなことに、該当の住宅には改造が著しく復原できない部分があった。この個所にこれからの日常生活に必要な水まわりを集中して、住めるようにしたのである。これが最も妥当な方法であると考え、現状変更の議案をととのえたのである。

　現状変更に関して、文化財保護法第43条に「重要文化財に関してその現状を変更し、又その保存に影響を及ぼす行為をしようとするときは、文化庁長官の許可を受けなければならない」とある。現状変更は文化庁長官の許可事項にあたる。建造物の場合、現状とは建造物の構造や形式の現状を指しているのであって、破損状況などを指しているのではない。たとえば、現在、屋根が桟瓦葺きであるが、調べてみるともとは茅葺きであったことがわかったとする。この場合、屋根を茅葺きに戻すのであれば現状変更にあたる。したがって、文化庁長官の許可事項になる。また、地震にあって、屋根瓦の一部が崩れ落ちブルーシートが被せてあるものをもとの通りに修理する場合などは、修理は必要であっても建物の構造や形式を変えるのでないから現状変更にはあたらない。

　現状変更する建造物の修理現場におもむいて変更の実情を調査、チェックし、所有者に変更の内容を説明して、文化庁に帰って文化財審議会に出すべき議案を練り、修理係、建造物課、文化財審議会在京委員などの方々の意見などをお聞きして、修正すべき個所があれば修正して、本会議にもっていくのである。この間に5回のチェックが入る。

　私は現状変更に関する仕事を6年余りの間担当した。現状変更にかかわる審議会は年3回あった。1回に10件程の該当物件があったから、大変に忙しい日々であった。修理現場に出向いて、建物の建築年代、特徴を把握し、建物がどんな増改築などを経て現在にいたっているか、そして進行中の修理状況を把握しなければならない。所有者の現状

変更に対する意向や修理現場担当技術者の考え方をよく聞いて、より良い方針を決め、現状変更案を作成するのである。この仕事は短時間の内にまとめなければならなかった。

建造物修理とその際に行われる現状変更は、建っているままでは知られない建造物を細部まで徹底的に調べることができるまたとないチャンスであり、大変に勉強になるとともに重要な仕事であった。建造物における現状変更は、有用な学術的な調査研究でもあり、現状変更に要する経費は補助対象になる。ところが、同じく文化財保護法にある現状変更であっても記念物の場合には補助対象になるどころか、反対に受益者負担をしなければならない。記念物にとって現状変更はよいことでなく悪なのである。

3.2 現状変更せずに現状維持の民家修理

建造物の現状変更は、一般的に修理にともなって行われる。ただし、建築当初のままで後世の改造がなければ現状変更をする必要がない。木造が主流を占めるわが国の建造物修理は建造物の破損状況の程度にしたがって次のように分けて行われている。木造以外の建造物修理もこれに準じる。

a. 解体修理

建物すべてを一旦解体して、破損部分を繕って再び組立てる。解体といっても建物を壊すことではない。綿密な調査をしながら部材を一つずつ念いりに解きほどいていく。解体修理の場合は現状変更をともなう場合が多い。

b. 半解体修理

柱や梁など構造材の一部を残し、建物すべてを解体しないもので破損部分を繕って再び組立てる。半解体修理の範囲は解体修理に近いものから、次に記す部分修理に近いものまである。

c. 部分修理

破損部分が大きい部分のみを修理するもの。屋根葺き替え修理にともなって軒まわりの木部などを修理する場合は、屋根および部分修理という。

d. 屋根修理・塗装修理など

屋根修理は屋根葺き替えの修理を指す。塗装修理は部材に塗ってある塗装を修理するもの。漆塗りの建物が多くある日光東照宮などでは塗装修理が常に行われている。洋館のペンキ塗りも塗装修理である。

上にあげた修理のうち、c. 部分修理、d. 屋根修理・塗装修理では、現状変更をする場合もあるが、する必要のない場合が多い。今ここで問題とするのは、a. 解体修理、b. 半解体修理の場合であり、現状変更をしないで、現状を維持する方がベターであると判断された場合である。私が現状変更を担当していたときに実際にあった事例を次に紹介したい。

(1) 服部家：愛知県の上層農家主屋——1653（承応2）年建築

服部家は広い屋敷を構える。その主屋は、桁行19.5 m・梁間10.0 mの入母屋造、茅葺きで、所蔵の「年表記録集覧」によって1653（承応2）年の建築が明らかである。半解体修理が行われ1978（昭和53）年に竣工した。解体に近い半解体修理であった。

当家で現状変更をしなかった理由は、江戸前期の古い建物だけに広間型三間取りの建築当初の姿に復原したかったが、後世の改造がそれなりに多く、完璧に近い当初の形態に復原するには多少資料が不足していたこともあるが、後世の改造の経過を所蔵の2枚

の古図や２冊の文書によって逐次追えることにあった。改造の経過が建物自体と古図や文書で追えることは極めて貴重であり、また、現状を変更しないのであるから、当家に伝えられてきた建物、特に接客座敷の使い方も、建築当初とは変わってきているものの、今後も伝承されていくことになる。こうしたことから現状変更をしないことに意義を認めたのである。

（2） 小坂家：岐阜県美濃市の町家主屋──1773（安永２）年建築

　小坂家は通りに面して建つ町家である。規模は桁行 11.4 m・梁間 16.0 m の２階建て、切妻造段違い、桟瓦葺きの建物で、建築年代は祈祷札によって江戸後期の 1773（安永２）年であることが知られる。

　当家は建築年代が比較的新しいだけに大きな改造はなく、建築当初の姿に復原することは可能であった。しかし所有者は、現状を変更して建築当初の姿に復原することに賛成でなかった。その理由は、所有者が改造した個所と改造した理由をしっかり記憶されており、理由あって改造したのであるから今やそれを消したくないということであった。この説明に私は納得し、現状変更をしないことにしたのである。

　重要文化財建造物の修理にあたって、建築当初の姿に復原することは一つの筋として行われてきた。後世に行われる改造は、一般的に建物を醜くし、構造体を弱くしている場合が少なからずある。このような場合は、修理および現状変更によって、建物の文化財としての価値を積極的に高めたいものである。ただ、徹底的に復原修理をし、そこに住む配慮がなかったために、住むことができず、また保存公開するでもなく物置代わりにしている民家が少数であるが存在することは遺憾である。

3.3　建築医──文化財建造物修理、設計・施工監理

　「建築医」は私がつくった言葉である。私は、指定文化財であるなしにかかわらず破損している歴史的建造物の修理をして、建物の文化財的価値を高める仕事をする技術者を「建築医」と定義している。私は文化財的価値を高める努力を怠る技術者を「建築医」とは認めない。

　建築医の仕事の内容は次の３点である。
　① 歴史的建造物の破損状況の調査
　② 破損調査にもとづく修理設計
　③ 設計書にもとづく設計・施工監理
　①、②に係わる修理内容はおおよそ次のような場合がある。
　ⅰ　長い年月の間にゆるみ、また破損がすすんだ建物を一定の期間ごとに行う維持修理
　ⅱ　地震や大風などの災害にあって大破した建物を復旧する修理
　ⅲ　後世の姑息的な改造などによって醜くなっている部分を整備する復原修理
　文化財保護法では、重要文化財建造物の修理は建物の所有者がすることを定めている。建築医は、所有者の代理人としてその利益を守る立場に立って仕事をする。

　③についてみれば、歴史的建造物の文化財的価値を総括的に把握し理解して設計監理にあたるのだが、あわせて施工について施工業者に指導もする。つまり建築医は設計監理にくわえて施工監理もする必要がある。なぜならば、多くの場合、施工業者は文化財建造物それ自体、その修理に関して経験をもっていることが少ないから施工監理なくし

ては仕事が進まない。文化財の仕事は初めてだという業者が多い。

　長い歴史を有している文化財建造物はそれぞれ建物によって違う特徴があり、修理の仕事は一律にできることが少ない。手仕事であり、機械化できない部分が多くを占めており、細部などになると、一つ一つの仕事を研究しながら施工する必要がでてくる。文化財の修理は、この点で一般の建物の新築や修理とは大変に違っている。設計図書にあらわせない箇所が幾つかある。設計図の通りにすればよいというわけにはいかない。解体修理など根本修理では建築医は現場に常駐することが必要になる。現在、このような建築医は、京都府、奈良県、滋賀県、和歌山県では府県自体で職員としているか、あるいは県の機関に属している。これ以外の43の都道府県には専任の建築医がいないので、全国的な規模をもつ公益財団法人文化財建造物保存技術協会の職員である建築医が修理の設計・施工監理にあたっている。

3.4　民家の保存公開施設

　日本経済の高度成長期以前のごく初期の民家調査をした時期には、17世紀建築の民家が、各調査地に存在していたので、私の頭のなかに、古民家を保存し、活用するという考えは特にもっていなかったように思う。ただし、昭和四十年代に入ると集落、町並み保存に強い関心をもった。まだ小さかった娘たちが聞き覚えで「マチナミ　ホゾン、マチナミ　ホゾン」と言っていたのを思い出す。

　しかし、民家を系統的に保存し展示公開する構想はもっていた。各地の民家を時代別に「古い・新しい・この中間」の3区分、階層別に「上層・中堅・下層」の3種に分けて、民家博物館に移築して展示するという議論である。この構想は保存の理想的なひとつの姿であった。このような構想は実現しなかったが、大阪府豊中市の日本民家集落博物館、神奈川県川崎市の日本民家園が設置され、古民家を保存、公開するようになった。これ以前に横浜市の三溪園には他の建造物とともに民家が移築、公開されていた。以降、各地に地方公共団体、法人などによる古民家1棟なり2棟なりを歴史民俗博物館などの施設として保存公開するようになってきた。

　日本で世界的によく知られている民家は白川郷・五箇山の合掌造りである。合掌造りは民家として顕著で各地に移築されている。1955(昭和30)年以来、白川郷五箇山を通って富山湾に注ぐ庄川およびその支流に多くの水力ダムがつくられ、その際に多くの合掌造り民家が集落ごとに水没した。独特な形態で広く知られていた合掌造り民家は、各地に移築されてレストランや展示施設となった。その棟数は40数棟が確認されている。これらがより良い状況で保存されているとは限らず、移築先で持ちきれず取壊されたもの、維持が困難になっているもの、火災焼失したものなどが相当数ある。民家1棟を保存し続けるにも世間の経済的動向が大きく影響しているようだ。

　合掌造りの本拠地白川村の野外博物館合掌造り民家園には、合掌造り民家5棟が村内から移築されている。私はこのうち3棟の民家の修理工事に係わり、その修理工事報告書を刊行している。

[参考文献]
1)　大野敏：『民家村の旅』、INAX ALBUM 17、1993
修理工事報告書など・合掌造関係
2)　柿崎京一、小寺武久、宇津野金彦、宮澤智士：『白川村の合掌造り集落—重要伝統的建造物群

保存白川村荻町保存計画見直し調査報告書』、白川村・白川村教育委員会、1987
3） 民族文化映像研究所：『合掌造り民家はいかに生まれるか』、白川村教育委員会（旧田島家の移築工事）、1995
4） 宮澤智士：『合掌造りを推理する—岐阜県重要文化財旧山下家住宅と合掌造り民家園』、白川村・同教育委員会、1996
5） 宮澤智士、川村哲夫：『合掌造りを復原する—岐阜県重要文化財旧山下家住宅修理工事報告書』、白川村・同教育委員会、1998
6） 宮澤智士：『合掌造りを修復活用する—飛騨加須良旧所在の岐阜県重要文化財旧中野長治郎家住宅』、野外博物館合掌造り民家園、2000
7） 宮澤智士、川村哲夫、松本継太：『合掌造り保存修復のすべて—岐阜県重要文化財旧中野義盛家住宅』、野外博物館合掌造り民家園、2003
8） 宮澤智士：『白川郷合掌造りQ&A』、智書房、2005
9） 宮澤智士：「合掌造りの成立過程」、『矢張下島遺跡調査報告』、南砺市教育委員会所収、2007
10） 文化財建造物保存技術協会：『重要文化財和田家住宅主屋ほか2棟修理工事報告書』、和田正美、2006

3.5　重要文化財民家所有者の様々な立場

　民家は本来個人住宅であるので所有者は個人である。しかし、重要文化財に指定されている民家は、国・都道府県・市町村、諸法人など公共所有とするものが多く、全体の3分の1程を占めている。個人所有でなくなったものの内容をみると、民家博物館などを積極的に設立して保存、公開しているものと、公有化することでようやく保存ができたものとが入り混じっている。時代が急速に変わり生活様式が大きく変わる時代にあっては、民家を個人所有のままで保存することはとくに困難であり、さまざまな努力や工夫のもとに公有化して保存を達成したのであった。

　ところで文化財保護法では、重要文化財の管理、修理、公開は所有者、管理団体がある場合は管理団体が行うものと定めている。民家に限らず重要文化財指定建造物には、修理事業などにあたって多額の経費を必要とする場合、経費の一部を国が補助することになっており、これに都道府県・市町村が付き合う制度になっている。したがって、建造物の場合は所有者を定めておく必要がある。これに対して、伝統的建造物群保存地区の場合は、保存地区を決定するのは市町村であって、この中から国は重要なものを重要伝統的建造物群保存地区として選定する制度になっている。指定と選定とでは、経費補助の形態も異なっているのである。

　伝統的建造物群保存地区では、修復などに必要な経費は市町村が行う措置について国が補助する制度になっており、国は市町村を通じて補助金を出すのであって、所有者個人に直接出すことはない。

　本題にもどって、指定物件の名称の頭に「旧」の字が付くものについて考えてみよう。社寺建築では一般的に宗教法人が所有者である。公共建築の場合、もともと所有者は国であり都道府県、市町村など地方公共団体である。これに対して民家は個人所有であったのだが、名称の頭に「旧」の字が付くものは、下記のようなものであることを示している。

　a．所有者が個人から国や都道府県・市町村に変わったもの
　b．江戸時代の役職などが現在はなくなっているもの
「旧」が付くものは、民家の重要文化財指定物件のうちのほぼ3分の1にあたる。
　a．の「旧」の付く物件の占める割合をみると、地域によって異なる傾向があり、東

日本に多く、西日本で少ないという印象をうける。日本全体で「旧」の付く重要文化財民家は前記の通り3分の1、33％であり、フォッサマグナが通る溝筋によって、日本の都道府県をほぼ東西に分けて「旧」の付く民家をそれぞれ数えてみると、東の北海道・東北地方6県・関東地方7県、これに甲信越3県を加えた17道県で約50％である。残る西日本32府県では、東のほぼ半分の25％である。

都道府県別に「旧」の付く民家の概略を以下でみておきたい。

- 「旧」が多い都道府県＜旧付きの民家数／指定民家全数＞
  北海道4/5、岩手県7/8、山形県4/5、福島県5/6、群馬県4/6、千葉県3/5、東京都2/4、福井県3/6、和歌山県4/6、宮崎県2/3
- 民家村など施設の「旧」付きの民家数＜数字：旧付きの数＞
  神奈川県：川崎市立日本民家園7・三渓園1、岐阜県：高山市立飛騨民俗村4、大阪府：日本民家集落博物館3
- 「旧」が少ない府県
  秋田県、茨城県、栃木県、埼玉県、新潟県、石川県、山梨県、長野県、岐阜県、静岡県、滋賀県、京都府、大阪府、奈良県、鳥取県、岡山県、広島県、山口県、大分県、鹿児島県、沖縄県

上でみるように「旧」の多い、少ないの違いがある理由を考えると、①所有者と行政側の保存に対する考え方の違い、②民家建築自体の違い、が強く影響を及ぼしているとおもわれる。

① 所有者と行政側の保存に対する考え方の違い

移築保存をどう評価するかが問題となる。民家の重要文化財指定が数多く進んだ昭和四十年代の時代背景を考慮すると、移築しなければ保存できない、壊されてしまうよりはましだという発想のもとに、研究者、行政の担当者は移築保存をすすめた。古民家は、保存側の立場からみれば宝ものであるが、一方、古民家を不要としている所有者からすれば負の財産であった。

保存に熱心な市町村では何とか保存することに力を入れ、市町村自体が所有者になって保存施設をつくって保存をした。この成功した大きな例が大阪府と川崎市である。反面、保存に熱心でなく無関心な市町村の場合は、所有者になることを放棄し、結果として他府県・市町村に移築保存することになった。ただ、移築保存に関しては現地保存して何とか頑張れなかったかという想いものこる。

② 民家建築自体の違い

西日本の民家は、規模が比較的小さく田の字型の間取りで、現在でも住める状況にある。これに対して、東北地方などでは建物の規模が大きく、現在の生活からすれば、まったく使わなくなった部屋が多くあるうえに、気候が寒いので持て余している状況にある。したがって、東北地方ではその家に住むことが困難になっている傾向がある。

なお、伝建地区の分布状況が参考になる。伝建地区がないか、少ない都道府県の分布状況が、名称の頭に「旧」字が付く重要文化財指定民家の分布状況と重なっているのである。

b．で記した、時代の移り変わりに従って家の役職などがすでになくなってしまったものを以下にあげる。

下ヨイチ運上家（うんじょうや）、新発田藩足軽長屋、鯖波本陣石倉家、小笠原家住宅書院、小諸本陣、太田脇本陣林家※、緒方洪庵住宅、鴻池新田会所、名手本陣妹背家※、矢掛本陣石井家※、矢掛脇本陣高草家※、立川番所書院、山内家下屋敷長屋。

本陣・脇本陣、書院、長屋、会所、運上家などであって、武家と関係が強い家々であり、単純に農家、商家など民家として割切れない物件である。武家社会が滅びたことが直接関係している。ただし、このなかには個人所有で江戸時代から続いている家（※印）が含まれている。

[参考文献]
1）　全国伝統的建造物群保存地区協議会：『歴史の町並　平成 27 年度（2015）版』、毎年度発行

3.6　普請帳研究会の 10 年 ＜1982〜1993＞

　私の人生は、民家をはじめとする建築・まち・農山村調査研究および文化財建造物保存修復の実務である。日本各地、南は沖縄県から北は北海道まで日本中の都道府県すべてをまわった。八重山の竹富島・波照間島、五島列島、瀬戸内の島々、隠岐島、八丈島、三宅島、佐渡島などの多くの島々に行った。世界のいくつかの国にも行った。この点は宮本常一とは比べものにならないが、「みる、あるく、きく」と方法は同じである。ただ、私は勤め先をもっていたから、いつでも行きたい時に行くことはできない。そこで考えたのが「普請帳」と称する、いわば民家建築工事の覚え帳を読み、解読することであった。写真に撮っておけば家で読むことができる。民家調査に行ったさいに、普請帳の有無を確認し、あればそれを写真に撮った。

　1978（昭和 53）年 1 月 1 日付けで文化庁に移り、仕事にも慣れてやや余裕が出てきた 1982 年、私は田中文男大兄とともに「普請帳研究会」と称する研究会を立ち上げた。満 10 年になった 1993 年に発展的に解散するまでの間、主に歴史的建造物・その文献の研究、そしてこれらの普及に努めた。この活動の主な業績として、機関誌「普請研究」を年 4 冊、10 年間で 40 冊を刊行し、また文化財建造物の修理工事報告書を若干刊行した。これとともに普及活動として、文化財関係者をはじめ関心をもつ一般の方々を対象にして、日本各地、世界の数カ国に歴史的建造物、都市などの見学旅行を実施している。普請帳研究会の活動を通じて育った人々は、いろいろな意味合いを含めて全国各地で合わせて 50 人程にのぼるであろう。

　普請帳研究会で活躍した有志の方々が、普請帳研究会同窓会を 2011 年 9 月に木曽妻籠で小林俊彦さんを囲んで開催した。それに引き続き、2013 年沖縄竹富島、2016 年世界遺産島根県大田で開催された。

　同窓会開催の世話人の一人である篆刻家古田悠々子さんは、機関誌「普請研究」の表紙のデザインをした方である。普請帳研究会における付き合いは、私の人脈の多くの部分をしめており、大きな財産である。田中文男さん、三沢博昭さんが若くして亡くなったことが惜しまれる。

[刊行文献]
1）　普請帳研究会 編・発行：『普請研究第一〜四十号』、1982.9〜1993.9
2）　普請帳研究会 編・発行：『妻籠宿小林俊彦の世界』、普請研究第 21 号、1987.6

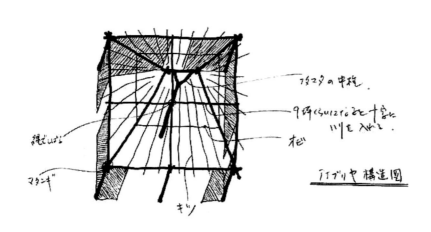 

図-3.1　アナブリヤ構造図　　　　　　　　　図-3.2　アナブリヤのナハパラ（中柱）
（『普請研究』、第22号 所収）　　　　　　　（三沢博昭撮影、『普請研究』第22号 所収）

3.7　沖縄竹富島で物置小屋を建てる

　竹富島の小底家で、伝統的な物置小屋（シヌーヤー）の建替え復原が、1989（平成元）年12月2日に実施された。この建替え復原工事は、伝統的家屋の技術伝承を目的としたもので、多くの島民の参加のもとにユイマール（ユイ　協同作業）で行われた。この協同作業の手伝いに、普請帳研究会の有志、田中文男、三沢博昭、秋山邦雄、黒木久遠、村上政光、平川幸子親子そして宮澤智士の8名が参加した。

　復原のシヌーヤーは、掘立造り（アナブリヤー）で、規模は間口約15尺（約4.5 m）、奥行約11尺（約3.3 m）ある。小屋の平面中心に、上部が股になって開いている丸太の中柱ナハパラを掘っ立て、周囲の隅柱スンパラ、中間の間柱マドゥパラも桁キタを乗せるので股材を掘っ立てる。ただナハパラより細く短い。ナハパラの股の上部に棟木ムナギチを水平になるようにシュロ縄で括りつける。棟木の両端に隅木スンギチ、中央に力垂木ナハキチを掛け、これらの下端は周囲の桁キタに取りつける。隅木の棟木に掛ける交点は、一方の隅木に穴を掘り、もう一方の隅木の先端を削り落して柄差しにし、さらに鼻栓を打ち締める。シヌーヤー唯一の仕口である。

　次に屋根下地をつくる。屋根は寄棟造り、茅葺きでその葺き方はいわゆる逆さ葺きで、茅の根元を上、穂先を上にして葺く。葺きあがると棟を整える。壁も茅で葺き、この外側に竹を菱形に組んで押さえる。この葺き方は琉球の特徴である。葺き茅の仕上げは軒先のみを切りそろえる。上向きでするこの仕事は難しく、婿の役目であるとのことであった。

　建て方の経験ある人は少なくなっていったが、とにかくアナブリヤーのシヌーヤーは1日でできあがった。当シヌーヤー建設作業に直接従事した人は男女延50人ほどであった。

　仕事が一段落したところで、盛りだくさんの手料理と泡盛を目の前に、小屋の前の空地で祝宴が開かれた。1989年12月2日のこの日はちょうど金星食の夜であった。月の直ぐ下に金星が抱えられるように輝いている。格別な印象である。さっそく三沢さんに物置小屋も入れて撮影してもらった。

[参考文献]
1) 普請帳研究会：『堂と小屋の古代再現』、普請研究第30号、1989.12
2) 田中文男：「竹富島におけるアナブリヤーの建設」、三沢博昭 撮影「アナブリヤーを建てた」
3) 長谷川良夫：「建築材料としての茅」、平川幸子「竹富島の一週間」、宮澤智士「堂と小屋」
4) 宮澤智士 編：『竹富島に何が可能か』、喜宝院鬼集館、1996

3.8 北海道の建築・住居、アイヌのチセ

　私の北海道行きの最初は、青函トンネルができる1988（昭和53）年以前である。青森から函館まで連絡船で渡った。それ以来、北海道へは列車に乗って何回も行った。飛行機でも行った。

　北海道の先住民であるアイヌのチセ、その後の民家・住宅系の建築を説明し、続いて参考までに印象的な北海道大学、および公共建築、宗教建築などをあげておく。

① アイヌのチセ、現に住んでいるチセはないが、復原したチセが各地にある。また、1878（明治11）年のパリ万国博覧会にチセの模型を出展している。この模型は現存し、現在復原しているチセと比べると構造的に古い。

② 住宅系の下ヨイチ運上家：1853（嘉永6）年、上ノ国町の旧笹浪家住宅2棟：江戸末期、旧三戸部家：建築年代1887年、江差町の旧中村家住宅3棟：建築年代1889年頃、函館市の太刀川家住宅店舗：建築年代1900年、小平町の旧花田家番屋：建築年代1905年。この他、函館市元町末広町伝建保存地区（1989年選定）の洋風住宅群。

③ 屯田兵の住居、出身地の形式を伝える農家。屯田制の兵。1875（明治8）年設置、1904年廃止。なお、開拓使は1869（明治2）年創設、1880（明治13）年廃止。

④ 北海道大学の前身の一つである札幌農学校（1876年に改称）はクラークの感化を大きく受けた。当時の建築遺構として建築年代1878年の演武場（時計台）がある。これを受け継いだ北海道大学農学部植物園・博物館4棟：建築年代1890年、および北海道大学農学部（旧東北帝国大学農科大学）第二農場9棟：建築年代1877年、など北海道大学関係の一連の建築群。

⑤ 札幌の豊平館：建築年代1879年、北海道庁旧本庁舎：建築年代1888年、旧旭川偕行社：建築年代1902年、旧日本郵船株式会社小樽支店：建築年代1905年、旧函館区公会堂：建築年代1910年、函館ハリストス正教会復活聖堂：建築年代1916年など、主要都市の公共建築、宗教建築。

　上であげた建築の建築年代は江戸末期のものが若干あるが、ほとんどが明治時代である。北海道の人々は派手な色彩の建築を日常的に見慣れており、これらの建築のなかにいると安心感があるようだ。修学旅行などで、これとは対照的な奈良辺りのくすんだ建築をみていると、早く北海道に帰りたくなるという。一方、奈良の人が北海道に行ったときには、この反対であるらしい。

[参考文献]
1) 宮澤智士：「アイヌのチセ」・宮澤智士『日本列島民家史』、「第四章　北海道—出稼ぎ・殖民の文化」、住まいの図書館出版局、1989年

第4章　教育研究実践──長岡造形大学教授時代＜1994.4～2003.3＞

4.1　全国の仲間たち──普請帳研究会から建築修復学会へ

　　普請帳研究会の主要な研究普及活動は、同研究会創設の1982年から建築修復学会に発展的解消する1993年までの10年間に行われた。同研究会の普及活動は、全国のいくつかの地域で研究、また全国各地、ときには国外の歴史的建造物や集落、町並みなどを巡る旅行を通じて行われた。この諸活動を通じて、全国のいくつかの地域に仲間ができてきた。

　　私は1994年に文化庁を離れ、同年新潟県に創設された私学の長岡造形大学に移り、それなりに自由の身になった。こうなると行政機関のみならず、仲間たちから未指定の文化財建造物の保存や修理、活用について、また、登録文化財についても相談を受けるようになった。普請帳研究会時代の付合いが、財産として建築修復学会時代にも受け継がれ、現在にいたっている。仲間のみなさんも私と同じだけ歳をとっている。私の財産である人材の一部を沖縄から順に紹介しよう。これを受け継ぐ若手も若干いる。

　　　　上勢頭芳徳（沖縄県）　　　竹富島住、博物館長
　　　　黒木　久遠（宮崎県）　　　日向市住、美々津、中国
　　　　細田亜津子（長崎県）　　　世界遺産、教授
　　　　柿森　和年（長崎県）　　　五島列島住、カトリック教会
　　　　林　　泰州（島根県）　　　大田市住、石見銀山、行政
　　　　御船　達雄（和歌山県）　　建築史家、文化財修復
　　　　黒田　睦子（奈良県）　　　奈良まち、旅行
　　　　小林　俊彦（長野県）　　　妻籠住、町並み保存
　　　　北田　英治（神奈川県）　　写真家、人物建築
　　　　古田悠々子（東京都）　　　篆刻家、design・メキシコ
　　　　糊沢　礼子（東京都）　　　主婦、旅行
　　　　秋山　邦雄（東京都）　　　建築家、歴史環境計画
　　　　渡辺　　隆（東京都）　　　建築施工、木造建築
　　　　後藤　　治（東京都）　　　建築史家、工学院大学教授
　　　　高藤一郎平（新潟県）　　　佐渡島住、宿根木、農漁業
　　　　木村　　勉（新潟県）　　　長岡造形大学教授
　　　　安井　妙子（宮城県）　　　建築家、高断熱高気密

[刊行文献]

1) 宮澤智士：『日向市細島の関本勘兵衛家住宅』、日向市教育委員会、1997
2) 宮澤智士：『杉源郷智頭町板井原の集落と全建物』、鳥取県八頭郡智頭町、1998
3) 宮澤智士、三沢博昭ほか：『近代和風建築　智頭の石谷邸』、智書房、2001
4) 宮澤智士：『甦った大組頭の家　遊佐町語りべの館』、山形県飽海郡遊佐町＋長岡造形大学、2003
5) 御船達雄：『甦った大組頭の家　遊佐町語りべの館修復調査野帳集』、遊佐町教育委員会、2003

4.2　白馬村の調査と野帳

　　私は新設の長岡造形大学に移った。最初の年は1年生だけであるから専門の講義、演習はなかった。3年目になると環境デザイン学科は、文化財建造物の保存修復にあた

る「保存コース」と「空間デザインコース」にわかれる。そこで保存コースの学生たちを、長野県白馬村に連れて行き民家の実測調査をした。1軒に2、3人を当て、間取り、それに断面の実測図を作らせた。断面図が一通りできると、とりあえずはOKとするのである。ほとんどの学生は実測が初めてであったのだが、OKになった。

白馬村民家調査報告書に、これら実測図の何枚かを載せてある。一般的に報告書には野帳を整理、清書して載せるのだが、私の場合は実測図を整理、清書したものでなく、野帳そのものを使うことを建前としている。情報量は野帳の方が多く、図面としての資料的価値が高いと考えているからである。清書すると綺麗になるが情報は減ってしまう。実測にあたっては最初から、野帳を報告書に使うことを意識して、図面の縮尺も決めて実測にかかるのである。

4.3　1803(享和3)年の中門造り民家保存

私が建築史研究に関わるようになった1959(昭和34)年以来、1993年に普請帳研究会が発展的解消するまでの34年間は、私にとって、古民家の発掘および民家史の調査研究が最大のテーマであり仕事であった。この後は民家の保存、修復その活用、そして町並み保存が大きな課題として眼前にのしかかってきた。

1994年57歳になった私は文化庁を辞して大学の環境保存学科に移った。環境保存学科は、歴史的建造物の保存、いいかえれば文化財建造物に関して学ぶ学科である。文化財建造物を学ぶ学科が大学の学部に設置されたのは、長岡造形大学が最初であろう。2002年に大学院修士課程の上に博士課程が発足した。私はこの博士課程設置にかかわっていたので、博士課程が一通り完結する2005年3月まで大学に残ることになった。一般の定年65歳より3年間長く大学にいることになった。こうして長岡造形大学に満11年間在籍したのである。

この間の1997年に民家1軒を保存することになった。1963(昭和38)年には東京大学大学院の学生で、中里村、津南町あたりの民家調査をしたことがある。その時調査した普請帳を有する広田家には、それ以降たびたび通っていた。

この民家は雪深い新潟県中魚沼郡中里村小原に所在する古い住宅である。この住宅は「中門造り」で、1803(享和3)年の普請帳を所有しており建築年代が明確であった。住宅を新築するため、古い家は不用になるということであった。広田家の近所に住む大工棟梁樋口武さんから、古い家の取り壊しを知った私は、この古民家をもらい受けることにし、新潟県中魚沼郡川西町上野の重要文化財星名家住宅の裏地に移築した。この地は、信濃川左岸の河岸段丘にあり、海抜100 mほどの低地であるが、毎年5月はじめ頃の山の木々の中に黄緑の若葉を吹くブナはとても美しい。この美しさにちなんで古民家を「ぶなの木学舎」と名付けてアトリエとしたのである。

歴史的建造物を文化財として保存し、活用することを本業としている者にとって、民家1棟を自分自身で保存するのも悪くないと考えた。現在、重要文化財指定民家は全国に400件ある。このうちほぼ半数は個人所有、残る半数は公共所有である。個人所有であっても、そこで日常生活をしている方は少ない。重要文化財をもつ方の民家保存のご苦労の実態を自ら体験してみることにしたのである。

古民家「ぶなの木学舎」には高断熱高気密の施工をしたので、温湿度を測り続けデータをとっている。ぶなの木学舎は本物の材料でできている。ここにいて無垢の木材や快適な室内空間の中にいると、少しくらいの調子の悪さや病気は、建物が直してくれる。

私は 2017 年には 80 歳を迎える。年齢を加え、建物の維持管理が難しくなってきたことから、若い東京藝術大学修士（文化財保存学）である江村日奈子さんに譲り渡した。江村さんは研究活動のフィールドとして雪と闘いながら積極的に活用、発信してくれている。

[参考文献]
1) 宮澤智士、安井妙子：『古民家復権』、みちのく伝統建築研究会、2001

4.4　雪との闘い——民家を護る大変さ

　ぶなの木学舎が所在する十日町市は豪雪地帯である。この地は春夏秋冬四季の変化がはっきりしていて美しい。雪は田んぼも畦道も何もかもみな隠して真っ白にしてしまう。秋とはまったく違った世界をつくり出す。

　豪雪の折には雪掘りをしなければならない。建物を雪の中から掘り出すのである。雪掘りは、豪雪地でない地域の人たちには想像もできない作業である。ぶなの木学舎の屋根は、茅葺き型の勾配が強い鉄板葺きであるので、通常の雪は、屋根から滑り落ち自然落下する。しかし、豪雪のときは屋根から落ちる多量の雪が軒下にたまり、屋根の雪と繋がってしまうのである。こうなると、軒先に雪が引っ張る強い力が働き屋根を傷めるので、屋根と下の雪を切り離さなければならない。また、雪が繋がっていると家の中に光線がまったく入らない。雪が多い当地の古民家では開口部を多く設けないが、開口部のあるところには高窓を合わせて設けてある。屋根と軒下の雪が繋がっているときは、これを切り離しておけば、開口部が埋まるような積雪があっても高窓から光線が入り、家の中はやや明るくなるのである。

　ぶなの木学舎は中門造りである。本屋の下手前面に中門と称する突出部が付いてL字型の平面になっているので、入り隅ができる。入り隅には両方の屋根の雪が溜まるから、積雪の量は多くなり、ダキ（入り隅の谷部）は雪が溜まるから、ダキと軒下の雪はすぐに繋がってしまう。この雪を掘り出して片付けるには相当の労力が必要になる。

　上に記したように雪はたいそう厄介である。しかし、雪掘りはそれなりの運動になっている。冬は我慢、我慢である（**図-4.1**）。

図-4.1　ぶなの木学舎　ダキの雪掘り

4.5　指定民家と未指定民家の保存修復の格差

　建造物の保存には「山と谷」がある。民家に関して半世紀も前のことになるが、一部の研究者の間で民家は「建築でない」と言われたことがあった。この当人がどれほど民家を調査研究して理解していたか知らないが、まったく不当なことである。しかし、昭和三十年代に奈良の橿原市今井町や五條市五條で民家調査が行われ、さらに昭和四十年代に文化庁の補助事業として全国都道府県の民家緊急調査が行われた時期は、民家調査の山の時期であって、多くの民家が重要文化財に指定された。続く昭和五十年代、六十年代は指定された民家の修理修復の山の時期である。この後の山は近世社寺建築や近代化遺産へと移っていく。この時期は民家の重要文化財指定は谷の時期となる。

　私は民家の修復にあたって、建物自体の保存はもちろん修理工事報告書の刊行に努めている。建物とその工事報告書は後々まで残し参考資料にする。この両者によって保存修理は完結するという信念のもとに仕事にあたってきた。国のレベルでみると、重要文化財指定は保存の原点であり、その修理は保存をさらに確実なものにする。修理にさいしてつくる修理工事報告書は、文章・図面・写真などによって修理内容を具体的にあらわしている。修理の仕事は、でき具合の良し悪しはあっても100％完璧ということはまずあり得ない。修理工事報告書は、修理工事そのもののでき具合を反省する材料にもなる。次の修理の機会や、他の方々がたずさわる修理工事にさいして参考になるものでなければならない。

　国宝・重要文化財の修理工事は、解体修理、半解体修理など根本修理と、部分的修理、屋根修理、塗装修理などの部分修理とがあり、建物の破損状況にしたがって区分して修理を行っている。保存修理にはそれ相応の費用がかかるので、指定文化財にふさわしい修理をするために、国は必要な経費に対して助成をする。このことは文化財保護法に定められている。

　これに対して未指定の個人所有民家の修理の場合、各人は一定の経費を準備しているであろうが、どこからも助成金は出ない。

　古民家を所有している人の中には文化財建造物に順じる修理を希望する方もおられる。これらの民家は、建築後100年以上の年月を経過する古民家であって、どれも規模が大きく、建築面積250 m^{2}前後、2階建ての建物に匹敵するほどの建築容積がある。現に居住しているから、その破損状況は、部分修理、場合によっては半解体修理を必要とする程度である。このような建築容積が大きな民家に、新建材など安易に使わず、伝統的な本物の材料を使い文化財なみの手仕事を基本とするしっかりした修理をするとなると経費はかさんでくる。

　未指定民家などの場合、どのような考え方、方法によって修理をするか、私の考え方を記しておこう。まずは重要文化財に指定にしてもらうことも考えられるが、重要文化財指定は所有者の意思でできないからここでは除外する。なお、重要文化財指定の民家の棟数は民家全体からすればごくごくわずかに過ぎない。

　重要文化財指定民家の一般的な修理を「保存修理」というのに対して、未指定民家の修理をここでは「活用修理」ということにする。修理の基本は、いうまでもなく保存し、活用を図るようにして、建築性能を高くすることである。経費が足りないという理由のみによって、取壊すようなことがあっては元も子もない。限られた経費の範囲でなにができるかを工夫する必要がある。このことは重要文化財でも同様である。

　① 適切な経費がある

材料、工法、技法など本物にする。重要文化財の修理と同様にできる。
② 経費がやや少ない
もっとも犠牲が少ない個所を探し、そこに犠牲を集中する、あるいは分散する。
③ 経費が相当少ない
一部に本物でない新建材などを使う。この場合、建築当初の構造体は痛めないようにし、新建材などを取り外したならば元の姿があらわれるようにする。
④ 経費が極端に少ない
建物にもよるが、建物を重要な個所とそれほど重要でない箇所にわけ、適度に①、②、③の手法を用いる。この外、場合によっては重要でない部分を取り払うこともありうる。

文化財的な民家は、保存できるか、または取壊されるか、どちらかの瀬戸際に立っている場合が多い。民家の魅力は外観もさる事ながら、内部空間にあると私は考える。内部空間を最重要視して、外観のうち屋根に犠牲を集中させる。例えば茅葺き屋根に鉄板を被せることが②、③の場合にあたる。サス組みを残しておけば、文化財指定されたときに茅葺きに戻すことは可能である。

③、④は取り壊されるよりはましだという考えである。保存側から見れば相当に妥協をしている。保存の歴史をたどれば、一般的にみて多くの建造物は何度もの増改築を経て現在にいたっている。それでも価値あるものは近代・現在になってから重要文化財などとして保存されてきた。みながみな①のようにしなければならないとしたら、保存できる可能性ある物件が結果として取壊されてしまうことになる。税金を使って行う修理と、税金を使わない個人所有の未指定物件の修理とでは、立場が大きく違っているのである。

4.6　文化財保護法——指定、修理、公開に関して

文化財を護る唯一の基本的な法律である文化財保護法（法律214号、昭和25年）を私は気に入っている。特に法律の目的を記した第一条がいい。「この法律は、文化財を保存し、且つ、その活用を図り、もって国民の文化的向上に資するとともに、世界文化の進歩に貢献することを目的とする」とある。

第二条は、文化財の定義である。この条は時代を背景にして変わってくる文化財の内容に応じて、文化財の範囲を拡張するために何回もの一部改正をしている。平成15年5月現在、文化財として定義されているものは次の6種である。建造物は、絵画、彫刻、工芸品、書跡、典籍、古文書、その他とともに有形文化財のなかに入っている。なお、文化財の内容は時代とともに変化、増加する傾向にある。

1 有形文化財
2 無形文化財
3 民俗文化財
4 記念物
5 文化的景観
6 伝統的建造物群

第三条は、政府および地方公共団体の任務として「法律の趣旨の徹底に努め」なければならないとあり、第四条は、国民、所有者等の心構え、に関する条文であり、ここには、政府および地方公共団体は、「法律の執行にあたって関係者の所有権その他の財産

権を尊重」しなければならないとある。

　重要文化財の指定について、第二十七条に文部科学大臣は「有形文化財のうち重要なものを重要文化財に指定」できる、「重要文化財のうち世界文化の見地から価値の高いもので、たぐいない国民の宝たるものを国宝に指定」することができるとある。第三十一条は管理、第三十四条の2は修理、第四十七条の2は公開に関する条文であり、指定は国の行為であり、管理、修理、公開は所有者が行うことを記している。

　また、第四十三条は現状変更の制限に条文で、「重要文化財に関してその現状を変更し、またその保存に影響を及ぼす行為をしようとするときは、文化庁長官の許可を受けなければならない」とあり、但し書きで、「維持の措置、非常災害の応急措置、保存に及ぼす影響が軽微である場合は、この限りでない」とする。

　日本建築の歴史を研究する上で、文化財保護法は大変に重要な役割をもつ法律である。民家建築にかぎっても、中世の遺構はすべて、近世初頭の遺構の半数は重要文化財に指定されていると思われる。これ以降の時代の民家は主要なものが指定されているに過ぎないが、民家・民家史研究にとって基本となる民家が多く含まれている。今後の調査研究によって、民家史が書けるように体系的に指定民家を増やす必要がある。

4.7　合掌造りの研究開始

　白川村の合掌造りは、日本民家のなかでは最も有名な存在である。世界的にも有名だ。有名だから研究が進んでいるように思われがちだが、実は、合掌造りの民家建築面の研究は進んでいない。これが私の実感である。白川村教育長を務めた柿崎京一先生もこのことをおっしゃっておられる。民家を研究し、白川村の合掌造りに関わってきた私にもこの責任の一端はある。

　私が白川村を訪れ、御母衣の遠山家など合掌造りをみた最初は1962（昭和37）年である。その後、合掌造りの調査研究に匹敵することをしたのは、白川村荻町の合掌造り集落が、1976（昭和51）年9月4日付けで重要伝統的建造物群保存に選定された以降である。当保存地区は1992年には世界遺産の登録リストに掲載された。この祝いの式典が雪の舞う幻想的な中で1992年12月に行われた。私は長岡から駆け付けた。

　私の合掌造りとの学術面の係わりを理解するために、白川村・白川村教育委員会等から刊行された修理工事報告書、その他の著作リストを以下にあげて参考資料としたい。

1）　柿崎京一、小寺武久、宇津野金彦、宮澤智士：『白川村の合掌造り集落—重要伝統的建造物群保存地区白川村荻町保存計画見直し調査報告書』、1987
2）　宮澤智士：『合掌造りを推理する—岐阜県重要文化財旧山下家住宅と合掌造り民家園』、1996＊
3）　宮澤智士、川村哲夫：『合掌造りを復原する—岐阜県重要文化財旧山下家住宅修理工事報告書』、1998＊
4）　宮澤智士：『合掌造りを修復活用する—飛騨加須良旧所在の岐阜県重要文化財旧中野長治郎家住宅』、2000＊
5）　宮澤智士、川村哲夫、松本継太：『合掌造り保存修復のすべて—岐阜県重要文化財旧中野義盛家住宅』、2003＊
6）　宮澤智士：『白川郷合掌造りQ&A』、智書房、2005
7）　宮澤智士：「合掌造りの成立過程」、『矢張下島遺跡調査報告』所収、2007
8）　宮澤智士、松本継太：「重要文化財旧遠山家住宅（岐阜県大野郡白川村）便所の復原考察」、『建築史学』、第47号、2006.9

9） 松本継太、宮澤智士:「白川村加須良の合掌造り旧山本家住宅の復原考察」、『長岡造形大学紀要』、第5号、2008
10） 松本継太、宮澤智士:「白川村大牧の名主太田家住宅に関する覚書　合掌造り民家研究その2」、『長岡造形大学紀要』第7号、2010
11） 民族文化映像研究所:『合掌造り民家はいかに生まれるか』、(旧田島家の移築工事)、1995
12） 文化財建造物保存技術協会:『重要文化財和田家住宅主屋ほか2棟修理工事報告書』、2006
　＊印：2・3山下家、4長治郎家、5義盛家の3棟は野外博物館合掌造り民家園構内所在。

　上で著者の一人として名があがっている松本継太さんは長岡造形大学の卒業生であり、白川村教育委員会職員で文化財関係を担当している。彼は合掌造りの調査研究にとって、最も条件の良いところにいるのだから、大いに勉強することを期待している。

第5章　フリーの時代 <2004.4~>

5.1　みやづかえの40年 <1963~2004>

　私は1964年4月に大阪市立大学工学部に勤めて以来、奈良国立文化財研究所、文化庁文化財保護部建造物課を経て、2005年3月に長岡造形大学を退職するまで、41年間にわたって給与をもらって生活し勉強させてもらった。フリーになった現在は、これまでにお世話になった方々にお返ししなければならない、という想いで文化財建造物に係わる調査や保存修復の仕事にあたっている。仕事自体は以前と大きく変わることはないのだが、フリーになってからは、給料をもらっていない点、そして名刺をつくらない点などで大きく変わっている。仕事の内容はこれまでのことを継続している。私は現場に出て実践的方法で調査し研究をしてきたので、これを受け継いでいるのである。この仕事は私に適したものになっていると感じる今日この頃である。

　私は40年の間に、社寺建築、洋風建築そして遺跡発掘などの調査研究にも多少手を出してきたが、民家・民家史、町並みの調査研究を基本にしてきた。国外で若干の調査もした。私が民家調査を始めた昭和三十年代、四十年代は、復原調査、編年研究などの調査研究も初期の時代であり、民家の調査研究が盛んな時期であった。現在は当時ほど盛んではないように思われる。しかし、世代が変わり、現在では周辺の学問分野から民家・民家史研究に寄与する方法が導入されつつある。民家に快適な住空間を求める高断熱高気密（5.2参照）、放射性炭素年代法など自然科学的年代調査法による建築年代推定（5.3参照）などが、それである。復原調査・編年研究に始まって、40年という一世代を超える時間のうちに、民家・民家史研究に新しい光がすでに射しこんできているのだ。よろこばしく今後が大いに期待される。

[参考文献]
1）　国立歴史民俗博物館、坂本稔、中尾七重 編：『築何年？』、吉川弘文館、2015.3

5.2　断熱気密で民家を快適な住空間に

　「頭で理解しても身体はわかっていない」、「住んでみなければわからない」、「住んでみてはじめてわかる」、「高断熱高気密の家の中は別世界である」。これがわが古民家「ぶなの木学舎」を「高断熱高気密」の家に改修したときの私の第一の感想である（4.3参照）。そしてまた一般に公共建築、公立の学校建築などの性能がいかに悪いかを、常に強く感じる日々が続くのである。

　私は1997年に古民家を移築復原して保存した。「ぶなの木学舎」である。工事の中途で施工内容を変更して、高断熱高気密の家にすることにした。この工事にさいして人々との出会いがあった。移築工事にあたっては大工棟梁の樋口武さんである。高断熱高気密の工事に関しては建築家安井妙子さんである。私は古民家に、冬は暖かく、夏は涼しく住みたいと思っていたが、高断熱高気密についての知識はなかった。安井さんから高断熱高気密の話を聞いたとき、迷わずそうすることとした。

　安井妙子さんは2016年5月現在高断熱高気密の修復古民家の実績は28棟ほどになる。その地域は、東北6県、新潟県、埼玉県、神奈川県、奈良県に及ぶ。埼玉県の作品は高断熱高気密住宅を顕彰する第四回サスティナブル住宅賞において国土交通大臣賞を受賞

した。

　「ぶなの木学舎」を高断熱高気密にした後、安井さんの古民家を高断熱高気密にする改修工事で、建物の歴史や復原修復などについて監修をすることになった。

　世間では一般に、断熱材を使い、窓を二重にし、またはペアガラスにすれば、断熱、気密はそれでできていると考えているようだ。しかしこれは誤りである。しないよりはいくらかマシであろうが、高断熱高気密にはなっていないのである。性能のよい断熱材を、床・地盤面、壁面、屋根面に隙間なく張りこんで、建物の外部から、時には建物の内部から全体を断熱材で包み込むのである。断熱材の厚さは地域の気候条件にしたがって異なってくる。平成25年改正省エネ基準によると地域区分は、気候条件をふまえ、寒い方から日本全国を市町村ごとに1から8地区に区分している。この地域区分を参考に寒い地域ほど厚い断熱材を使うのだが、1ランク上げて使うと、その効果は覿面である。

　問題は弱点になりやすい開口部の建具（サッシ）である。建具は可動の戸と建具枠で構成される。戸は間隔12mmのペアガラスとし、戸枠、建具枠ともに木製にするのが、古民家ではベターであるが、経費の関係で戸枠と建具枠を金属製、プラスチック製とすることもある。ぶなの木学舎では木製とした。余裕があれば北欧の木製のものを使ってみたいものである。

　冒頭で書いたように、高断熱高気密の効用が、頭で理解しても、住んでみないと分からなかったが事例が、東北地方の某家であった。高断熱高気密の工事が終わり引き渡しの事務が行われ、家人や大工職人など工事関係者が広間に集まってお茶を飲むことにした。冬12月だったので、当家のおじいさんが綿入れはんてんを着こんで仮住まいからやってきた。間もなくすると、仮住まいにはんてんを脱ぎに行ったのである。

　北海道、東北地方の場合は寒さ対策として高断熱高気密の施工をする。これに対して夏の暑さが厳しい関東地方の群馬県や埼玉県など内陸部では夏の暑さ対策になる。暑さに対しても効果は覿面である。ルームクーラーなどはほとんど不要。わがぶなの木学舎は、高断熱高気密にしている容積がほぼ800m^3あるが、2階に八畳用のエアコンを1か所に設置してあるだけで、ほとんど事足りている。2020年には新築住宅の全てに、この基準に当てはまる高断熱高気密施工をすることが義務付けられた。したがって高断熱高気密施工は日本の国としての建築の趨勢である。

　むかしの人々は、我慢できることは我慢して暮らしていた。「地震、雷、火事、親父」、2011年の原発事故以来は「放射線」を最初に置かねばなるまい。放射能は煮ても焼いても喰えないのである。

　古い家は、寒い、または暑いという理由で壊す場合が多い。民家特有の立派な空間を有し、再現できない建物を壊して欲しくない。寒いという欠点を取り除いただけで、その魅力的な大空間を日常的に感じながら暮らすことができる。一度壊してしまったら、古民家がもっていた時間と空間は失われ、金で買うことができないのである。古民家のよさは時間を含めた四次元空間である。これに周囲の環境をくわえれば五次元空間でもある。この空間の素晴らしさを享受するには高断熱高気密の手法が必須である。

[断熱気密修復民家の文献]
　　（特記ないものは宮澤智士、安井妙子 編著・阿部和建築文化研究所 発行）
　1）『古民家復権－冬も快適にくらす』、みちのく伝統建築研究会、2001.11
　2）『長寿命住宅小野寺家100年の大空間』、住まいと環境東北フォーラム、2005.9

3)『長寿命住宅遊佐家三百年の風格』、住まいと環境東北フォーラム、2005.9
4)『小野寺家住宅100年の年輪』、2005.11
5)『相互扶助で建てた家—岩手県東磐井郡藤沢町佐々木家』、2007.7
6)『武骨な骨組みの家—仙台市青葉区大倉結城家住宅』2007.12
7)『端正な千石家住宅をまもり伝える人々』、2008.12
8)『仙台原町の鳥山米穀店修復記録　見えないものとの対話』、2009.8
9)『登録文化財遊佐家住宅宮城県登米市修理復権記録』、2010.6
10)『埼玉県羽生市　高野家住宅　関東平野における近代』、2010.11
11)『仙台市原町　庄司家住宅の断熱気密工事』、2015.12

5.3　放射性炭素 ^{14}C による建築年代調査

　私は半世紀余にわたって、様式編年にしたがって民家の建築年代を推定し確定して建築史研究の資料としてきた。これに対して、年輪年代法や放射性炭素年代調査法によって、木造の歴史的建造物の建築年代が推定できるようになったのである。ここでは放射性炭素年代調査法について概略を示したいので、[中尾七重、2011]の説明をそのまま転用したい。

　「放射性炭素年代測定法は、大気中の放射性炭素(^{14}C)を取り込んだ生命体の生命活動終了後、放射改変により ^{14}C 濃度が次第に減少することを利用した年代測定法で、シカゴ大学のウィラード・リビーが1947年に原理を発見した。1960年にノーベル化学賞を受けている。

　地球は恒常的に宇宙からの放射線を浴びており、大気の上層で宇宙線から生成された二次宇宙線の中性子と大気中の窒素が核反応して ^{14}C が生成される。^{14}C とは炭素の同位体で、地球上にはこのほか安定同位体である ^{12}C と ^{13}C が存在する。^{14}C は生成後、酸素と結合し二酸化炭素($^{14}CO_2$)になり、炭素安定同位体でできた二酸化炭素($^{12}CO_2$)、($^{13}CO_2$)と混合し大気中に拡散する。大気中の ^{14}C 濃度は地球上のどこでもほぼ一定とされ、$^{12}C:^{13}C:^{14}C$ の存在比は、$0.989:0.011:1.2\times10^{-12}$ である。二酸化炭素が光合成によって植物に取り込まれるさいにもこの比率は変わらない。生きている間は食物連鎖により植物も動物も体組成の ^{14}C 濃度は大気と同じ濃度である。ところが生物が死ぬと遺体中の ^{12}C や ^{13}C はそのままであるが、^{14}C は放射壊変により5730年を半減期としてベータ線(β)を放出し元の窒素に戻ってゆく。^{14}C 年代法は生物遺体の ^{14}C 濃度を測定して減少の程度を調べ、死んで以降の時間経過を推定する方法である。」

　私は岩手県一関市の村上家住宅について、中尾七重さんに放射性炭素 ^{14}C 年代法年代測定法による年代測定をお願いした。お願いした理由は、村上家住宅は、私にとって建築年代が分かりにくい建物の1棟であったからである。様式編年の立場からすると、一見古くも見えるが、新しくも見えるのである。部材の形態や表面仕上げは古くみえる。これに対して正面からみる建ちの高さが高いのが気になるのであった。分かりにくく建築年代を決めかねていたのだが、とりあえずは18世紀後半頃としたのである。

　中尾七重さんの放射性炭素 ^{14}C 年代法年代測定法によって19世紀初頭との結果がでている。この年代は大変に参考になる。19世紀初頭ということであれば、村上家住宅の様式編年の解釈が可能になり整理ができてくる。

　放射性炭素 ^{14}C 年代測定法による歴史的建造物の年代推定は、建物の創建年代のみならず、後世の改造年代も同様に推定できるから、様式編年と合わせて研究することによって、木造建築の歴史研究の進展に大きな可能性を生みだすであろう。そして何と

いっても強力なのは地球全体をカバーしている点にある。

　民家に関しては、最古の箱木千年家が鎌倉時代に建築されたことが推定されている。世界最古の木造建築である法隆寺金堂に関しては現在、放射性炭素測定法による年代推定は試みられていないが、光谷拓実さんが年輪年代法によって、一定の成果を上げている。

[参考文献]
1）　中尾七重：「歴史的建造物を対象にした放射性炭素年代測定の方法」、『文化女子大学紀要第42集』所収、2011.1
2）　宮澤智士、安井妙子：「岩手県指定有形文化財一関市千厩町村上家住宅の現況と復原考察」、長岡造形大学研究紀要、第8号所収、2011
3）　今村峯雄、中尾七重：「民家研究における放射性炭素年代測定法について　その2　重文関家住宅・重文箱木家住宅・重文吉原家住宅の事例」、『国立歴史民俗博物館研究報告第137集』所収、2007.3
4）　光谷拓実：「年輪年代法による法隆寺西院伽藍の総合的年代調査」、佛教藝術三〇八号、2010.1
5）　光谷拓実：「東大寺法華堂（正堂）ならびに八角二重檀の年輪年代調査」、佛教藝術三二一号、2012.3
6）　光谷拓実：「慈照寺銀閣・東求堂の年輪年代調査」、国宝、慈照寺銀閣修理工事報告書、2010.12

5.4　建築部材と空間の釣合い——四畳半

　建物の規模に従った柱には相応しい太さがある。太い上屋柱と細い下屋柱、また土間に建つ独立柱のように、構造上の必要な柱を太くすることは一般的に行われている。これとは別に、象徴として土間と居室境などに大黒柱と呼ぶ特に太い柱を建てることが18世紀以降に流行する。幕末期になると構造上はほとんど無意味な大黒柱もみられる。

　文化財建造物の修理の際に、修補柱をもとの柱よりも太いものを使っている場合がしばしばみられる。太い柱が好きらしい。もとのものより細い柱を使った例は見たことがない。太い柱を使うことがサービスであり、よいことをしたと思っている向きもあるようだ。文化財修理にさいして建築の年代や空間に相応しくない断面の柱を使うのは困ったことだ。こんなとき別の柱と取り替えればよさそうなものだが、そう簡単に物事は進まない。梁や差物、貫など他の部材と組合わさって柱は建っていて、単に柱1本を取り替えるだけで済ませられないのだ。このような場合、私は次善の策として、柱の面取りを大きくすることで、柱が幾分か細く見えるようにすることを提案し、被害が互いに少なくなるようにしている。

　部屋の四隅には柱が立つ。広い部屋だと隅柱と隅柱の中間にも柱が立つ。部屋の広さと柱の数や太さは部屋の広さにしたがって変わっている。室内では、隅柱は隅がわずかに見えるのみであるが、中間柱は1面全体が見える。このようであるから隅柱と中間柱とは、材料の使い方が異なっていると思うのだが、実際にはそうはなっていないようだ。

　私は、フリーランスになってから、建築に関して柔軟にしかも多方面に興味をそそられるようになった。ここで以下に千葉県の佐子武邸の離れ「晴舎（はるのや）」を具体的にとりあげて、柱の太さと内部空間の釣合いについて考えてみる。

　晴舎（はるのや）は、床・棚付き四畳半の和室1室で、西と北側の二方に縁がまわり庭園に面している。東側に玄関と廊下を挟んで便所・浴室が接続する。すぐ南側に母屋が建つ。晴舎は大正期の建築と推定される。再生の竣工は2002（平成14）年である。平

面計画は6尺（1.818m）芯々制の江戸間である。部屋の周囲にトコ柱を含め柱7本が立つ。すなわち、4隅と東側中央のトコ柱、南北両面には中間柱が立つが、池のある庭園に面する西面には柱が立たない。

柱には、糸面取りの角柱と面皮つき柱の2種類がある。その太さは比較的細く3寸（91mm）前後で、柱によって多少の差がある。柱の表面の仕上げは、カンナであったり、チョウナであったりまたヨキ（小型の斧）を使ったような刃型がみえる。柱以外の部材はみなカンナ仕上げである。部材には古色の色付けがしてあり、一部に古材を使っているらしい。トコ柱はスギ材で、正面に目のつんだ柾目、両側面を板目になる木取りの柱を用いている。トコ柱両側の隅柱はスギの面皮柱である。

この四畳半は上に見るような柱を使っているので、やや数寄屋風にみえる。ここでは柱のみについて記したが、部屋の広さと柱の太さはよく釣りあい、全体のプロポーションも極めて良好である。

晴舎の現在にいたる経緯、工事記録などは、佐子武『四畳半再生記』に日記風に日にちを追って、詳しく丁寧に書いてある。これを是非読んでもらいたい。なお、旧母屋を建てた棟梁高橋富五郎は、佐子さんの祖母の実父で、当時東京の四谷では名の知られた棟梁だったという。

[参考文献]
1） 佐子武：『四畳半再生記』、智書房、2005
2） 宮澤智士：「佐子邸の離れ「晴舎」のこと」、『四畳半再生記』所収、2005

5.5　再び沖縄へ——石垣の調査

新潟県十日町市上野の第二藤巻医院本館を登録文化財にするための調査をしたさいに、当医院の敷地周囲に巡っている石垣を、本館とともに登録文化財にあげておく必要があると思い、調査をしたのが、私の石垣調査のきっかけになった。この石垣は仏像の蓮華座に似ており、蓮華積みとも称され、十日町市内の民家の石垣その他に採用されている。蓮華積みの分布地域は狭く、現在わかっているところでは、新潟県十日町市（魚沼地方）の信濃川流域の南北20kmほどの地域である。石垣の石には信濃川の川石を使っている。従来、石垣に関する調査研究は城郭の石垣に関するものがほとんどであって、庶民の石垣に関するものは少ない。ましてや蓮華積み石垣に関する調査研究はなかった。

石垣に関して日本全国をみると、石造物は西日本に多く、東日本に少ないという傾向がある。特に沖縄では、珊瑚礁で出来た白色の石灰岩を城郭から民家の石垣はもちろん、井戸・井泉、拝所、墓、敷石などにいたるまであらゆるところに用いている。そして沖縄の井泉、拝所、墓などは祈りの場でもあって、沖縄の建造物は石を抜きにしては語れない。沖縄には2009年以来、3、4回通っているが、石造物の研究に関しては緒に付いたばかりである。

沖縄の石垣は、あいかた積み、布積み、野面積み、の3種に分類されている。野面積みのようの乱雑に積んであるとみられる石垣も、石垣積みの原則に当てはまっていることが知られる。つまり、原則とは、石垣を正面からみたときに、ある石を中心にして6個の石が周りを囲んでいるのである。中心の石が小さい場合には囲む石の数が少なく5個ないし4個になり、大きい場合には囲む石の数が7個、8個と多くなる。竹富島民家の敷地周囲を囲む石垣はサンゴ礁の野面積みであり乱雑にみえるが、ほとんどが原則に

あてはまる。この他の島の石垣も同様である。

[参考文献]
1) 宮澤智士：「十日町市上野の昭和九年建築の第二藤巻医院本館」、長岡造形大学研究紀要第7号、2010
2) 宮澤智士：「十日町市川西地区にみる蓮華積み石垣の調査—上野の第二藤巻医院の石垣を中心に—」、長岡造形大学研究紀要第7号、2010
3) 藤島駿介：『沖縄の石造文化』、沖縄出版、1987
4) 城間勇吉：『世界遺産グスク　石垣の魅力と謎・序説』、2005
5) 宮澤智士：『沖縄の石・水・祈り空間力—沖縄中部の宜野湾市・中城村・北中城村』、長岡造形大学研究紀要第8号、2011（245頁〜所収）

5.6　田中文男さんとの最後の仕事——国営ひたち海浜公園の集落

　茨城県ひたちなか市に所在する国営ひたち海浜公園の一郭に、古い形態の農村集落を造るという。この主旨に従って、北関東地方の古民家5, 6件を移築復原する計画である。移築整備委員会が設置された。田中文男さん（愛称　大文さん）に誘われて、私はこの委員会の委員長になった。委員会の任務は、この集落に建てる古民家の選択とその復原再建の技術的指導である。まずは17世紀建築の古い民家から建てることになった。委員会での調査研究にもとづいて、最初の移築再建候補として、茨城県南端にあった、17世紀中頃建築の土肥家主屋が選択された。加えて1706（宝永3）年建築の墨書をもつ当家の分家も選択された。この2件は隣り合った敷地に建っていたので、再建にあたっても、この位置関係にしたがって建てることにして建築工事は始まった。

　本家・分家のこれだけ古い遺構が揃った例は全国的に他にはない。部材の残りもよく建築当初の復原が十分にできると判断された。貴重な存在である。この価値判断のもとに、田中さんも私も、価値に耐えうる復原再建をする決意をした。

　私が田中さんの株式会社真木建設と文化財建造物の修理工事に直接かかわった最初は、埼玉県日高市の重要文化財高麗家住宅の解体修理現場で、1976（昭和51）年のことであった。当時、私は奈良国立文化財研究所にいて遺跡の発掘調査をしていたので、建物下の地盤の発掘調査について指導、意見することが役目であった。

　田中さんの最後になった仕事が、頭書に記した土肥本家・分家の再建復原工事である。2006年以来、委員会を開き現場に出て、われわれは部材そのものに直にあたって設計監理の指導もした。田中さんは土肥両家が文句なく重要文化財指定になる腹積りで指導にあたった。私も同様である。

　工事は2010年9月末日に竣工し、翌日には竣工式が実施されたのだが、田中さんはこの50余日前に黄泉の国に旅だってしまった。享年78歳。後ろ姿が写真になる人であった。せめて土肥本家・分家の出来あがった姿を見てほしかった。残念である。

　関東民家の建築部材は、田中文男さんの使っていた名称が、関東地方の研究者の間で一般に多く使われているように思われる。田中文男さんは、茨城県南端の利根川筋の稲敷郡金江津村（現河内町）で育ち、1947（昭和22）年15歳で利根川の向いの千葉県香取郡高岡村（下総町を経て現成田市）の大工棟梁 岩瀬功（昭和27年に岩瀬建築有限会社を設立）に弟子入りして大工の修業をした。その後、東京に出て1956（昭和31）年に竣工した重要文化財根津神社の解体修理工事に大工としてたずさわっている。

私は1959（昭和34）年滋賀県湖北地方の民家調査のさいにお会いして以来、半世紀にわたってお付合いし、勉強させてもらい、また多くの情報を得た。文化財建造物の研究を目指した普請帳研究会は田中さんとともに設立し、10年にわたって活動した小さな会であるが、1993年に日本建築学会賞業績賞を受けた。

[参考文献]

（＊印以外は田中文男がかかわった修理報告書）

1) 普請帳研究会：『大工　田中文男』、普請研究第39号第二版、2010.10 ＊
2) 『重要文化財旧花野井家住宅修理工事報告書』、1971
3) 『重要文化財御子神家住宅移築修理報告書』、千葉県教育委員会、1973
4) 『千葉県指定有形文化財旧平野家住宅保存修理報告書』、文化財建造物保存技術協会、千葉県教育委員会、1974
5) 『千葉県指定有形文化財旧大沢家住宅移築復原工事報告書』、習志野市教育委員会、1982
6) 『木更津市指定文化財旧安西家住宅移築修理報告書』、木更津市教育委員会、1983
7) 『生きつづける民家　旧横田家住宅移築再生の記録』、茨城県桜村 住宅・都市整備公団、1985
8) 『大原幽学設計指導の林家住宅　千葉県指定有形文化財建造物修理報告書』、真木建設、1989
9) 『重要文化財旧花野井家住宅修理工事報告－増補版』、文化財建造物保存技術協会、1991

左 筆者、右 田中さん

土肥本家・分家再建復原工事現場で設計監理指導をする田中文男さんと筆者写真3点

↑田中さん　　　　　　　↑筆者

第6章　まとめ

6.1　わが民家研究史——3回の画期的時代

　　上の 1.1〜5.6 で、私の民家の調査研究、これを取りまく周辺に関して実践の経緯を記した。1959年に私が建築史研究を始めてから半世紀余りの時間が経過した。1978年1月に奈良国立文化財研究所から文化庁建造物課に転勤して、文化財建造物の保存修復の仕事に本格的な付合をするようになった。それからもすでに3分の1世紀が過ぎた。その間には山があり谷もあった。今、これらの調査研究、保存修復の半世紀余りにわたる間の仕事を研究史の視点に立って総まとめをしたい。

　　私の研究史の時期区分は職場ごとにA、B、C、D、E、の5時期に整理するのが便利であり、ベターであると考える。これにしたがって順に並べてみると、職場ごとに調査研究の方法や内容が変わってきたことがはっきりする。

　　A、学生＋大阪市立大学　　　　　　建造物の復原調査・編年研究
　　B、奈良国立文化財研究所　　　　　建造物・遺跡・文書の調査研究
　　C、文化庁文化財保護部建造物課　　文化財建造物、伝統的町並の保存修復指導
　　D、長岡造形大学　　　　　　　　　文化財建造物保存修復の研究・教育
　　E、フリーの時代　　　　　　　　　文化財建造物調査・保存修復の実践

　　調査研究した民家をはじめとして関わった建造物について、私はさまざまの形の調査・工事などの報告を出してきた。多くは冊子本であるが、なかには「ペラ」1枚のこともあった。この半世紀にわたる期間、常に多くの先生、先学に恵まれ、そのうえに3回の画期的な民家研究の変革 epoch-making 時代にちょうど居合せていたので、発展的な調査・研究を行えた。このことを特記しておきたい。

第1エポック——1958年
　　民家を建築史の史料にする復原調査および編年研究（**1.2 様式編年——建築の時間・空間を把握して建築年代を推定** 参照）

第2エポック——1997年
　　古民家を快適な住空間にする高断熱高気密の実践——高断熱高気密を古民家に応用（**5.2 断熱気密で民家を快適な住空間に** 参照）

第3エポック——2004年
　　様式編年とは独立し、かつ共存する ^{14}C 年代法放射性炭素による建築年代の推定（**5.3 放射性炭素 ^{14}C による建築年代調査** 参照）

6.2　民家史研究——石原憲治の大正から昭和戦前の仕事（地域軸）と時間軸の出現

　　石原憲治の大著『日本農民建築の研究』（1934〜1943年、全16輯、聚楽社）は、日本の民家を全国的視野から体系的に取り扱った最初の著作である。全16輯の構成は、沖縄県と北海道を除いた、鹿児島県から青森県にいたる45府県を、2県ないし4県を1輯分にあてて16輯としている。当著はその後、改訂復刻版が1971から1976年にかけて南洋堂書店から刊行された。前著16輯を8輯に再編成して、これに総括『日本農民建築の研究』をくわえ全体で9輯とした。改訂復刻版に新たにくわえた第9輯『日本農民建築の研究』の目次の概略は以下の通りである。

■改訂復刻版第9輯『日本農民建築の研究』 目 次
回顧と展望＝序に代えて ⅰ～ⅷ
第1部　日本農民建築の研究　1931年(昭和六)11月10日　日本建築学会秋期大会講演
　　第1編　総論—研究の経過と住家の種別　　　　　　1頁
　　　第1章　はじめに　　　　　　　　　　　　　　　2
　　　　　1研究の経過　2研究の方法　3調査方法
　　　第2章　間取りに現われた民家の種別　　　　　　10
　　第2編　各論—農民建築の系統と分布　　　　　　　19
　　　　　　はじめに　　　　　　　　　　　　　　　20
　　　第1章　北方系　　東北地方・中央山地系　　　　21
　　　第2章　中部系　　富士系・白山系　　　　　　　50
　　　第3章　北陸系　　富山・石川・福井・滋賀　　　76
　　　第4章　西方系　　畿内の中部・関西地方・四国　86
　　　第5章　南方家　　南島系・九州　　　　　　　　95
　　　　　　むすび　　　　　　　　　　　　　　　　111
第2部　地方住家の研究　1923年(大正十二)4月　日本建築学会春期特別大会講演
　　　第1章　建築史上における住家の位置　　　　　114
　　　第2章　研究の目的と方法　　　　　　　　　　116
　　　第3章　研究の範囲と経過　　　　　　　　　　117
　　　第4章　農家における間取りの研究　　　　　　119
　　　付　日本農民建築調査箇所一覧図　　　　　　　145
間取り型式分布図　　　　　　　　　　　　　　　　　146

　第1部の「日本農民建築の研究」は1931(昭和6)年11月10日に行われた日本建築学会秋期大会講演、第2部の「地方住家の研究」は1923(大正12)年4月に行われた日本建築学会春期特別大会講演である。ともに石原憲治『日本農民建築の研究』(1934～1943年、全16輯、聚楽社)出版以前の日本建築学会での講演をもとにしている。
　改訂復刻版第9輯『日本農民建築の研究』のなかで、石原は農家の間取り形式をつぎの6型に大別する。

　　①原型　　②並列型　　③喰違型　　④広間型　　⑤整型　　⑥整形広間型

　現在では広間型三間取りと呼んでいる間取りを、石原は「①原型」と命名している。これは「原型」が喰違四間取りや整形四間取りに発展する原型であったことを、各地の民家調査をするなかで感じたからと考えられる。しかし、この他の②並列型、③喰違型、⑤整型との命名は平面上の「形」に視点をおいている。④広間型、⑥整形広間型もほぼ同様であって、余りにも形に囚われ過ぎている感がある。たとえば、③喰違型と⑤整型とは、それぞれを大別に値するであろうか。建物の規模の大小や各部屋の機能、空間構成を考慮したならば、これとは別の間取り分類が可能であったであろう。
　次に農家建築を地域的視点から、北方系、中部系、北陸系、西方系、南方系の5系統に大別している。そして、それぞれの系統のなかに、先に分類したどの型の間取りの家々があるか、実例をあげて解説している。石原は方法論のなかで、民家の建築年代を知る必要性を記している。しかし当時は、復原調査や編年研究の方法が開発されていなかったので、建築年代を推定し、知る術もなかった。石原の著書のなかで建築年代を記している民家はほとんどなく、民家史学の立場からみれば時間軸を欠いた内容になって

おり、記述が羅列的にみえる。とはいうものの当時は石原一人の力ではどうにもならなかったことである。しかしながら、建築学の立場から民家研究を志し、民家を全国的視野、つまり地域軸のもとで見通しをつけた点を高く評価したい。

石原憲治の『日本農民建築の研究』の後、一人の著者が日本の民家を全国的視野で体系的に詳しく書いた著書は未だにでていない。小倉強『東北の民家』、野村孝文『南西諸島の民家』などがあり、林野全孝『近畿の民家』など地方別の著作があり、これとは別に全国を数人で地方別に分けて書いた著作は多くある。

時間軸を取り入れた早い時期の論文として、城戸久の尾張地方の民家に関する論文（1938年）がある。時間軸を本格的に取り入れた初期の論文に、太田博太郎 他：「今井町民家の編年」1958、大岡實：『神奈川県における近世民家の変遷Ⅰ－藤野町牧野－』1958、浅野清「奈良県五條市町屋の編年と建築的変遷」1959 などがある。なお参考になる論文に吉田靖：『日本における近世民家の系統的発展』奈良国立文化財研究所、1980 がある。

6.3 復原調査・編年研究

各地の民家調査は全国各地で行われてきたが、昭和戦後に行われた復原調査・編年研究で、その調査報告書が印刷されて刊行された最初は、上記したが横浜国立大学工学部建築学科大岡實指導による『神奈川県における近世民家の変遷Ⅰ－藤野町牧野－』である。報告書の刊行は昭和33年8月10日付けであり、現地調査は昭和31年度に実施されている。報告書は80頁ほどの小冊子であるが、その内容は画期的である。

この目次を以下に書きあげる。

■大岡實研究室『神奈川県における近世民家の変遷Ⅰ－藤野町牧野－」昭和33年8月10日刊
目　　次　　　　　　＜昭和31年度調査＞
はじめに
（口絵写真—22枚）
序　章　　　　　　　　　　大岡　實
第1章　調査方法
第2章　村概要
第3章　資料の分析と編年
第4章　藤野町牧野（旧牧野村）を中心とする近世民家の変遷
むすび
資料1　享保十九年村明細帳
　　2　関所百姓書上帳
図　面　総合編年表
　　　　新編相模風土記所載神原家の図
　　　　建物現況および復原図（Ⅰ期、Ⅱ期、Ⅲ期、Ⅳ期、Ⅴ期）

調査対象地は、かつての小さな山村であり、ここで集中的に調査を行っている。したがって、日本全国を対象とした石原憲治の場合とは大きく違っているのである。

復原、編年研究は、多くの未知数を解きながら進める。そこで未知数に見合う方程式を必要とするのだが、最初からそうはいかない現況があるので、仮説を設定して未知数をできるだけ少なくなるようにして進めている。

我々は石原憲治の研究を出発点にして、はっきりと時間軸をもつ4次元の民家史の研究を始めたのである。復原調査や編年研究なくしてこの研究を展開することはできなかった。

民家史研究は、3次元の空間に時間軸をくわえて4次元を扱うと考えるのである。この視点に立つと、民家研究の内容が豊富になり、n次元の内容をもつ民家史を組み立てることが可能になる。n次元の内容としては、文献資料「n1」、放射性炭素 ^{14}C「n2」などが考えられる。

  2次元—平面：$x \cdot y$ 軸   平面図、断面図、各種伏図
  3次元—立体：$x \cdot y \cdot z$ 軸   構造図、透視図、平面図＋断面図
  4次元—3次元＋時間：$x \cdot y \cdot z + t$ 痕跡図、変遷図、編年表
  5次元—3次元＋時間：$x \cdot y \cdot z + t +$ 文献
  6次元—3次元＋時間：$x \cdot y \cdot z + t +$ 文献 ＋ 放射性炭素 ^{14}C

6.4　民家調査研究の資料の蓄積

文化庁（当時は文化財保護委員会）自体による事前の予備的調査が数県で行われた。その後に文化庁の補助事業として、民家緊急調査が1966年から10余年にわたって都道府県ごとに実施された。この調査の結果は、一部の県を除いて報告書にまとめられ、各都道府県教育委員会から刊行された。なお、東京都、神奈川県、長野県、大阪府では以前から独自の民家調査が行われていた。これらを含めて、復刻版『日本の民家 – 調査報告書集成』（全16巻、東洋書林、1997～1999.9）が出版された。

この『日本の民家 – 調査報告書集成』を通観すると、各県の主任調査者によって、調査への力の入れ方が異なっており、報告書の内容に大きな差としてあらわれている。この調査はボランティアで行われたとはいえ、大変にしっかりした報告書が多いなかにあって、もう少し頑張って欲しかった報告書が若干含まれているのは残念である。報告書集成を刊行するさいに、一部の県で集成に掲載すべき報告書の類がなく、全都道府県を網羅するために急遽、まに合わせの報告をつくったものがある。

全国的民家を網羅したものとして下記の書籍がある。

1) 鈴木嘉吉、工藤圭章、吉田 靖、宮澤智士ほか：『日本の民家1～6』、学習研究社、1980～1981
2) 宮澤智士ほか：『日本列島民家の旅①～⑨』、INAX出版、1993（沖縄・九州、四国、中国、近畿（農家）、近畿（町家）、中部Ⅰ、中部Ⅱ、関東、東北・北海道の各地方の9冊と、民家村の旅、日本列島民家入門をくわえた計11冊）
3) 各都道府県教育委員会 編：『日本の民家調査報告書集成』、全16巻、東洋書林、1997.9～1999.9
  第1巻　北海道・東北地方の民家◇1 北海道・青森・秋田、1998.9
  第2巻　北海道・東北地方の民家◇2 岩手・宮城、199 7 .9
  第3巻　北海道・東北地方の民家◇3 山形・福島、1998.10
  第4巻　関東地方の民家◇1 茨城・栃木・群馬、1998.4
  第5巻　関東地方の民家◇2 埼玉・千葉、1998.5
  第6巻　 関東地方の民家◇3 東京・神奈川、1998.5
  第7巻　中部地方の民家◇1 新潟、1998.6

第 8 巻　　中部地方の民家◇2 富山・石川・福井、1998.6
第 9 巻　　中部地方の民家◇3 山梨・長野、1998.7
第 10 巻　　中部地方の民家◇4 岐阜・静岡・愛知、1998.7
第 11 巻　　近畿地方の民家◇1 京都、1997.11
第 12 巻　　近畿地方の民家◇2 三重・滋賀・兵庫・奈良・和歌山・大阪、1997.12
第 13 巻　　中国地方の民家◇鳥取・島根・岡山・広島・山口、1999.9
第 14 巻　　四国地方の民家◇徳島・香川・愛媛・高地、1998.8
第 15 巻　　九州地方の民家◇1 福岡・大分・佐賀・長崎、1999.4
第 16 巻　　九州地方の民家◇2 熊本・宮崎・鹿児島・沖縄、1999.6

関連文献 国内

2-2 近世民家普請の研究
東京大学博士論文

2-3 結城家住宅
長寿命省エネ住宅への道所収

2-4 ぶなの木学舎
長寿命省エネ住宅への道所収

2-5 白川村合掌造迎賓館「好々庵」
長寿命省エネ住宅への道所収

2-6 沖縄の石・水・祈りの空間力
―北中城村・中城村・宜野湾市の石造物―

長岡造形大学紀要

近世民家普請の研究

宮澤 智士

目　　　　　次

序　　章 ……………………………………………………………… 153

I　　民家普請帳について ………………………………………… 157

II　　農村と町場の民家普請 ……………………………………… 163
　　II-1　新潟県の一民家の普請とその衆中 ……………………… 163
　　II-2　富山県一農家（佐伯家）の明和年間の家作とその文書 …… 177
　　II-3　奈良県吉野町の一農家の普請 …………………………… 184
　　　　　── 上田龍司家住宅の安永年間の普請 ──
　　II-4　福岡県の一農家の普請について ………………………… 187
　　　　　── 浮羽郡吉井町西延寿寺浅田家住宅の嘉永年間の普請 ──
　　II-5　新潟平野の地主住宅の普請 ……………………………… 193
　　　　　── 新潟県北蒲原郡紫雲寺町間藤家の場合 ──
　　II-6　播州平野の地主住宅の普請と日雇 ……………………… 196
　　　　　── 永富家住宅の文政年間の普請の場合 ──
　　II-7　大阪近郊の町家の普請の儀礼と人々 …………………… 199
　　　　　── 大阪府柏原市三田家の明和年間の普請の場合 ──
　　II-8　小結　普請への村人のかかわり方を視点として ……… 207

III　　民家普請における職人についての一考察 ………………… 209
　　　　　── 新潟県小千谷市民家の普請関係文書を中心にして ──

IV　　近世民家における用材の供給状況 ………………………… 216
　　　　　── 長野県佐久地方と新潟県小千谷地方の場合の比較 ──

附　　民家における書院的座敷の成立時期の一例 ……………… 222
　　　　　── 長野県南佐久郡八千穂村の場合 ──

　　　普請帳を所載する文献目録 ………………………………… 155

既 発 表 論 文

新潟県の一民家の普請とその衆中
  物質文化　8　　1966年10月　　　　　　　　　　　　　Ⅱ-1

富山県一農家（佐伯家）の明和年間の家作とその文書
  日本建築学会論文報告集　第193号　　昭和47年3月　　Ⅱ-2

民家普請における職人についての一考察
  日本建築学会論文報告集　第109号　　昭和40年1月　　Ⅲ

近世民家における用材の供給状況
 ── 長野県佐久地方と新潟県小千谷地方の場合の比較 ──
  日本建築学会論文報告集　第118号　　昭和40年12月　　Ⅲ

民家における書院的座敷の成立時期の一例
 ── 長野県南佐久郡八千穂村の場合 ──
  日本建築学会論文報告集　第95号　　昭和39年2月　　附

序

　本研究は，近世民家の建設工事，すなわち普請の特質を究明することを主要な目的としている。この研究で用いた基本的な資料は民家の普請帳である。民家の普請帳はいうまでもなく，民家の普請にさいして作られた記録である。普請帳は民家の普請にさいして必ず作られるとは限らない。しかし普請帳は全国各地でその存在が確認されており，そのうちでも新潟県魚沼地方で多くの存在が知られている。時代的には江戸時代初期以降のものがある。民家の普請の形態や社会的背景を考えると，普請帳は近世になってから盛んに作られるようになったとおもわれる。民家の普請に関する資料には普請帳のほか，棟札や絵図，部材にのこされた墨書などがあり，また各藩から出された家作に関する禁令，その他文書，伝承などがある。これらの資料のうちで，普請帳は本研究に最も豊富な情報を与えてくれ，欠くことができない。このため本研究では第Ⅰ章で普請帳そのものを取りあげた。次の第Ⅱ章から第Ⅳ章までの三章は本研究の主要な課題となるもので，ここでは普請帳を主な資料として，第Ⅱ章では普請の事例研究と，これを基礎において，普請への村人のかかわり方を視点として普請の形態の分類を試みた。第Ⅲ章では民家の普請にかかわる職人，第Ⅳ章では民家の用材の供給状況について取りあげている。附章では普請帳を主要な資料として用い，民家の書院的座敷の成立時期について考察した。以下各章のねらい，問題点，概要をしるす。

　Ⅰ　民家普請帳について

　この章では，普請帳そのものを取りあげた。民家の普請帳は民家の新築，改築，修理，移築などの建築工事（普請）にさいして作られた記録で，その内容は，(A)普請にさいして行なわれた相互扶助的な労働力や物品の提供，すなわち家と家の付合に関する事項と　(B)職人への支払，材料の購入，買物など金銭の収支に関する事項に大別できる。両者とも江戸時代前期には存在しており，前者は農村，後者は都市の普請帳に顕著である。そして前者は自給自足を基盤とした村落共同体の相互扶助としての労働力や物品の交換・贈答の慣行のなかで生まれ，後者は貨幣経済の発達にともなって町場で生まれたと考えられる。普請における労働力や物品の提供は，すぐにその返えしを期待しないが，長い付合いのうちにはいつかは返えすときがくる。それに備え付合の記録として普請帳はつくられた。しかし江戸時代後期には農村も押しよせてくる貨幣経済の波からのがれることはできず，普請帳にも金銭に関する記載がふえ，町場の普請帳に近づく。

　「普請」は元来仏教語で禅寺で，大衆を集めること，またあまねく大衆に請うて堂塔の建築などの労役に従事してもらうことである。近世民家の建設工事は広く「普請」といわれた。社寺や城郭の建設では建築工事を「作事」，土木工事を「普請」といって両者を区別したが，民家の建設工事では作事ということは少く，もっぱら普請といわれたのは，村人・町衆など地縁血縁関係にある多くの人々が集団で仕事にあたった工事形態に関係あるものとおもわれる。

　Ⅱ　農村と町場の民家普請

　この章では民家普請の七編の事例研究をもとに，江戸時代後期から末期の農村，町場および大地主層の普請の実態を比較検討している。事例として取上げたのは次の七件である。

　　新潟県中魚沼郡中里村の農家　　享和三年（1803）
　　富山県西礪波郡福岡町の農家　　明和五年（1768）
　　奈良県吉野郡吉野町の農家　　　安永二年（1772）
　　福岡県浮羽郡吉井町の農家　　　嘉永二年（1849）
　　新潟県北蒲原郡紫雲寺町の地主　慶応元年（1865）
　　兵庫県揖保郡揖保川町の地主　　文政三年（1820）
　　大阪府柏原市今町の商家　　　　明和三年（1766）

　ここで問題とした一点は，地縁血縁関係にあるものの普請へのかかわり方である。この観点から普請のあり方を比較すると，農村と町場との場合には大きな違いがある。また同じ農村にあっては一般農民層と大地主層の間にも大きな差があり，これに対し地域による差異はむしろ大きくはないと考えられる。これらの結論を小結「普請への村人のかかわり方を視点として」にまとめたので，この概略をしるす。

　民家の普請を　A）農家型，B）大地主層住宅型，C）町家型の三つの型に分ける。農家型の普請の特徴は，自給自足を基本として行なわれていることであり，地縁血縁にある村人は，労働力の提供，普請見舞としての物品の贈答，節々の儀礼への参加など物心両面から

全面的に協力している。これらは村落共同体のなかの家々の相互扶助としての付合いであり，すぐに返し返されるものではないが，長い付合のうちには均衡がとれる性格のものであり，互の家々の間に家格や経済力にあまり大きな差がないことを前提に成りたっている。次に大地主層の住宅の普請は，一般農民と比較して経済力に大きな差があるので，上記の農家型とは異なっている。その主要な点は木材など購入材料が多いこと，村人は労働力を提供し，普請見舞の物品を贈っているが，労働力に対しては賃金を支払うなどの返礼があることである。次に町家型の普請の特徴は材料のほとんどすべてを購入しており，貨幣経済のなかで行なわれており，地縁血縁にあるもの，付合いのあるものは普請へ加わっているが，物品を贈り，建築儀礼への参加が主なもので，労働力の提供などは少ないことである。農家の普請における村人の労働力にあたる部分は，大阪の町場の場合には「手伝」と称する職能集団があたっている。「手伝」は貨幣経済の発達にともなって，町場の普請のなかで生まれた職種の一つであると考えられる。「手伝」はほぼ関東地方の「鳶」，名古屋地方の「日雇」にあたる。

ところで上記のような普請の形態の相違が建築にどのようにあらわれているか。たとえば屋根葺材に注目すると，新潟平野の例では，農家が茅葺であるなかにあって，大地主の住宅は板葺であり，姫路平野の例では瓦葺である。また大阪近郊の町家の例は瓦葺である。農家型の普請では自給自足できる材料を用い，大地主の住宅や町家型の普請では購入した材料を用いている。

Ⅲ 民家普請における職人についての一考察

この章では新潟県小千谷市の民家普請帳を資料として，民家普請にたずさわる職人の種類，普請の時期や工数，職人の手間賃などについて考察した。小千谷地方の民家普請にたずさわった職人として，大工・木挽・穴掘大工・屋根屋・板屋根屋・左官・石屋・桶屋・樵などがみえる。これらの職人がすべてどの時代のどの家の普請にも加わったかというとそうではない。大工は最も早くからあらわれ，次に木挽と屋根屋があらわれる。文化3年に木挽をたのまず普請をしている例や，屋根屋手間が19世紀になると以前より急増していること，享保年間の普請では大工以外の職人が入っていない例など考慮すると一般農家に木挽や屋根屋が本格的に加わるのは18世紀もなかば過ぎであろう。左官はこれよりさらに遅れ19世紀になって庄屋層の家の普請に入っているが，それ以前にはあらわれない。以上は民家普請にたずさわる職人の職種が末分化であるとともに，多くの村人が普請にかかわっていることを推定させる。いっぽう19世紀には穴掘大工があらわれるから

分業も進んだことを示している。小千谷地方では1800年を前後する時期に普請のあり方に変化があるらしい。

普請の時期についてみると，この地方では春先きの雪解をまって棟上げとなる段取で普請は行なわれる。田植が始まる農繁期までに雑作を除いて仕事を一応終るのが普通である。職人も農業を営なんでおり，また村人の援助なしでは普請はできなかったからである。職人の手間賃は時代とともに上昇している。また各個人による賃金は時代とともに少なくなり均一化する傾向がみられ，19世紀中頃以降はそれが顕著である。

Ⅳ 近世民家における用材の供給状況

この章では民家の主要な建築材料である木材をどのように入手したか，長野県佐久地方と新潟県小千谷地方の場合を取りあげ比較検討した。両地域とも信濃川（千曲川）流域に属する。江戸時代には山から木材を切出すことに制限が加えられていた。木材は，材木屋その他からの購入，古家その他の古材を用いる，入会の山や所有の山から切出し製材する，普請見舞として材木をもらうなどの方法によってえている。佐久地方では購入した木材，製材した材料が大きな部分をしめており，上畑村の名主佐々木家の場合は古材もかなり用いている。いっぽう小千谷地方では購入した木材とともに普請見舞としてもらった木材もかなり大きな部分をしめている。

木材の商品化，規格化といった観点からみると，佐久地方では18世紀以降，製材された木材が流通しており，一部に規格化された材料もあるが，小千谷地方では明治時代末期になっても丸太材が流通しており，製材した木材は一部で流通しているにすぎない。したがって規格化はすすんでいない。

以上のように民家の木材のえかたは地域によってはっきりとした差がみられる。

附 民家における書院的座敷成立時期の一例

長野県南佐久郡八千穂村上畑の名主佐々木家に，書院造の続き座敷が成立した時期を，普請帳を資料として考察したものである。

佐々木家では，享保16年（1731）に家の建築願いをだして普請をした。この家は寛保2年（1742）の千曲川の洪水にあって被害を受けたため，翌年，山際の高台に移築された。この後，延享4年（1747）に座敷を増築した。ここに佐々木家は格式ある書院造の続き座敷をもつことになった。佐々木家の普請の経過から，この地方の名主格の家に書院造の続き座敷が成立した時期を享保以降，延享頃と推定した。

昭和34年（1959）に実施した湖北地方および秦野盆地の民家調査に始めて参加していらい，今日まで二十

年余にわたって，民家の調査研究を続けてきた。初期の調査研究は建物の復原調査と編年に主力がそそがれた。近代化にともなう生活様式の変化により，古い民家が急速に取りこわされ，建てかえられた時期であり，日本民家史を体系づけるために，調査を急ぐ必要があった。民家の建築年代を確定し，資料として価値づける方法，すなわち史料批判の手段として復原調査と編年がとりいれられたのである。この時期に民家の調査研究は一段と進展した。この間，各家に所蔵されている普請帳など普請関係の文書を細々ながら集めた。普請帳は建物の年代を知る資料のほかは特別に資料として利用されることは少なかった。しかしその後，普請帳の紹介，解読とその解説や整理したものが報告されるようになった。このようななかにあって，兵庫県の永富家の一連の普請帳の解読とその解説が「永富家住宅普請帳」（昭和44年　鹿島研究所出版会）として刊行された。

普請帳については，はやく大河直躬博士は貰帳と勘定帳の二種に大別されることを示されたが，その後，普請帳やこれにもとづく普請の研究は大きな進展をみなかった。本研究は，民家の普請帳そのものの研究と普請帳を主要な資料とした民家普請の研究からなっており，普請帳の分類，その成立について全国的視野から見解をのべ，また普請については事例研究とそれにもとづき，村人・町衆の普請への参加の形態から普請の分類を試みた。さらに民家普請にかかわる職人，民家の主要な材料である木材のえかたについて，新潟県・長野県の一地方の場合を取りあげ考察した。これらの研究を通じて，民家の普請が，社会経済的行為である以上，その時代の動きを反映して行なわれていることの一端を明らかにした。たとえば自給自足経済から貨幣経済への変化にともなう木材の商品化と規格化，民家の建築技術の向上とともに普請に参加する職人の職種の増加などがあげられる。また普請帳は民家それ自体と同様，近世社会の産物であり，民家研究のうえで非常に有用な資料であることも示した。

この研究にあたっては，普請帳の所有者をはじめとして非常に多くの方々にお世話になった。とりわけ私が民家の調査研究をはじめた最初から終始御指導くださった大岡実，浅野清，太田博太郎，伊藤鄭爾，稲垣栄三，大河直躬，関口欣也，田中文男の諸先生方，また普請帳解読の手ほどきをして下さった加藤安雄先生に感謝の意を表する。

普請帳を所載する文献目録（抄）

民家普請帳を資料として所載する刊行本をあげる。そこにのる普請帳の表題，年代の概略などもあわせてしるす。

単行本

『永富家住宅普請帳』伊藤鄭爾・加藤安雄
　　　　　　　　鹿島研究所出版会　1969
　文政2年「普請入用控」「材木買入帳」「普請合力人書留帳」，文政3年「普請覚帳」「普請帳」，文政4年「普請覚帳」「家普請諸入用覚帳」「御立具類直段付」「諸建道具通」「大工日雇手間帳」，文政5年「普請万覚帳」

『東北の民家』小倉強　相模書房　1972
　金野家／元治元年「家作諸入料覚」，菅野家／享保13年「色々御手伝物之下申候覚之帳」

『今井町近世文書』森本育寛・堀内啓男編　1978
　旧壺屋／明暦4年「酒土蔵酒道具入覚」，延宝9年「普請之日記」，元禄12年「内蔵座敷普請覚」，正徳4年「向隠居普請入用惣算用」

民家調査報告書

『秋田県の民家』秋田県教育委員会　1973
　鈴木家／享保18年「中門立替手伝覚帳」，高橋家／天保15年「普請手伝帳」「家作普請手伝受帳」

『千葉県の民家Ⅰ』千葉県教育委員会　1970
　御子神家／安永8年「普請入用覚帳」

『厚木の民家2，3』厚木市教育委員会　1978，79
　三橋家／大正9年「居宅普請諸入費控帳」，鈴木家／明治5年「家造諸入費取調帳」，吉岡家／享和2年「普請諸色村方助人帳」，山口家／文化8年「家普請諸入用控之帳」，安藤家／安政2年「物置普請帳」，安政6年「馬家普請控帳」，北村家／慶応2年「家作普請雑用控帳」，明治14年「物置普請入用帳」，明治44年「表土蔵建築記録簿」，座本家／慶応3年「蔵普請入用牒」，成田家／明治41年「家作普請諸掛り簿」，石井家／明治43年「居宅普請経理簿」，寺久保家／大正2年「主屋立替并ニ諸入費明細帳」「住家立替人足及仕事諸入費全体明細帳」

『越後の民家　上越編，中越編』新潟県教育委員会
　　　　　　　　　　　　　　　1979，80
　山口家／安永8年「大工日数覚帳」「大工衆見舞帳」宮崎家／寛政8年「万覚帳」，舟見家／享和元年「上棟諸事留帳」，大窪家／享保14年「家かや刈覚」，山口家／天保6年「佐藤雄四郎家普請諸事控」，大渕丑太郎家／文政12年「家作材木帳」，大渕輝栄家／文化4年「家普請長覚」，井上家／文化14年「家百

年日待記帳」
『阿賀−東蒲原郡学術調査報告書』新潟県教育委員会
　　　　　　　　　　　　　　　　　　　　　1962
　五十嵐家／宝暦9年「屋普請万指引覚帳」
『福井県の民家』福井県教育委員会　　　　1969
　蓑輪家／文化6年「巳年普請入用覚帳」，下牧家／
　明治5年「蔵壱ッ入用覚付立帳」
『京都府の民家　第二冊』京都府教育委員会　1967
　的場家／天明8年「的場家普請工数覚帳」
『和歌山の民家』和歌山県教育委員会　　　1969
　久保田家／文化5年「家普請諸入用覚」
『鳥取県の民家』鳥取県教育委員会　　　　1974
　三百田家／元禄7年「一代普請方合力人数（帳）」，
　門脇家／明和6年「居宅棟上ケ一式」
『広島県の民家』広島県文化財協会　　　　1978
　奥家／天明8年「本宅普請万覚帳」
『福岡県の民家とその周辺』太田静六・九州大学工学
　部建築教室・建築様式史研究室　　　　　1974
　浅田家／嘉永2年「普請に付加勢并諸品一式控」

民家修理工事報告書等
『重要文化財御子神家住宅移築修理工事報告書』1973
　安永8年「普請入用覚帳」，天保15年「屋根替覚帳」
『重要文化財旧佐々木家住宅移築修理工事報告書』
　　　　　　　　　　　　　　　　　　　　　1969
　寛文3年「家普請人足諸入用帳」，延享4年「座敷
　普請入用覚帳」
『重要文化財江川家住宅修理工事報告書』　1962
　文化14年「台所其外修復書付」「韮山御屋敷御台所
　建修復積立帳」
『重要文化財服部家住宅修理工事報告書』　1980
　文政3年「本家普請諸入用壱巻」「明治廿四年以来
　建物初修繕記載簿」，明治37年「本宅屋根修繕及棟
　掛替諸入費帳」
『重要文化財大角家住宅保存修理工事報告書』1970
　寛保3年〜嘉永4年「古来作事並諸覚帳」
『村井家住宅家普請材木諸品買方并入用帳』（元禄11年）
　重要文化財指定説明　　1968

I 民家普請帳について

1. はじめに

本研究で取りあつかう普請帳とは，民家の新築，改築，修理，移築などの建築工事，すなわち普請にさいして作られた記録であって，のちのちの必要に備えた帳面である。

現在知られている最も古い普請帳は，奈良県橿原市今井町の高木家が所蔵する旧壺屋の明暦4年（1658）「酒土蔵酒道具入覚」（図1）である。これに続いて京都府相楽郡山城町の小林家所蔵の寛文5年（1665）「家之普請合力覚」，長野県木曽郡南木曽町妻籠の林家所蔵の延宝7年（1679）「家普請入用覚」などがある。17世紀に属する普請帳は，上記三冊のほかすくなくとも五冊が知られている。18世紀前半，後半と時代が新しくなるのにしたがってその数をまし，19世紀のものはひじょうに多くが知られている。特に文化文政期以降幕末期のものは多い。

普請帳は明治時代のものをふくめると，北海道から九州にいたる全国でその存在が確認されている。普請帳は普請にさいして必らず作られたというものではなかったらしいが，地域によっては，たとえば新潟県魚沼地方ではかなり多くの家々で作っている。現在知られている普請帳は数百点であるが，全国的には相当多く存在しており，今後の調査によって，さらに掘りだされるであろう。

2. 普請帳の概要

2-1 普請帳の表題

普請帳という名称は，江戸時代には広く用いられていたと考えられる。これに関する二、三の用例をあげる。

イ 京都府山城町の小林家系図に「寛文五巳年居宅新造修建則有普請牒」とある。これはさきにあげた同家所蔵の寛文五年「家之普請合力覚」を指している。

ロ 大阪府柏原市の三田家所蔵の明和二年「大工方左官屋根屋手伝諸事覚帳」にしばしば「普請帳へ付書候」とみえる。

ハ 表題を単に「普請帳」とした普請帳がある。京都府船井郡園田町の松井家の宝暦4年「普請帳」，兵庫県竜野市の永富家の文政3年「普請帳」，静岡県安倍郡井川村の某家の天保年間「ふしん帳」などがその例である。

いまここで表題が「普請帳」としてある例をあげたが，実は単に「普請帳」とした例は少く，「家普請何々覚」「家普請何々控帳」などと，記載内容を具体的な表題とするのが普通である。表題をやや詳しく調べてみよう。

普請帳の表題は，建物の種類，工事の種別をあらわした前段と，記載の内容，目的，形式などをあらわした後段からなる。さきにあげた小林家の普請帳では，「家之普請」が前段，「合力覚」が後段である。表題に用いられる用語には地域的な特徴や時代による差がみられる。これらの二、三をとりあげよう。

a.「家作普請」と「家普請」

普請帳の表題の前段は，「家作普請云々」，「家普請云々」とする例が多い。「家作」とするか「家」とするかは地域的に明確にわかれる。すなわち，「家作」は東北地方から北陸地方にかけて東日本で用いられ，「家」は中部地方，近畿地方から西の西日本で用いられている。ところで，「家作」「家」の読みについてみると，「家作」はカサク，ヤサク，ヤヅクリ，イエヅクリなどと読むことができ，「家」はイエかヤである。東北地方や新潟県の普請帳には，「屋さく覚」，「屋普請万指引覚帳」とした表題のものがあり，また同じ普請帳のなかに「家作り」「屋作り」とでてくる例があり，現在東北地方では家の建設工事をヤサクと呼んでいる地域があることなど考慮すると，東北地方や新潟県では「家」の文字をヤと読み，「家作」をヤサクまたはヤヅクリと読んでいたことがわかる。次に西日本では「家普請」は，「家之普請」とある例をみるとイエフシンであり，ヤフシンではないであろう。このように普請帳の表題，その読み方にも東日本と西日本では異なっていた。

b.「普請」と「建築」

江戸時代の普請帳の表題には「普請」とほぼ同義の用語として，「造作」，「作事」を用いる例がある。これに対し明治時代になると，「普請」にかわって，「建築」「建設」「新築」などの用語がしばしば用いられ，時代相をあらわしている。

c.「覚」と「簿」

普請帳の表題の後段は「何々覚」，「何々覚帳」，

2 実践的わが民家研究史

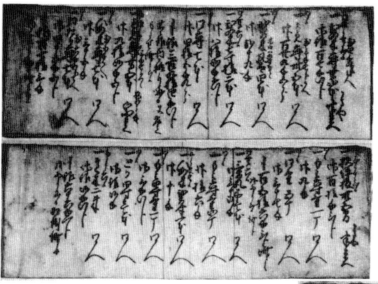

◀図1　明暦四年「酒土蔵酒道具入覚」
　　　の一部　　奈良県旧壷屋

▼図3　元禄七年「一代普請方合力人数」
　　　の表紙　　鳥取県　三百田家蔵

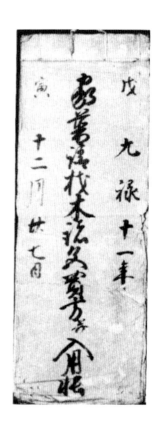

▲図4

元禄十一年「家普請材木諸品
買方幷入用帳」の表紙
奈良県　　村井家蔵

▼図2　明和三年「大工方左官屋根屋手伝諸事覚帳」
　　　大工棟梁「仕用目録」の一部
　　　大阪府　　三田家蔵

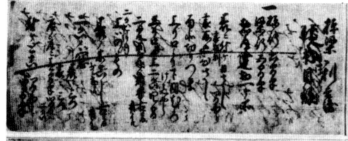

「何々帳」などのほか留，留帳，控，控帳，日記などとするのが江戸時代では一般的である。これに対し明治時代には「何々簿」とするものがかなりあって，ここにも時代相を感じさせる。そして「覚」であり，「控」であった普請帳が，帳簿へと変化していくことをあらわしている。

2-2 普請帳の体裁

普請帳の多くは半紙を横長もしくは縦長に半折し，袋綴装としており，これらは三種類に分けられる。

　イ）横長に半折し，折目を下にし，右とじとしたもの　　　横長帳
　ロ）横長に半折し，折目を下にし，中央をとじたもの。イの半分の大きさになる　横半帳
　ハ）縦長に半折し，袋とじとしたもの　縦帳

これらのうち最も多くみられるのはイ）の横長帳，次がロ）の横半帳である。ハ）の縦帳は少い。

次に個々の普請帳をみると，紙数がわずか数枚で，数十筆ほどの記載からなる簡単なものから，紙数が百枚をこえる大部のものまである。記載の内容は断片的なものに終っているもの，普請に関する各種の内容が几帳面に詳しく書いてあるものと千差万別である。また内容や年次ごとに帳面をかえているものもある。建物が大規模であったり，長年月にわたって工事が行なわれる場合には，帳面も二冊以上にわたることが多い。一連の普請で冊数が多い例として，兵庫県の永富家の文政年間の普請の十一冊があげられる。また内容ごとに帳面を分けている例として，大阪府の三田家の明和年間のもの（図2，Ⅱ-7参照），新潟県小千谷市の大淵家の文政12年のものがあげられる。大淵家のものは，「家作材木帳」「大工木挽日数覚帳」「家作牛腸帳」の三冊からなる。

2-3 普請帳の内容

民家普請帳に記載されている内容は，大きく二種類にわけて考えることができる。その一は，家と家との付合に関する事項，その二は，金銭の収支に関する事項である。これらの内容を具体的に示せば次のようになる。

　A　家と家との付合に関する事項
　　A_1　地縁・血縁にあるものの相互扶助的な労働力の提供の記録。共同作業の場合，個々の作業の場合がある。手伝，助合，合力，加勢などと呼ばれる。
　　A_2　地縁・血縁にあるものの相互扶助的な物品の提供の記録。縄・かや・材木など建築材料，酒・魚・米・野菜など食物，その他祝の品物などがある。見舞，祝儀，貰物，牛腸，手伝物，歓びなどと呼ばれる。
　　A_3　建築儀礼，家のこと，その他の記録。
　B　金銭の収支に関する事項
　　B_1　職人，日雇などの出面，人の手間に関する賃金の支払，祝儀の支出などの記録
　　B_2　建築材料，普請に要する諸物品の購入などの収支に関する記録
　　B_3　見積書，仕様書の類

以上のような内容を普請帳はもつが，A_1，A_2の内容を主としたものは人足帳・合力帳，見舞帳・貰帳・牛腸帳，B_1，B_2の内容を主としたものは職人帳，入用帳・勘定帳など呼ばれ，いくつかの内容をあわせてもつ普請帳は諸入用帳，萬覚帳などとした表題をもつ。

普請帳が上記A，Bの内容をもつのは，その成立事情が異なっていたためと考えられる。この点について次節で考察する。

3. 普請帳の成立とその変遷

3-1

普請帳はどのような目的や必要によって作られたか，また，その背景はなにか。普請帳に記載された内容からみてみよう。京都府相楽郡山城町上狛の小林家所蔵の寛文5年（1665）「家之普請合力覚」は，現在知られている普請帳のうちでは，奈良県橿原市今井町の旧壺屋の明暦4年の普請帳に次いで古いものであり，ここに次のような記載がある。

「一、わら六束　　　　松井七右衛門
　　元禄十四年巳二月ニ源七
　　家普請之時小竹弐束遣候（この二行後筆）
一、わら四束　　　　彦右衛門
　　寛文十壱年亥ノ二月廿八日ニ
　　竹一束ニ而済　　　（この二行後筆）」

この記事は小林家の寛文5年の普請にあたって，七右衛門や彦右衛門からわらをもらったことをしるしたものであり，のちにその家の普請などのおりに，返却したことを書き加えたものである。このような記載は36箇所にある。同じこの普請帳に次の記載がある。

「一、元禄七年戌ノ三月朔日
　　林伊兵衛隠居立之時，ほそ竹壱束遣候。但右ニハ見へ不候とても，此方よりハ遣候」

この記事は小林家の普請の時には，伊兵衛から合力を得ていないが，こちらからはその隠居の普請にあたって細竹を贈ったことをわざわざ記したものである。この普請帳をつくった目的は，普請にさいして贈られた品々を記しておいて，のちの返しに備えているものであることが明らかである。秋田県の鈴木家の所蔵の享保18年「中門立替手伝覚帳」にも，のちに返却したことを書き加えてある。

長野県松本市今井の筒井家所蔵の明和4年（1767）「家普請万日記帳」は小林家のものより，百年ほどのちのものになるが，ここには，大工衆に振舞をした家，手伝に来た人，普請見舞に祝儀を持ってきた人を記入しており，返礼に備えておくべきことを次のようにしるしている。

「大工衆ふるまい，手伝・家見祝儀受納・左印置，
　相違無之様ニ，返礼可致事。
　惣而普請中，頼申候人数，左ニ印置之通，相違無
　之候　　以上　　　　　　　　　　　　　　　」

以上によって普請帳を作製した目的のひとつが明らかになる。

次に，奈良県橿原市今井町の髙木正次郎氏が所蔵する旧壺屋の明暦4年（1658）「戌ノ歳より酒作り申ニ付酒土蔵酒道具入覚」は，先にのべたように，現在知られているもっとも古い普請帳であるが，さきの小林家のものとはまったく異なった内容をもっている。すなわち，手伝とか普請見舞についての記載はほとんどなく，手伝についてわずかに次の記載があるのみである。

「一，同（銀）拾弐匁　　　今井日用　十人
　其外町中衆百五十人斗　てちたい有
　之同数ニ日取申候。　　　　　　　　　　　　」

この普請帳では，木材・瓦・職人手間とその代銀を記し，最後に，

「惣銀合弐貫五百目
　右ハ酒土蔵入用如此ニ而」

とある。これは酒土蔵の普請にかかった費用を合計したものであり，この普請帳が収支を記録するために作製されたものであることがわかる。この種類の普請帳の早い時期でもっとも整ったものとして，奈良県北葛城郡新庄町の村井家所蔵の元禄11年（1698）「家普請材木諸品買方幷入用帳」をあげることができる。

以上でみた小林家の普請帳と，旧壺屋の普請帳とは，初期の普請帳を代表する二つの姿とみなせよう。前者は農村で，後者は町場でつくられた。普請帳の内容のさきの分類によると，前者はA，後者はBに属する。

3-2

小林家の「家之普請合力覚」は普請にあたって，村人が，わら・なわ・竹・木材などの資材や食物などを持ちよってきたものの記録であり，村人の協力のようすを示すものであるが，このような記録を必要としたのは，普請にあたって，多くの村人による共同作業や建築資料を村人から援助してもらってはじめて家を建てることが可能であった社会を背景としている。家の規模がごく小さく，また名主が隷属百姓をかかえているような中世的な社会では，必ずしも，今日にみる普請帳に記載されているような村人の相互扶助的な共同作業は行なわれなかったであろう。普請帳が作製された背景には，近世的な自給自足を基盤とする村落の成立があった。

いっぽう，壺屋が所在した今井町は中世末に寺内町として成立した町場であった。ここではすでに貨幣経済が進んでおり，木材などの建築材料は商品化していた。職人の手間を銀で支払うのはもちろんのこと，日用取にも賃金を支払って雇った。町衆の手伝いが150人ばかりあったとあるのは，おそらく棟上など儀礼に参加したのであろう。労働力の提供というよりは，むしろ普請の儀礼に参加することに意義があったとおもわれる。したがって手伝いに来たものの名前を控えておくことをしていない。貨幣経済が進んでいる町場では，金銭の収支を記録することが必要であり，普請帳も当然のこととして，入用帳（勘定帳）の形式となる。年代はややさがるが，同じ壺屋のものに，延宝8年（1681）「普請之日記」がある。家の修理普請の記録とみられるが，これもやはり，内容は収支決算のための記載に限られている。

次に年代の古い普請帳として，長野県木曽郡南木曽町の旧中山道妻籠宿脇本陣林家の延宝7年（1680）「家普請入用覚」がある。この普請帳では，最初の14筆を職人や日用賃金・釘代・棟上入用・米代・駄賃等の費用記載にあてているが，後の200筆は普請見舞や合力（手伝）の記録にあてており，全体としては見舞帳としての性格が強い。ところで木曽路の小さな宿場は町場というよりはむしろ山村であり，経済的には自給自足を基本としており，普請にあっての手伝いや見舞の状況は農村の場合と同じである。ただ宿場は道中奉行の支配下にあったから，一般の農村とは異なる点もあった。特に本陣・脇本陣など役宅は公的な性格を持っていたから，普請にあたっては，その援助を受けることがあった。妻籠宿脇本陣の延宝の普請にあたっては，建設費の半額の補助を受けている。したがってそこには当然，収支決算が必要となってくる。

鳥取県八頭郡若桜町の吉川家が所蔵する元禄7年（1694）「一代普請方合力人数」は，材木取・かやかりの合力の出面をおもに記録したものであるが，大工手間，釘代，材木の支払の記載もある。大工手間・金物の支払は銀で行なわれているが，いっぽう，材木の支払は米とひえで行なわれている。材木は材木屋から購入したのではなく，何人かの木挽から購入している。ここでは一種の物々交換が行なわれていることが注目される。

3-3

現在知られている17世紀の普請帳を例に，普請帳の成立についての考えをのべた。18世紀に入ると，自給

自足を基本とする農村では見舞帳の性格が強く，貨幣経済が進んだ町場においては入用帳の性格が強いという傾向は続くものの，いっぽうでは17世紀末の妻籠宿脇本陣や鳥取県若桜町の農家の普請帳にみられるように見舞帳の性格が強いなかにも，大工等職人の支払や釘など自給自足できない材料の記載が入るという傾向はさらに進展する。今井町壺屋の元禄12年（1699）「内蔵座敷普請覚」や大阪府松原市更池の田中家が所蔵する宝永6年（1704）「家普請諸色入用覚日記」は1700年を前後する時期のものであり，入用帳と見舞帳の両方をそなえ，整った形の普請帳のもっとも早い例である。これは大阪・奈良の例であるが他の地方のものでは，長野県南佐久郡八千穂村の佐々木家の「寛保三亥年家作普請人足諸入用帳」（1743）がある。

18世紀後半にはさらに整った普請帳が出現する。その代表的なものが，大阪府柏原市の三田家が所蔵する明和3年（1766）「普請中祝儀諸覚帳」「普請方買物借り物諸事覚帳」「大工方左官屋根屋手伝諸事覚帳」の三冊一組となる普請帳である。これは普請帳として，名実ともに内容も豊富で整っている。このほか先にあげた長野県松本市の筒井家の明和5年（1768）の普請帳，富山県西砺波郡福岡町の佐伯家が所蔵する明和5年「家作代銀調物惣人足ъ入用記帳」ほか三冊，新潟県小千谷市の大窪家が所蔵する安永2年（1773）「家作之時午腸ъ御見舞帳」「家作之時人足頼留帳」などがある。また，奈良県吉野郡吉野町の上田家が所蔵する安永2年「本家普請入用帳」はこの地方の標準的な普請帳と考えられる。

19世紀に入っても18世紀と同じ傾向が続く。ただし，記載事項が一部に限られている例も依然として存する。新潟県中魚沼郡中里村の広田家が所蔵する享和3年（1803）「家作普請衆中覚帳」はその代表的な一例であって，普請見舞と村人の手伝に関する記録がひじょうに詳しくのっているが，金銭に関することはほとんど記録されていない。これは単に普請帳の書き方の問題ではなく，普請それ自体が自給自足のもとで村人の共同作業をともなって行なわれていたことを強く反映しているのである。

普請帳が数量的に多くなり，最盛期を迎えるのは幕末期である。これは年代が新しいから普請帳の残り方が多いというだけではなく，この時期に以前より多くの普請帳がつくられたものとおもわれる。普請において村人の相互扶助的な共同作業が行なわれているいっぽう，貨幣経済の滲透はめざましく，また「読み，書き，そろ盤」といった庶民教育が普及し，農民でも文字を読み，文字を書く者がふえたことは見のがせない。事実，江戸時代中期までの普請帳は，いずれも庄屋，名主等上層の家のものに限られており，そこに書かれている文字は達筆なものが多い。しかし19世紀の普請帳のなかにはたどたどしい筆跡のものがあり，庄屋や名主層でない一般農民がつくったものも数多くのこっていることを示している。新潟県中魚沼郡中里村の小柳家の文化4年「移徙之覚帳」は16才の少年が書いたことを記してある。

このように普請帳をつくることが普及すると，普請帳を作製する目的を村人の手伝と見舞，費用の記録に限定せず，普請帳に新な目的をもたせるようになる。すなわち，普請に家訓の意味をもたせるのである。この例として次の二冊の普請帳をあげよう。

福岡県浮羽郡吉井町の浅田家が所蔵する嘉永2年（1849）「居宅普請一切控帳入」と題する袋に「末代之者迄大切ニ家事可相勤事」とあり，この袋の中の「普請ニ付加勢ぃ諸品一式控」と題する普請帳はさらに，

「此帳嘉永二酉三月普請取掛，家造同年五月八日就吉日棟上首尾能相調，其後造作等也ニ出来候ニ付，嘉永三戌七月十八日移初被シ（中略）凡之工数夫数等控置　末代ニ至り家之大切成事片時も忘脚いたすべからず（後略）」

とあり，家を大切にすべきことをのべている。また，新潟県小千谷市の大淵家に所蔵する明治33年（1900）「家作諸掛帳」は年代は新しいが，ここには次の記載がある。

「先般藤太郎亡後，栫金太郎（中略）商業出稼仕テ多分ノ金を働キ入，家造仕。依テ後年ニ至候共，先祖同様ニ尊敬可致者也」

上記の普請帳は家を大切にすることと共に，家を建てた人を，将来にわたって敬うことをのべており，一種の家訓というべき目的をもっている。今述べた例は江戸時代末期および明治時代のものであるが，このような傾向は江戸時代中期以後，農村に「家」制度が確立したことを背景として生まれたものと考えられる。

3－4

上にのべてきた普請帳はいずれも，施主によって作製されたものであるが，このほか施工者や商人の側で作製した一種の普請帳がある。その一は秋田県角館町五井氏所蔵の明和8年「惣木積り幷挽木釘金具共」，大阪市旭区の磯野家旧蔵の安政6年（1859）「御普請仕用帳」などである。これらは普請にあたって大工が施主にあてた積算書である。前者は二冊あり，一冊は材木，他の一冊は建具の員数をひろっている。後者も二冊あり，一冊は同年9月の日付が，もう一冊には12月の日付がある。9月のものでは，施主と大工のあいだで見積，仕様がおりあわなかったとみえ，12月にもう一度，仕様をかえて見積りなおしたのである。この

見積書は現在にみる見積書とほとんど変らない内容をもち，部材をいちいちあげて，金額を記入している。このような見積書が民家建設工事において，いつからあらわれたか明らかでないが，見積技術の発達や請負による工事方式を背景としていることは明らかである。なお家全体の見積ではないが，建具類の見積書として，兵庫県竜野市の永富家が所蔵する文政4年（1821）「立具類値段附」や大阪府柏原市三田家の「仏壇註文」その他がある。永富家のものは大坂の商人「ばくた」が永富家にたいしてさしだした建具・天井板・床ノ間の部材などの見積書である。商業資本が地方の大地主層の普請に入りこんでいることが知られる。

施工者が作製した普請帳のその二は，奈良県生駒市の大工松井家が所蔵する安政2年（1855）「普請人夫日加栄」・文久元年（1861）「家普請諸人付帳」である。この内容は大工松井家が施工にあたった普請にさいして，所属する大工の出面を記録したものであって，出面を記録しているという点では施主が作製したものと同様である。このような出面は施工者である大工側にとっても必要なものであるから，さらに早い時期に存在しても不思議ではない。施主が直接職人を雇入れ，手間を支払うのでなく，大工棟梁が工事を請負っていたことが推察されるのである。

江戸時代の普請帳について，その概要を以上でのべたが，普請帳は明治時代以後にもつくられている。ただし，江戸時代にくらべれば，生彩を失ってしまう。普請帳それ自体が近世民家とともに生まれ，成長し，そして滅びたのであるからこれは当然のなりゆきといえよう。

3-5 むすび

以上にのべてきたことを若干の推論をまじえてまとめると次のように結論づけることができる。

民家普請帳は最初，自給自足経済を基本とする近世的な村落機構を背景として，農民の間で家を建てるときの相互扶助の慣行のなかで生まれた人足帳・見舞帳の形式のものと，貨幣経済が進んでいた町場で家を建てるときにつくられた入用帳（勘定帳）形式のものとが別々に出発した。すなわち，二つの源をもっていた。しかし，17世紀末以後，農村にも貨幣経済が滲透した。自給自足が基本ではあったが，金銭の支出が多くなり，普請においても同様で，それを記録する必要が生じ，見舞帳の一部に金銭の支出が記載されるようになった。また町場の普請においては，建築儀礼の普及や近所づきあいなどが拡がり，上棟その他のおりに祝儀や見舞がふえ，それを記録する必要が生じた。ただ町場においては，農村の場合のように労働力を実質的に提供することは少なく，儀礼的な行事への参加であった。同じく見舞帳といっても記載内容は異なっている。しかし農村における見舞帳と町場における入用帳とは互に融合したような形式となり，両方の内容をそなえる普請帳が一般的になってきた。

また「家」制度の確立は，家屋を擬人化し，その普請は社会的にも，「家」にとっても重大な行事であり，これを記録にとどめておくことは必要なことであった。家そのもの，家を建てた人をたたえ，先祖を敬うように普請帳の記録に家訓的な意味あいをもたせようとする気持も生まれた。

普請帳は18世紀には整ったものが生まれ，19世紀には広く普及するのであるが，この背景には庶民への教育の普及も役だった。

普請帳は普請そのものに関する記録であり，普請は社会的・経済的な行為であるから，それぞれの地域の社会的・経済的な状況を直接反映する。自給自足経済が根強い地方では見舞の部分にウエイトをおいたものになるし，貨幣経済が進んだ地方のものは，入用の部分にウエイトがかかるのは当然である。

普請帳は近世民家と運命をともにした近世社会の産物であった。

II 農村と町場の民家普請

物質文化 8　1966年10月

II−1　新潟県の一民家の普請とその衆中

宮　沢　智　士

1. まえがき

新潟県中魚沼郡中里村小原の広田家は享和3年 (1803) に住宅を新築した。この新築工事に関して, 次の2綴の記録 (図−1) が残されている。

図−1　家作普請衆中覚帳 (左) と
家かため御見舞帳 (右)

〔資料 I 〕
　享和三年亥閏正月吉日
　家作普請衆中覚帳
　　小原村　広田辰右衛門
〔資料 II〕
　享和三年亥十月吉日
　家かため御見舞帳
　　小原村　広田辰右衛門

表紙の表には以上のように記されており, 〔資料 I〕 の裏表紙には「井ニ御長御見舞事　かみかす八拾五丁」とある。

これらの資料の内容は広田家の新築工事にさいして, 村々から手伝いに来た村人の名前, 祝いに来た人々の名前, 祝いの品物などを詳しく記したものである。

本稿では新築工事にさいして, 村人がどのように協力したか, どの範囲の村々からやって来たか, また祝いにどんな贈物を持って来たか, といった観点から上記の資料を整理しておきたい。

広田家は江戸時代の多数の文書を所蔵しており, 天和の検地のときにはその案内人をしている。上記〔資料 I, II〕から享和3年当時9軒の分家を持っていたことが知られる。享和3年に建築した住宅は現存しており (図−2, 3), この家はいわゆる中門造で本家4間2尺5寸×7間4尺, ウマヤ中門3間×3間1尺, ナガシ (水バン) 中門 (現在ナガシ中門はとりこわされているが, 2間×2間程度の大きさのものと考えられる。なお現在はニワ後部に昭和14年に建てられた中門がある。言伝えによるとヘヤ中門があったというが, 痕跡などからは明らかにできなかった。) からなっているもので, この規模はこの地方の民家として特に大きくはないが, 大きい方に属してはいる。そして注目されるのは, 当時この地方の民家は座敷を持つとしても, 1室のみであるのが普通なのに, 享和3年に新築した広田家住宅は, すでに2

図−2　広田家住宅外観 (1963.11)

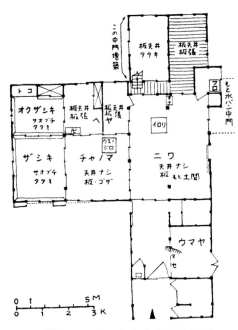

図―3 広田家住宅現状平面図

室続きの座敷を持っていることである。この2室続きの座敷形式は農家の座敷としてもっとも整った形式であって，全国的に広く普及するのであるが，享和3年に少し遅れた文化4年（1806）に建築された如来寺の小柳家はまだ2室続きの座敷を持っていないし，この地方で2室続きの座敷が普及するのは19世紀中頃を過ぎてからであることを考えると，広田家はとびぬけて早い時期に2室続きの座敷形式を採用していることが知られる。また広田家が「百姓旦那」とよばれていたということなど考えると，この家が上層に属する家であったことは間違いないであろう。

したがって，この家の普請に関する事実はこの地方の上層農家の一例として住宅遺構，文献資料とともに貴重である。

2. 資料の内容

資料の内容を吟味すると，記載の一部に重複のあることがわかる。いま資料を筆順にしたがって一筆ごとに番号をつけ，その内容を列記しておこう（表―1）。表の（ ）内の"人"は手伝いの人の名前の記載が主であること，"物"は祝いに来た人とその品物の記載が主であることを示す。

このうち〔資料Ⅰ〕No.773/840 と，〔資料Ⅱ〕No.1/69 とが重複している。〔資料Ⅰ〕のNo.733に「是よりやかため長　御見舞帳」とあり，この部分の後半が〔資料Ⅱ〕と重複しているのである

表―1　資料の内容

〔資料Ⅰ〕	家作普請衆中覚帳
No. 1/No. 75	のみ入（人）
No. 76/77	家見舞（物）
No. 78/87	中引あげ（人）
No. 88/94	柱かわ立（人）
No. 95/109	石場かち（人）
No. 110/111	地かち（人）
No. 112	地場石ならべ（人）
No. 113/138, 158	屋敷引およびなわ（人，物）
No. 139/145	柱立（人）
No. 146/157	家こぼし・屋敷引（人）
No. 159/166	内取のけ（人）
No. 167/278	入御ちゃう・御ちゃう
No. 279/232	家作御見舞（物）
No. 283/291	手伝い・取持人（人）
No. 292/314	なわ（物）
No. 315/326	よし（物）
No. 327/553	なわ（物）
No. 554/563	手伝い（人）
No. 564/593	なわ（物）
No. 594/656	手伝い（人）
No. 657/732	家かため見舞（物）
No. 733/840	やかため長・御見舞帳（物）

〔資料Ⅱ〕	家かため御見舞帳
No. 1/69	家かため御見舞（物）
No. 70	（別なことがら）
No. 71/115	職人手間支払など

が，〔資料Ⅰ〕の後半の部分は〔資料Ⅱ〕にくらべ，その内容に要約や日付の省略がみられるので，〔資料Ⅱ〕がオリジナルであると考えられる。これは最初〔資料Ⅰ〕に家かため見舞について記録しはじめたが，途中で〔資料Ⅱ〕の家かため御見舞帳を新しくつくり，これができてから後に再び〔資料Ⅱ〕の内容を〔資料Ⅰ〕に書き写したためであろうか。

3. 普請の期間

普請の主要部分は享和3年に行なわれた。〔資料Ⅰ，Ⅱ〕にみえる行事と日付とを整理して表―2に示しておく。

最初にみえる日付は，享和3年閏正月3日（買物）で，次が同12日（大工への支払）である。行

表—2 普請の行事と日付（享和3年）

月 日	普請の行事と衆中	月 日	普請の行事と衆中	月 日	普請の行事と衆中
閏1.18	ご	3	入	18	柱立
19		4		19	柱がわ立, なわ
20		5	入	20	中引あげ, なわ, 手伝
21	入	6	入・の	21	なわ, 手伝
22	ご	7	入・の	22	なわ, 手伝
23	ご	8	入・の	23	柱かため, なわ, 手伝
24		9	入・の	24	なわ, 手伝
25	ご	10	入・の	25	
26	ご	11	入・の	26	
27	ご・入	12	の	27	家見
28	ご	13	の	28	
29	ご	14	入	29	
2. 1	ご	15	入・の	5. 4	家見
2	ご	16	入	5	家見
3	ご・入	17		6	家見
4	入	18	入・の	12	家見
5	ご	19	入・の	13	家見
6	ご	20	入・の	15	家見
7	ご	21	入・の	21	家見
8	ご	22		22	家見
9	ご・入	23		27	家見
10		24		28	家見
11	入	25		29	家見
12	ご・入	26		6. 7	家見
13	の	27		9	家見
14	入	28		12	家見
15	入	29	内取のけ	16	家見
16	入・の	4. 1	家こぼし, なわ, よし, 入	17	家見
17	入・の	2	屋敷引	25	家見
18	入・の	3	屋敷引	7.11	家見
19	の	4	屋敷引	13	家見
20	入・の	5	入	14	家見
21	入・の	6	入	17	家見
22	入	7		19	家見
23	入	8	地かち, なわ	8. 1	家見
24		9	石場石ならべ	2	かべのり
25	入	10	石場かち, なわ	8	家見
26	入・の	11		9	家見
27	入・の	12		10.吉	家かため祝
28	の	13			
29	の	14			
30	の	15	なわ		
3. 1		16			
2		17			

ご＝御ちゃう, 入＝入御ちゃう, の＝のみ入, 家見＝家見舞の略
（享和3年4月1日＝1803年5月21日）

事としては同18日以後に「御ちゃう」があり，2月13日からは「のみ入」がある。3月末から4月初にかけて敷地の整理，石場かちなどが行なわれ，4月18日から23日までの間に建物の組立が行なわれた。8月に入って壁塗りが行なわれ，10月吉日に「家かため祝」＝新築の家への引越の祝が行なわれた。この間に村人から「家見舞」があった。

大工職人はこの年のうちはずっと入っており，一部は翌年にもちこされているらしい。

〔資料Ⅰ，Ⅱ〕にみえる普請の期間についての概要は上のようであるが，材木の切出しなどはもっと以前から行なわれたと考えられるから（材木は雪を利用して集めるのがこの地方でのならわしである）普請の実質上の期間はこれより以前にさかのぼるであろう。また雑作が全部完成するまでには，さらに時間がかかったであろう。しかし上記の2資料は普請の衆中に関するものであるから，材料や職人についての詳しい記載がなく，それらに関することを明らかにできない。しかし普請の主要部分が享和3年に行なわれたことは確かである。

4. 普請にやって来た村人

広田家住宅新築工事にさいし，どんな時にどこの村から村人がやって来たかという点から，資料を整理して表―3に示した。また村人がやって来た村名を地図上にプロットして，図―4に示した。

村人がやって来た範囲は広田家が所在する小原村を中心として，近くの田中村，上山村，上干溝村，桂村，藤原村，本屋敷村，田沢村をはじめ，宮中村，如来寺村，当間村などがあり（享和3年当時の村名による），遠くは10数kmも離れた村々からも村人は川を下り，山を越えてやって来ている。これらの村人は一般的にみて，近くの村からは多くの村人が来ており，遠くの村からは少い。聞取りによると，これら遠方の村から来た人々は広田家と親類関係にあるようである。近くの村のうち，村のどれほどの人々が来ているのかという点については当時の村の戸数などが知れればわかるが，いまこの資料がない。この点については後にもう一度ふれよう。

なお職人についてみると，大工は田中村万吉が中心の人物であり，このほか田中村和吉，本屋敷村徳松，土市村

図―4 広田家住宅普請に村人が来た村

0. 小原村 1. 田中村 2. 上山村 3. 上干溝村 4. 桂村 5. 藤原村 6. 田沢村 7. 如来寺村 8. ぶな坂 9. どんぶら川 10. 宮中村 11. 堀ノ内村 12. 小沢村 13. 本屋敷村 14. 芋沢村 15. 水沢村 16. 馬場村 17. 市ノ沢村 18. 当間村 19. あらや村 20. 通仙山村 21. 高道山村 22. 芋川村 23. 白羽毛村 24. 市ノ越村 25. ほど島村 26. 相吉村 27. 舟山村 28. 貝坂村 29. 卯ノ木村 30. 巻下村 31. 外丸村 32. 鹿渡村 33. 阿てら寺 34. 松ノ山藤倉村 35. 高島村 36. 坪山 37. 十日町 38. 伊達村 39. 土市村・下干溝村 40. 太田島村 41. 六ケ山谷村 42. 池之尻村 43. うるし島村 44. 二ツ屋村 45. 舟坂村 46. くわがら沢村 47. 荒屋村

表—3 普請の行事と村人*1（1）

村名	名前		*2 御入御ちゃう御ちゃう	のみ入	*3 内取のけ	*4 家こぼし	屋敷引	*5 地かち	石場かち	*6 柱立	柱かわ立	中引あげ	なわ	*7 手伝	*8 はしらかため	かべのり	家見舞	家がため
0 小原 *9	①	平右衞門	●	◉				○	○		○	○		◎*	○			○
	②	彦治右衞門		◎			○	○	○	○	○	○		◎	○	○		○
	③	喜右衞門	●				○	○	○	○	○			○	○	○		○
	④	源左衞門						○	○		○			○*	○	○		○
	⑤	治五右衞門	●	◎			○				○	○		◎*	○		○	○
	⑥	利右衞門						○	○	○				○*	○	○		○
	⑦	幸治郎	●	◎					○					○	○			○*
	⑧	新助	○					○	○					○	○			○
	⑨	清治郎							○					○	○	○		
	10	久右衞門	○					○	○	○		○		○	○			○
	11	忠右衞門	●	○				○			○			○	○			○
	12	清右衞門	●	◉										○				○
	13	儀右衞門	●	○				○						○	○			○
	14	孫右衞門	●	○				○			○			○				○
	15	惣左衞門	●	○				○						○				○
	16	吉右衞門	●	○				○			○			○				○
	17	吉郎左衞門	○	◎								○		○				○
	18	徳右衞門	○					○				○		○	○			
	19	九右衞門	○					○			○			○	○			
	20	明道坊	○	◉							○							
	21	文助	○	*10				○				○		○				
	22	万助	○	○				○				○		○				
	23	幸右衞門						○			○			○	○			○
	24	松兵衞	○											○	○			○
	25	三治郎												○*	○			
	26	清吉	○					○						○				○
	27	利左衞門								○		○		○				
	28	源右衞門	○									○		○			○	○
	29	孫七									○			○				
	30	三右衞門									○			○				
	31	彦右衞門	●									○		*				
	32	徳太郎													○			
	33	惣助	○															
	34	磯治郎												*				
	35	妻郎左衞門								○								
	36	才治郎													○			
	37	安右衞門												○				

2-2 近世民家普請の研究

2 実践的わが民家研究史

村名	名前	*2 御入御ちゃう	のみ入	*3 内取のけ	*4 家こぼし	屋敷引	*5 地かち	石場かち	*6 柱立	柱かわ立	中引あげ	なわ	*7 手伝	*8 はしらかため	かべのり	家見舞	家がため
1 田中	1 茂右衛門	●	○		○		○				○	○	◎			○	○
	2 茂左衛門	●○	⊙									○	○			○	○
	3 佐兵衛	○										○	○				○
	4 茂兵衛				○			○					⊙				○
	5 長右衛門					○						○	○				○
	6 万吉（大工）	○															○
	7 和吉（大工）	○															○
	8 半七											○	○				○
	9 玄伯											○	○				○
	10 惣左衛門											○	○				○
	11 正覚院	○										○	○				○
	12 喜右衛門																○
	13 重右衛門	○															○
	14 林左衛門											○					
	15/19 庄助外4名 *11											○					
	20 おはんとの												○				
2 上山	1 藤左衛門	●	⊙	○			○					○	○*			○	○
	2 平右衛門			○	○		○			○		○	○				○
	3 利兵衛	○	○									○	○				○
	4 与治右衛門	○	○									○	○			○	○
	5 助右衛門	○	○									○	○			○	○
	6 磯治郎		○									○	○			○	○
	7 五郎右衛門		○									○	○			○	○
	8 伝右衛門	○	○									○	○				○
	9 藤右衛門											○	○				○
	10 藤兵衛											○	○			○	○
	11 藤助	○										○	○				○
	12 甚右衛門											○	○				○
	13 伝左衛門				○					◎		○					○
	14 治郎左衛門		○									○					○
	15 忠右衛門	●										○	○			○	○
	16 茂右衛門											○	○				
	17 金右衛門												○				
	18 清右衛門											○					
	19/38 与助外19名											○					
	39 磯次郎母さま															○	
	40 助右衛門かか殿															○	

表—3 普請の行事と村人 (2)

村名		名前	御入ちやう御ちやう	のみ人	屋敷引	石場かち	*12 なわ	手伝	家見舞	家がため		村名		名前	御入ちやう御ちやう	のみ人	屋敷引	石場かち	*12 なわ	手伝	家見舞	家がため	
3・上千溝	1	多左衛門	○○					○		○		7・如来寺	1	重兵衛	○○							○	
	2	治郎右衛門	○○	○				○		○			2	多郎左衛門	●				○			○	
	3	善右衛門	○		○		○			○			3	与助					○			○	
	4	忠左衛門			○		○						4	平助	○				○				
	5	庄治郎	○○					○		○			5	仙右衛門					○			○	
	6	ゑん居						○		○			6	兵蔵(木挽)					○			○	
	7	市左衛門						○		○			7	久左衛門					○			○	
	8	徳右衛門											8	千右衛門					○				
	9	林右衛門	○						○				9	善兵衛									
	10	嘉右衛門											10	与三右衛門							○		
	11	治左衛門											11	仁助							○		
	12/17 長八外5名						○						12	清蔵									
	18/44 重兵衛外26名						○						13/33 藤八外20名										(かべぬり)
4・桂	1	六左衛門	○	○	○	○	○			○		10・宮中	1	久右衛門	○				○		○	○	
	2	利兵衛	○	○	○	○	○			○			2	但馬様					○				
	3	源兵衛	○	○	○	○	○			○			3	茂左衛門	○				○				
	4	新左衛門	○	○	○	○	○			○			4	清右衛門					○	○			
	5	治郎右衛門	○	○	○	○	○			○			5	長松									
	6	喜右衛門	○	○	○	○	○			○			6	僕左衛門									
	7	吉右衛門			○	○	○						7		○								(柱かわ立)
	8	久右衛門	○	○	○	○	○						8	七右衛門					○				
	9	茂右衛門		○	○	○	○						9/24 弥兵衛外15名										
	10	甚右衛門		○	○	○						13・本屋敷	1	重右衛門	◎	⊙			○		○	○	
	11	重左衛門				□							2	久右衛門			○			⊙			
	12	嘉右衛門				□□							3	甚右衛門	◎				○				
	13	六兵衛	○		○	○							4	甚助	○				○				
	14	重兵衛				○	○						5	弥助	○				○				
	15	六郎兵衛				○							6	与右衛門	○				○			○	
	16	吉右衛門			○								7	弥兵衛	○				○				
	17	知右衛門				□							8	万助							○	○	
5・藤原	1	久左衛門		○	○	○							9	徳松(大工)	○								
	2	定右衛門	●			○				○			10	柳清右衛門					○		○	○	
	3	与右衛門	●●		○					○			11	藤助			○		○				
	4	与八	●●										12	清七					○				
	5	安左衛門			○								13	佐左衛門			○		○				
	6	儀右衛門			○								14	吉左衛門					○				
	7	儀兵衛			○								15	与治右衛門					○				
6・田沢	1	庄助	○○	◎		○	○	○		○			16/19 六左衛門外3名						○				
	2	忠右衛門	○○	◎		□	○	○		○			20	甚兵衛							○		
	3	与右衛門	○			○				○			21	与三右衛門							○		
	4	利八	○			○				○			22	七右衛門							○		
	5	五郎兵衛(庄屋)	●	○		○				○			23	六兵衛							○		
	6	佐兵衛		○		○							24	おとめ							○		
	7	元右衛門		○		○						18・中間	1	庄右衛門	◎	◎		□			○	○	
	8	五左衛門		○		○							2	惣右衛門		◎		□				○	
	9	弥八		○		○							3	作右衛門				□				○	
	10	伝八		○		○							4	助右衛門				□				○	
	11	金七				○				○			5	久左衛門				□				○	
	12	重右衛門		○		○				○			6	与左衛門				□				○	
	13	伝左衛門	○										7	係右衛門			⊙						(柱かわ立)
	14	六右衛門	◎										8	六右衛門				□					
	15	常右衛門	○										9	藤右衛門				□				○	
	16	長兵衛	○○										10	与平治									
	17	源兵衛	○										11	庄右衛門かかさ								○	
	18	せんりふ											12		○								
	19	藤右衛門						○															
	20	仙吉					○																
	21	喜助						○															
	22	佐兵衛						○															
	23	惣助かかさま	○				○																
	24/51 新助外27名						○																

村名		名前	入御ちゃう	なわ	家見舞	家かため	村名		名前	入御ちゃう	なわ	家見舞	家かため
11. 堀ノ内	1	徳左衛門	○	○		○		2	多郎右衛門			○	○
	2	利左衛門	○	○				3	多七	○	○		
	3	佐右衛門			○		29. 卯ノ木	1	忠右衛門			○	
	4/6	孫右衛門外2名				○		2	六右衛門かか			○	
12. 小沢	1	慈眼寺		○	○		30. 巻下		六左衛門			○	
	2	与吉		○			31. 外丸		忠蔵			○	
	3	八左衛門		○			32. 鹿渡		友右衛門	○			
14. 芋沢	1	忠兵衛				○	33. 阿てら	1	新助	○			
	2	喜右衛門				○		2	磯右衛門	○			
	3	多右衛門				○	34. 松ノ山藤倉	1	弥左衛門	○	○		○
	4/7	伊助外3名				○		2	長左衛門				○(手伝)
15. 水沢	1	竜右衛門	○	○		○		3	市左衛門				○(手伝)
	2	九左衛門		○	○		35. 高島		喜郎右衛門			○	
	3	藤右衛門	○	○			36. 坪山		九右衛門	あに様			
	4	藤兵衛			○		37. 十日町	1	伊兵衛	◎		○	
	5	儀右衛門			○			2	庄五郎			○	
	6	三左衛門			○			3	市郎兵衛			○	
	7	弥助			○			4	市郎兵衛かか			○	
16. 馬場	1	茂兵衛			○			5	丑之助	○			
	2	治郎右衛門			○		38. 伊達	1	九兵衛	○		○	
	3/5	弥兵衛外2名			○			2	元右衛門			○	
17. 市ノ沢		孫左衛門	○	○		○		3	嘉兵衛			○	
19. あらや	1	藤兵衛		○				4	多左衛門	○		○	
	2/6	弥三八外4名		○				5		○			
20. 通り山	1	与兵衛			○		39. 土市		七兵衛(大工)			○	
	2	利右衛門	○				39. 下干溝		久左衛門	○		○	
	3	利左衛門					40. 太田島	1	甚右衛門			○	
	4	中右衛門		○	○			2	かじ殿			○	
	5	文治		○			41. 六ヶ山谷	1	久右衛門			○	
	6	喜右衛門		○				2	六郎右衛門			○	
	7/17	市兵衛外10名		○			42. 池之尻		治郎右衛門	○		○	
21. 高道山	1	弥右衛門	○				43. うるし島	1	弥兵衛(大工)			○	
	2	永八		○				2			○		
	3	作右衛門		○			44. 二ツ屋		五右衛門			○	
22. 芋川		善左衛門		○			45. 船坂		亀右衛門			○	
23. 白羽ヶ	1	治郎右衛門	○		○	○	46. くわがら沢		重右衛門			○	
	2	源右衛門			○		47. 荒尾		半兵衛			○	
	3	助重郎	○				8. ふな坂		円右衛門			○	
24. 市之越	1	孫左衛門		○			9. どんぶら川		文蔵			○	
	2/3	孫右衛門		○									
25. ほど島		市兵衛		○		○(柱立)							
26. 相吉		新右衛門		○									
7. 舟山		大夫機		○	○								
28. 貝坂	1	七郎右衛門		○	○								

七兵衛，手子磯吉の名が見える。しかしゴチャウの時には大工が7〜10人ほど入っていたことが記載よりわかる。木挽は如来寺村兵蔵の名がみえる。このほかにも何人かの職人が関係しているとおもわれるが，資料からは明らかにできない。

5. 普請の行事とその内容

普請の行事の内容を，それが行なわれた日順にしたがって，できるだけ明らかにしたい（表2，3参照）。現在では家を建てる時に行なわれる行事も，昔とはまったく違ってしまい，享和3年広田家住宅が新築された当時行なわれた行事のうち，その内容や意義が忘れられてしまっているものが少なくないが，これらは今後の調査研究によって解明されなければならない。

(1) 御ちゃう＝ゴチョウ

資料には「御ちゃう」「御長」と書かれており，また別の資料には「牛腸」「午腸」などとも書かれることもある。ゴチョウは亥閏正月18日晩に最初のが行なわれ，2月12日晩を最後にこの間に17回行なわれている。〔資料Ⅰ〕よりゴチョウの記載例をあげると，

「　田中村　　茂左衛門殿
一亥閏正月十八日晩　御ちゃう

新潟県の一民家の普請とその衆中（宮沢）

```
                 人かす拾壱人　内孫左衛門*1 方四人」
「　　当村　　　　孫右衛門殿
　一亥之二月六日晩　御ちゃう
　　　　大工拾人　辰右衛門*2　作左衛門
　　　　〆拾二人
　　　　酒有　　　　　　　　　　　　　」
```

などがある。ゴチョウの内容をこの資料のみからすべてを明らかにすることは出来ないが，聞取りなどの結果を考えあわせると，ゴチョウはゴチョウヨビともいわれ，近い身内の者，特に親しい人のうち比較的裕福な人たちが，普請中に大工職人と普請をしている家族などを夕食に招いて御馳走することをいっている。17回のゴチョウのうち4回は「酒有」と記入があるので，酒は必ずしも出されなかったと考えられる。

閏正月18日にゴチョウを行なった田中村茂左衛門についてみると，広田家の普請にさいして，多くの行事に来ており，何回か手伝いもしており，特に親しい間柄であったことがわかる。孫右衛門その他ゴチョウを行なっている者についてもほぼ同様のことがいえる。これらのうち田沢村の五郎兵衛はこの地域の世襲の庄屋である。

*1　「孫左衛門」は広田家の屋号である。
*2　辰右衛門はここで資料としている家作普請衆覚帳と家かため御見舞帳の筆者である。言伝えによると辰右衛門は一度分家したが，享和3年広田家住宅建築当時は後見人として広田家にもどっていたという。ゴチョウの記載などに「孫左衛門方」と辰右衛門を区別しているのは上記の言伝えを裏付けている。文化4年に亡くなっている。

　　　　(2)　入御ちゃう＝イレゴチョウ

村人や親類の者が，赤飯，米，酒，野菜，豆腐，調味料など主として食物を，普請している家に贈ることをいっている。最初のイレゴチョウは閏正月21日にあり，次が同27日，2月に入ってからは毎日のようにあり，3月21日までが多く，最後は4月22日の「家作立しまい」の日である。

イレゴチョウとゴチョウとの間には関係があるらしく，ゴチョウをしている者はイレゴチョウをしていない。ただし，広田家と特に関係の深い田中村茂左衛門はゴチョウとイレゴチョウとの両方をしている。そして記載のうえでもゴチョウとイレゴチョウとは項目を別々にせず，一つの項目としている。

イレゴチョウをしている村人の範囲は小原村はもちろんのこと田中村，上山村，上干溝村，桂村，藤原村，本屋敷村，田沢村，宮中村，如来寺村など近くの村のほか，当間村など遠方の村10数村もある。しかし遠方の村よりイレゴチョウしている村人の数は近くの村人の数より少なく，聞取りによると，遠方の村人は広田家と親類関係にある者のようである。

贈られた品物の種類を全部あげておこう。

　もち(3)　せきはん(15)　ごましゃう(3)　米(18)；
　（うる米・上白米・うる上つき・忠つき米・
　くろつき米を含む）　そばきり(5)
　上酒(24)　中すみ酒(1)　にごり酒(4)
　とうふ(17)　やきとうふ(2)
　しゃうゆ(1)　たまり(1)　みそ(1)　したじ(1)
　せんさう(2)；（そばのやくみ）　からし(2)
　こしふ(1)　水あい(1)
　うど(16)　ごぼう(2)　わらび(1)　ぜんまい(1)
　竹のこ(1)　かんひう(2)　なすほし(1)　うどほし(1)　ほうつき(2)　くるみ(1)　しゃうがら芋(1)　ゑもがら(1)　いちゃう(1)　ならつけ(1)
　なっつけ(1)
　かつぶし(1)　こんぶ(1)　あじ(7)　ざっこ(2)；
　（かわざかな）　しゃうまつ(1)；（ますの塩ひき）　くじら(1)
　ゑなたば(1)　ほうき(1)　さこぎな(1)　茶(3)
　なわ(4)　よし(2)　こでなわ(2)　杉之木(1)　からまつ(1)　ふな木(1)

（　）内の数字はその品物を持ってきた人数である。1人が1品づつ持って来るとは限らず，数種類もの品を持って来ている者もある。その一例をあげておこう。

```
「亥二月十一日
　一入御ちゃう　　桂村　　久右衛門殿
　一蕎麦きり　半ぼんに三つ
　一志たじ　　　弐升
　一たまり　　　壱合
　一からし　　　壱合
　一せんさう　　壱志やう
　右五品被下候由　同人殿　　　　　　　」
```

　　　　(3)　のみ入＝ノミイリ

ノミイリはゴチョウの終った翌日2月13日から

始まり，家こわしや整地地形の行なわれる以前の3月21日に終っている。ノミイリに関する記載例に

「一　亥三月二十日より二十一日迄
　　のみ入　本屋敷　重右衛門
　　此手間二日也両日　　　　　」
「一　のみ入之代ニ小でなわ五わ」

などとあるから，ノミイリは普請にさいして村人が手間を提供することであることがわかる。またゴチョウが終った直後に始められ，家こわし，整地地形の前に終っていることはノミイリが新築のための準備にあたる仕事であることをおもわせる。ノミイレの内容についてはすぐあとでもう一度考えてみる。

ノミイリに来ている村人は小原村，上山村，桂村，田沢村から多く，このほか数村から来ており，ノミイリの延人数は全部で70人である。1日のみ来ているものが多いが，1人で3日来ているものも数人ある。なお「内のみ入」（内輪のもののノミイリの意味であろう）として辰右衛門，称右衛門が3月13日までに数日ノミイリをしている。

ノミイリがどんな内容の仕事であったか，記載からは明らかにできず，また現在ではこのようなことが行なわれておらず，聞取りによっても明らかにできなかった。しかし小千谷市の大窪家蔵安永2年家作之時人足頼留帳に「のみ入」の語がしばしば見え，長野県佐久の浅井家蔵文化9年分家普請入用帳に「鑿入」の語が見え，また小千谷市の大淵丑太郎家蔵『家作午腸帳』に「穴掘衆覚」という項目があり，村人が棟上げよりほぼ1ヶ月前に手伝いに来ているのが見える。この「穴掘」はノミイレと同じ内容の仕事ではないかと考えられる。そうだとするとノミイレの内容は貫穴などの穴をほる簡単な大工仕事を村人が手伝ったことになる。

　(4)　内取のけ・家こぼし・屋敷引

内取のけは3月29日に，家こぼしは4月1日，2日に，屋敷引は4月2日〜5日に行なわれた。

内取のけのところには「分家衆中壱人づつ不残相頼申候　外ニ云々」とあり，分家のものが来ており（分家のものの名前がいちいち記してないので全部来たと考えられる。）このほか上山村より2人が来ている。家こぼしのところには「壱人づつ村中被（不か）残相頼申候以上　外ニ云々」と

あり，村中の各家から1人づつ来ており，このほか上山村，田中村，当間村から延5人が来ている。また4月2日に「家こぼし屋敷引共」とあり，桂村より10人，藤原村より1人来ている。4月3日の屋敷引には本屋敷村の村人が世話人1人をともなって14人が，それぞれなわ2わないし3わを持ってやってきている。ほかに藤原村より1人来ており，5日には当村4人，上干溝村4人，藤原村2人，田中村1人が来ており，2日〜4日までの3日間に当間村の1人が来て手伝っている。

屋敷引（ヤシキヒキ）は家を建てるために整地をすることで主に他村の村人があたっている。内取のけ，家こぼしが具体的にどのような仕事であるか明らかでないが，整地にさきだっての敷地内の整理であろう。なお屋敷引には「治郎右衛門殿代徳松殿」というように代理人の来ている例が多い。

　(5)　地がち

「亥4月8日相頼申候　地がち分家衆中殿」と7名の名前の記入があり，「外ニ　家内中四人」としてある。地がちは礎石をならべる位置の土を突固めることであろう。

　(6)　石場石ならべ

「亥四月」とあるのみで日付の記入がないが，地がちが8日，石場かちが10日であるから9日ごろに行なわれたとみられる。「家中不残　人中〆六人」とある。仕事の内容は礎石をきまった位置にならべることであろう。

　(7)　石場かち

4月10日に行なっている。当村21人，上山村2人，上干溝村4人，田中村1人，桂村1人とあわせて29人が来ている。「石場かち」という言葉は多くの地方で使われており，ここでも礎石を突固めることを意味していよう。

聞取りによると，石場かちには村中の大人も子供も皆やってきて，胴突きの綱を引いたという（昭和4年）。

　(8)　柱立

4月18日に行なわれている。当村4人，田中村2人，程島村1人，このほか「内まき三人相頼申候而」とあり，同族のもの3人が来ている。柱立では建物の内部の主要な柱をたて構造体を組みはじめたのであろうか。

　(9)　柱がわ立

4月19日に当村5人，18日と19日に上山村，宮中村から各1人，20日に当村2人が柱がわ立に来ている。柱立につづいて行なわれており，側廻りの柱をたて，次の中引あげにそなえたのであろう。

(10) 中引あげ

4月20日に行なっている。当村16人，田中村1人，上山村1人が来ている。

「中引」とは家の中央桁行に配される大きな梁のことで，「ウシバリ」とよんでいる地方もある。この中引あげによって主要な構造体はできあがったものとおもわれる。

(11) なわ

村々から「なわ」を持ってやってきている。この最初は本屋敷村の村人で，4月3日の屋敷引のときである。次は4月10日，15日，16日，19日～24日で，これは柱がわ立，柱立，中引あげ，柱がためが行なわれている期間にあたっている。持って来たなわの数量は当村のものは5わが多く，他村のものは2わないし3わが普通である。なわを持ってきているのは本屋敷村，上山村，田中村，桂村，上干溝村，藤原村，田沢村，宮中村，如来寺村，通り山村，堀ノ内村，水沢村，馬場村などのほか2，3の村の村人であって比較的近くの村の村人である。当間村のものはなわでなくよしを持って来ている点が，ほかと異なっている。

このなわの持参が本屋敷村の場合のようになわを持って手伝いに来たのか，あるいはなわのみ持って来て手伝いはしなかったのかは記載からははっきりしないが，いずれにしても上記のような行事のあった日に村人がなわを持ってきている。

(12) はしらがため

はしらがためは4月23日に行なわれた。この日には分家衆中10人，当村衆中13人，上山村11人，田中村10人，桂村11人，藤原村1人の手伝いがあり，また21日から23日にかけて賄をするため女衆中の手伝いがあった（21日1人，22日5人，23日7人）。21日から23日にどのような行事や仕事が行なわれたか，記載からその内容を具体的に知ることはできないが，20日には主要構造体が組上っていると考えられ，23日に「家作たてしまい」とあること，多くの村人が，この日の前後になわを持参していること，村人の手伝いがこの日に集中して多いこと，24日以後は村人が家見舞の品物を持って来ていることなど考えあわせると，この日に屋根ふきが終り，新築工事が一段落し，その祝いが盛大に行なわれたものと考えられる。

(13) 家見舞

家見舞の最初は柱がための終った翌日，すなわち4月24日にあった。この日は当村2人，上山村2人，宮中村，上干溝村，田中村，水沢村各1人であり，あわせて8人であるが，このうち5人は見舞品として米1升づつ持って来ている。24日の次は26日，次は5月4日で以後8月9日まで点々と続いている。見舞品は茶が多い。見舞品をあげておこう。（　）内数字はその品物を持って来た人数。

袋茶(20)　村上茶(11)　つつみ茶(10)　茶(10)　みの茶(3)　切り箱(9)　白米(5)　くろ米(1)　もち米(1)　そばこな(2)　むぎ粉(1)　かんひふ(2)　ぜんまい(3)　こんぶ(1)　くるみ(2)　ほうき(1)　すすりふた(1)　羽子(1)　つけぎ(1)

御祝儀(1)　金2朱(1)

家見舞もイレゴチョウも村人が普請をしている家に物を贈る点では同じであるが，どんな相違があるだろうか。その時期はイレゴチョウが柱がための前，家見舞は後であり，その見舞品はイレゴチョウで実際的なもの，家見舞で儀礼的なものが多くなっている。ただし，4月20日～22日のイレゴチョウと4月24日の家見舞とは両者とも米であって同じ品物である。

家見舞に各種の茶が多いが，これらは必らずしも飲めるものでなく，時にはもみがらなどが入っていることもあったという。茶は祝の意味を表すものだという。切り箱についても同様で，箱のなかにせんすが入っているのだが，これも実用できるとは限らないものだそうである。

(14) かべのり

8月2日壁塗りが行なわれた。当村6人，如来寺村1人とそれに辰右衛門の名前が見える。

(15) 家かため祝

家がため祝は亥10月吉日に行なわれた。約30の村々から110余名の村人が祝の品物を持ってやって来ている。これまでの行事は村人の手伝いや祝いの品物を贈るものであったが，家かため祝は普請した家のものが新しい家に移った祝として，これまで世話になった村人親類のものを招待して振舞うものである。この時村人が見舞として持って来た品物をあげておこう。

村上茶(26) 袋茶(23) つつみ茶(10) みの茶(3) 茶(3) 切り箱(15) もち米(16) うる米(15) 蕎麦粉(8) 酒(10) たばこ(6) ごぼう(5) にんじん(1) ねぎ(2) つくゐも(1) しうが(2) せゑり(1) ゐも(1) 山かんひう(1) をふせくり(1) くしがき(1) するめ(2) こんぶ(1) おつまめ(1) とうふ(1) かつうふし(1) たら(1) あら(1) こたゑ(1) つけぎ(1) 火打(2) 銀(1)

聞取りによると，家がため祝にはあづきかゆ(やわたりかゆ)を食べる。これは新しい家に住んだしるしであるという。新しい家に移るまで普請の間，家族のものは親類に泊まっており，家族が多い場合には分散して泊るという。

6. むすび

一農家の普請にさいして村人がどう関係しているかという問題を，資料を整理しながら具体的にみてきた。広田家が村の上層に属す家だとはいえ，約50の村から，あわせて400余人の村人がなんらかのかたちで，この普請に関係しており，この数字はわれわれが現在想像する数をはるかにうわまわっているとおもわれ，当時の村々の共同体，村人の生活がどのようなものであったかという，その一端を示しているようにおもわれる。村人のやって来る地理的範囲が小原村を中心にして10数kmであるが，これは当時のこの地方の村人の行動範囲や縁組の範囲を示しているものとおもわれる。

さて，資料にしばしば見られる「衆中」という語はどのような内容を持っているだろうか。単に「多くの人の中」というのではなく，「ある共同体の中の人々」といった意味に解される。「衆中」を区別して，普請の行事，仕事と対応させると次のようになる。

1) 家内中，家中，内　　　　地かち，石場石ならべ
2) 内まき　　　　　　　　柱立
3) 分家衆中　　　　　　　内取のけ，地かち，家作立しまい，手伝，取持
4) 当村衆中，当村中，村中　のみ入，家こぼし，石場かち，中引あげ
5) 他村の衆中　　　　　　のみ入，屋敷引
6) 女衆中　　　　　　　　賄（手伝）
7) 若衆

上からわかることは家内とか分家衆中が，内取のけ，地かち，石場石ならべなど比較的地味な仕事をしているが，当村衆中は，家こぼし，石場かち，中引あげ，柱がためなど普請の行事としてより儀式的な，見映のある仕事の中心になっている。他村の衆中は，のみ入，屋敷引などに参加しているが，当村衆中のように一致して見映のある仕事に参加していない。このことは当時「村」が共同体のもっとも基礎をなしていたことを物語っているのだろう。

広田家普請にさいして，全村人のうちのどれほどの割合の人がやって来ているだろうか。「一人づつ村中不残相頼申候」「分家衆中壱人つつ不残相頼申候」などとあり，家単位として村人がやって来ていることがわかる。すると享和3年当時の戸数が知れれば上の問題は解決できるのであるが，いまこの資料がない。しかし，元禄5年(1692)，明治5年(1872)のはあり，一部の村については寛政8年(1796)のものがある(表—4)。また小原村については，嘉永7年(1854)『御宮普請建立覚帳』(広田家蔵)によって，この当時の戸数は28戸ほどと推定される。小原村で広田家普請にさいして37人の名(屋号と実名がまじっているとおもわれる)がみえ，この数は嘉永，明治の戸数より多く，享和当時，これだけの戸数があったか，または1戸で2人以上の名がみえているかのどちらかであり，常識的には後者と考えてよかろう。ちなみに小原村でゴチョウまたはイレゴチョウをしているのは23人である。

他の村でかなり多くの家から広田家普請に来ているとみられるのは田中村，上山村，上干溝村，桂村，藤原村，如来寺村，田沢村，本屋敷村，宮中村，芋沢村，荒屋村，通り山村，当間村などがあり，これらの村は当間村をのぞいてはいずれも小原村に近く，ほぼ2km以内にある。これらの村からは個人的な関係があるかも知れないが，村としての関係で普請に参加していると考えられる。

一方遠方の村より1人，2人とやって来ているのは親類関係など広田家との個人的な関係によって参加しているのだろう。また近くの村人で，のみ入や手伝いに何日も来ているのは，親類あるい

表—4 村の戸数（元禄5，寛政8は中魚沼郡誌，明治5は壬申戸籍による）

	元禄5年	明治5年	寛政8年
・本屋敷	9	30	
堀ノ内	13	53	
・宮中	13	89	
阿寺	1	13	
鹿渡	6	30	
外丸	25	128	62
巻下	4	26	
・船山	23	76	
・卯ノ木	9	46	
貝坂	10	41	
・田沢	6	45	
・芋沢	4	17	
・藤原	2	8	
・桂	4	10	
・如来寺	5	50	
・上山	5	42	
・田中	3	15	
小原	4	30	
・干溝（上）	5	43	
・荒屋	2	11	
・通山	2	21	
・高道山	2	22	
・市ノ越	1	15	
・白羽毛	2	17	
・程島	2	19	
・水沢	10	66	
・馬場	19	103	45
太田島	14	39	
土市	5	18	
干溝（下）	5	40	
市ノ沢	4	21	
・伊達	22	89	28
漆島	1	6	
・当間	2	30	
鍬柄沢	1	21	
山谷	5	21	8
船坂	3	27	
二ッ屋	3	34	
池ノ尻		15	
・小沢			
高島	32	97	14
・十日町	190		
坪山	19		
・芋川	5	32	

表—5

	享和3年 (1803) 家かため祝	文化4年 (1807) 移徙之祝
祝いに来た村人の数	110	53
祝いに村人が来た村の数	30	16
祝いに持ってきた品物（）内は持って来た人数1人1品とは限らない	茶(65) 切り箱(15) もち米(16) うる米(15) 酒(10) そば粉(8) 野菜(12) たばこ(6) 他	米(44) 酒(3) (ば) そわこな(3) 茶(3)

は特に親しい間柄のものとみてよく，このことは聞取りによってもある程度は確かめられる。

さきにあげた広田家蔵『御宮普請建立覚帳』の御宮は小原村の鎮守であり，建立にさいして村人の共同作業が行なわれており，またこの宮普請のときお供えを他村の者がしているが，この村が，広田家普請に村としての関係で来ていると考えられる村とかなり一致している。これらの村は表—4に・印をつけた。この表にある以外の村には姿，駒返，十二木，朴木沢，田尻，蒋沢，わりの，石橋，小千谷，小出，ほか3村がある。

家を普請するさいにつくられる入用帳，見舞帳などいわゆる普請帳は私的な記録文書である。このため，そこに記入される内容や，語彙はそれぞれ特色を持っており，統一された形式を持っていない。同じ内容の行事が異なった語でつづられていることもあるし，同じ語であってもその内容が異なっていることも多い。地理的にまったく離れていれば，このような相違は当然であると考えられるが，比較的近いところでもこのような相違がある。次の一例をあげておこう。

如来寺村小柳家は文化4年卯月に上棟（棟札）し，同年10月に「わたまし」を行なっている。このときの記録が『移徙之覚帳』であって，これは広田家の『家がため御見舞帳』にあたるものである。両者によって移徙の祝，家がための祝について比較してみよう（表—5）。

この普請は時代もほぼ同じであり，小原村と如来寺村とは地理的にも近く（1 km余），両村とも田沢村の庄屋がおさめていた村である。そしてさらに広田家と小柳家に見舞を持って行ったなかには，何人かの同一人物が見られるほどであるが，普請

に関係した村や村人の数に差があることはさておいても、家の完成祝や引越しにあたる家かため祝、移徙祝に持参した贈物の種類に大きな違いがある。これは家がため祝や移徙祝の前に行なわれたいろいろな行事に関連していると考えられる。

この例でもわかるようにほぼ同じ時代、同じ地域でも、そこで行なわれる家々の行事は家々によってかなり違っていたとみなければなるまい。

最後に、この報告をまとめるにあたり、大切な文書を見せてくださった広田実氏、普請に関する諸々のことを語ってくださった小原の樋口氏、表―3村の戸数をつくるための資料を提供し、またいろいろとお世話くださった中里村役場の小柳定夫氏に感謝します。

表―3〔注〕
- *1 村人が参加した行事、事項に○印をつけている。◎、⊙などは2日、2回、3日などであることを示す。
- *2 御ちゃう●印、入御ちゃう○印
- *3 「分家衆中」が参加した。
- *4 村中（小原村）から出て行なった。具体的な人名は不明。
- *5 ほかに「家内中」とある。
- *6 ほかに「内まき3人」とある。
- *7 このらんの＊印は取持も行なっていることを示す。手伝は主として4月21日、22日。
- *8 「当村中不残」とある。
- *9 ①〜⑨は広田家の分家と考えられるもの。
- *10 「のみ入」の代りに小手なわ5わを持ってきている。
- *11 15/19は15〜19の5名がまったく同じ内容であるので省略したことを示す。以下同じ。
- *12 このらん□印は当間村では「なわ」でなく「よし」、田沢村忠右衛門は「かや」、桂村の3名は「すあみ」である。

II-2 富山県一農家(佐伯家)の明和年間の家作とその文書

正会員 宮 沢 智 士*

1. 概 要

佐伯家は富山県西礪波郡福岡町蓑島にある。礪波平野の西北部にあたる。この平野の村落は散村として知られており、佐伯家もそのひとつの典型をしめしている（図-1）。屋敷地は3000㎡ほどあり、主屋はそのほぼ中央にたち、他の多くの例と同様に東面する。主屋のほか、門・離れ座敷・倉・作業場などの建物がある。敷地の南西北面に屋敷林が繁り、用水がまわる。用水を利用した池もつくられている。屋敷や家の規模からみて、佐伯家は上層に属する農家であるとおもわれる。

この家の主屋は明和4年「家作諸入用一巻」と題する袋と表-1・図-2にあげる5冊の所蔵の家作文書によって、明和5年（1768）に移築したものであることが知られる。家作文書の内容にはのちに詳しくふれるが、その記載に一部重複があって、すべてを独立した内容をもつ史料とすることはできない。また記載には断片的な部分もある。このため本稿では、最初に重複する部分や断片的な部分を整理し、史料の全体をつかみ、佐伯家明和年間の家作の状況、特に家作における村人の協同の様子を明らかにしようとするものである。

家作における村人の協同の状況は、民家の建築それ自身と同様に、地域的な特徴をもち、時代とともに変化しているとみられ、その地域の社会・経済の状況を反映している。またその家が属している階層によってもたいへん様相を異にしている。そしてこれらの違いが民家に豊富な地域性をもたらしているものと考えられる。

民家の家作の方法は、村人の協同のあり方に基準をおくことによって、いくつかの類型にわけることができると考えられる。本稿はその作業の一部である。

佐伯家住宅は、富山県民家緊急調査[1]の成果にもとづき、昭和45年に重要文化財に指定され、家作文書も同時にその付指定となった。本稿は主として、上記の民家緊急調査のさいにえた資料によっている。また所蔵者の佐伯有久氏、福岡町教育長堀部芳端氏には家作文書について、便宜と御教示をえた。記して感謝の意を表する。

2. 家作文書

各文書の概要を表-1に示した。これらについて説明する前に、民家の家作文書（普請文書）についてふれておこう。民家の新築・移築・改造あるいは修理にあたって、普請帳（勘定帳・見舞帳など）、見積・仕様書、絵図面・家相図、伝票類、棟札・祈祷札、建築願書などがしばしばつくられる。このうち建築願書以外は、私的な記録としての性格を強くもつ。このため記載の方法や内容に一定の形式はない。しかし記載の内容にはいくつかの傾向が認められる。このことについて、ここで特にのべないが、佐伯家文書を具体的にみてゆくあいだに随時ふれるであろう。次に佐伯家の各文書の説明にうつろう。

文書概要　文-Aは紙数30枚620筆からなる。明和5年正月20日から同年3月2日までの期間にわたって、家の代銀、人足出面・家(作)見舞、買物の支払などについて日をおって記載している。次にのべる文-B・B′、文-Cと一部に重複する記載があるが、内容はもっとも豊富で、佐伯家明和年間の家作の基本的なものとすることができよう。

文-B・B′は文-Aの後にとじられている。Bは表題

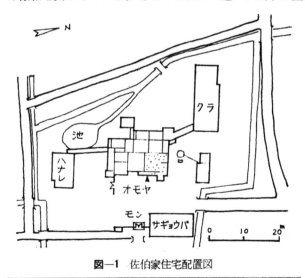

図-1 佐伯家住宅配置図

* 奈良国立文化財研究所
（昭和46年9月11日本稿受理・討論期限昭和47年6月末日）

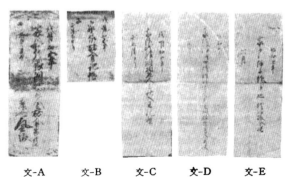

図-2 佐伯家家作文書表紙

をもつが，B′ は表題を欠く。Bは6枚62筆からなり，明和5年2月7日から9日までの3日間の人足出面を記している。B′ は10枚288筆からなり，2月7日から11日までの5日間の人足出面，川崎村に泊った人足などのほか，2月6日から9日，3月14日から16日までの間の買物等の支払について日をおって記している。文-A，文-B，文-B′ の間には一部に重複する記載がある。

文-C は5枚25筆からなる。文-A に続く家代銀の支払い，2月9・18・20日の調物代，正月から2月にかけての大工日数の記載などがある。数筆 B′ と重複する。

文-D は4枚15筆からなり，文-C に続く家代銀の支払い，2月8日から11日までの川引舟賃，3月2日から14日および4月の大工への支払い，3月14日のきやり人への支払の記載がある。数筆 B′ と重複する。

文-E は明和4年の紀年をもち，紙数5枚46筆からなり，建具・造作材料の数量とその代銀を記載している。他とは重複しない。（付資料参照）

記載の重複　以上でみてきたように，文-E は他とはまったく独立した内容をもっており，文-C，D は文-B′ とわずかに重複する箇所があるのみで問題はすくない。家代銀の支払については，文-A・C・D にそれぞれ記載があり，重複しているようにみえるけれども，実は支払を順次記しているのであって，これら3箇所の記載をあわせて，まとまった内容となるのである。重複でもっとも問題が多いのは文-A と B・B′ にみられるもので，特に2月7日から11日までの5日間にわたる期間の人足出面の部分である。いまこの部分に限って，重複の状況を日ごとに分類すると次のようになる。

イ．2月7日；出面は文-A・B・B′ の3箇所にある。名前，人数とも全部一致するから問題はない。

ロ．2月10日・11日；10日の出面は文-A と B′ とにある。名前は一致するが，人数に若干の相違がある。たとえば「一，弐人　伝助」という記載があり，この人数に違いがある。なお，A では大工の出面に付落しがある。11日の出面についても10日とほぼ同様である。

ハ．2月8日・9日；いくつかのグループに分かれて仕事をしており，出面も数箇所にある。たとえば9日についてみると，Aに2箇所，Bに4箇所，B′ に3箇所の記載がある。このうちAとB′，BとB′ のかなりの部分で一致する記載がみられるが，一方相互の記載の関係が明らかでない部分もあって，出面全体がつかみにくい。同様のことは8日の出面についてもいえる。

このような重複はなぜ生じたのであろうか。普請帳で同じ記載内容の帳面が2冊あることは他にも例があり，また記載内容の詳細を別帳に記す例もある。同じ記載が重複して2箇所にあることもしばしばみられる。これは，最初につくった帳面やメモを整理し，清書したためにほぼ同じ内容の帳面が2冊になったり，清書には整理した内容をのせたと考えられる場合があり，また明らかに錯誤によって重複しているとみられるものもある。

佐伯家の場合，文-A は文-B・B′ を整理したものとみることもできる。というのはB・B′ のほうが A より詳しい内容の部分がかなりある。たとえばAに「一，四拾弐疋　馬　別帳有」とあり，この別帳はB′ のことで

表—1　佐伯家家作文書の概要

文書記号	表題	紙数・筆数		記載内容（数字筆順）	期日	備考
文-A	明和五年正月より 家作代銀調物 惣人足諸入用当座帳	30	620	1/ 4　家代銀とその支払 5/ 32 35/584　人足出面・家見舞を日ごとに記す 33/ 34　買物の支払 585/609 618/620　家見舞に対する返礼覚 610/617　供物品（大工へ渡す）	5年正月20/22日 5年正月20/3月2日 5年2月2/3日 ？ ？	人足出面の一部B・B′と重複
文-B	明和五年正月二十日より 家作諸入用記帳	6	350	1/ 62　人足出面 63/ 88　買物等支払	5年2月7/9日 5年2月6/3月14日	一部A・B′と重複
文-B′	（欠）	10		89/255　人足出面 256/266　（内容不明） 267/311　川崎村への泊った人足覚 312/350　馬出面	5年2月7/11日 5年2月7日 5年2月8/11日 5年2月26日	一部A・Bと重複 Aの470の詳細
文-C	明和五年正月より 家作代銀調物 惣人足諸入用記帳	5	25	1/ 4　家代銀とその支払 5/ 17　調物（釘・筆・竹など）代 18/ 24　大工日数（断片的記載） 25　家買の人足	5年正月22/2月7日 5年2月9/20日 4年12月/5年2月7日 5年正月20/21日	
文-D	明和五年二月より 家代銀并口銭川引運賃調物 飯米等入用帳	4	15	1/ 2　家代銀とその支払 3/ 8　口銭・舟賃の支払 9/ 11　きやり人への支払 12/ 15　職人への支払	5年2月7日/4月7日 5年2月8/11日他 5年3月14日 5年3月2/14日他	
文-E	明和四年六月 家戸障子作事廻り代銀振分帳	5	46	1/ 46　建具・造作材料の数量と その代銀	4年6月	

あり，馬42疋の内容を詳しく記している。しかし，B・B′にあるのにAにない記載があり，その反対の場合もある。また記載の日付はAがB・B′にくらべて早く，Aにオリジナルな記載も多いから簡単にきめることはできない。それでは他にどんなことが考えられるか。記されている出面の日付がBは2月7日から9日，B′は7日から11日に限られていること，この期間は後にのべるようにちょうど川崎村から解体した家を運んでいるときであり，人足も川崎村へ行くもの，残って仕事をしているもの，その他があって，いくつかのグループにわかれているから，この期間のため特に補助的にAのほかB・B′の帳面をつくり，出面の煩雑なのを記録した。そして，これらをAに整理し記載したが，一部に整理が出来なかったり，誤った記載があったのではなかろうか。

文書の性格　次に記載の内容から家作文書の性格をみると，文-Aは勘定帳・人足帳・見舞帳，Bは人足帳，B′は人足帳・勘定帳，C・D・Eは勘定帳と考えることができる。そしてこれらの文書は，村人の手伝人足の出面，家見舞について特に詳しく記録していることにひとつの特徴をみる。すなわち文-Aから文-Eまでの全体で筆数は1056筆で，このうち200筆ほどの重複があるので，実質は850筆ほどとなり，この80%以上の筆数を人足出面，家見舞の記録でしめているのである。このような特徴はなにも佐伯家の場合に限られたことでなく，近くの富山市浮田家の文政7年（1824）の家作文書[2]にもみられ，かつて紹介したことのある新潟県中魚沼郡中里村の広田家の享和3年（1803）の文書[3]にもみられる。大阪や奈良など近畿地方先進地帯の，このころの家作文書が収支決算簿として，つまり勘定帳の性格を強くもっているのが一般的であるのとくらべると，佐伯家や浮田家，広田家の場合は人足帳・見舞帳としての性格が強く，この傾向は北陸地方農村地帯の上層民家の家作文書にみられる特徴ではないかと推定されるのである。このことについては現在多くの資料をもちあわせていないが，さらに資料をあつめたいと考えている。

ところで上記のような家作文書の特徴は，当然家作自体の特徴を反映していると考えられる。次に家作の内容をみてゆくことにしよう。

3．家　作

佐伯家明和年間の家作は新築でなく，古家を買いもとめ，これを移築したのである。その家は川崎村（現西砺波郡福野町）の三之助のものであった。川崎村は佐伯家が所在する養島から小矢部川の上流10kmほどのところにある。（図-3参照）

日程　家作は明和4年6月には始まっている（文-E，家作諸入用一巻と題する袋）。家を買う仲介は水野宮村の長兵衛がやっており，明和5年正月20・21日の両日に，この長兵衛と大工をともなったあわせて5人の村人が家を買いに川崎村に出かけた。続いて23日，24日には家をたてるため屋敷内の整理，27日から翌2月1日にかけて整地を行ない，この間に，これからの工事中の生活の利便のために雪隠をつくった。2月7日からは大工2人と多くの村人の手伝人足が川崎村に行き家の解体と部材を運びだす用意をした。9日から部材を舟につみ小矢部川を下った。この運搬は13日まで続く。この間，大工と手伝人足のうちの数人は川崎村に泊りこんで仕事をしている。一方家をたてる佐伯家では2月13日から本格的な工事にかかる。13日にはこれまで住んでいた家を取りこわした。16日から18日までの3日間はきやり人が入っているので，この間に地突・石場勝など基礎工事をしたものとおもわれる。村人の手伝も18日がもっとも多く，一人びとりの名前を記さず，人足凡100人としている。この日に盛大な儀式的な行事が行なわれたのであろう。上棟した日の記載はないが，屋根葺を2月28日に行なっており，3月1日には屋渡り（屋移り）があり，新になった家に移り住む儀式を行なっているので，2月28日までには上棟しているはずである。村人の手伝はこの間毎日あり，家見舞もほぼ毎日あった。これらの記載は3月2日に終る。大工は正月20日の家買いから屋渡りが終ったのちの3月14日まで入っており，しばらく間をおき，4月になって再び入っている。

表-2　家作費用の内訳

家　　代	銀1貫500匁	舟　　賃	銭5貫 60文
家買口銭	60匁	大工手間	3貫170文
建具代	311匁	きやり人代	150文
造作材料代	676匁	諸品買物代	4貫131文
小　　計	銀2貫547匁	小　　計	銭12貫511文

家作の費用　文書に記されている家作に関する費用を合せると，銀2貫547匁と銭12貫511文となる（表-2）。これを金に換算すると約45両である。ただこの家作にかかった費用がもれなく記入されているかというと，たとえば調物代や釘代に数量のみ記入してあり，金額の記入のないものがあり，また記帳が十分に整っていない部分があるので，若干の付落しがあると考えられ，家作にかかった費用は上記の金額をいくぶん上廻るであろう。しかしいずれにしても，家代が銀1貫500匁で全額の約半分をしめ，これに建具・造作材料を加えた材料代は全額の9割をこえるものになっている。

大工等職人　大工として名前がみえるのは，福岡町の甚十郎・甚右衛門，矢部村の喜左衛門の3名である。甚十郎は，明和5年正月20・21日の両日川崎村へ家買いに行っており，喜左衛門は正月末から2月初にかけて仕事をしている。この2人は2月7日から10日まで川崎村へ泊りこんで仕事をしており，前にのべたように村人の手伝もこの時に行っているから，移築する家を解体し，その指導的な立場にあったとおもわれる。甚右衛門

については出面の記載がないので具体的なことはわからない。

大工は家作において主役の役割をはたす職人であり，出面はもっとも多く，仕事の始め，上棟，家の完成したときなど節々の儀式において受けとる祝儀も多いのが普通である。佐伯家の文書には儀式の具体的な様子は記載されていないが，供物品として次の品々を大工に渡したことが記されている。鏡・赤飯・盃かわらけ・御酒・干いか・大根・こんぶ・へい・ぬさであり，これらはおそらく上棟にさいして供えられた品々であろう。

このほか職人とみられるものに，古戸出村の三右衛門が3月2日から6日まで仕事をしており，戸出村の久次郎は6日から11日まで，中之宮村の甚右衛門は2日から14日と4月1日から6日まで仕事をしている。彼らはいずれも1日につき70文を受けとっており，仕事をしている時期は屋渡りののちであるので，造作にあたった大工かあるいは左官など他の職人である可能性もある。またきやり人の福岡町の平四郎は2月16日から18日までの3日間で，150文を受けとっている。このほか，川崎村から佐伯家に家の世話をした長兵衛はその口銭（手数料）として銀60匁を受けとっている。これは家代の4％にあたる。

材料の運搬　部材の運搬は主に舟・馬によった。舟は小神村覚助の長舟6艘をたのんで小矢部川を下り，津沢村での川越にはこの村の又四郎の舟を2月8日から10日までやとった。このほか2月10・11日の2日間，福岡町平右衛門と又七のいくりと称する小舟をやとった。舟賃は長舟1艘について600文と飯米1升宛であり，この舟には水子（舟頭）が2人宛乗り，彼らには飯米2升宛を支払った。津沢での川越舟賃は3日で520文，いくり舟賃は1日につき70文であった。

馬は村人各自がもつものであり，手伝人足と同様，賃金を支払った記載はない。文書にあらわれる馬は，川崎村へ部材を運びに行なったもの42疋，壁土を運んだもの3疋となっており，この場合，人足を伴っている。

4. 村　　人

家作における村人の役割は三つにわけることができる。その一は手伝いとしての労力の提供であり，その二は家見舞として物品を贈ることであり，その三は家作における節々の儀礼に参加し，精神的な援助をすることである。村人の家作に対する協力が金銭的な関係で成立っているものでないことは重要な特徴とみなせよう。佐伯家の家作文書にもこのような村人の名前がひじょうに多く記されている。その数は佐伯家が所在する蓑島の周辺約40箇村からあわせて400人ほどにのぼっている。

村人の仕事　村人の手伝人足としての仕事を家作文書からひろうと，屋敷内の整理，整地，排水の溝掘り，壁土運び，川崎村へ行って家の解体とその部材の運搬，

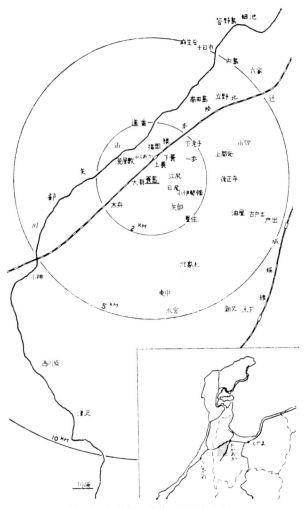

図―3　佐伯家の家作に関係した村々

もと住んでいた家の解体，屋根葺，屋移りなどがある。文書には仕事の内容を記さず，単に「人足」と記しているものも多く，家作の日程や人足の人数から判断すると，仕事の内容として地形や家の組立てもあったとおもわれる。人足の人数は2月18日（地形か）の凡100人を最高として，2月8日から11日（家の解体と部材運搬），16日・17日（地形か），27日・28日（屋根葺），3月1日（屋移り）のときは20人を越している。

家見舞　家作文書によると，家見舞として贈物を持ってきた村人は37箇村から100人で106回と数えられる。2回きたものは6人ある。その期間は2月5日から屋渡りのあった3月2日までのほぼ1ヵ月間で，見舞のもっとも多かったのは2月18日で40人となっている。贈物は酒がもっとも多く，73人がもってきている。次がタラ（干鱈・開鱈・上鱈など）で27人，次がモチで9人となっている。このほかハモ・モチ・上茶・イカ・塩引・ウドンほかがあり，ほとんどが食料品である。1人が持ってくる品数は1種のもの71人，2種のもの27人，3種類のもの3人となっている。

この家見舞で特徴とおもわれる点は，1）品物は食料品が多く，建築の材料が少ないこと，2）村内（蓑島村）やすぐ近くの上蓑・江尻・矢部・小伊勢領の各村から贈

物を持って家見舞に来ている人がすくなく，むしろ遠方の村からの人が多い。これは手伝人足が近くの村から多くきているのと対照的である。

上記のことや文書の内容を考えあわせると次のようなことが推定される。すなわち，贈物を持ってきたのは，佐伯家と親類であったり，特に関係の深い家であって，一般の村人は，村内のものまでふくめて家見舞として上でのべたような贈物をしていないらしい。ただし，村人がまったく品物をもってきていないかというと，それは疑問である。たとえば2月18日には人足の名前を記さず「人足凡100人」としているのは，この日には関係する村人はすべて手伝いに出る慣習になっており，特に名前を記す必要がなかったというようなことが考えられるのであるが，これと同様にたとえば，この日に村人がみな縄をもってきたが，それはあたりまえのことで，特に記していない可能性もある。

次に佐伯家では，手伝いや家見舞の返礼として，赤飯・酒・干鱈などを16人の村人に配った。配った先は，手伝人足として多くの日数きた人と，これにまじって手伝の日数のすくない人がある。これらは佐伯家と特に関係の深い家とみるべきであろう。

5. むすび

これまでもしばしばのべたように佐伯家の家作文書は村人に関する記載に多くをあてている。新築でなく移築工事であるという事情もあって，大工等職人に関する記録はすくなく，また支出に関する記載もあまり多くはない。このことは家作のあり方，さらに経済・社会状況をそのまま反映しているのであって，おそらく佐伯家に限られたことでなく，この地方では一般的なことであったろう。

ところで佐伯家の家作は相互扶助的な村人の多くの労力によって行なわれたのであるが，大阪や奈良など近畿地方の先進地帯，なかでも町場の場合，江戸時代後期では村人や町人の相互扶助的な労力は少く，これにかわる労力提供者として，職人としての手伝が存在している。大阪府柏原市の三田家の明和年間の家作[4]の場合をみると，佐伯家で村人がやっている仕事とほとんど同じ仕事を職人としての手伝が受持っている。

佐伯家と三田家の例は近世民家の家作のあり方を村人や町人の労力提供という観点からみた場合，その両端を示すものであって，他の多くの家々の家作はこの中間の形をとると考えられる。このようにみると，佐伯家の家作文書は，前にあげた新潟県の広田家のものとともに，

表-3 人足出面・家見舞一覧

日付		内容
正月20・21		大工甚十郎・取持人長兵衛ら川崎村へ家買い
23・24		屋敷内の木扱ぐ
28		ふみ土だす・雪隠たてる・人足1
29		地盛人足8
2月1日		地盛人足6
2		壁土運び　人足4・馬3
5		川掘人足6×0.5/家見舞3
6		家見舞1
7		川崎人足18（うち大工2）/泊り人足7
8	A	人足43
	B	人足18
	B'	人足28/人足32（前項と重複あり）/泊り人足14/帰人足29
9	A	川崎人足36/木上げ人足11/舟1
	B	川崎人足7/加賀人足5/舟人足3/舟かすき人15
	B'	人足36/人足33（前項と重複あり）/木上げ人足10.5/泊り人足10/帰り人足25
10	A	川崎人足18（うち木工2）/人足2
	B'	川崎人足19/内人足2/泊り人足4/帰り人足11
11	A	川崎人足12.3/内人足15.5/家見舞2
	B'	川崎人足12/内人足22/人足6（うち舟人足4）/泊り帰り人足4
12		川崎人足10/人足5+9×0.3/いぐり2・長舟1
13		家こにし6.5/川崎人足（舟引）4/長舟1/家見舞1
14		人足7.5（うち米橋1）
15		人足15/家見舞6
16		人足28/家見舞10/きやり
17		人足　/家見舞4/きやり
18		人足およそ100/家見舞40/きやり
19		人足8
20		人足4.5/家見舞3
21		人足6×0.5/家見舞6
22		人足7×0.5+3
23		人足12/家見舞8
24		人足1.5
25		人足14
26		人足11/川崎人足4/馬42
27		人足（屋根ふき？）21.5/家見舞10
28		屋根ふき人足30
29		人足4
3月1日		屋渡り人足27.5
2		人足4/家見舞15

村人が相互扶助的な絶大な労力を提供するという家作のあり方を示す好個の資料とみなせよう。

（注）
1) 富山県民家緊急調査1969年実施。奈良国立文化財研究所担当。『富山県の民家』'70.2
2) 浮田家文書　文政7年「家材木弁品々留帳」富山県指定文化財
3) 広田家文書　享和3年「家作普請衆中覚帳」宮沢「新潟県の一民家の普請とその衆中」物質文化 No.8 '66.10
4) 三田家文書　明和3年「大工方左官屋根屋『手伝諸事覚帳』『普請中祝儀諸事覚帳』『普請方買物借り物諸事覚帳』住宅とともに重要文化財指定。三田家の普請や「手伝」については別の機会にのべたいとおもう。

付　資料（文―Eの全文）

表紙-オ
明和四年　六月
家戸障子作事廻り代銀振分帳

1-オ
一、座敷　　奥之間
一、唐紙三間
　敷かもい共
　代六拾目
一、しやうじ弐枚　同南之口
　敷かもい共
　代拾弐匁
一、戸弐枚　　同所
　戸袋共
　代拾五匁
一、戸三枚　　口之間南
　代三匁五分
一、しやうじ壱枚　湯とのむしこ敷かもい
　代壱分五匁

1-ウ
一、戸弐枚　　口之間東口
　敷かもい共
　代拾弐匁
一、戸四枚　　おへ中戸
　敷かもい共
　代四拾
一、天井弐間之分
　代弐拾五匁

2-オ
一、戸四枚　　おへにわ之仕切
　敷かもい共
　代拾八匁
一、しやうじ三枚　敷台口
　敷かもい共
　代弐拾弐匁
一、さやの間戸　同上ニアル
　代弐匁
一、切戸壱枚　　座敷おえゑん境前口
　代三匁
一、戸壱枚　　にわ東口
　但六尺戸ひらき
一、戸壱枚　　馬屋口
　代拾八匁
一、戸弐枚　　にわゟ茶之間あがり口
　代拾八匁
一、戸弐枚　　惣戸
　代五匁

2-ウ
一、さま戸弐枚　奥にわ境
　代八匁
一、あま戸三枚　敷台口
　代拾五匁
一、弐間弐尺之間　同所切目ゑん板
　すけた
　代五匁
一、六尺之間　座敷東口
　切目ゑん
　代三匁
一、六尺間之間　前座敷ゟにわ迄
　柱拾壱本　けた　土たいたる木其外品々不残
　代六拾目
一、敷板拾七坪半　座敷おへ共
　但敷持共
　代五拾五匁
一、ぬかし四尺九尺之間不残
　但小しやうじ三枚有也
　其外品々
　代七匁
一、しやうじ壱枚上方壱間
　中戸
　敷かもい共
　代拾三匁
一、戸壱枚　　おへ之西
　しやうじ壱枚上方壱間
　代弐拾目
一、南ゑん三間半　座敷南口
　かこ湯とのせらん
　九尺ノゑん敷板

3-オ
一、あま板拾七坪　座敷おへ共
　代三拾五匁
一、座敷弐間共
　七本柱　拾五間なけしけた□□い　ぬ木指物はり
一、八本　　おも柱　五四
　代六拾五匁
一、拾三間之間ひら物四分　七五

3-ウ
一、三間半三間　にわ
　但中かこい柱腰板
　おへ□小にかい柱はりゟ
　石場迄不残
　代弐百三拾目
一、弐本　　けた
　一、拾六丁　はり　弐十五
　一、三本　　中すミ　九
　一、弐本　　はりま物　十
　一、壱本　　はしら　三十
　一、こやぬ木　こやつか不残　十七

4-オ
一、三間九間　かしや分
　代三拾五匁
一、同断
　代六拾目
一、ふきかや
　代弐拾目
一、四百四拾壱匁
一、五百四拾六匁　家□代　図り立
〆九百八拾七匁　無用物代

内
三百拾壱匁　戸しやうじ
　四十三本　敷かもい共代
七拾目　　　天井敷板
八拾八匁　　敷持代
五百拾八匁　二方ゑん廻り代
五百八匁　　家代二当り

Ⅱ-3 奈良県
上田家住宅復原平面図

入 ネマ ダイドコ ニワ
ザシキ シモザ ウマヤ

フロ
内ニワ ダイドコ ゲヤナンド
ナンド
マヤ 外ニワ ゴゼン ツギノマ オザシキ トコ

Ⅱ-4 福岡県
浅田家住宅平面図
'72.10.8

ザシキ
ザシキ ブツマ チャノマ ダイドコ

Ⅱ-5 新潟県
間藤家住宅平面図

II-3 奈良県吉野町の一農家の普請

——上田龍司家住宅の安永年間の普請——

まえがき

ここでとりあげる上田家は、奈良県吉野郡吉野町山口に所在する農家である。吉野町上市から龍門岳（904m）の南側の谷間を通って宇陀に通じる街道ぞいに山口の集落はある。

上田家は街道のすぐ近くに敷地をもち、主屋を中心として、正面に桧皮葺の薬医門がたち、周囲を土蔵や土塀がとりかこみ、上層に属する農家であることを示している。この家には安永2年「本家普請諸入用記」と表書きのある普請帳や同じ年号の上棟木槌があって、主屋はこのときの建築であることが知られる。主屋の規模は桁行七間、梁間四間、間取は馬屋をふくむ土間と、シモザ・ザシキ・ダイドコロ・ネマの六畳四室からなる四間取である（平面図―前頁）。屋根は入母屋造、茅葺であったが、最近この上に鉄板をかぶせた。構造は部屋の四隅に柱をたて指物で固める構法である。

上田家の間取や構造はこの地方の江戸時代後期の農家に普通にみられるものであり[*1]、その普請は、この地方における民家普請のありかたを示す好例であると考えられるので、上記「本家普請諸入用記」（以下「入用記」と略す）をもとにそのあらましをのべよう。

1. 普請の日程

釿初（ちょうなはじめ）は安永2年11月9日に行なわれた。この日に上田家普請は正式に始まったことになる。「入用記」の表紙には、安永2年霜月吉日と書いてあるから、入用記は釿初にあたってつくられたのであろう。大工仕事は年が明けた安永3年正月末から本格的になり、2月13日に石つき、3月2日に地組（ぢぐみ）が行なわれ、3月3日には棟上げが行なわれた。3月9日から15日にわたって屋根を葺き、4月8日に新宅へ移り始めの運びとなり、15日には移り終った。大工等職人の仕事は4月19日でいったん打切られた。その後秋8月から再び大工が入り、12月まで仕事は続く。この期間に雑作などの工事が行なわれ、年内に完成したのであろう。

2. 普請の費用

この普請にかかった費用は、銀1貫334匁6分9厘としるされている。この内訳は次表の通りである。

安永年間上田家普請の費用内訳

	匁分厘		匁分厘
大工手間	銀 614.9	木・板代[*]	銀 88.
木 挽	銀 284.3.1	竹 代	銀 14.5
屋根屋	銀 49.5.4	釘 代[*]	銀 66.
左 官	銀 17.6	小 計	銀 168.5 12.6%
石 屋	銀 13.2		
日 用	銀 12.6.5	大工道具代	銀 9.5.2
（不明）	銀 38.7	酒 代	銀 16.5.5
小計	銀 1,032.9 77.5%	棟上買物等	銀 12.9
		小 計	銀 38.9.7 2.9%
棟上祝儀[*]	銀 21.8		
指図代	銀 8.	合 計[*]	銀 1,270.1.7 95.2%
小計	銀 29.8 2.2%	不足分	銀 64.5.2 4.8%
		総 計	銀 1,334.6.9 100.0%

（注）＊印は入用帳に欠損があるため、実際の額はさらに増えるとみられる項目。不足分は64匁5分2厘で全体の4.8%にあたる。

普請に要した費用のうち、77.5%が大工など職人の手間であり、建築資材の購入に要した費用は13%ほどに過ぎない。材木、かやなど多くの資材を自給自足している。上田家の本屋は約28坪であるから、坪当りの費用はほぼ銀48匁である。参考までにしるすと、この普請では大工手間は1工が銀2匁3分、米は1石が銀6匁ほどであるから、坪当りの費用を大工手間に換算すると約21工、米では8斗ということになる。

3. 職 人

a) 大工　棟梁をはじめとする大工は、山口村の西南5Kmほどのところの尾仁山村、および吉野川対岸にある飯貝村から来ている。前にのべたように釿初は安永2年11月に行なわれているが、大工仕事が本格的になったのは翌年正月末からであり、以後4月19日までの約三カ月間、集中的に仕事は行なわれた。この間、大工は四人がかりで、延工数は223工となっている。坪当りの工数は、建坪を28坪とすると、8工弱となる。

ところで4月15日に新宅へ移り終っているから、大工仕事がいったん打切られる4月19日までには、一応竣工をみたものとおもわれる。この後8月半にいたるまでの夏の間、四カ月間は仕事は行なわれず、8月18日から再び仕事が始まり、10月10日までと、その後12月の後半にとあわせて三人の大工が、延64工働いて

いる。前に記したようにこの期間にはおそらく雑作等の仕事が行なわれたのであろう。この分をあわせると坪当りの大工手間は 10.25 工となる。

b) 杣木挽　安永2年7月から入っており，この年のうちに二人の木挽が，あわせて71工働いている。このうちの一人は翌年，大工とほぼ同じ期間に入っており，3月12日までの間に44.5工働いている。木挽の手間はあわせて115.5工となり，坪当り4.1工ほどである。

c) 屋根屋　左次兵衛組と磯八組と称する二組の屋根屋あわせて五人が，3月9日から15日（14日は休）までの間に仕事をしており，その手間は延27.5工となっている。建坪当り約1工である。

d) 左官　4月2日から9日までの7日間とこのほか2日働いている。左官は一人である。

e) 石屋　仕事をしている期間はわからないが，石屋は4工で13匁2分の賃金を受けとっている。

f) 職人の賃金　手間賃は1工につき，大工・杣木挽は2匁3分，その弟子は1匁8分，左官は2匁，屋根屋は1匁8分，石屋は3匁3分である。手間賃のほか，大工と杣木挽は祝儀を貰っている。職人にとって祝儀は大きな収入のひとつであった。棟上（安永3年3月3日）のさいの祝儀は次の通りである。

棟上げの祝儀

大工棟梁源六	銀8匁6分		
大工　作兵衛	銀4匁3分	酒一本　もち	飯中重一重
大工　午次郎	銀4匁3分	酒一本　もち	飯中重一重
源六弟子源蔵	銀4匁3分		
杣木挽　久七	銀4匁3分	酒一本　もち	飯小重一重

このほか大工棟梁は指図代として銀8匁を受けとっている。

g) 職人の生活の一例　職人の生活の一端を知る手がかりとして，杣木挽久七の場合をとりあげよう。

久七は，安永3年正月23日から3月12日昼までの間にあわせて，44.5工（1月5.5工，2月28.5工，3月11.5工）働いている。したがって，この間に休んだのは2日半である。1工あたりの手間賃は2匁3分であるから賃金はあわせて104匁6分5厘であり，この賃金の清算は仕事が終ってから二カ月後の5月に行なうのであるが，それまでの間に久七は前借りというかたちで，銀と米とを数回にわたって受けとっている。すなわち，仕事を始める以前の12月29日に5匁，次は仕事が始まって間もない2月4日に2匁，次は15日に10匁，3月12日までのあいだに1匁2分，1匁，4分と3回，最初からあわせて6回，19匁6分を受けとり，また2月11日，21日，3月1日とほぼ10日おきにそれぞれ米を1斗，2斗，2斗とあわせて5斗受

けとっている。5月の清算のときには，この前借りの19匁6分と米代29匁を差引いた56匁5厘を受けとった。

上でみるように杣木挽久七は小出しに前借りをしているのであるが，その銀と米は家族の生活にあてられたものであろう。米は10日間に2斗，1日平均2升となるから，米の消費量を1人1日に5合とすれば4人，4合とすれば5人，3合とすれば6〜7人の家族ということになる。当時はいわゆる盆暮勘定で，年に二回の清算が一般的であったが，職人の生活は年2回の勘定で生活できるほどゆとりがあるものではなかったことがわかる。上田家の普請帳によると，杣木挽に限らず，大工もほぼ同様の状態であったことが知られる。

4．村　人

村人の普請への協力は，山からの木出しなど労働力の提供と普請見舞の品々を贈ることであった。

a) 木出し　木出しは村人の共同作業として行なわれた。入用記に記録されている木出しは，安永2年8月14日から翌3年2月5日にいたる間にあわせて7回ある。労をねぎらって酒を振舞うこともあった。

木出し一覧

年月日	山名	村人	日用	内	計	備考
安永		人	人	人	人	
2. 8.14	西谷山	14	3	4	21	酒を振舞
2. 9.21	嶽	14	3	3	20	酒を振舞
2. 9.22	カンサ山	16	3	3	22	半日
2.10. 3		2	3		6	半日
2.11. 3	佐惣山	11	3	3	17	酒を振舞
2.11. 8		8			8	
3. 2. 5		5	2		7	

山からの木出しを一覧にしたのが上表であるが，ここで注目すべきは，村人のほか「日用」と「内」とが，村人とともに木出しに加わっていることである。村人の労力は相互扶助的な協同作業であるのに対し，日用は手間賃を受けとっているのである。日用3人の毎回の顔ぶれは同じ人たちであり，その名前は職人である杣木挽と同じであるから，ここでいう日用は杣木挽であるとおもわれる。「内」は，家族あるいは下男等使用人で，村人とは別のわくで出ているのであろう。

b) 普請見舞　村人は普請見舞の品々を持ってやってきている。その期日は明らかでないが，石突きから屋根葺きまでのころであろう。村人がやってきた村々は30カ村ちかくにのぼり，村人の延人数は185人である。村の範囲は，上田家が所在する山口村を中心として6Km以内の距離にある村々が大部分であるが，遠くは土佐（高市郡高取町）からも来ている。特に近くの平尾・西谷・香束・佐々羅・志賀・峯寺からは多くの村人が

来ている。これらは2Km内の距離に入る村々であるが，これより遠い村から来ている村人は1～3人程度である。おそらく親類や縁者であろう。

見舞を持ってきたもののなかには寺が5カ寺，村の庄屋，矢治村庄屋があり，さらに次の記載にみられるように中坊領の15カ村庄屋中も来ている。これは上田家の家格の高さを示しているものであろう。

「 一，素麺三十把　　　　中坊様御領分
　 一，平樽酒五挺　　　　　十五ケ村庄屋中
　　　　四升入　　　　　　　　　　　　　」

見舞の品々のうちもっとも多いのは縄で98人が持ってきており，次が酒で43人，以下飯・赤飯22人，麺類10人，金銀(貨幣)10人，重箱8人と続き，このほか竹・釘・紙などの材料，煮〆・おはぎ・とうふ・したしものなど食物のほか扇子などがある。

ところで，村人は普請見舞を持ってきただけで手伝いはしなかったのであろうか。入用記には，村人の手伝いは木出しについて記録されているだけである。他の手伝いの記録は見あたらない。しかし，たとえば屋根葺にしても職人の手間は建坪当り1工であるし，左官手間はわずか9工であるから，これで屋根葺や左官仕事が全部まかなわれたとは考えられない。普請にあたって，村人が縄を持って手伝いに来ることは最近まで一般的なことであり，この家の普請の場合も，棟上げや屋根葺きなどに村人の手伝いがあったことは当然推定されるのである。ただし，これに関する記録はない。

むすび

入用帳を資料として，上田家の安永年間の普請を分析したが，この普請はこの地方の中堅層農家の普請のあり方を示しているものと考えられる。この特徴を次にあげてむすびとしよう。

(1) 普請の主要な部分は春さきに行なわれ，農繁期は仕事を休み，秋に再び雑作が行なわれている。
(2) 普請に要した費用は大工など職人の手間を除くとひじょうに少なく，建築資材の大部分を自給自足している。
(3) 普請は村人の木の切出しをはじめとする労働力の提供，普請見舞の品々をもってくるなど相互扶助的な協力によって行なわれている。

*1 奈良県文化財調査報告　第13集「民家緊急調査報告書」
　　昭45　奈良県教育委員会

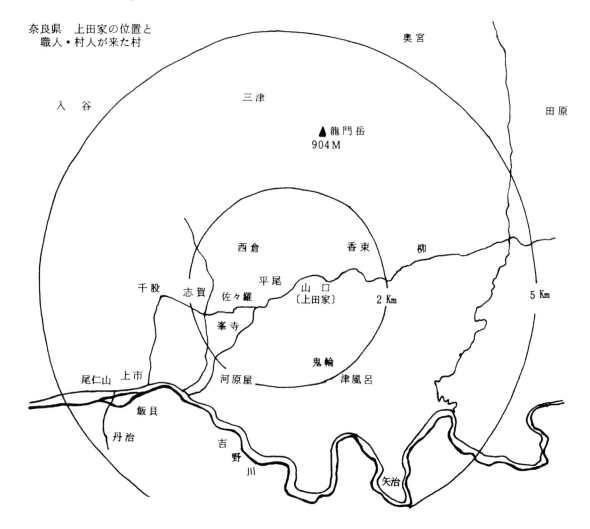

奈良県　上田家の位置と職人・村人が来た村

II－4　福岡県の一農家の普請について

――― 浮羽郡吉井町西延寿寺浅田家住宅の嘉永年間の普請 ―――

1.　概　　要

　吉井町は，福岡県の南部地方にひろがっている筑紫平野の東端近くに位置する。福岡市の南東約45Km，久留米市の東方約25Kmのところにあって，南に水縄山地をいだき，北に筑後川流域に開らかれる水田地帯をのぞむ農村である。浅田家が所在する西延寿寺の集落はちょうど平野部が山地にさしかかる位置に立地する。

　さて，有明海にのぞむ筑紫平野の西部は佐賀県に属し，この地方にはいわゆる「くど造り」の民家，すなわち棟をコ字形につくり，雨水を谷の部分に集めて流す屋根形式の民家が分布し，その本拠地として知られている。一方筑紫平野の東部は福岡県に属し，この地方にもやはり棟をコ字形とした民家が分布する。しかし同じく棟をコ字形としながらもその形式は両地域で相違がみられる。この点については別に論考があるので詳しくのべないが，その要点をしるすと，佐賀県側のものは背面に谷をもつのが主流であるのに対し，福岡県側のものは前面や側面に谷を持つものが多く，また棟をコ字形とせず，たんに鍵屋とする家も多い。

　浅田家住宅の現状は鍵屋である。すなわち，寄棟造妻入・草葺の主屋の側面に座敷を突出させた鍵屋である。間取は棟通りで左右にわけ，左側に土間ニワ，右側にチャノマとダイドコロを前後に配し，チャノマの側面に座敷が突出するもので，土間ニワの側面には全体にわたって幅1間半の瓦葺の下屋をおろし，この部分の前半部は地面を掘りさげたウマヤ，後半部は主屋と一体となった広い土間である。また鍵屋の入隅，すなわちダイドコロの側面で，座敷の裏手にあたる部分に下屋をおろし部屋を配す（183頁 平面図参照）。

　浅田家をここでとりあげる理由は，当家は嘉永2年「普請に付加勢幷諸品一式控」（横長帳，美濃紙，紙数50枚）と題する普請帳（以下普請帳とよぶことにする）を所蔵し，そこには職人の出面とその作料の支払，村人の労働力や諸品の加勢，普請にさいして必要な品々の買物等について詳しい記載があって普請の概要を知ることができるからである。

　九州地方で現在知られている普請帳は比較的少なく，浅田家のものは記載内容が詳しく参考になる。この普請帳を史料として，普請の日程，職人の手間・賃金，村人の加勢の状況など普請のあらましをしるし，この普請の特徴を明らかにし，あわせて普請帳の記載から建物の屋根形式を復原的に考察する。[1]

2.　普請の概略と工程

　浅田家は，普請当時，古賀姓を名のっていた（現在本家は古賀姓である）。嘉永2年の普請にあたって，新しい敷地をもとめ移ったのである。この時この敷地を「富米屋敷」と名付けた。これが現在の浅田家の屋敷である。

　普請帳には嘉永2年から同7年にいたるまで，6年間にわたる普請に関する記載がある。この期間，断続的ではあるが普請は続いていた。

　浅田家の普請は多くの村人の協力のもとに進められた。普請は嘉永2年3月18日の道作り[2]にはじまり，19日の道具出し（木出し）[3]　20日のコヤイリ，地形なおし（整地）と続いた。5月4日に地形突，5日に石すえ，8日に上棟の運びとなった。15日にはさす立て，やなか（竹）結い，たるき結いが行なわれ，18日には草ぶきの屋根葺きが始まり，20日に葺き終った。この間村人の「加勢」はあわせて313人にのぼった。

　屋根葺きののち，約二カ月の間は職人が入っておらず工事はストップしている。おそらく農繁期にかかったのであろう。農繁期になる前に屋根葺が終るように工程が組まれたものと考えられる。再び大工等職人が入ったのは7月18日から，つまり盆がすんでからである。11月までの間に壁工事が行なわれ，また湯殿が建てられた。次に職人が入るのは翌嘉永3年2月からで，土塀[4]（堆肥小屋）が3月までの間につくられた。4月，5月と二カ月の休みののち6月と7月に仕事が行なわれた。おそらく最後の造作の仕上げが行なわれたのであろう。旧宅での最後の盆をすませ，7月18日には新になった家に移ったのである。嘉永2年3月に工事を本格的に始めてから1年4カ月目にあたる。この後，嘉永5年に土蔵が上棟し，さらに嘉永7年には座敷が整備され，新しい屋敷はすっかり整のったものと考えられる。

3.　村人の加勢

　村人の普請への協力は，労働力の提供と品物を贈る

この普請の上棟までにかかった大工は11人であるが，10日以上の出面を数えるのは7人，この大工を中心として仕事は進められたとみてよいであろう。

　b）職人の賃金

大工手間は1工につき1匁8分が基準である。大工9人のうち，1匁8分のものは5人で，他はこれより低く，1匁6分が1人，1匁5分が2人，1匁2分が1人となっている。

ところで，この普請の手間で注目されるのは，嘉永2年3月20日から4月1日および，5月2日から17日までの手間については1工につき1匁8分を基準として支払われているのに，この間の4月2日から閏4月をへて5月2日までの分については1工につき3匁を基準として支払われている。両者の間に1匁2分の差がある。手間が基準より低いものについても差は一率に1匁2分である。これまで大工の手間についてのみみてきたが，屋根葺・木挽も基準の手間は大工同様1匁8分である。ところで，1匁2分の差が何を意味するか。普請帳を注意してみると，木挽の太吉について
「五月十一日

一、七人　　　　　　太吉

　内弐人加勢夫

　〆五人　手飯二日　晴三日分

　　代拾壱匁四分　相渡　　　」

とあり，また「手飯分三匁」との記載がある。そして，太吉の5工の賃金が11匁4分であるのは，

$$3匁/工 \times 2工 + 1.8匁/工 \times 3工 = 11匁4分$$

であることが知られるので，「手飯」は職人が食事を自分持ちの場合であり，この場合賃金は手間と飯料をあわせた3匁であり，晴が付く場合は1匁8分である。両者の差1匁2分は晴料であることがわかる。[*5] すなわち，浅田家の普請では，4月28日から閏4月をへて5月2日までは大工に晴が付かなかったことを示している。この理由は明らかでないが，この時期がちょうど農繁期であるのと関係あるかも知れない。

賃金の支払は貨幣である金，銀のほか，米で比較的小きざみに何回にもわけて行なわれている。

　c）祝　儀

職人の収入には賃金のほか祝儀がある。浅田家普請では上棟の日に祝儀が出た。その額は職人20人に対しあわせて銀40匁5分であった。大工棟梁・木挽棟梁格のものには銀5匁のほか，反物や酒・餅等がでた。祝儀の額は，平職人についてみると大工が高く，木挽・屋根葺・石組等の職人は低い。大工は普請の期間を通じて働く日数が多く，民家普請の主役であることを示している。

5. 材　料

近世の農家の生活は自給自足を基本としていたから，普請の場合も特に購入しなければならないもの以外は自給した。浅田家の場合も，木材は山から多くの村人の加勢によって運搬した。この木材は大工によって木取りされ，木挽が製材した。木材を購入した記載はみあたらない。購入した材料は釘20匁3分と屋根葺材料である竹・麦柄・茅・藁であった。普請帳にしるされている屋根葺材料を購入・加勢・自給の区別によって表に示す。ただし，これが屋根材料全体であるかいなかは疑問である。[*6]

ここで一つ注意してよいのは，屋根葺材料として，麦柄・茅・藁を用いていること，この合計を1,016把としており，麦柄が最も多く全体の68%を占めていることである。浅田家ではこれらの資材はすべてを自給することはできず，購入している分も多い。購入先は，その名前に加勢に来ている者がみえるから，ごく親い間柄のものであったとおもわれる。

祝儀の各職種ごとの人数とその額

祝儀の額＼職人人数	銀5匁	3匁	2匁	1.5匁	1匁	
大　工 9	1 棟梁	2	5	1	0	棟梁にはこのほか反物23匁相当が出た。
木　挽 3	1	0	0	0	2	
屋根葺 3	0	0	1	1	1	
石　組 5	0	0	1	1	3	

屋根材料の調達状況

材料	数量	内　訳 自給	加勢	購入	代	備　考
竹	127束	60束	4束	63束	(55束=79匁 8束=13.6匁)	屋中・垂木本家棟上迄入用では67束を買立とする
麦柄	685把	204把	236把	245束	93把=23.25匁 77把=15.76匁 61把=12.2匁 18把= 4.5匁	麦柄・茅・藁を合せて1,016把本家棟上迄入用では449把を買立とする
茅	11駄			12駄	12駄=57.6匁	1駄は8把
藁	169把		169把		33.8匁	
縄	64把1丸	50把	14把1丸			
俵	50俵					むね巻用，柱包みを含む

6. 建物の復原

普請帳の記載をもとに浅田家住宅の普請を分析した。普請帳にあらわれる建物は本家・土蔵・湯殿・小家・土塀・座敷である。このうち現在するのは本家と土蔵の二棟であり，他はすでになくなっている。ただし座敷は独立した建物でなく，本家に鍵屋としてつく部分をさしているとおもわれる。

さて浅田家住宅の本家はこれまでに多少の改造が加

えられている。ここでは普請帳の記載を参考にしながら本家の屋根形式の復原について考えてみたい。まず問題点をあげよう。

現在，本家は鍵屋であるが，これが当初からの姿か，あるいは当初はくど造りのようにコ字形の棟をもっていたか。というのは普請帳に「内戸井の間作り」*7 とでてくる。これは「内樋の間」，すなわち，くど造りで谷になる部分に樋をかけて雨水を外に流す部分を作ったことを意味するのではなかろうか。

樋がかかる部分を「といのま」という名がつけられる例は多い。現在，鍵屋の入隅部分には下屋がおろされ部屋がとられているが，この下屋部分の材料は当初材でなく新しい。伝えによると，現当主の先代が子宝に恵まれず，これは家相が悪いということで，鬼門にあたる位置にあった仏間と隠居屋をとりこわした。その結果，子供が出来たという。鬼門はちょうど入隅の下屋部分にあたる。

以上のことから，座敷の突出とならんで，仏間・隠居屋の突出があり，上手側面に谷をもつ形式であった可能性を考えることができる。残念ながらわれわれは下屋部分にある部屋に入って調査することを許されなかったので，建物自体から復原をすることができなかった。

次に土間側には現在，1間半の瓦葺の下屋がついている。この下屋部分が当初から存在したことは構造からみて明らかであるが，当初から現在のように瓦ぶきであったか。というのは普請帳に草葺に関する詳しい記載があるのに瓦に関する記載がまったくみられないのである。これが単に普請帳の付けおとしなのか，あるいは瓦葺でなかったのか，さらに屋根形式が現在と異なっていたのか。この点に関しても詳しい調査が出来なかったので結論はだせないが，普請帳に「竹瓦作」との記載があることを考えると，あるいは竹ぶきの屋根であった可能性がある。かつて，この地方では，庇の屋根などには竹を二つ割にしたものを用いる例は多かった。また台所上部の二階は現在，天井とも塗込めてあり，これは普請帳の台所の上に二階を張った記載と一致するから，この部分の屋根に大きな変更があったとはおもわれない。したがって太田氏が仮定するような，下手に谷をもった屋根であったことはなかったであろう（注 *7参照）。

7. むすび

浅田家の嘉永年間の普請は，新しい敷地に移り，ここに本屋をたて，土蔵をはじめとする附属屋をたてる大工事であり，五年余にわたる歳月をついやした。この普請では建築資材の調達，村人の加勢に特徴があらわれている。この概要をしるしてむすびとしたい。

この家の普請では多くの材料を自給しているが，釘・屋根材料の一部を購入している。釘・金物は自給することが一般的には困難であるから鍛冶屋などから購入する。これに対し屋根材料などは自給するのがたてまえである。浅田家の場合，屋根材料は自給，村人からの加勢，購入したものからなる。このうち購入したものも，この普請にあたって常に加勢に来ている者からであって，これらは浅田家とごく親しい間柄のものと考えられる。したがって，これらの材料もほぼ村内で調達していることがわかる。

次に村人の加勢について，前記のように労働力と物品の提供の両方がある。労働力の提供に関しては，地形突き，上棟にさいしては村中がそろってでており，また木の切出し，屋根葺にも多くの村人が来ている。また加勢として上棟，屋根葺の日を中心に村人は諸品を持って来ている。

以上のように浅田家の嘉永年間の普請は村人の全面的な協力のもとに行なわれた。

*1 浅田家のこの普請帳をとりあげた文献として，太田静六「浮羽郡吉井町・浅田家普請帳の考案」『福岡県の民家とその周辺』昭和49年所収 がある。この内容は，1.着工から上棟まで 2.上棟式から完成まで 3.附帯工事と附属屋など 4.雑考と総括 上棟式を中心とする酒と料理，屋根葺材料の調達と必要量，大工・木挽の賃金や延人員など，全項の総括 である。また普請帳の全文の読みを紹介してある。ただし，この解読には誤読が多い。これら誤読の主な箇所は注*2 以下で指摘する。なお，私は昭和46年3月にこの普請帳を調べる機会をえ，また翌47年10月に浅井家住宅を調査した。とののち本稿をまとめたが，長く発表の機会をもたなかった。太田氏によるこの普請帳の考案もあるが，これを取りあげる視点が相違し，また見解にも相違があるので，ここで旧稿を再び取りあげることとした。

*2 「道作り」を太田氏は「屋作り」（道の字を屋と読んだ）とし，大工達が仕事をする下小屋を作ったとする。しかしこの仕事をしているのは内三人と村人の加勢三人であって大工ではない。大工の作業小屋であれば，大工が作るのが普通であろう。道作りについては次の*3 参照。

*3 「道具出し」を太田氏は「屋具出し」とする。そして山から建築用材を出すことと推定する。この推定はあたっている。しかし「屋具出し」でなく「道具出し」である。*1 の道作りは道具出しのためにそなえたのであろう。

*4 「土塀」を太田氏は「土塀」とする。浅田家での聞取りによると「土塀」はドベイゴヤとも称し，堆肥小屋のことという。この工事には大工があたっているから堆肥小

屋であろう。

*5 大工，木挽の手間は賄付で日当3匁，賄なしで1匁8分と太田氏はしており，この点は正しい。しかし太田氏は屋根屋の日当が1匁8分であって，大工・木挽より大分安い。これは作業が容易で，あまり力もいらないためであろうと考えている。これは誤りである。大工の場合，嘉永2年4月29日に「手飯ニ而参ル」とあって，この日から5月2日までは賄がないので，日当3匁である。そしてこの期間以外は1匁8分であるから賄付であることがわかる。屋根屋が働いているのも賄付の期間であるから日当は1匁8分であり，賄付でなければ3匁であろう。

*6 太田氏は麦柄と茅をあわせた847把をもって，当家で使用した屋根材の総量とし，藁には言及していないが，普請帳ではこれに藁を加えて1,016把と数えている。したがって藁も屋根材として用いたとみるべきであろう。
なお，この種の普請帳の性格として，一部の材料を付け落していることは常に考えられるから，普請帳にしるしてあるものをもってすべてとすることは危険をともなう。

*7 「内戸井の間作」を太田氏は「内屛の間作り」とし，内塀の建築としている。「内戸井の間」は「内樋の間」であろう。この地方ではコ字型屋根の谷の部分に大樋をかけて雨水をとるが，この大樋がある場所を「といのま」といっている。根拠は明らかでないが，太田氏は浅田家の屋根を土間の下手に谷をもつ横谷型と仮定しているがこれは誤りで，土間の下手には庇がついており，谷になることはない。谷は上手にあったと考えられる。

*8 嘉永2年11月24日の仕事「敷居わき」を太田氏は「処吾れき」とし，床脇（とこわき）の当字であって，床の間周辺の仕上げをしたのであろうとするが，座敷，床の間，床かまえの雑作は嘉永7年4月8日より始めているので，上記の推定は誤りである。

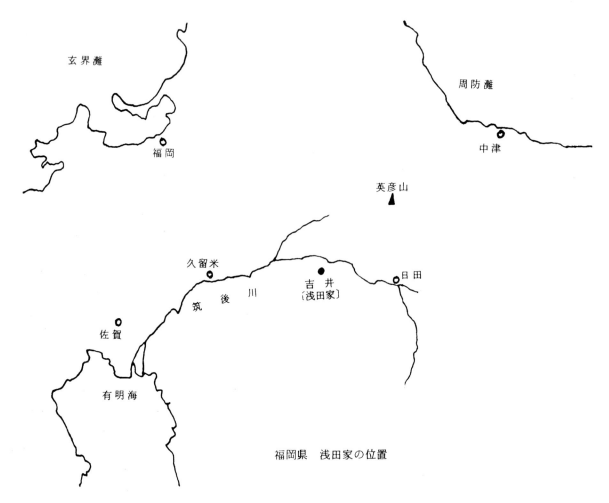

福岡県　浅田家の位置

Ⅱ-5　新潟平野の地主住宅の普請

―― 新潟県北蒲原郡紫雲寺町間藤家の場合 ――

間藤家は新潟県北蒲原郡紫雲寺町古田新田に所在する。この近辺は江戸時代中期に紫雲寺潟の干拓によって新田が開発された米作地帯で，間藤家はこの地の大地主であった。間藤家には，以下にあげる七冊の普請帳が所蔵されている。

表1　間藤家所蔵の普請帳一覧

	年　代	名　　　　　称	紙数
a_1	元治二年三月 1865	家造り替ニ付牛腸見舞貰覚帳	10
a_2	慶応元年七月 1865	家造営丑盆前職人作料渡し控帳	14
a_3	同　十二月	家造営丑盆後職人作料渡し控帳	18
a_4	慶応二年二月	家造作寅盆前職人渡し作料控帳	16
a_5	慶応三年正月	家造り并味噌蔵戸前附替一式 小屋 附立帳 入用 雪隠	79
b	明治四年二月 1871	土蔵造立ニ付午腸貰覚帳	6
c	明治九年四月	土蔵造立ニ付午腸貰覚帳	17

ここでは，主として元治2年に始まる主屋建替えの普請と，それを記録した普請帳a_1～a_5の特徴を明らかにしたい。大地主層の家普請は一般農民層の場合と異なる点が認められるのである。まず建物の概略をしるそう。

1.　建物の概略

間藤家の主屋は切妻造，平入で南面し，現在桟瓦ぶきであるが，建築当初は木羽板ぶき（石置板ぶき）であった。桟瓦にかえたのは大正年間という。規模は桁行十二間，梁間七間，周囲の一間通りは庇がつく構造であるが，下手にあった馬屋，炊事場，女中部屋などの部分は取壊されて，現存しないから，桁行は当初十五間ほどはあったとおもわれる。間取は天井が高く，梁組をみせる茶の間と台所が家の中央部表側に並び，この上手に仏間，さらに表裏に並ぶ続き座敷があり，これらの背後に家族用の部屋が配され，一部に二階がある。座敷は床・棚・書院の座敷飾がととのった書院造で，広縁が廻る（183頁平面図参照）。

建物はタチが高く，壁面の高い位置に採光をよくするための高窓が連続して開き，雪国の民家の特徴を示すとともに江戸時代末期の建築の特徴をよくあらわしている。

2.　普請帳について

五冊の普請帳のうち，a_1は牛腸見舞帳，a_2～a_4の三冊は職人作料渡し帳，a_5は入用帳である。これらの記載内容の概略を説明しよう。

a_1には，二回の大工見舞（呼び牛腸）と百人をこえる地縁血縁関係にある村人から貰った牛腸見舞の品々が記してある。多くの村人は二種類以上の品物をもってきており，その品物は酒が最も多く，七割近くの人々がもってきている。次いで縄が多く三割弱の人々，次が赤飯・鯛・野菜などである。これらの品々をいつ村人がもってきたかは日付の記載がなく明らかでない。

間藤氏からの聞取りによると，これら牛腸見舞に来た人々は，村人・小作人・親類・付合がある者などである。このうち遠距離の親類や付合がある者は近くの村人とは牛傷見舞の品が異なり，例えば，船越村の徳三郎は卵50箇，下条村の俵左衛門は金2分，羊羹3本，干蕪1ざるをもってきている。また，この見舞帳には片桐分小作人として八人連名で酒三升をもってきている。

a_2～a_4は三冊で一連の内容をもっている。大工，木挽の各職人ごとに月ごとの働いた日数とその作料の支払い状況を詳細に記してある。

a_5は普請が終った翌年の正月に支払の状況を工事別に整理したものである。これらは，材木・切石・屋根・鉄目・大工・畳・建具・木挽・壁・塗師屋・庭築・諸入用の各工事ごとに記し，最後に惣寄がある。

以上間藤家の普請の記載は詳細なものであるが，村人の相互扶助的な共同作業や労働力の提供に関する記載がまったくない。これがないのは，別に村人の手伝いについて帳面があったが，なくなってしまったか，あるいは初めからなかったかである。この点に留意して，この種の普請帳が所蔵されているかいないかを所有者にさがしてもらったが，それは見つからなかった。現存する五冊の普請帳の内容を検討すると，どうやらこの種の普請帳は初めからなく，そしてむしろ，これがないことがこの家の普請の特徴をあらわしているのではないかともおもわれてきた。五冊の普請帳をもとに普請の特徴をさぐろう。

3. 普請について

この家の建替えの計画は早くからあったが、その途中で当主が亡くなるという不幸があり、材木や屋根材料の取りよせが始まったのは元治元年のことである。翌年2月29日に釿立、閏5月22日に地祭、同24日に柱立、7月9日に棟上振舞、12月2日に移徙となる。翌慶応2年にはおもに造作にあたる。そして、この年の12月までにはすべてができあがった。この普請に要した費用は永913貫文余と計算されており、工事別の費用は表2の通りである。このなかには飯米、味噌つくりに使った米・大豆・塩代分永128貫文余をふくんでいる。

表2　工事別の費用

工事別	金	銭	永
	両分朱	貫　文	
材　木	112. 2. 2	796. 831	
切　石	10. 0. 2	86. 236	
屋　根		244. 154	
鉄　目	2. 0	182. 406	
大　工		1,192. 556	
畳	19. 3. 0	8. 890	
建　具	95. 2. 3	53. 433	
木　挽		110. 542	
壁	4. 2. 0	86. 282	
塗　師	13. 2. 0	6. 012	
庭　築	25. 1. 2	32. 881	
諸入用	20. 3. 2	308. 968	
（計）	302. 3. 3 + 3,109. 191 = 永784. 982. 6 貫　文		
	（永482貫45文1分）		
米48俵			48.
米34俵			56. 666. 7
大豆3石4斗 ｝ 味噌			14. 166. 6
米　4俵			8.
塩　4俵			1. 333. 3
（合　計）			913. 149. 2

この普請にかかわった職人・商人は大工をはじめとして、木挽・材木師・石切・屋根葺・左官・鍛冶・畳屋・建具屋・塗師・庭師・仕事師などであり、このほか各種の建築材料や物品を売り、人足などの世話をする人物が存在した。また棟上や移徙の振舞には料理人が頼まれている。これらの職人や商人は間藤家の近隣の村々のものが多いが、中条や新発田、新潟の町のものもいる。

材料は縄の一部を牛蒡見舞として村人から貰っており、また梁中引、上具の松木は自分持林から切出しているが、このほかの材料、材木・木羽板・切石・屋根石・建具などすべてを購入している。

4. 普請の考察

ところで、間藤家の普請に、村人が牛蒡見舞をし、また職人や商人が加わっていることは普請帳に詳しく記録されているが、前記のように村人の相互扶助的な労働力の提供に関する記載はみあたらない。農村における家普請で、村人の労働力の提供は木の切出し、茅かり、地形、建前、屋根ふきなど共同作業を必要とするときに多い。間藤家の普請では村人の共同作業は行なわれなかったのであろうか。柱立は慶応2年閏5月24日に行なわれたが、翌25日から30日までの六日間、中条の仕事師六人を頼んでいる〔史料1〕。これは柱立の儀式に引続き大工、仕事師などが中心になって建前が行なわれたものと考えられる。普請帳によると棟上げ振舞は7月9日であるから、この間一カ月以上の期間がある。この棟上げの振舞は屋根がふき終ったときに催されたのである。

さて間藤家の屋根は、石置板ぶきであった。屋根ふきの作料は8日分を払っているにすぎない。購入した木羽は139,800枚、屋根石は8,000個あるから、これを8工の手間のみでふきあげたとはとうてい考えられない。職人は8工であっても普請帳にあらわれない手元となる手伝いの労働力があったことは容易に想像できる。屋根ふきの手元にあたったのは誰か。間藤家の普請帳の記載内容からまず、作料や賃金を払う必要がない人々であろうことが推察される。これにあたるのは、親類の人々、地縁関係にある村人、間藤家の使用人、小作人など義理のある人々などである。これらの人々が実際にどのように普請にかかわったかは史料から明確にできない。しかし、普請のさいに村人が手伝う慣行はこの地域にもあるから、地縁にある村人がまったく無関係であったとは考えられない。村人の手伝いは村の慣行のなかではごく普通のことであり、特に記録する必要がなかったとも考えられる。牛蒡見舞の返礼には福手（鏡餅）を配っていることが記されている〔史料2〕が、労働力の提供に関する明瞭な記録や返礼の記事はない。しかし、飯米と味噌に関する記事〔史料3〕は注目すべきものと考えられる。すなわち史料3の内容は、普請にさいして、丑年には米48俵、寅年には米34俵が平年より多く必要とし、味噌をつくるために両年で大豆3石4斗、糀用の米4俵、塩4俵が多く必要としたとし、これを金に換算している。そして「包普請＝付喰込候飯米」「包普請＝付喰込味噌大豆」の記事である。ここにみえる「包普請」はなにを意味するのであろうか。この語は現在では忘れさられており、聞取りや民俗例などからも明確でない。ただ記載の内容から、いわゆる「おたすけ普請」のようなことを意味するのではなかろうか。この点は今後の研究をまちたい。

また雪国の越後では、一般農民の普請は雪を利用し

て木寄せをし，雪解けをまって地形や棟上げとなるように計画を組み，田植前までに移徙をすませ，農繁期をすぎてから雑作にかかるのが普通である。間藤家の場合のように農繁期にも普請を行なっているのは大地主層や町家，付属屋にみられる（宮沢智士「越後の民家―中越編― 昭54 新潟県教育委員会刊参照）。このことは間藤家の普請を考えるうえで参考になろう。

いずれにしても，間藤家はこの地域の大地主であり，その住宅は規模が大きく，屋根は石置板ぶきであって，他の農民の家が草ぶきであるのとは異なっていた。屋根に用いる木羽板，置石はすべて購入している（その数量から前身の建物は草ぶきであったと考えられる）。草ぶきの場合，屋根葺材であるかやや縄は村人の協力のもとに自給するのが原則であるから，この点でも間藤家の普請は村のなかにあって，他の家の場合とは異なっていた。これが普請帳の記載内容にも反映したのであろう。

〔史料1〕　中条の仕事師
　一、銭拾六貫弐百文
　　　　是ハ閏五月卅日中条仕事師六人相頼廿五日より
　　　　六日之間諸道具借受損料銭八貫弐百五拾文，
　　　　仕事師廿六人半日料壱日参百文ツヽニ而七貫
　　　　九百五拾文共如此相拂候分

〔史料2〕　牛腸見舞の返礼
「餅白米壱石四斗五升也
　　　　是ハ右之節（棟上振舞）餅ニ搗相用候分
　　　　内訳
　　　　（中略）
　　　　五斗七升　職人幷親類客江福手ニ致候分
　　　　弐斗壱升八合　酒壱升程以上見舞貰候家江
　　　　　　　　　　福手致配り候分
　　　　（後略）

〔史料3〕　飯米・味噌
「　　　　（前略）
合永七百八拾四貫九百八拾弐文六分
　　外
米四拾八俵也　　但金拾両ニ付米拾俵直段
　　此代永四拾八貫文
　是ハ丑年飯米三度ニ而〆米八拾六俵搗候内平年飯
　米三拾八俵除キ包普請ニ付喰込候飯米如此
同三拾四俵也　　但金拾両ニ付米六俵直段
　　此代永五拾六貫六百六拾六文七分
　是ハ寅年飯米両度ニ而〆米七拾四俵搗候内平年飯
　米四拾俵と見込除キ包普請ニ付喰込候飯米如此
大豆三石四斗也
　　　　　　但拾両ニ付六斗入平均四俵直段見込
　　此代永拾四貫百六拾六文六分
　是ハ丑寅両ケ年ニ而味噌大豆五石八斗煑候分内平
　年壱ケ年ニ大豆壱石弐斗ツヽ見込ニ而除キ包普請
　ニ付喰込味噌大豆大　ニ而如此
米四俵也
　　此代永八貫文
　是ハ右大豆ニ味噌仕込糀米ニ相用候分
塩四俵也　　金壱両ニ付平均三俵ツヽ
　　此代永壱〆三百三拾三匁三分
　是ハ右大豆味噌仕込ニ相用候分
惣
　合永九百拾三貫百四拾九分弐分　　　　」

新潟県　間藤家の位置

II-6 播州平野の地主住宅の普請と日雇

——— 永富家住宅の文政年間の普請の場合 ———

1. まえがき

　永富家は兵庫県揖保郡揖保川町新在家に所在する。新在家は播州平野の西部を流れる揖保川の左岸にあり，その河口から約10Km上流にある。永富家はこの地方の大地主で，江戸時代中期以来，富を蓄積し栄えた。主屋をはじめとして長屋門・土蔵・納屋など多くの建物を配した永富家の堂々たる構えをもった現在の姿は19世紀初頭の文政年間の普請にかかるものである。これらの建物の普請にあたってつくられた板絵図や普請帳が保存されている。

　永富家住宅は，この地方の大地主層の構えをもつ民家として敷地内の八棟の建物が重要文化財に指定され，その普請帳十三冊も附指定となった。[1] これらの普請帳は「永富家住宅普請帳」[2] として刊行されており，伊藤鄭爾氏による解説が付され，普請の概要がのべられている。

　本稿も，おもに上記の普請帳を資料として永富家の普請についてのべるのであるが，その主眼は普請にたずさわった人々のうち，大工や左官などの職人ではなく，「日雇」として普請の底辺を担った村人をとりあげることである。ここで村人をとりあげる理由は，当時農山村の普請は村人の相互扶助的な共同作業によっているのに対し，永富家の場合，村人は日雇として賃金を受けとっており，他の場合と様相が異なっているからである。また村人の普請への参加は実質的な労働力の提供のほか，石突き，棟上げのときなど儀礼的なものへの参加があり，普請見舞として縄などの建築資材や酒などの食物を贈ることは広く一般的に行なわれていることであるが，永富家の普請帳には，このような記事はまったく見あたらない。見あたらないのは，記録されなかったのか，記録されたものの記録が失くなったのか，あるいは労働力の提供や普請見舞が行なわれなかったといった事情が考えられる。しかし永富家普請帳は入用帳とその記載の基礎となる出面帳などもよくのこっているのであるが，見舞帳の内容をもつものはまったくなく，普請自体が他の場合と異なっていたことをおもわしめるのである。

　上記の観点から永富家住宅の文政年間の普請の特徴をさぐりたい。

2. 普請の概要

　文政元年12月に河原の松木伐採願が出され，翌2年正月から普請が始められた。文政3年4月29日に棟上げを行ない，文政5年末に工事は終る。文政2年「普請入用控」の最後に

「文政四巳年四月改　　普請中程
　　合弐拾八〆三百目
　　外ニ米　其外雑入用　　　　　」

とあり，普請が始まってから二年余にして，普請の総工費は銀36貫ほどであり，大工手間は5,600工ほどにのぼっている。これらの数字からみても，この普請がいかに大きいものであったか知れる。

3. 日雇

　普請帳に，普請日雇・普請人足・村方日雇・村日雇・日雇として記載されているのが，ここでいう日雇であり，彼らは文政2年から文政5年にわたって仕事をしている。仕事の内容が具体的に記入されているものは，次のようなA，B二群にわけて考えることができる。

　A群　木取寄・土取・石取・板取・松取・屋根ふき手伝・左官手伝

　B群　田すき・田植・田ノ草取

　A群は普請に直接関係する仕事である。これに対し，B群は農作業であり，普請に直接関係するものではない。これが普請帳に記載されているのは，普請の最中に普請に関連して雇ったためであろう。このような例は他の普請帳（長野県佐久の佐々木家のものなど）にもみられる。

　永富家の普請にかかわった日雇はあわせて57人おり，このうち53人までが新在家村のもので，他村のものは4人である。当時の新在家の戸数は53戸前後であるからほとんど全部の家から日雇に出ていることになる。（文政2，3年当時の新在家村の戸数は不明であるが，永富家が庄屋であった文化年間の初めには戸数は51戸から55戸の間であった）　日雇として延20日以上来ているものは8人あり，最も多いものの日数は120日にのぼっている。なお，他村から来ているものはいずれも日数が多い。延日数の多い日雇が来ている期間は文政2年と文政3年2月から4月の棟上前までに集中し

2-2 近世民家普請の研究

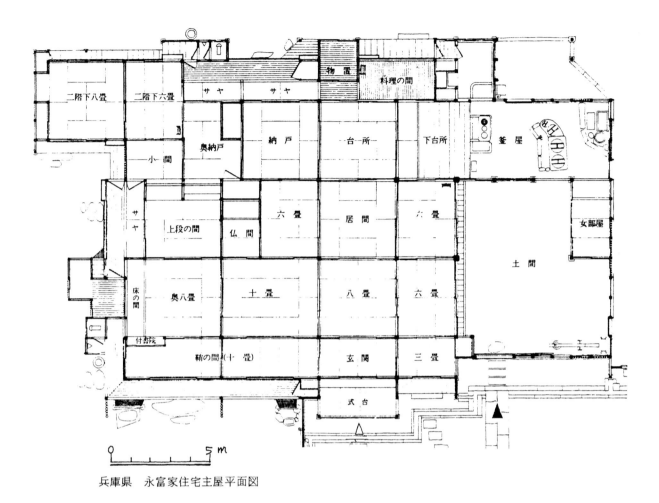

兵庫県　永富家住宅主屋平面図

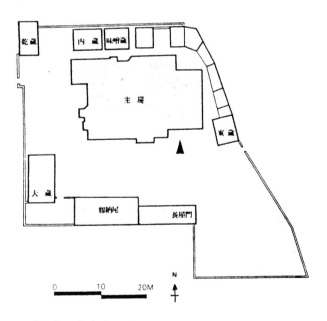

兵庫県　永富家住宅配置図

197

ている。他の日雇の多くは文政3年2月末から3月初にかけてである。4月29日に棟上げが行なわれたが、この日には村人の手伝いや日雇の記載はまったくみられない。

村方日雇が、明らかに共同で作業しているものとして、文政2年閏4月12日「川原より柱材木　晩入合前より夜五ツ過迄取候日雇」があげられる。これには24人の日雇の名前が記録されている。このほか一日あたりの日雇が20人を越えているのは、文政3年2月24日・26日・30日、3月4日・5日・8日であるが、これらの日に行なった作業内容は明らかでない。

賃金——日雇の賃金は1日当り1匁が規準である。ただし、田植・田の草取、石取は1匁5分、土取りは1匁7分、屋根ふき手伝は1匁8分であり、木取に1匁2分というのがある。なお、大工等職人の賃金は1工当り2匁が基準で、1匁5分から2匁3分までである。ただし石工はこれより高く2匁8分となっている。

合力——ところで、無償の労働力提供がまったくなかったかというと、そうではなく、「合力」と称して、わずかではあるが無償のものが記録されている。たとえば、

「〆三十四人
　　　代三十四匁
　　　　内弐人合力と申候付引
　〆三十弐匁渡　算用済
　　七月十日直渡　　　　　」
「二月廿九日
　一、壱人　　野田政五郎
　　　此分合力　　　　　　」

などである。これらの労働力の提供は、相互扶助的なものでなく、あくまでも個人的なものであるとおもわれる。

下男・下女——文政3年当時、永富家にはすくなくとも下男9人、下女6人と牛飼がいた。4月29日の棟上げにさいして、彼らに大工瓦屋等の職人28人とともに祝儀がでている。下男は1人あたり2匁ずつ、下女と牛飼は1匁ずつであった。なお、職人の祝儀は大工棟梁43匁で、以下大部分の大工は4匁3分ずつ、瓦屋はみな2匁ずつであった。家普請はその家にとって大事業であり、大きな祝ごとであるから、下男下女に祝儀を与えたのであろうが、彼らが普請にさいして労働力の大きな提供者であったことは想像に難くない。

4. むすび

文政年間の永富家住宅の普請では以上でみてきたように、村人の相互扶助的な労働力の交換は行なわれておらず、村人は日雇として賃金を受けとっている。

また、普請帳をみるかぎり、村人の共同作業も比較的少なく、木取寄せなどわずかな場合を記録しているにすぎない。村人の共同作業という意識が弱かったことは村人ばかりでなく、永富家の側も同様であった。すなわち、普請帳への村人の出面が、仕事別に記されるのではなく、職人の場合と同様、個人別に記入されていることは、そのことを示している。

では、なぜ永富家の普請において、農村の民家の多くの場合と異なり、村人は日雇として賃金を受けとっているのであろうか。これには当時の永富家の家格や経済力、特に大地主であったことに関係があるのではなかろうか。普請の当時、永富家は庄屋役を辞退した後であり、役付の家ではなかったが、その経済力は絶大なもので、藩への献金も行なっており、苗字帯刀を許されていた。また、この普請によって出来あがった住宅は、大規模な本瓦葺で、玄関を構え、上段になる正式な接客座敷を持っている。このように永富家は、建物規模、屋根葺材、間取りなど一般農民と著しく相違しており、一般の村人に対して一段上にあり、村人との付合いも同等のものでなく、また地主と小作という関係は、賃金によって結ばれていたと考えられるのである。したがって、永富家の普請は相互扶助的な慣行のなかで行なわれた一般農民の場合と異なり、貨幣経済を基本としており、その形態が異なっていた。

*1　永富家住宅の主屋・長屋門・籾納屋・大蔵・乾蔵・内蔵・味噌蔵・東蔵は昭和42年6月15日付で重要文化財指定。その後、昭和46年3月11日付で板絵図一枚と以下にあげる普請関係文書十三冊が附指定となった。

門普請入用（文化五年）　御立具類直段付
　　　　　　　　　　　　　　（文政四年）
普請入用控（文政二年）
材木買入帳（文政二年）　家普請諸入用覚帳
　　　　　　　　　　　　　　（文政四年）
普請合力人書留帳
　　　　（文政二年）　諸建具通　（文政四年）
普請覚帳　（文政三年）　大工日雇手間帳
普請帳　　　　　　　　普請萬覚帳（文政五年）
普請覚帳　（文政四年）　西蔵造作幷数寄屋入用
　　　　　　　　　　　　　　（文久元年）

*2　永富家編集委員会「永富家住宅普請帳」昭和44年
鹿島研究所出版会

Ⅱ-7 大阪近郊の町家の普請の儀礼と人々

——— 大阪府柏原市三田家の明和年間の普請の場合 ———

1. まえがき

近世の町場における民家普請の実態を知るため，大阪府柏原市今町の三田家の明和年間に行なった普請を具体的な一例として取り上げる。民家普請については従来，主として民俗学的な方面から，屋根葺に代表される村人の共同作業や建築の過程で行なわれる種々の行事や儀礼に関する研究があり，また建築史研究者による普請帳など文献にもとづいて普請に要した費用，工期，職人の種類その手間，契約の方法，材料の得方など種々の側面からの研究がある。これらの研究はおもに農村を扱っており，都市（町場）の普請を意識的に取り上げたものは少ない。農村での研究が主であった理由は，都市にくらべ農村に近世的な普請の形態が最近まで比較的よく温存されていたことに関係があろう。都市において伝統的な普請の行事や儀礼が現在行なわれている場合は少くなっており，したがって，まず文献によって研究を進める。幸なことに，三田家には明和年間に建設された住宅とその普請に関連した文献が保存されており，普請の状況を詳しく知ることができる。

三田家住宅とその普請については，すでに林野・吉田らによる報告がある。[*1] この報告は主として普請の費用・工期・職人の手間を整理したものである。本稿ではそれらとは異った観点，すなわち普請の進行状況とそれにともなう行事や儀礼を中心として，家主・職人・町衆・その他の人々の普請へのかかわり方を考察し，三田家の明和年間の普請の特徴を明らかにしたい。このためにまず，普請の行事・儀礼をその進行にともなって説明し，次に農村の普請における村人の役割と町場における人々との比較を試みる。

三田家は柏原市今町に所在し，屋号を「大文字屋」と称する商家であった。寛永17年に大阪伏見呉服町からこの地に移住し，干鰯・油粕などの肥料商を営む一方，柏原船仲間として，また地主として栄えた。

今町は柏原船の開設にともなって計画的に建設された商業の町であった。このことを柏原町史によって簡単にのべよう。

柏原と大阪を結ぶ柏原船は，柏原の繁栄のために寛永13年に創業された。柏原船の営業開始とともに柏原古町の西方の荒地に新町の建設が始まり，翌14年に竣工した。この町には南北通りの道路を挟んで両側に柏原船の船主15名の店舗が並んだ。寛永17年には大阪の有力商人14名（これを大阪組とよぶ）を誘致し，さきに建設した新町の北に引続いて，彼らの家を新築した。彼らは寛永17年末にここに移住した。三田家はこのうちの一軒である。さらに仲間持ちの家がこの北に続いてたてられ，町の整備が行なわれた。この町は東側で南北130余間，西側は140余間あり，坂井町と命名された。家屋はすべて町家風にたてられ，屋根は瓦葺に限られた。しかし，この町は事情があって，正保3年から翌4年にかけて，町並をそのまま大和街道の西側に移転した。このとき坂井町は今町と改められた。これが現在の今町である。

柏原今町はこのように商業町として最初から計画されたのである。三田家の現状をみると，敷地は大和街道にそってとられている。主屋は瓦葺き平入で道路に面してたつ。この家屋は明和3年から5年にかけて改築されたもので，おそらくこの地へ移転してから二代目あるいは三代目のものであろう。このときの建設の状況は三田家所蔵の約170点の普請関係文書によって知ることができる。普請関係文書はある時期に整理分類され，次のような表書きの袋に入っていた。

A　明和三戌十月より同亥十二月迄
　　子年迄　普請方請事帳面　書付共　（3点）
C　戌十月より亥十二月迄
　　普請中諸事注文請取書入用書　　　（86点）
B　普請奉行中井主水宛願書許可書写し（2点）
D　普請中材木いろいろ送り状　　　　（67点）
E　佛檀一通り注文書請取書　　　　　（7点）
F　古図並ニ出面一覧表　　　　　　　（5点）

袋の表書きとその中味の文書とは，"C"と"D"に若干のみだれがみられるほかは，該当するものが入っている。本稿で主要な史料とするのは，"A"の普請方諸事帳面で，それは下記の表題をもつ三冊の普請帳である。"C"以下の文書は，"A"の普請帳をつくる基礎資料となったもので，その内容はほぼ"A"にふくまれている。

A-1「大工方左官　諸事覚帳
　　　屋根屋手伝　　　　」

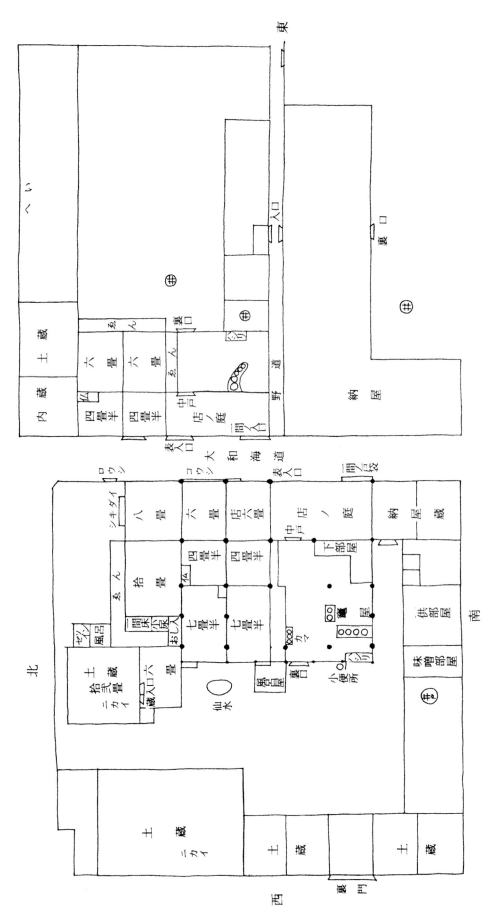

大阪府　三田家住宅平面図――大和街道の西側の敷地の建物が明和年間に普請された。普請中は東側の建物に仮住いした。

三田家明和年間の普請の日程

年 月 日	行　事　な　ど	年 月 日	行　事　な　ど	年 月 日	行　事　な　ど
3. 11. 1	普請帳つけはじめる	21		11	
2		22		12	
3		23		13	
4		24		14	
5		25	東側の新宅へ移る	15	
6		26		16	
7		27		17	
8		28	手伝方・古宅解き（→2月1日）	18	
9		29		19	
10		4. 2. 1		20	
11		2	屋敷築き上げ，砂運び	21	
12		3	すえ石の位置定める	22	
13		4	地搗き・穴搗き	23	
14	建築願書提出・大工利兵衛上京	5	地祭	24	
15	中井役所建築許可	6	石すえ	25	
16		7	石内証搗き	26	
17	大工組頭から許可通知	8	本石搗	27	内蔵上棟
18	門長屋敷を借りる相談	9		28	
19		10		29	
20	屋敷かりる	11	地祭のお礼に寺へ行く	30	ヘッツイ塗り
21		12		4. 5. 1	
22		13		2	
23		14		3	
24	手斧始	15	棟札とどく	4	
25		16		5	
26		17	上棟	6	蔵の荒塗り
27		18		7	
28		19		8	
29		20		9	
30	手伝方と契約	21		10	
3. 12. 1		22		11	
2		23		12	内蔵通根葺しまい
3	大工に工事内銀300匁渡す	24		13	
4		25		14	
5		26		15	移徒
6		27		16	
7		28		17	
8		29		18	
9		30		19	
10		4. 3. 1		20	
11		2		21	
12		3		22	
13		4		23	
14		5		24	蔵大直し
15		6		25	
16		7		26	
17		8		27	
18		9	大工方跡普請の約束	28	
19		10		29	
20	妙福寺へ年礼，地祭の打合	11	手伝方跡普請の約束	4. 6. 1	
21		12		2	
22		13	棟瓦つつみしまい	3	
23		14		4	座敷石搗
24		15		5	
25	恒例の餅つき	16		6	
26	大工仕事をしまい，大工帰る	17		7	
27		18		8	
28		19		9	
29		20		10	座敷上棟・蔵前上棟
4. 1. 1		21		11	
2		22		12	
3		23		13	
4		24		14	
5		25		15	
6		26		16	
7	仕事始め・大工に年始の振舞	27		17	
8		28		18	
9		29		19	
10		4. 4. 1		20	
11		2		21	
12		3		22	
13		4		23	
14		5		24	
15		6		25	
16		7		26	
17		8		27	
18		9		28	
19		10		29	屋根葺賃（主屋・座敷・塀・長屋）
20				30	精算

A-2 「普請方買物借り方諸事覚帳」

A-3 「普請中祝儀諸事覚帳」

なお，三田家住宅の主屋，土蔵は昭和44年6月20日付で国の重要文化財に指定され，同時に上記の普請帳三冊，普請願いの下書き，大工出面帳の五点は，塀とともに附指定になっている。

2. 普請の行事と儀礼

2-1 普請の手続き

普請にあたっては，まず普請の計画をたて，大工に頼んで設計にかかる。同時に建築資材の確保などの準備がすすめられる。三田家の明和年間の普請の場合，普請の計画・準備などに関する記録は少ないが，明和3年11月にすでに材木屋から材木が届き始めている。ある程度準備が整ったところで，役所に普請願いを提出し，許可を受けたものと思われる。

「乍恐奉願口上書」と題する普請願書は，宛先が当時畿内と近江の六カ国の大工等職人を支配していた「中井主水様御役所」である。願出の内容は次の三部分からなっている。㋑家主と村方役人連名の許可願い，㋺細工をする請負大工の伺い，㋩大工組頭が願出があったことを認めた部分とである。㋑の内容は家主の居所・身分，建物の規模形式，建て替える理由等を記入し，図面を添えた。普請の願出の手続きは請負大工利兵衛が実際には行なった。普請帳によると，大工利兵衛は，明和3年11月14日に願書を持って上京し，翌15日に中井主水役所を訪ずれて手続きをすませ，16日には許可書をたずさえて帰阪した。この許可書の内容は前後二部分からなる。前半は願書の内容をうけ，普請を許可する旨を中井主水役人四名が連判し，大工組頭平岡作左衛門にあてたもので，11月15日付である。後半は大工組頭が家主七左衛門と大工利兵衛に許可があったことを記しており，日付は11月17日である。おそらく大工利兵衛は帰阪してすぐ大工組頭のところに出向き許可をもらったのであろう。

以上の手続きによって，三田家の普請は正式に許可になったのである。普請の手続きは下記のように図式化できる。

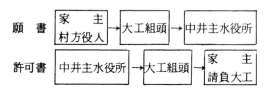

普請の許可を受けたのは主屋のみである。これには当時，幕府や諸藩から出されていた梁間制限に主屋の梁間がふれたのであった。そのため許可を受ける工作がなされた。このことについてはすでに指摘されている。*2

2-2 工事の契約

普請の許可をえて，まもなく家主と請負大工との間に工事の契約が結ばれたはずである。「棟梁利兵衛仕用目録」（仕様書，契約書）がつくられているが，契約の期日は明らかでない。手斧始めは11月24日に行なわれ，12月3日にはすでに第一回目の内銀が支払われているから，11月中には契約が結ばれたのであろう。

仕用目録には工事する建物，すなわち主屋の概要をしるし，最後に

「右之外ハ差図之通リ無相違随分念入致スはず
　作料斗リ，飯代諸事此方ニしらず
　代銀弐貫弐百五拾匁　定
　六百五拾工　　　　　　　　　　　」

とある。普請の契約は一式請負でなく，手間請であり，材料代等は含まれていない。一工あたり3匁3分として見積っているらしい。

大工とは別に明和3年11月30日には手伝方と請負契約をした。手伝方や請負の問題については，ここでは詳しくふれることは省略するが，手伝方の仕事の内容は古家の解体，整地，大工・左官・屋根屋の下仕事をすることで，その契約額は銀910匁となっている。

上記の大工・手伝方の契約は主屋に関するものであるが，主屋に引続いて座敷・内蔵・長屋等の建物の建替えを行なった。これらは普請帳その他の史料に「跡普請」と記されており，いわば第二期工事とみなせる。跡普請については役所へ普請願いを出していない。しかし大工・手伝方との請負の契約は主屋とは別に行なわれた。大工は明和4年3月9日，手伝方は翌々日の11日に契約している。契約額は大工が銀1貫320匁，手伝方が銀630匁である。この場合も主屋と同様に手間請負によっている。大工・手伝方の跡普請の契約書の内容は普請帳に書写されている一方，手伝方の契約書「跡普請仕用目録」がのこっており，これには，手伝方の仕事とその仕様を記してあり，最後に請負額を記し，日付と手伝方の惣代三名が署名している。

ところで三田家の明和年間の普請にかかった費用の総額は最終的に銀16貫匁余とみられるから，大工・手伝方の手間賃の費用5貫10匁は総額の約31%にあたる。

2-3 手斧始め

明和3年11月24日に手斧始めが行なわれ，大工仕事が本格的に開始されることとなった。大工出面表によると，この日には棟梁大工利兵衛一人が来ており，翌25日からは大工四人で仕事にかかった。手斧始めの行事それ自体についての記載はなく，普請帳にはこの日は天気がよく，大和屋喜兵衛（親類の者か）が祝儀

に二升樽を持って来たことなど記しているにすぎない。年内の大工仕事は12月26日朝まで続けられた。

2－4　年始の祝

年が明けて大工の初仕事は正月7日に行なわれた。この日に棟梁をふくめて四人の大工が来た。夕方に年始の祝かたがた大工衆を呼び本膳による振舞いを行なっている。この日に来なかった残り大工五人には11日の昼飯に呼び同じ献立で振舞った。

2－5　古宅解き・整地

正月25日から東側の居宅へ，当分入用の諸道具を持運び，順々に移った。28日から手伝方によって古宅の解体が始められ，2月1日にすっかり終った。引続き2日朝から砂を運び，整地が行なわれた。旧地盤より1尺5寸高く築きあげた。3日昼から石をすえる位置を定め，4日に地搗き・穴搗きが行なわれた。

2－6　地祭り

2月5日に地祭り（地鎮祭）がとり行なわれた。地祭りについては普請帳にやや詳しい記載がある。これによってその概要を記す。

地祭りは旦那寺妙福寺の上人様の出席を願って行なった。前年の暮の20日に寺へ年礼に参詣し，この日のことをすでに約束しておいたのである。この日は天気がよく，未明のうちに半介と平右衛門（使用人か）の二人に駕籠を持たせ永井（現長居か）まで迎えに行った。上人様は小僧一人と供一人を伴い祝儀の土産を持参された。土産は本浅草苔10枚，虎屋饅頭20個，たばこ入1つ，江戸絵5枚と記されている。

朝飯後に祈祷を始め，昼飯後にすんだ。古宅のあとにたてるため祈祷は特に念を入れて行なわれた。祈祷の状況は次のように記されている。

「四天王の御札を四方にたて，ひきつづいて地神の御札を中央にたて，畳を敷き上に毛氈を敷き，その上で祈祷をし，御経を読んだ。酒と洗米を供えた。鍬で砂をすくい丑寅の角へ埋めた。残りは川へ流した。あとで水神の御守を井戸へ沈めた。この日あとで井戸を埋めた。次に内へ帰って三宝様の前で長々と御経を読み祈祷をした」

祈祷ののちに振舞が行なわれた。献立は膳をすえたもので，酒もよろしく召しあがられた。そして八つ時過ぎに帰えられた。駕籠で平野までお送りした。

2月11日に助十郎（七左衛門の息子か）が寺へ礼に参詣し，上人様に金子200疋，小僧に銀5匁，供へ2匁をつかわした。そして15日には寺から棟札がとどいた。地祭の日，人足は残らず休んだ。なお地祭りの飾りつけ等に関しては記載がない。

2－7　石搗き

地祭りがすみ，翌日の6日にはすえ石をすえた。7日にはすえ石の内証搗きを行なった。8日は本石搗きのはこびとなった。本石搗きに先だって行なわれた内証搗きは町衆の手伝いは請けず，手伝人足26人と内のもの3人で行なった。「先ニ五郎左衛門つき申候」とあるが，五郎左衛門がどんな人物か明らかでない。この日，祝儀として手伝方へ酒七升，肴として煮しめ，ごまめ，握りめしを一人に二個ずつかわした。

本石搗きは町衆の手伝いばかりで行なった。当所はもちろん本郷や北新田・南新田からも残らずやってきた。昼飯後，早くから搗きかかり，戌亥の隅で搗き納めた。この石のところに御神酒・洗米を備え祈祷を行なった。手伝いが殊のほか多く，怪我もなく賑々しく搗き，八ツ時には搗き終った。中休みに酒・肴を出した。搗き終ってから酒・肴・握飯による振舞いがあった。

また，石搗きを仕舞ってから当町・本郷・新田などの肝煎衆に酒を出して振舞った。大工・手伝方へも酒・肴，握飯を出して振舞った。

石搗きに要した酒は，普請場で三斗五升・人足方へ一斗・大工へ一升，白米は三斗，小豆六升五合で握飯に使った。このほか味噌，肴をあわせると，合計銀80匁ほどの額にのぼった。

石搗きの手伝いに来た町衆は当町36人・本郷17人・南新田15人・北新田13人で，合計81人の名前が記してある。

ところで，内証搗きと本石搗きとの関係をみると，実質的な石搗きは内証搗きであり，これは手伝方らがあたった。翌日の本石搗きは町衆があたっており，これは普請の儀式であり，町の人々の祭りでもあった。なお，石搗きの日を中心とする期間に祝儀（見舞）に来ている町衆は上棟のときに次いで多い。

2－8　上　棟

石搗きを行なった10日後の2月17日に上棟の儀式が挙行された。上棟について普請帳には詳しい記載がある。

この日の早朝，大工棟梁利兵衛が裃を着てやってきた。当主と息子の両人が大工に申付けて棟木に御札（棟札）を打ちつけさせておいた。御膳五穀・御神酒・御洗米を供え，まず当主が念を入れて，これを拝し，次に大工棟梁が拝し，お祓を行なった。次に大工の若衆が南側と北側の両方から棟木の上にあがり，声をそろえて槌で棟木を打ち納めた。

上棟の儀式自体については，以上のことが記されているにすぎない。しかし，上棟にともなう種々の行事については詳しく記載されている。

上棟の日にあたって大工とその子供を本膳で振舞い，祝儀を出した。祝儀の額と大工の名前および続柄など

は次の通りである。

　　金子弐百疋　　棟梁大工利兵衛
　　銀弐両　　　　半右衛門
　　銀壱両　　　　佐右衛門　　五兵衛
　　　　　　　　　喜兵衛子　　新堂
　　銀三匁　　　　喜兵衛　　忠兵衛　　儀兵衛
　　　　　　　　　誉田五兵衛子　石川寺田　利兵衛子
　　銀二匁　　　　利八　　　　三之助
　　　　　　　　　利兵衛子　　半右衛門子

さらに大工棟梁へは、使いの者二人で、赤飯行箸1荷、酒5升、肴（生ぼら2本・かます10）を遣わした。新堂の大工組頭平岡作左衛門へは上棟祝儀酒平樽一つと肴代に銀3匁を遣わした。

手伝方はこの日は休みとしたが、頭分三人を呼んで振舞をした。残りの仲間へは赤飯五升重と三升樽をことづけた。

また、当町中の者ばかりで棟上げの酒盛をした。この日、昼前に町内へ、昼飯後に酒が出ることを触れ廻った。八ツ時過に大方そろい、普請場で幕打をした。皆々酒を見事に飲み、機嫌よく立去った。この酒盛には、本郷・南北新田など他所のものは一人も呼ばなかった。

この日、町内の家々へは残らず赤飯を配った。新田・本郷など他所へは、祝儀をもらった家、祝儀をもらわなくとも格別の出入のある家へは配った。このほか他所の粕（肥料）の得意衆で、祝儀をもらった所へは配った。配った家は当町以外で83軒にのぼった。この内訳は、本郷17・南新田14・北新田3・中新田1・筑留1・舟橋1・若林2・野中2・道明寺6（商の得意先）・大堺7・平野4・西弓削5・国分1・沼村1・高井田1・杜1・大坂天満5・和州弧井・寺田・六道山で計4・堺2で周辺の町や村のほか、奈良の村にも及んでいる。

一方、町衆は上棟の日を中心として60人余が祝儀（見舞）に来ている。

2-9　移　徙

上棟の二カ月のちの5月15日に移徙となった。三日前の12日に寺を尋ねて、移徙をこの日と決めたのである。天気がよく諸事はうまく運んだ。昼の八ツ時に新宅へ移った。日暮前に家内全員でカユを食べ、本膳で祝った。この日、居合せた大工・左官・瓦屋のあわせて6人の職人に夕飯を振舞った。また昨今、日雇として働いていた4人にも夕飯を振舞った。家内のものとあわせて振舞った人数は27人にのぼった。

主屋の主な儀礼は以上で終る。

2-10　普請見舞・祝儀とその返礼

普請にさいして町やその他の人々が見舞・祝儀に来たことは、これまでに述べた。見舞・祝儀に来た日は石搗き・上棟の日を前後した期間に集中的に来ており、移徙のときにも来ている。普請帳に「祝儀参り候」「普請見舞ニ来候」「御家普請御祝儀に申来候」などとあり、また具体的に「斧初祝儀」「移徙祝儀」と記したものもある。祝儀は銀銭でなくすべて物品である。物品は酒・魚類など食物が大部分であり、なわを持って来ているものが少数ある。

祝儀にもらった品物には下記の例のように符牒*を用いて、その評価額を記入してあるものも多い。

　「五月十四日　移徙祝儀
　一、生鯛　　弐枚参り　　南新田　半介より
　　　レメ△ト　　　　　　　夫　はる　　」

祝儀の返礼として、上棟の日に各家に赤飯を配った。これについてはすでにふれた。

　＊符牒には次のものがある。
　　　　レ　△　メ

2-11　座敷・内蔵の普請

主屋に引続き、第二期として座敷・内蔵等の普請が行なわれた。4月27日に内蔵が上棟した。6月4日には座敷の石搗きがあり、同月10日に座敷と蔵ノ前が上棟した。これらの石搗きや上棟にさいして、手伝方や大工に酒・肴を出したが、主屋の場合と異なり、町の人々に手伝いを請うたり、また振舞うなど大々的な儀礼を行なっていない。

2-12　新宅普請成就の祈祷

明和5年5月28日に妙福寺月貫上人様に来てもらい、普請成就、家内安全の祈祷をしてもらった。この日は折柄打続く雨で道が悪かったが、上人様は小僧と供の者をともなって、祝儀・土産を持参され、未明のうちに歩行でやってこられた。

6月2日に助十郎が礼に寺へ参詣した。礼は上人様金子300疋、小僧に銀10匁、供に銀1匁であった。

3.　普請にかかわった人々

三田家の普請はどのような特徴をもっているだろうか。

三田家の普請の行事・儀礼について以上で説明したが、これにかかわった人々は、次のようにグループわけできる。

　a.　家主——家族・使用人を含む
　b.　大工を筆頭とする職人群
　c.　手伝方——一種の職人
　d.　町衆——周辺の村人・親類・縁者を含む
　e.　寺——上人・小僧・供者
　f.　商人——資材を調達・運搬した。

上記の各々のグループの人々が，どの行事・儀礼においてどのような役割を果しているか，そして次に町衆を農村，特に三田家の普請の場合と対照的であるとみられる新潟県魚沼郡中里村広田家，富山県西砺波郡福岡町佐伯家　の村人の場合と比較し，三田家の普請の特徴を明らかにしたい。
　（a）家　　主
　家主は普請の当事者であり，普請全般にわたって，マネイジメントをしている。材木ほか建築資材の調達の手配とその記録，職人の出面の記録・祝儀やもてなしへの心遺い，普請にかかる費用の支払い，普請の行事・儀礼の手配などその気苦労は大きかったことが普請帳の記載から読みとれる。大工への祝儀にしても他の大工に尋ねて額を決めている。これらの仕事は家族・使用人などの協力を得て行なった。
　普請の儀礼に限ってみると，家主，家族が主役であるのは移徙のときである。このほか上棟式にあって，家主は大工に次ぐ立場にあった。
　（b）大　　工
　家主とともに大工，そのなかでも大工棟梁は普請全般にわたって技術面その他で指導的な役割をはたした。普請の技術面での仕事が大工をはじめとする左官・屋根屋・手伝方などの職人によっていることはいうまでもないが，このほか，前述したように役所から普請の許可を得るための手続きや梁間を従来の四間から五間に延ばすための下工作も大工棟梁が行なっている。また大工棟梁は材料の購入にも関与している。
　儀礼にあっては，大工の仕事始めである手斧始め，普請における大工の祭である上棟式では棟梁をはじめとする大工が主役を演じている。
　（c）手 伝 方
　手伝方が普請の儀礼で，表立って主役となることはない。家の解体，整地，大工・左官・屋根屋など職人の下仕事を行ない，仕事の節々や儀礼にあってはたびたび酒肴の振舞いを受けている。手伝方は家主と契約を結んで請負仕事をしており，仕事量は大工に次いで多く，期間も長期にわたっている。
　手伝方は普請における影の立役者である。たとえば，石搗きは町衆によってはなばなしく行なわれるのであるが，これはいわば儀式であって，実質的な石搗はその前日に，手伝方によって行なわれているのである。
　（d）町　　衆
　ここで町衆というのは，三田家の普請にあたって，その行事や儀礼に参加し，また援助をした町の人々，親類・縁者，近所の村々の人々をさすことにする。
　町衆の儀礼への参加は主として石搗きと上棟のときである。前述したように町衆は石搗き，上棟，移徙の日を中心とした期間に祝儀（見舞）を持ってきている。
　町衆にとって普請の最大の儀礼は石搗きであった。石搗きに加わった町衆は81人にのぼる（うち36人は当町）。ところでこの石搗きは前日におこなわれた実質的な石搗きである内証搗きのあとを受けて行なわれたもので，石搗きが町衆にとって，普請の儀式として存在したことがうかがわれる。石搗きはあくまでも町衆を主役として行なわれている。
　次に上棟式とその日の祝事である。上棟式は大工の祭であるが，この日，家主・職人・町衆をふくめて祝事を行なっており，普請のひとつのピークとなっている。
　（e）寺 － 僧侶
　旦那寺妙福寺上人は，地鎮と普請成就の祈祷を行ない，棟札を書いている。地祭・上棟・移徙など儀礼の日取りを決めたのも上人である。普請の行事・儀礼は陰陽道に関係するというから，この面での指導は僧侶が行なっており，その最大の儀礼は地祭（地鎮祭）とみなされる。
　（f）商　　人
　材木・釘・金物・瓦・建具・道具類など建築資料はすべて商人を通じて購入している。商人が普請にあたって表面にでてくることは少ないが，納品伝票・請求伝票には商人の署名がみなある。町場の普請にあっては商人の占める位置はひじょうに重要である。

三田家の明和年間の普請における人々の役割

	a 家主	b 大工	c 手伝	d 町衆	e 寺	f 商人	備　考
1. 普請の手続	○	◎					大工上京
2. 工事の契約	○	○	○				
3. 手斧始め	○	○					
4. 年始の祝	○	○					
5. 古宅解体・整地			◎				すべて手伝の仕事
6. 地祭り	○				○		
7. 石搗き　内証搗き	○		◎				実質的なもので手伝26人と内のもので行う
本搗き	○			◎			儀式的なもので町衆が行う
8. 上棟　式／振舞	○	◎					祝儀を出す
	○	◎	○	◎	○	○	町中で酒盛
9. 移　徙	◎						屋移カユ食べる
10. 普請見舞・祝儀	◎	◎	◎	◎	◎	○	町衆
11. 座敷・内蔵の普請	○	◎	○				
12. 普請成就の祈祷	○				○		
13. 材料の購入	○	○				◎	伝票が残る

○ 関係した人々，◎ 特に関係が深いことを示す。

4. むすび

　三田家所蔵の普請帳をもとに，三田家の明和年間の普請を，その行事と儀礼，それにかかわった人々の動きを中心に分析した。この普請は町場における普請のありかたをよく示していると考えられるので，ほぼ同時期の農村の場合と比較して，その特徴を明らかにしたい。

(1) 建築資材はすべて購入している。農村では材木，屋根材料のかや，縄など自給し，また村人の見舞によるのが普通で，購入するのは釘などごく一部の材料に限られる。三田家の本屋は本瓦葺であり，瓦はかやのように自給することはできず，瓦とかやの相異は建物の構造や意匠ばかりでなく，普請のあり方にも大きな影響を及ぼしているものと考えられる。

(2) 普請にかかわる実質上の仕事は大工・左官・屋根屋・手伝などの職人が行なっており，町衆は普請の儀式（石搗き・上棟式・普請見舞など）に参加しているが，相互扶助的な労働力の提供はしていない。農村では村人の労働力が大きな部分をしめている。三田家の普請では農村における村人の仕事をほぼ手伝が行なっており，また手伝は，大工など職人の手元をつとめ雑用にあたり，一種の職人として，職種が確立している。

　以上のように，三田家の普請は，自給自足を基本としている農村の場合とは大きく相違し，貨幣経済のなかで行なわれているが，精神的な面では町衆とのかかわりも強い。

*1　吉田高子　林野全孝「柏原市三田実家の普請について」「日本建築学会大会学術講演梗概集」昭和41年

*2　*1に同じ。なお「買物借り物覚」A-2に次の記載がある。
　「一、京都中井主水殿へ
　　　梁延之断ニ書付ヲ以相届候様　作左衛門被申候間大
　　　工利兵衛十一月十四日より上京致し十五日に役所へ
　　　上ケ相済十六日に此方へ帰り申候
　　　　　　主水殿役　　瀬川嘉右衛門
　　　　　　　　　　　　北村惣兵衛
　　　　　　　　　　　　舟橋茂左衛門
　　　　　　　　　　　　永田勝左衛門
　　　　　　　　　〆四人
　　　　　　　　用聞下
　　　右役人四人へ銀壱両ヅツ礼ニ遣候　　　　　　」

II−8 小結　普請への村人のかかわり方を視点として

　この章では，江戸時代後半に属する普請帳をもつ新潟県・富山県・奈良県および福岡県の4軒の農家，新潟県と兵庫県の2軒の大地主住宅，それに大阪府の町家のあわせて7軒の民家普請をとりあげ，その実態の分析を試みた。村人—普請を行なっている家と地縁血縁関係にあるものをさすことにする—の普請へのかかわり方に視点をあて，普請の実態をとらえると，農村と町場，大地主層と一般農民との間に大きな相違が認められ，地域による差異のほうが小さいことがわかる。ここではこの章で分析した7例の普請を上記の観点から，A・B・Cの三つの型に分類した。これらに説明を加えよう。

　A型　農家型の普請

　村人からの労働力の提供，各種の物品の贈答を受けるなど，精神面，物質面にわたって全面的な協力を加えるとともに，家族の労働力も大きな役割をはたしている。この背景となっているのは，自給自足を基本とする経済と，村落共同体のなかでの相互扶助の慣行，家制度の確立である。そして，このような普請が成立する条件として，共同体に属する家々が，互に同じような生活をし，その経済力にもあまり大きな格差がないことが必要である。上に例としてあげた4軒は，それぞれの地域でやや上位にある家ではあるが，その建物はそれぞれの地域の地方色をもつものであって，他の家と大きな相違はない。

　B型　大地主層住宅の普請

　村人，すなわち地縁血縁のものの協力は，労働力の提供，物品の贈答などあるが，労働力の提供の多くは相互扶助的なものでなく，村人は労働に対して，金銭なり飯米を受けとっているところに特徴がみられる。また前記A型では村人が受けもった仕事を専門の職人にまかせることも多い。この普請の背景には村落共同体のなかで絶大な経済力と権力をもつ階層の存在である。その建物の規模は一般農民に比較するとはるかに大きく，質も上質であるので，建築資材をすべて自給することはできず，多くの資材を購入し，多額な費用と手間をかけている。例としてとりあげた新潟県の間藤家は切妻造，石置板ぶきで，他の農家が寄棟造，茅ぶきであるのと異なり，兵庫県の永富家は瓦ぶきで，他の農家が茅ぶきであるのと異なるとともにその規模がすこぶる大きいことが注目される。

　C型　町家型の普請

　地縁血縁にあるものの協力は物品の贈答や建築儀礼などへの参加であって，相互扶助的な労働力，そのほか実質的な労働力の提供を受けることは少ない。例にあげた大阪府三田家の普請では「手伝」と称する職能集団が存在し，古家の解体，地形，大工・左官など職人の手元や雑多な仕事を受けもっている。手伝の仕事は農家の普請における村人のそれと重なる部分が多い。建築資材はほとんどすべてを商人，手工業者から購入している。このような町場の普請が成立する背景には，貨幣経済の発達と建設業界の組織の整備がある。

　以上にみる普請の型はいつ成立したであろうか。A型は京都府山城町の農家小林家の寛文5年の普請帳，岩手県北上市の農家旧菅野家住宅の享保13年の普請帳などの存在を考慮すると，17世紀後半から18世紀初までには成立していたと考えられる。C型については，奈良県橿原市今井町の旧壺屋の一連の普請帳（明暦4年，延宝9年，元禄12年）の存在を考慮すると，都市では江戸時代初期にはC型のような都市型の普請が成立していたと考えてよい。以降江戸時代を通じてA型，C型はそれぞれ農村，町場における一般的な普請の形態であった。次にB型は大地主層の住宅の普請であり，上で取りあげた例は，文政年間と慶応年間のものであって，ともに江戸時代末期とそれに近い時期のものである。いまB型の成立時期を考慮するのに先だって，B型の普請の性格を考えてみよう。さきに取りあげたA・B・Cの各型と建物の屋根ふき材，資材の自給・購入の状況をみると，

　　A型　　茅ぶき　　　　　　自給
　　B型　　板ぶき・瓦ぶき　　購入
　　C型　　瓦ぶき　　　　　　購入

となる。A型の屋根ふき材は，その土地でどの家でも用い，自給自足できる材料であり，これにあてはまる材料として全国的に多いのは茅である。しかし，木材が豊富な信濃木曽地方などでは，茅でなくへぎ板であった。これに対しB型は，特別な家に限定されて用いられる材料であり，自給するのでなく，商品として購

普請の型とその特徴

分類	家名 府県名	種別	屋根材	上棟年代	村人などの普請への参加状況	用材の調達
A	広田家 新潟県	農家	茅葺	享和3 1803	全面的に協力・労働力・物品の提供，振舞	自給
	佐伯家 富山県	農家	茅葺	明和5 1768	全面的に協力・労働力・物品の提供	古家を移築
	上田家 奈良県	農家	茅葺	安永3 1774	労働力の提供	自給
	浅田家 福岡県	農家	茅葺	嘉永2 1850	全面的に協力・労働力・物品の提供	自給
B	間藤家 新潟県	地主	板葺	慶応2 1866	食物を見舞として提供	材木師から購入 一部自給
	永富家 兵庫県	地主	瓦葺	文政3 1818	日雇として参加・賃金支払	材木屋から購入
C	三田家 大阪府	町家	瓦葺	明和3 1766	建築儀礼への参加・見舞品 職能集団である手伝が存在	材木屋から購入

入している。他の家と異なる材料である瓦や板で屋根をふくことは，その家の力を端的に誇示する手段であったと考えられる。それではこのような建築の表現がいつからあらわれているか調べてみよう。新潟県の場合，文化年間（一説には天明年間）建築の渡辺家（岩船郡関川村），文政年間建築の笹川家（西蒲原郡味方村）は大地主として知られており，これらの住宅は間藤家と同様の板ぶきである。しかし享保年間建築の長谷川家（三島郡越路町），寛政年間建築の目黒家（北魚沼郡守門村）は同じく大地主層に属するが茅ぶきである。一般農民の家は一部庇や中門を木羽ぶきとするものもあるが，本屋は江戸時代を通じて茅ぶきであり，大地主層も18世紀の建築になるものは上記のように茅ぶきであるから，大地主層の住宅を板ぶきとするのもおおむね19世紀に入ってからと考えてよさそうである。

次に早くから貨幣経済が進んだ近畿地方の瓦ぶきについてみると，町家では奈良県五條市の栗山家（慶長12年），同橿原市今井町の今西家（慶安3年），大阪府堺市の山口家（17世紀）など江戸時代初期のものがすでに瓦ぶきである。これに対し，農家は大阪府羽曳野市の吉村家（17世紀）をはじめとして，17世紀に属する家は茅ぶきであり，最初から瓦ぶきとした早い例は三重県上野市の町井家で延享元年（1744）の建築であり，大阪府泉佐野市の奥家は享保年間に茅ぶきを瓦ぶきに変えている。このことから農村の大庄屋層に瓦ぶきがあらわれるのは18世紀に入ってからと考えられる。

普請の型Bの成立時期について考察したが，ここで問題となるのは，大庄屋層や大地主層でありながら，一般農民と同様に茅ぶきの家の普請はどのようであったかという点である。さきにあげた新潟県目黒家の普請での茅の得方は寛政6年「家作用材買入帳」によると，近隣の8カ村から村人がそれぞれ茅をもちよっており，これに対し村ごとにまとめて代金が支払われている。茅の代金は支払われてはいるものの，商品として取りあつかわれているのではなく，村人の協力のもとに村落共同体のなかで調達されている。なお，この家には労働力の提供や普請見舞については資料がないので明らかでない。

もう一つの例として，加賀藩の奥山廻役を勤めた富山市の浮田家の文政年間の普請をあげる。浮田家の主屋の主体部は茅ぶきで，前面には石置板ぶきの庇が二段につき，背後の内向きの部分も石置板ぶきである。文政7年「家材木幷品々留帳」によると，村人は木寄せ，地業，縄ないなどの共同作業にさいして多くの労働力を提供している。これら手間に対して賃金を支払った記録はないが，手間に対して飯米をだした記録が多くみられる。浮田家の場合も村人の絶大な協力を得ているのであるが，その関係は金銭関係で結ばれているものではないと考えられる。

ところで，飢饉普請，おたすけ普請といわれ，江戸時代後期から末期さらに明治にかけて，飢饉のときに建てられた大規模な民家が各地に伝えられている。この普請は飢饉で飢えた人々にわずかな食料や金銭をあたえて普請の手伝いをさせるもので，現代であれば失業対策の公共事業にたとえられよう。飢饉にさいしても貯えをもつような絶大な経済力がある家で行なわれた。

記録にははっきりあらわれないが，江戸時代初期には村落共同体の相互扶助の慣行や金銭で結ばれるものでなく，主従関係によって結ばれた普請があったであろうことが推定される。たとえば，信州伊那地方には絶大な権力をもつ「御館」層とこれに従属する「被官」層とから構成されており，その住いは，前者が切妻造，板ぶきのいわゆる本棟造であり，後者は寄棟造，茅ぶきの小規模な建物であった。ここではおそらく主従関係で結ばれた普請が行なわれたと考えられる。

B型の普請，飢饉普請や主従関係で結ばれた普請，さきにあげた目黒家や浮田家の普請など，地域や時代は異なるが，村落共同体のなかにおける最上位に属する家の普請として一括できるものと考える。

普請は自給自足で行なわれようと，貨幣経済のなかで行なわれようと，経済活動の一部であり，それが出来上った建築の表現に示されている点は注目すべきである。

III 民家普請における職人についての一考察
——新潟県小千谷市民家の普請関係文書を中心にして——

正会員 宮 沢 智 士*

小千谷市の民家調査で得た資料のうち，遺構については編年を主として紹介したが[1]，文献資料は目録をあげたのみだったので，本稿ではこの文献資料のうち民家普請関係の文献をとりあげ，職人について考察したい。資料とする文献資料は表—1 にあげた 14 冊である。

いままで民家普請関係資料をあつかった論文は数点[2]にすぎず，それも資料を個々にあつかっており，幾冊かをまとめて考察したものは少ない。小千谷市の場合，幸にしてこれらの文献資料を比較的多く得ることができたので，これにもとづいて，民家普請に参加した職人，その手間，生活などについて若干の考察をすることができた。

1. 文献資料とその建物

民家普請のとき記録される帳面の内容は大きく 2 つにわけることができる。一つは建築材料代，建築工事にさいして買った品物代，職人の手間を記入した収支決算に関する部分であり，他は手伝い人足の出づら，工事のとき，建物が完成したときなどの贈り物，ごちょうよび[3]，かや，なわ，材木など借りた材料などを記入して後日の返しに備える部分とである。これらの記録は一冊のことも，2 冊，3 冊にわけてつくられることもあり，前者の場合は表紙に「諸入用帳」「諸掛帳」「要記簿」などと書かれ，後者の場合はその内容により，「人足帳」「見舞帳」「午腸帳」「材木帳」などと書かれる。しかし，上記の内容をすべて記録にとどめるとは限らず，一部分のみのものもある。

文献資料とそれに対応する建物の概要をのべよう。記録と実物とてらしあわせて考察することは職人を理解するうえで必要があるとおもわれる。文献資料には表—1 のように番号をつけた。建物の図面は前掲「新潟県小千谷市の民家」を参照していただきたい。

（a）大窪栄悦氏蔵〔文—1〕〔文—2〕〔文—9〕とその建物〔文—1〕の建物は現存しないが，〔文—2〕〔文—9〕の建物は現存し，住宅として使用されている。

〔文—1〕の建物は大窪家の住宅として享保 14 年に建てられたもので，〔文—1〕の内容からして 10 余坪程度の造作のほとんどない住宅（おそらく土座住いであろう）であったと考えられる。この建物は 45 年後の安永 2 年に〔文—2〕の住宅に建てかえられた。〔文—9〕はこの住宅に増築された部屋中門である（明治 42 年）。安永の建物は残存状況がよく，仕事もしっかりした質のいいもので，面積は本家，馬屋中門をあわせて 35.6 坪である。大工手間は上棟まで坪当り約 8 人かかっているが，これは建物の質を他の手間のわかるものとくらべてうなずける数字である。明治に増

表—1 文献資料一らん

文献番号	年　代		名　　称	所　蔵　者
文—1	享保 14	1728	表紙欠	大窪栄悦家蔵
文—2 a	安永 2	1773	家作之時人足類留帳	〃
b	安永 2	1773	家作之時牛腸並ニ御見舞帳	〃
文—3	文化 6	1809	家作普請諸入用帳（牛腸・人足）	山岸貢家蔵
文—4 a	文政 5	1822	家作普請諸入用帳	〃
b	文政 5	1822	家作普請人足帳	〃
文—5 a	文政 12	1829	家作材木帳	大淵丑太郎家蔵
b	文政 12	1829	大工木挽日数覚帳	〃
c	文政 12	1829	家作午腸帳	〃
文—6	文久 3	1863	土蔵諸掛帳	大淵敏夫家蔵
文—7	明治 33	1900	家作諸掛帳	〃
文—8	明治 33	1900	土蔵建設要記簿	大窪栄悦家蔵
文—9 a	明治 42	1909	中門寝室建設要記	〃
b	明治 42	1909	寝室建築人夫雇入覚	〃

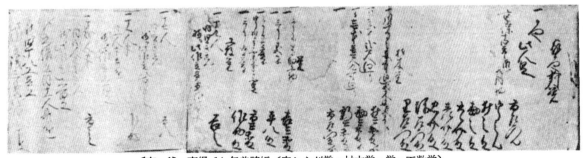

〔文—1〕享保 14 年普請帳（家かや刈覚・材木覚・覚・工数覚）

* 大阪市大工学部助手　　（昭和 39 年 12 月 25 日本稿受理，討論期限 40 年 8 月末日）

築された部屋中門は建築面積7坪の2階建てで，下に2室をとり寝室とし，上の2室は座敷としている。屋根は大羽板ぶきである。

（b）〔文—3〕とその建物　建物は現存しない。〔文—3〕の内容からして，20坪ほどの規模の住宅と考えられる。この文献は現在，山岸貢家に所蔵されているが，建物は同家の分家のものである。

（c）山岸貢家蔵〔文—4〕とその建物　現在の山岸家住宅である。木材が豊富に使われた立派な建物であり，大工手間は上棟までに坪当り約8人かかっている。もと庄屋を勤めた家柄であり，建物の規模も大きい。

（d）大淵丑太郎家蔵〔文—5〕とその建物　住宅で現存するが，馬屋中門・にわ部分，部屋中門を改築している。上棟までの大工手間は坪当り3.5人でかなり少い。面積35坪の本百姓クラスの家とみられる普通の建物である。

（e）大淵敏夫家蔵〔文—6〕〔文—7〕とその建物　〔文—7〕は現在の敏夫家住宅であり，〔文—6〕はその土蔵である。住宅は本家，馬屋中門，部屋中門をあわせて，38.2坪であるが大工手間は上棟まで59人（坪当りに5人）かかっているのみである。これはこの家が新築でなく移築工事だからである。がんきなど一部の屋根はかやぶきでなく，木羽板ぶきである。土蔵は桁行3間梁間2間で2階になっている。なおこの土蔵は明治32年に土台替えをしている。

（f）〔文—8〕とその建物（大窪家土蔵）　桁行3間梁間2間の土蔵で2階をつくっている。この土蔵の普請は1部の材料（大黒柱，柱，地棟木，2階床板，土板）を自分持ちとして，請負工事の形式で行なわれている。

以上，文献資料とそれに対応する建物の概要を記したが，これらを一らん表にして表—2に示しておく。この表には建物の質を知るための一応の目安として，職人のうち大工，木挽，屋根屋の手間をのせておいた。造作の手間などについては，そのすべてがもれなく記載されているかどうかは明らかでないが（造作は長い年月にわたっているので）文献資料に記載されているものをそのままのせておいた。

2. 職人の種類

〔文—1〕から〔文—9〕にあらわれる職人をすべてひろいあげてみよう。

（a）〔文—1〕享保14年　職人の名前は4人ででてくるが，その名称の記入がなくどのような種類の職人であるかはっきりしない。しかし記録の内容，そこにでてくる細工初，工数などの語からして，それが大工であると考えられる。

（b）〔文—2〕安永2年　作立覚の項に7人，覚（造作之時）に3人の職人がでてくる。ただし造作の3人は作立の7人のうちの3人である。大工という名称は記してないが，この職人が大工であることは間違いなかろう。ふき手衆として4人の名がでてくるが，これは屋根屋である。ほかに木挽の名が1人でてくる。

（c）〔文—3〕文化6年　大工7人，木挽1人，穴

表2　建物の規模と坪当りの職人手間

文献資料番号 年代	工事の種類	建物の規模 *1 桁行（間）×梁間（間）	建築面積合計（坪）	大工・木挽・屋根屋手間（人）（　）内は坪当りの手間			
				大工 上棟まで	大工 上棟後	木挽	屋根屋
〔文—1〕 享保14	家新築	（現存せず）	—	60	—	—	—
〔文—2〕 安永2	家新築	本家　7.0×4.0 馬屋中門　2.75×2.75	35.6	279.5 (7.9)	61 (1.7)	72 (2.0)	26 (0.7)
〔文—3〕 文化6	家新築	（現存せず）	—	101.5			
〔文—4〕 文政5	家新築	本家　8.0×4.0 馬屋中門　2.75×2.75 部屋中門　2.0×3.5	46.6	366 (7.9)	211.5 (4.5)	202.5（棟上まで）(4.5)	125 (2.7)
〔文—5〕 文政12	家新築	本家　6.5×3.5 馬屋中門　2.5×2.5 部屋中門　2.0×2.5	34.0	118 (3.5)	?	64 (1.9)	54 (1.6)
〔文—6〕 文久3	土蔵新築	土蔵　3.0×2.0	6.0	30 (5.0)（含木挽）	20 (3.3)	20 (3.3)	
〔文—7〕 明治33	家移築	本家　6.75×4.0 馬屋中門　2.67×2.5 部屋中門　1.5×3.0	38.2	59 (1.5)	43 (1.1)	31 (0.8)	118 (3.1)
〔文—8〕 明治33	土蔵新築	土蔵　3.0×2.0	6.0	49.5 (8.3)			
〔文—9〕 明治42	部屋中門増築（文—2家に増築）	部屋中門　2.0×3.5	7.0	50.5 (7.2)	104.3 (15.5)	?	26 (3.7)

掘（あなほり）2人，屋ね葺5人がでてくる。ここにでてくる穴掘は貫穴などの穴を専門にあける大工で〔文—4〕には穴掘大工とある。

（d）〔文—4〕文政5年　大工7人，穴掘（穴掘大工）1人，木挽9人，やねふき（やのふき）11人，かひのり（しゃばん・志ゃくん）2人，桶屋2人がでてくる。桶屋のうちの1人は穴掘大工の仕事もやったようである。また大工，やねふきのうちには棟梁とよばれるものがそれぞれ1人ずついる。

（e）〔文—5〕文政12年　大工はすくなくも6人，木挽2人，穴掘1人，桶屋がでてくる。大工のうちの1人は棟梁とよばれ，2人は手子とよばれている。手子は大工の手元のことと考えられる。

（f）〔文—6〕文久3年　大工4人，木挽3人，樵2人，石切りがでてくる。大工のうちの1人は棟梁，1人はわき棟梁とかかれている。石切りは石屋である。

なお〔文—6〕には明治32年土蔵土台替の記録があり，そこには大工2人，木挽1人，引ずり大工2人がでてくる。引ずり大工は家を引いて移転したり，持上げたりすることを専門とする職人で，トビ職の一種である。

（g）〔文—7〕明治33年　大工8人，木挽2人，左官4人（うち1人は子供），屋根屋10人，板屋根屋（木羽屋根や）2人，引ずり大工，桶屋，土きょう人足（地形人足の書きあやまりと思われる）。大工，屋根屋のうちにそれぞれ1人ずつ棟梁とよばれるものがいる。地形人足はほりことも呼ば地固めをする人足である。

（h）〔文—8〕明治33年　大工3人，木挽1人，左官3人がでてくる。

（i）〔文—9〕明治42年　大工7人，木挽5人，屋根葺（木羽葺）3人，左官1人がでてくる。大工のうちの1人は棟梁とよばれている。

以上のように文献資料には職人として，大工，木挽，屋根屋，穴掘大工，引きずり大工，板屋根屋，左官，石屋，桶屋，樵，ほりこがでてくる。これを年代順に1らん表にして示すと表—3のようになる。

民家普請に関係する職人は建物の種類，工事の規模，施主の家柄や経済力などの社会的背景の相異によって異なっているが，時代がたつにつれて，職人の種類は増加する傾向が認められる。享保には職人は大工のみであるが，安永には大工のほか，木挽，屋根屋がみえており，文化には穴掘大工，文政になるとさらに左官，桶屋が登場する。そして明治になると，材料や工事の違いにもよるが，板屋根屋，引ずり大工，ほりこが職人としてみえる。

さて，これらの職人の登場した時期およびその理由を考えてみよう。

民家普請に職人として最初に登場したのが大工であることは容易に考えられる。これは大工仕事に高い技術が要求されるようになり，また家の普請の仕事のうち，もっとも仕事量が多いためであろう。小千谷の民家普請で大工に続いて登場する職人は木挽と屋根屋である。この時期がいつであるか確実な解答はえられないが，一つ興味あることに，大窪家の享保の普請では職人は大工のみであるが，安永の普請では大工のほか，木挽と屋根屋が加わっている。大窪家の経済力あるいは家柄などが，他の家と比較して，この期間に大きな変化がないといえるならば，安永の普請がかなり質のよいものであることを考えると，大窪家と同じクラスの家の普請に木挽や屋根屋が加わるのは享保まではさかのぼらないと推定される。なお，十日町市の庭野鬼角家[4]の文化3年の「屋さく覚」には「木挽たのまず」と特に記されているので，このころには木挽をたのむのが普通であったことがわかる。しかし，専門の職人をたのまず仕事をしたという点は注意を要する。木挽の登場はその仕事自体に大きな労力が必要であり，間仕切が発生し，指物や角柱が多く用いられるようになったこと，また，土間生活からぬけだし，床を張った家に生活するようになって，板類が多く使用されるようになったことに関係があると考えられる。屋根屋の登場時期については木挽の場合と同じことが考えられる。いま屋根屋の手間のかかり具合を，建築面積1坪当りでみると，安永の大窪家の屋根工事で0.7人，文

表—3　職人一らん

文献資料番号・年代		工事の種類	大工	木挽	屋根屋	穴掘大工	左官	桶屋	樵	石屋	引ずり大工	板屋根屋	地形人足（ほりこ）
文—1	享保14	家　新　築	④	—	—	—	—	—	—	—	—	—	—
文—2	安永2	〃	⑦	①	④	—	—	—	—	—	—	—	—
文—3	文化6	〃	⑦	①	⑤	②	—	—	—	—	—	—	—
文—4	文政5	〃	⑦	⑨	⑪	①	②	②	—	—	—	—	—
文—5	文政12	〃	⑥	②	①	○	—	—	—	—	—	—	—
文—6	文久3	土　蔵　〃	④	③	—	—	—	—	②	○	—	—	—
	明治32	土蔵土台替	②	①	—	—	—	—	—	—	②	—	—
文—7	明治33	家　移　築	⑧	②	⑩	—	④	①	—	—	○	②	④
文—8	明治33	土　蔵（請負）	③	①	—	—	③	—	—	—	—	—	—
文—9	明治42	部屋中門	⑦	⑤	—	—	①	—	—	—	—	③	—

〇印は該当の職人がでてくるもの。　なかの数字は職人の人数。　数字のないのは職人の数不明—おそらく1～2人。

政5年の山岸家で2.7人,明治33年の大淵家で3.1人となっており,しだいに増加している。これは屋根ふきの仕事が,村人の共同作業によって行なわれ,最初は少数の屋根ふき職人しか入っていなかったのが,だんだんと職人の手に移っていることを示しているのではなかろうか。文化6年の山岸家の分家の普請には穴掘大工がでてくる。穴掘大工は大工から分化したかというと必らずしもそうでない。穴を掘る仕事は専門的技術がそれほど必要でなく,素人もやっていたことが文献の記録よりわかる。すなわち,文政12年の大淵家の文献には「穴掘衆」として手伝いの記録があるし,また,中魚沼郡中里村の広田実家の享和3年の「家作普請覚帳」には「のみ入」といって,多くの村人が,上棟前に何日かにわたって,手伝いに来ている。左官は文政5年の山岸家の普請にでてくるが,この家は庄屋であり左官をたのんでいるが,一般的にはこのころ左官をたのまず,壁を塗る仕事は自分でやり,左官が広く普及するのは,この地方では明治になってからであろう。桶屋も文政には登場しているが,これはすえ風呂桶やための桶をつくっている。このほか石屋, 引ずり大工など,特殊な仕事をする職人も幕末から明治にかけてでてきている。

4. 普請の期間と職人の工数

普請はどれほどの期間をかけて行なわれるか,またその間に職人はどれほどの日数を働いているであろうか,これをおおざっぱではあるが示そう。

（a）〔文—1〕　この家普請は享保14年3月に始められた。細工初めは3月24日で,この日から大工が1人はいり,翌25日に1人,27日,30日に1人とあわせて4人がはいり,これらの大工はそれぞれ19日,17日,12.5日,11.5日働いている。この記録の内容からして,翌4月12日ごろに上棟をしたと考えられるので,仕事をはじめてから上棟までわずか20日たらずで大工仕事は終わっている。

（b）〔文—2〕　記録のつけ始めが安永2年2月19日で,この日より木の切りだしを始めており,閏3月3日に釿立,5月11日に石場勝(地形),5月15日に上棟し,5月18日にふきこもり(新しい家に入る)となっている。

記録をつけ始めてからほぼ4ヵ月の間に上棟にいたっている。大工は釿立から入ったと見てよいから,大工の入った期間は上棟まで約2ヵ月半である。この後造作仕事が行なわれているが,その期間は記載がなく明らかにできない。なお,家の完成祝は10月22日と23日に行なわれている。

作立まで(ほぼ上棟まで)6人の大工のうち手間の多い者から記すと,76日,69.5日,46.5日,46日,34.5日,7日となっており,造作では24.5日,21.5日,15日となっている。このほか60日という大工がいる。木挽は72日,屋根屋4人はそれぞれ,7.5日,6.5日,6.5日,5.5日となっている。

（c）〔文—3〕　記録のつけ始めは文化6年7月1日であるが,材木の切りだしはこれより前の6月から始められている。7月14日に大工,木挽に祝儀をだしているので,この日に仕事始めの祝をしたのであろう。8月にも大工,木挽が入り,これが9月まで続く。この間大工は3人で手間は23日,20日,1日,木挽は1人で14日となっている。8月には午腸よびが行なわれている。9月以後は仕事を一時中止したらしく,棟上,屋根ふきは翌文化7年3月に行なわれた。

（d）〔文—4〕　記録のつけ始めは文政5年7月であるが,木取の仕事は6月より始められている。この後材木,かや,竹などの材料が集められ,手板祝は文政6年4月24日に行なわれた。翌7年3月29日に棟上祝儀をだし,4月3日に屋根ふき祝儀をだしている。大工その他の職人は棟上げ後も引き続いて入っており,同年の10月10日までにはほぼ造作仕事を終えたらしい。このほか,同年4月29日より5月3日までの4日間に井戸掘が行なわれ,また雪隠もつくられた。この家の普請は文政5年から7年まで足掛3年にわたっている。

職人の手間は上棟まで,大工366日,木挽202.5日,穴掘41日,屋根屋125日,左官11日と記されている。その後は大工211.5日,木挽,屋根屋,左官,桶屋をあわせて87日と記されている。いま大工について,働いた日数とその期間をみると,棟上げまでa～eの5人は148.5日(文政6年3月22日/7年4月1日),125日(6年3月22日/7年4月2日),32日(7年2月25日/4月2日),30日(7年2月28日/4月2日),30.5日(7年2月27日/4月2日)となっており,棟上げ後はa,b,c,fの4人が106日(7年4月3日/10月10日),94.5日(7年閏8月8日/10月10日),8日,3日となっている。

（e）〔文—5〕　記録は3冊の帳面よりなっていて,そのうち材木帳,大工木挽日数覚帳は文政12年8月よりつけ始められ,午腸帳は同年の11月よりつけ始められている。年内に木取りと大工仕事が行なわれ,上棟は翌文政13年閏3月16日,ふきこもりは20日に行なわれた。その後天保3年10月から閏11月にかけて大工が入っているが,これは造作仕事をしたものと考えられる。

工事を始めてから造作までは3年余の期間がかかっている。大工への支払いは仕事の切れめごとに20～30日分くらいずつ行なっている。

なおここの棟梁は,この家の普請中である文政13年3月14日昼より15日まで,他の家の釿立にでむいた記録があり,同じ期間に他の家の普請にも関係していたことがわかる。

（f）〔文—6〕　土蔵新築工事で，文久3年4月8日に土蔵作りの祝をやり，5月16日より棟上げのために大工が入り，18日は石場勝，21日に上棟した。上棟までに大工木挽の手間が30日かかった。この後6月末より7月にかけて大工20日，5月下旬より6月初めにかけて木挽15日，12月中ごろに木挽が5日入っている。また8月には石屋が10日間入っており，樵（2人で）は5月末から6月初に10人，7月から8月にかけて40人，あわせて50人入っている。

（g）〔文—7〕　家移築工事で，明治32年12月に家を買いとり，翌33年2月20日に定板祝をし，翌日より家のとりこわしにかかる。このときから大工仕事が始められ，4月10日に上棟し12日に屋根の棟上げが行なわれた。この後，4月末に床板張り，閏8月にがんきつくり，9月と12月に造作仕事が行なわれた。

（h）〔文—8〕　土蔵新築工事で，明治33年7月24日に記録をつけ始めている。前にのべたように請負工事で，請負金は46円である。支払は7月20日に8円，7月30日に20円を手附金として渡している。大工仕事は8月に主に行なわれており，造作仕事は9月に行なわれている。

（i）〔文—9〕　部屋中門増築の工事で，明治42年7月10日に起工し，8月14日に建前を行ない，9月初めまでに一応の仕事を終えている。その後造作仕事が始められ，年を越して行なわれた。

　普請において職人がもっとも多く入るのは，上棟前後の時期である。上棟の時期は「家」などの大きな工事では春さきに行なわれ，農繁期をさけているようにおもわれる。しかし，増築の工事や「土蔵」などの工事は必ずしも春さきに行なわれていない。農繁期をさけているのは，いまでも地方の職人がそうであるように，その間は職人はかたわらでは農業を営んでいたのであろう。

5．職人の手間賃

　文献資料の記録にもとづき，職人の1日当りの手間賃を年代順にかきあげてみよう。

（a）〔文—1〕享保14年　職人（大工）4人のうち1人は80文で，他の3人は60文である。ただし，この普請では4人はそれぞれ働いた日数のうち約2割をひいて勘定している。すなわち全体の手間60日のうち11日をひいている。

（b）〔文—2〕安永2年　大工7人の手間は人によって差がある。90文，85文，80文，70文，50文，25文とあって，各人異なる。ただし70文は2人いる。上棟までの仕事と造作の仕事の手間賃は同一の大工については同一である。木挽は80文である。屋根屋は4人で100文，70文（2人），60文となっている。なお，当時の金1両を銭5貫280文に換算（両替）している。

（c）〔文—3〕文化6年　大工7人のうち2人が130文，3人が120文，1人が100文である。もう1人は金と銭で払われており（20日で金1分2朱と銭165文，金と銭の換算がわからないので手間が何文になるか明らかでない。木挽は，文化6年7月12日に両替6貫800文として，24日分について2貫880文が払われており，これは1日120文になる。また9月8日に同じ木挽に14日分として1貫760文支払われており，これが金1分であるとしている。

　屋根屋は5人で，このうち1人が130文で，他の4人は120文である。この支払の時期は文化7年3月あるいは4月と考えられる。

　穴掘大工2人のうち1人には11日で2朱支払われており，他の1人については記入がなく明らかでない。

　なお祝儀として大工に500文，木挽に300文をだしている。

（d）〔文—4〕文政5年　金と銭の両方で支払われている場合が多く，両替が明らかでないので，すべての職人について手間賃を銭で示すことはできないが，金のみまたは銭のみで支払われているものでは次のようである。

　大工のうち2人は13日につき金1分を支払われている。穴掘大工は日に120文，桶屋の2人，木挽のうちの2人も同様に120文を支払われている。

　屋根屋は11人で，家の屋根ふきにはだれも金と銭で支払われているが，このうちの1人が雪隠の屋根ふきをしており，日に120文支払われている。金と銭で支払われている場合にも，出ずらと支払金額が違っていることを利用して，計算してみると，金1両を銭6貫480文（文政6年4月2日）と換算され，日当は120文のもの8人，110文のもの2人，80文のもの1人となる。雪隠の屋根をふいた屋根屋はここでも120文となってでてくるから，この換算は間違いなかろう。なお日当120文の場合には金1分につき13.5日となる。

　祝儀は手板祝のとき，大工棟梁に金1分，大工のうちの1人に500文，木挽（a）に500文，もう1人の木挽（b）に200文だしており，上棟のときには，大工棟梁に金1分（このほか米壱俵と木綿1反をだす）さきの大工には金2朱，他の2人の大工に300文ずつ，木挽（b）に500文，屋根屋の1人に100文をだしている。また屋根ふきのときには，さきの屋根屋に500文，他の1人に300文をだし，このほかの9人の屋根屋，桶屋1人，左官2人にそれぞれ200文ずつをだしている。

（e）〔文—5〕文政12年　〔文—5〕の大工木挽日数覚帳にはとじちがいがあり，また支払の記入のないところがあり，すべての職人について手間賃を明らかにできないが，わかるものを記せば次のようになる。

　文政12年には棟梁以下2人の大工に対して，13日につき金1分が支払れ，文政13年閏3月には大工手子に

対し，日当 115 文とし，21.5 日につき金 1 分と銭 777 文を支払っている。同じ時に木挽に日当 130 文，穴掘に 110 文を支払っている。なお文政 13 年は大凶作で米 1 俵代金 2 分であると記録されている。

天保 3 年閏 11 月には大工 18.5 日につき金 1 分と銭 650 文を支払われており，この時米 1 俵代金 1 分 2 朱と 200 文と記録されている。

（f）〔文一6〕文久 3 年　大工は 160 文，石屋は 200 文，木挽は 120 文である。木挽は 15 日につき金 1 分 2 朱支払われているときがあり，これは 10 日で金 1 分になる。樵は 10 日で金 1 分 1 朱，40 日で金 1 両 3 分支払われている。

土蔵作りの祝儀として，大工棟梁に 300 文，木挽に 200 文をだし，上棟の祝儀には大工棟梁に金 2 朱，わき棟梁に 1 朱，大工に 100 文，木挽 2 人に 100 文ずつをだしている。

明治 32 年の土蔵土台替のときは大工，木挽とも日当 18 銭である（9 月 28 日支払い）。

（g）〔文一7〕明治 33 年　大工，木挽とも夏場（4月～11 月）は日当 22 銭，冬場（12 月～翌 3 月）は 20 銭である。ただし大工のうち冬場 18 銭のもの 1 人がいる。左官は 4 人とも異なっており，28 銭，27 銭，20 銭，5 銭（これは子供）である。屋根屋 10 人のうち 18 銭，19 銭のものが 1 人ずついるが，他は 22 銭である。板屋根屋は 21 銭，地ぎょう人足 4 人はいずれも 22 銭である。

祝儀は上棟のとき，大工 7 人，木挽 1 人にそれぞれ 20 銭，造作祝儀として大工 2 人に 5 銭ずつをだしている。なお，屋根屋には酒代として 30 銭をわたしている。

（h）〔文一8〕明治 33 年　この工事は前にのべたように請負工事の形式をとっているので手間は明らかでない。ただし 2 階床張りのとき大工に日当 22 銭を支払っている。

（i）〔文一9〕明治 42 年　この記録には工事の概

表一4 職人手間および祝儀一らん

〔文献番号〕年代		大工	木挽	屋根屋	穴掘大工	桶屋	左官	石屋	樵	板屋根屋	地形人足	備考
〔文一1〕享保 14	手間賃	80文 60文										
〔文一2〕安永 2	手間賃	90文 85文 80文 70文 50文 25文	80文	100文 70文 60文								金1両＝銭5貫280文（安永2） 米1俵（4月）金1分100文 （夏）1分400文
〔文一3〕文化 6	手間賃	130文 120文 100文	120文	130文 120文	分につき22人							金1両＝金6貫800文（文化6.7.12） 金1両＝銭7貫40文（文化6.7.8）
	祝儀	500文	300文									
〔文一4〕文政 5	手間賃	分につき13人	120文	120文 110文 80文	120文	130文						金1両＝6貫480文（文政6.4.7）
	祝儀：手板	金1分500文	500文 200文									
	棟上	金1分 金2朱300文	500文	100文								
	屋根ふき			500文 300文 200文			200文	200文				
〔文一5〕文政 12	手間賃	金1分につき13人 115文	120文		110文							米1俵＝2分（文政12・大凶作）＝1分2朱・200文（天保3・閏11）
〔文一6〕文久 3	手間賃	160文	分につき10人					200文	分につき約6人			
	祝儀：手板	300文	200文									
	棟上	金2分 金1朱 100文	100文									
明治 32	手間賃	18銭	18銭									
〔文一7〕明治 33	手間賃	22銭(夏) 20銭(冬) 18銭(冬)	22銭(夏) 20銭(冬)	22銭 19銭 18銭			28銭 27銭 20銭 5銭			22銭		
	祝儀：棟上造作	20銭 5銭	20銭									
〔文一8〕明治 33	手間賃	22銭										
〔文一9〕明治 42	手間賃	30銭(夏) 27銭(冬) 8銭	30銭				32銭			32銭 28銭 25銭		米1俵（春）5円25銭（冬）3円85銭（下落した）

要が記してあり，そこに，「……当時3月ヨリ10月大工木挽各職人日給弁当持46銭，11月1日より2月迄43銭，壱人給30銭，27銭」とある。これは夏場と冬場，賄付と賄なしとの違いによる手間賃を記したものであって，実際に支払われている内容を見るとすべて賄付の場合である。

屋根屋（木羽葺）は3人で，それぞれ日当32銭，28銭，25銭（夏場），左官は32銭となっている。

なお，上記の工事概要のところに「……米価1俵代春期5円25銭位，同年ノ冬期3円85銭ニ下落シ……」とある。

職人の手間賃，祝儀の内容はほぼ上記のようである。これを一らん表にして表—4に示しておく。

職人の手間賃は時代とともに上昇していることが認められる。また各個人による手間賃の差が時代とともに少なくなり，均一化してくる傾向がみられる。大工についてみれば，享保，安永，文化には人によって手間賃にかなりの差がつけられているが，文政以後，特に明治になると，手間賃は人によってでなく，夏場，冬場と季節（おそらく労働時間の長さ）によってのみ区別されている。しかしこの手間賃の均一化の傾向は職種によって異なっており，左官，板屋根屋は明治でも，人によって差がつけられている。手間賃の均一化は職種内でのある意味での民主化，たとえば，明治ころになると，大工の伝統的技術の一部に低下のきざしがみえ，誰もが自分の技術の優劣とは無関係に大工としての賃金を要求するようになり，それが進んだものとも考えられる。

本稿は昭和38年に小千谷市で行なった民家調査にもとづくものである。調査は吉田靖，福田晴虔，宮沢の3名で行なった。調査にあたっては，居住者の方々，小千谷市の方々，特に佐藤秀一氏には大変お世話になり，また教示もうけた。文献の解読にあたっては東京大学生産技術研究所の加藤安雄氏に御指導をしていただいた。浅野清先生は本稿をまとめるあたり御指導をしてくださった。これら多くの方々に感謝します。

〔注1〕
1) 新潟県小千谷市の民家（学会論文報告集・昭39.6）
2) たとえば次のようなものがある。
 伊藤鄭爾：中世住居史（1958年東大出版会）所載の奈良県今井の普請資料をとりあつかったもの。
 大河直躬：東京都小平町誌（1959年）所載のもの。
 田中文男：秋山郷の民家（1962年長野県教育委員会）所載の普請帳よりみた構造と部材名称。
 宮沢智士：民家における書院的座敷の成立時期の一例——長野県南佐久郡八千穂村の場合（学会論文報告集，昭39.2）
 伊藤延男：東蒲原郡建築調査報告(1962年新潟県文化財調査年報)に宝暦の普請資料を全文のせたもの。
3) 普請のさい中に，親類や近所の人が職人や普請をしている家の人をよんでごちそうするならわし。「ごちょう」は午腸，牛腸，御長などとも書く。
4) 吉田靖：新潟県十日町市の民家について（学会論文報告集，昭39.10）

IV 近世民家における用材の供給状況
―― 長野県佐久地方と新潟県小千谷地方の場合の比較 ――

正会員 宮 沢 智 士*

まえがき

近世農民が家作をするさいに，もっとも主要な材料である木材をどのようにして入手したか――すなわち用材の供給状況を考察するのが本稿の目的である。用材の供給状況は都市と農山村とではひじょうに違っているし，また農山村でも地域によって違っている。たとえば，大和今井町では寛文から元禄年間に規格木材の流通が一般的になったと考えられる[1]のに，信濃秋山郷では幕末の嘉永年間でも木材の規格化が行なわれていないのはもちろんのこと，商品化も進んでいないらしい[2]。本稿では家作関係資料（木材伐採願書，家普請願書，家普請帳など）の比較の多く得られた長野県佐久地方と新潟県小千谷地方の場合を比較し，両地方の用材の供給状況の特徴を明らかにしたい。佐久地方は信濃川の上流である千曲川の流域にあり，西に蓼科山，八ガ岳をひかえており，一方，小千谷地方は信濃川の中流域にあって，佐久地方と同じ水系にあり，東頸城丘陵と魚沼丘陵にはさまれている。

A 佐久地方の場合

史料は木材伐採禁止の文書，木材伐採願書，家普請願書などと，実際の家作にあたってつくられた家普請入用帳，覚帳などとにわけられる。まず前者をもとに考察してみよう。

[A-1 願書などを中心にして]

16世紀の文書としては佐久地方に隣接する長野県小県郡真田町山家神社に所蔵する真田昌幸文書がある[3]。

「四阿山ニおゐてとかひそ木一切きりとるへからす，若此旨そむき候ハゝ可有成敗者也　仍如件

　　天正十五年丁亥十月廿九日　朱印　（真田昌幸）

　　蓮花院　　　　　　　　　　　　　　　」

ここにみえる「とか」は栂（ツガ・トガ）であり，柱材・敷居木などによく用いられる樹種である。「ひそ木」は四阿山のような高い山（2333 m）にあるから針葉樹の一種とおもわれるが，現在ではどのような樹種か明らかにできない。文献のうえでは建築材料として17世紀にはよくでてくるが18世紀以後はほとんどでてこない。いずれにしても，真田文書より16世紀末において，つが，ひそ木が用材として用いられていたらしいことが考えられる。

17世紀の文書としては，すでによく知られているものに南佐久郡八千穂村佐々木利助氏蔵の明暦元年の木材伐採願書[4]，同郡高野町高見沢元吉氏蔵の木材伐採願書[5]がある。この願書の通りに木材が伐採され，家が建てられたかどうかは明らかでないが[6]，この史料（史料は〔注〕にあげた）より次のことが考えられる。

1) 木材伐採に制限が加えられており，伐採に許可が必要であったこと。
2) 木材が売買されていたこと。

木材伐採の制限は18世紀になっても行なわれた。たとえば，南佐久郡八千穂村佐々木嘉幸氏蔵享保16年の「家普請願書」は次のようなものである。

「　　〔家普請願書亥七月廿五日指上申候〕
　　　　　奉願口上書之御事
一今度拙者家破失仕リ候ニ付　古柱材木ニ而　長サ四間横九間半茅葺造ニ而申度奉存候　少々材木不足之分ハ手前から松檀木を以　当秋より来春迄家普請仕申度奉存候間　願之通被仰付被下置候ハバ難有奉存候　以上

　　享保十六年亥八月　　　上畑村願主　孫之丞
　　御役所様

右孫之丞願之通家普請之義被仰付被下置候様ニ奉願候為其奥書印形指上申候　い上

　　　　　　　　　　　　上畑村名主　源五右衛門
　　　　　　　　　　　　与頭　甚左衛門」

願主孫之丞は名主クラスの家柄（享保11年には名主を勤めた）であるが，家を建てるにあたっては古柱，古材を用いると書いている。また古材で不足する分を手前の山から切ると書いている。このことは木材の伐採に強い制限のあったことを想像させる。また注[4]にあげた佐々木利助文書にでてくる「八郎山」が共同入会地であったとも考えられるのであるが，このような場合には伐採する木材の員数，寸法，樹種の届出が必要であったのであろうか。共同入会地の利用規定の例には寛政11年の北佐久郡望月町のものがある[7]。

これによると，家作で木材の必要な時は，その村の村役人に申しでて，家作相応に木材の量を決め，それを村役人より山元の村へ申しでて，その許可をえて伐採する

---

* 大阪市大工学部助手
（昭和40年6月24日本稿受理，討論期限41年5月末日）

ようになっている。この利用規定は、上記の筋にしたがわないものが多くなり（近年甚猥ニ相成），木材を伐採して売るものがでたために，つくられたものである。伐採した木材を売らないとする記録はすでに佐々木利助文書にもみえるところであるが，18世紀末にもなると，許可なく木材を伐採したり，売るものが特に多くなったのであろう。家普請帳をみると，18世紀には木材が売買されているし，19世紀にもなれば，商品として購入した木材がひじょうに大きな部分をしめている。次に家普請帳を中心にして考察してゆこう。

［A-2 家普請帳を中心にして］

まず，18世紀中ごろに行なわれた佐々木嘉幸家の一連の普請の場合をみてゆこう。佐々木家普請については前に報告したが[8]，そのあらましをのべておこう。享保17年に家を建てたが，寛保2年千曲川の水害にあい，翌年その家を新しい敷地に移築（寛保三亥年普請諸入用帳）する。そしてこの敷地に長屋を建て（延享元年長屋諸入用記），座敷を増築し（延享四年座敷普請諸入用覚帳），隠居屋を建てる（宝暦六年隠居屋普請覚）のである。

前にあげた享保16年の家普請願書に古柱・古材を用いると書いてあったが，実際にも古材や古屋を買ってそれを利用している。たとえば長屋の場合,

「長壱丈壱尺　但し門戸共　代壱分五十弐文
　横弐間
　　　　　　　　　　　穴原村　義太夫」

とあり，この建物を基本にして長屋（長屋門か）を建てたと考えられるし，座敷の場合は,

「二間半　家　代九百文　　　　久右衛門
　四間
　是ハたるき其外小道具取　　　　　」

とあり，隠居屋の場合も,

「家　弐間　代壱両　内　弐分十二月十日渡す　本間村
　　　三間　　　　　　弐分二月廿四日払　平吉」

とあって，この家を少々手直しして使用したものと考えられる[9]。古材や古家を多く用いていることは，佐々木家の場合，水害にあった後に行なわれた普請という特殊な事情も影響があるとおもわれるが，木材伐採に強い制限のあったことも大いに関係していよう。

木材は上記のように古家のを利用したほか，家，長屋，隠居屋の場合は購入もしている。座敷の場合は購入したもののほかさらに，貰ったもの，山林から伐採したものがある。

木材は幾人かの人達から購入しているが，彼らは材木屋を専業にしていたかというと，どうもそうではないらしい。佐々木家の一連の普請を通じてもっとも多く木材を売っているのは「三郎兵衛」であり，この人物についてはその性格がある程度わかる。

家普請のとき購入した木材は824文で，このうち476文は三郎兵衛から購入したものである。長屋のときは材木代2貫657文のうち，1貫427文は三郎兵衛から購入している。座敷のときは材木代は金1分2朱と銭6貫142文で，このうち4貫55文を三郎兵衛から購入している。隠居屋のときは三郎兵衛からは中貫木3枚（33文）を購入している。以上のことから三郎兵衛は木材の商いをしていたことは明らかである。また三郎兵衛は寛保3年の家普請の「家かわし」のとき馬2疋をつれて手伝いに来ており，「家立」のとき手伝っており，「家見」にも来ている。さらに隠居屋普請覚には

「外ニ大工衆入用
　十六人壱分
— 十一人　弐人真け　　　三郎兵衛
　此分九人　六百文
— 十三人半　内弐人半引　　源　蔵
　壱分　　　　　　　　　　　　　」

とあり，ここにでてくる三郎兵衛は木材を売っている三郎兵衛と同一人物であるから，三郎兵衛は大工の心得もあり（手間賃は源蔵にくらべ安い），佐々木家とつきあい

表—1　佐々木家座敷普請のときの木材

	木材名称	員数	代金	入手先
もらった木材	から松長押	4本		孫　助
	松木引物	1		孫二郎
	同小引物	1		六郎右衛門
	から松五寸角			善六郎
	同			七三郎
購入した木材	栂柱	10本	1貫650文	三郎兵衛
	〃	2本	400文	〃
	黒松板	10枚	280文	〃
	上々くろ松三六	6丁		〃
	上々くろ松四寸	6丁	1貫325文	〃
	五寸敷居	2丁	72文	
	墨板七尺五寸	2本	64文	
	もミ一尺二寸	1板	88文	
	四寸五寸敷居	2丁	52文	
	四ツ割	1本	64文	
	飛を四寸5分・9尺		60文	
	姫子(松)板	39枚	1分2朱	佐穂次
	栂柱	1本	150文	伝　六
	栂板壱寸	2本	100文	彦右衛門
	中貫木	20枚	250文	八郎左衛門
	松板(つけひさし)	18枚	300文	
	同	9	150文	
	三六二寸五分		285文	

	木材名称	員数	賃金	支払先	(備考)
手間賃を払って製材した木材	から松けつり	3人	150文	源太郎	(八郡村石堂島ニ而)
	松木	3丁	50文	〃	(大石林ニ而)
	松木7尺5寸	3丁	130文	〃	(是は駄賃共)
	杣	3人	150文	〃	(間切其外小道具)
	から松土台		50文	三右衛門	(堀ノ内島七三郎殿分)
	松板	63通	587文	七右衛門	(大石林ニ而)
	から松貫木	18通	132文		
	同	5通	64文		
	なげし・天井ぶち	4人	200文		
	曳賃		12文		
	松板	20通		新助	
	松木・栗木		200文	六右衛門	
	木挽		400文	市兵衛	
	松板	145通	1貫500文	久兵衛	
	から松貫木	12通	100文	藤四郎	
	同敷居	1丁			

があり，木材の商いをしていたことがわかる。

　座敷普請の場合の木材の入手方法の違いにより，木材を一らん表にすると表—1のようになる。

　この「座敷普請諸入用覚帳」で，購入した木材と，伐採して手間賃を払って製材した木材とは，覚帳の記載方法の違いによって区別できる。たとえば，

「大石林二而
　一　松板六拾三通り　　　　　　七右衛門
　　　　賃五百八十七文　　　　　　　　　」

とあるのは，手間賃を払っているのであるから，伐採した木材を製材した手間に対して賃金を払っているのであり，

「一　栂柱　拾本　　　　　　　　三郎兵衛
　　　　代壱貫六百五十文　　　　　　　　」

とあるのは材料代を払っているのである。すなわち「賃」と「代」の文字によって区別できる。表—1からわかるようにかなり多くの木材を購入していることがわかる。遺構とてらしあわせてみると，柱はすべて購入したと考えられる。

　次に19世紀初期に行なわれた南佐久郡八千穂村浅井文雄家普請の場合についてみてゆこう。浅井家には文化9年の「分家普請入用帳」と文化13年の「家見祝義帳」とが所蔵されており，入用帳には「土蔵普請掛」と土蔵普請に関する記録も同時に記載されている。

　「分家普請入用帳」より柱，梁，土台，角材など主要部材をひろいあげると表—2の通りである。

表—2　浅井家普請のとき購入した主要木材

木材名称	長さ	断面	員数	金額	購入先
栗土台	2間		20挺	1分	七兵衛・要八
〃	2間		1丁	1分	幸右エ門
〃	2間半		4丁		
栂柱(内渡)				2分	吉弥
唐松柱	1丈3尺	4.5寸角	9丁		喜七
〃			1本	172文	
栂柱			9本	1分2朱	平右衛門
〃	1丈3尺		2本	550文	幸右衛門
唐松柱	2間		15丁		庄右衛門
〃	2間半		1丁	1貫200文	
〃	9尺		8丁		
柱代				1分	与平二
栂柱大石山より太賃				200文	
柱太賃下佃				100文	与平二
柱太賃				200文	次郎右衛門
はり	4間		9丁	1分2朱	善介
松五六	2間半		18丁	2分200文	次郎右衛門
松四五	2間				
栂敷居	6尺		4丁		
〃	2間1尺	4.5寸×5寸	2丁		
〃	2間	4.5寸角	2丁	1分700文	半五郎
〃	9尺		1丁		
天井ふち	2間	4.5寸角	1丁		
〃　さお		5寸角	1丁		
栂	2間	4.5寸×5寸	1丁		
えんくれ	2間	4.5寸角	1丁	2分300文	七兵衛
〃		5寸角	1丁		
栂敷居壱口	2間1尺		5丁		与平二

　このほか板類，敷居，ならし，さん，くみこ，申手，長押など多くの木材を購入している。この普請では杣が約170人（手間賃約金4両）入っているので，杣が仕立てた木材も相当多いと考えられる。いま主要構造材について実際の建物とてらしあわせ，購入した主要構造材が全体のどれほどの割合をしめているか調べてみよう。

　柱——購入した柱は[45+x]本である。復原図[10]より柱数をかぞえると56本である。これより大部分の柱は購入していると考えられる。

　梁——長さ4間の梁を9丁購入している。この梁の長さと数から判断して，上屋梁と考えられる。ほかに梁を購入した記録がみえないので，このほかの多くの梁は自給したのであろう。桁についても記録がない。

　土台——購入した栗土台は25丁でその合計の長さは52間になる。建物は桁行10間，梁行4間で，前面に1間通りの庇がつくものであるから，土台の長さからみて，購入したものですべてまにあったとおもわれる。

　角材——松五六，松四五は角材と考えられ，あわせて18丁購入している。これは指物などに使用されたとおもわれるが，詳細は明らかでない。

　購入した木材は柱，長押，敷居などそのまま仕上材となるもの，小さな部材，板，土台などのように製材に手間のかかるものが多く，梁，桁など丸太から取りやすいものは杣がつくったものと考えられる。木材は佐々木家普請の場合と同様に幾人かの人から購入している。これらのうちには材木屋を専業としたものがあったかどうかは明らかにできないが，たとえば「与平次」からは相当に多くの木材を購入している。また杣・大工から購入したものもある。また，「助人足覚」の項には材木取に助人足は6人でているのみであり，これは村人の共同作業によって材木取をしなかったことを示しているのであろうか。

　土蔵普請の場合，材木代として金3両1分と銭650文を支払っているほか板など木材代に金1分2朱小2朱と銭7貫44文を支払っている。杣・木挽賃は金3分と銭430文を支払っている。この普請では，佐々木家座敷普請の場合とくらべれば，購入した木材がずっと多くなってきている。

　佐久地方の場合，木材はすべて製材されて流通しているが，これは丸太で流通している小千谷地方の場合とくらべれば著しい特徴である。そこで製材された木材には規格があったかという問題が生じる。これまでの資料からは規格があったとはっきり結論することはできないが，18世紀の佐々木家の普請で，貫木に「大貫木」「中貫木」「小貫木」などみえるのは，寸法を記さなくとも断面がきまっていたのであろうし，また，19世紀初の浅井家文書には「六尺もの」の記載がみえるのはある程度規格化が進んでいたのであろうか。参考までに釘について

みると，18世紀佐々木家の普請の場合すでに規格化され

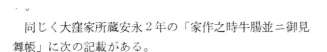

同じく大窪家所蔵安永2年の「家作之時牛腸並ニ御見舞帳」に次の記載がある。
「　　安永二巳ノ年借リ候木
一　かわくるミ壱本　　め通り弐尺八寸五分　　村太　七より
一　かわくるミ壱本　　め通り弐尺四寸　　　　中山村平八殿より
一　たらきはた壱本　　め通り弐尺弐寸　　　　村徳左衛門
一　杉ノ木壱本　　　　め通り二尺六寸　　　　村新右衛門殿
一　かわくるミ壱本　　め通り二尺五寸　　　　村藤左衛門殿
一　杉ノ木壱本　　　　すミ木二　　　　　　　上ノ寺より
一　かわくるミ壱本　　目通り弐尺五寸　　　　村孫左衛門」

ここでも借りた木材は丸太である。そして安永2年の「家作之時人足頼留帳」には，「大持」「材木取」などの語がみえ村人が共同作業をして木材をとりよせていることがわかる。しかし，木材を買うことはなかったらしく記載がない。

木材を丸太のままで流通することは19世紀になっても，さらに20世紀初期（明治末期）になっても行なわれている。

しかし19世紀になると，木材のうち柱，土台などは製材して角材で取扱われるものもでてくるし，また，木材を売買することも行なわれる。

文化6年の山岸家分家の普請の場合,「家作普請諸入用帳」によると，貰った木材は杉木7本，柳木1本，楷木1本，木2本，土台木（1本？）であり，買った木材は松木7本（4貫600文），杉木22本（1両2分2朱650文）＋24本（1分400文），さす木 5+x 本（1分970文）となっている。

文政5年の山岸家普請の場合の木材の入手については表—3 の通りである。

表—3　山岸家普請のときの木材

	木材名称	本数	入手先
屋敷より切る	杉ノ木	36本	内屋敷
	杉ノ木	47本	高場づめ
	杉ノ木	5本	屋敷の内
	雑木	10本	内屋敷
贈られた（又は貰った）とおもわれる木材	栗木土台 五六角	22本(45間)	浦佐駅
	柏柱木		御法丈様
	｛5寸角	40本	〃
	｛6寸角	3本	
	杉ノ木	7本	与吉
	杉ノ木	3本	久右衛門
	杉ノ木	1本	太郎其衛
	杉ノ木	1本	松右衛門
	杉ノ木	1本	弥右衛門
	けやき	1本	
	松	9本	伝右衛門

木材名称	本数	代金	入手先
杉ノ木	28本	金3両2朱	与兵衛
雑木	5本		
杉ノ木	19本	金2両2分	善右衛門
杉ノ木	7本	金1両銭300文	嘉左衛門
杉ノ木	2本	金2両1分	源海
きやた	1本	金2分	忠右衛門
床柱	1本	金2朱	六右衛門
柾六寸角	7本	金2分銭535文	

運賃	柾43本・長岡—小千谷運賃	金1分2朱銭240文	川島仁左衛門
	柾7本・長岡—小千谷運賃	金2分 300文	清原四郎兵衛 与兵衛

この表からわかるように土台，柱などは製材され角材になっている。また内屋敷の杉，木など切って用いている。山岸家は庄屋を勤めた家柄であって，表にみられる木材の入手状態は上層の家の場合の一典型を示しているのではなかろうか。

文政12年の大渕丑太郎家所蔵の「家作材木帳」に木材の特徴ある供給状態を示している部分があるので書きあげてみよう。
「一　はな桁木帯木共　杉拾五本壱尺四寸丸　かわ枝はなし而代金二壱分ニ而　治郎左衛門より買申候
一　かうくり三尺丸壱本　此木今之値段ニ而六百文　内壱尺四寸丸　今之値段ニ而三百文　〆二本同村吉左衛門より木かりニ仕候
一　柳木四間半但し四寸丸　同村与治兵衛　此木ヲ与治兵衛より被下候共元六尺三分外ニ木　与治兵衛方へ同丸之木返済仕候
一　ならの木三尺四寸丸壱本　同村三郎より　但し此木は下拙ならの木分木替ニ仕候
一　杉六寸木玉三尺弐寸丸末壱尺四寸迄　〆六丁　此代金壱分七拾文　冬井村林右衛門より買申候
一　杉弐尺八寸より壱尺九寸迄八本　同杉拾壱木ばちはミ壱尺四五寸位　柳木極首木拾三本　外ニ弐拾

本斗リ細木　同村茂左衛門より被下候分　　　」
　ここにみられるように木材は売買され，交換され，借りられ，貰われたりしている。ここではいずれも丸太のままである。このほか多くの木材は以前からそうであるが村人の共同作業によって取りよせている。
　木材を買う場合，その購入先が材木屋であるかというと山本岸家の普請の場合，すべてが材木屋からでないことはわかるが詳しいことはわからない。大渕家の普請の場合「冬井村林右衛門」はこの家普請の大工棟梁である。
　次に明治になってからの例として長野県下高井郡野沢温泉村坪山の篠田正則家普請の場合についてみてゆこう。坪山は小千谷市より信濃川の上流千曲川の流域にあり，秋山郷に近い位置にあり，木材の供給状況は小千谷地方の場合とよく似ている。篠田家には明治11年「家作普請懸金記帳」と明治12年「家作普請見舞帳」および，その指図がある[12]。購入した木材は松2本（代金2円25銭），松1本（75銭）のみであるが，普請見舞として次の木材を貰っている。

「一　とこ柱　　　　　　　　　　清之介
　一　つまど下梁　　　　壱本　同　人
　一　西北角行かもい　　壱本　同　人
　一　な　ら　　　　　　壱本　同　人
　一　地乃桁　　　　　　壱本　丹右衛門
　一　西南角行かもい　　壱丁　同　人
　一　外　　　　　　　　壱丁　同　人
　一　本柱　　　　　　　壱本　同　人
　一　かもい　　　　　　壱丁　三右衛門
　一　ならかもい　　　　壱丁　源三郎
　一　ならはななしかもい　壱丁　善右衛門　　　」

ここにみられる特徴は見舞の木材が，「西北角行かもい」などと使用する位置まで決まっている点である。
　明治42年に増築された大窪家の寝間中門の場合「中門寝室建設要記」の最初に工事概要が詳しく書かれており[13]，木材の供給状況がわかる。ここで木材の供給状況が山岸家，大渕家の場合と特に変ったところといえば，木材を得るのに村人の多くの共同作業を行なっていないことである。これは中門の増築という小さな普請のためであるかも知れない。また，床柱・落がけ，床縁などに銘木を使っている（この中門の2階は座敷になっている）。床柱を他の柱と区別することは文政5年の山岸家の普請にすでに見られるところであるが，注意する必要があろう。
　小千谷地方では木材の規格化は明治になっても行なわれていないようである。ただ柱の断面を決めることは行なわれていたらしい。文政5年の山岸家では五寸角と六寸角を用いており，明治42年の大窪家の寝間中門では4寸6分としている。

おる
「
……
とあ
うに
ない　　　……しており，また当時の木取りの特長を示している。

むすび

　これまで，長野県佐久地方と新潟県小千谷地方を中心に建築材料――特に木材の供給状況を文献にもとづいて検討してきたが，両地方では供給状況がたいへんに異なっている。
　佐久地方では18世紀以後，製材された木材が流通しているが，小千谷地方では明治末期になっても丸太材が流通しており，製材された木材は一部しか流通していない。このようであるから小千谷地方では木材の規格化は明治になっても見られないが，佐久地方では19世紀初にはある程度そのきざしが見えている。
　近世民家の著しい特徴と認められる地方色や地域差の存在の要因の一つに，材料の供給状況の相異していることが関係しているのではなかろうか。

注

1) 伊藤鄭爾「中世住居史」1958年　東大出版会
2) 田中文男「普請帳よりみた構造と部材名称」（「秋山郷の民家」1962年　長野県教育委員会　所載）
3) この文書は長野県南佐久郡中込町小栗擦治氏の御教示による。
4) 佐々木利助氏所蔵文書は　藤島亥治郎「江戸時代民家の文献的研究―特に信濃佐久の民家について―」建築史研究 No.14　1954年，伊藤鄭爾「中世住居史」などに紹介されているが，ここでも参考資料とするので全文をあげておく。

「覚
一 弐間　但ほり立　　　　　　八はた村
　 四間　　かやぶき　　　　　　六右衛門
一 はり五丁　　長弐間弐寸三寸かく　　ひそ木
一 柱拾本　　　長壱丈四寸かく　　　　つか木
一 さす六丁　　長九尺三寸かく　　　　ひそ木
一 すき四本　　長弐間三寸かく　　　　同　木
一 ほそ木弐駄　但四束付　　　　　　　同　木

```
一　たる木　四駄　　但四束付
一　こい木　弐駄　　　　　　　　　　　　同断
　　　　木数合　廿五本
　　　　外八駄はたる木ならひにこい木
右之通り御郡御切取被成木共きり申候　以上　他所へ売
木仕候と訴人御座候は如何様之曲事ニも可被仰付候　以上
　　　明暦元年
　　　　　十一月五日　　　　　　　武右エ門
　　　　　　　　　　　　　　　　　八十エ門
　　　　　　　　　　　　　　　　　
　　　天神宿右エ門　様
　　　網野弥五右エ門様　　　　　　　　　　　　」
```

5) 高見沢元吉氏所蔵寛文9年文書
```
「　　覚
一　二間　但石すゑ　　　　　　　　　高野町
一　七間　但板ぶき　　　　　　　　　長兵衛　家
　　　此材木の積り
一柱　　拾九本　　但長壱丈　　三寸角　　栗ノ木
一さす　拾六本　　但長九尺五寸　三寸角　松ノ木
一ほそ木　弐拾本　但長六間半　　二寸三寸角　同木
一枕木　二本　　　但弐間半　　　三、四寸角　から松木
一ぬき木　拾二　　但長壱丈七八　三寸四寸角　ひな木
一たる木　九拾挺　但厚九尺　　　　　　　　　同木　」
```
（市川雄一郎「佐久地方江戸時代の農村生活」昭30より）
この文献は小栗擦治氏の御教示による。

同氏所蔵万治4年文書
```
「〔万治四丑年下畑一平家作材木切取願出
　　　　　　　　　　　　　　　　高野町　庄左衛門〕
　　　　　覚
一　六本　但目通り壱尺丸　　　　　　松之木
一　五拾本　但目通り六七寸丸　　　　雑　木
　　　木数合　五拾六本大小
右是ハ我等火事ニ相申　付拙者支配之新海林ニ而可被下候
此外壱本成とも切取申候ハ、如何様之曲事ニも可被仰付候
以上
　　　万治四年　　　　　　　　　下畠村名主
　　　　丑三月　　　　　　　　　　　四郎右衛門㊞
　　　　　　　　　　　　　　　　同所家主
　　　　　　　　　　　　　　　　　　市　平㊞
　　　片岡五兵衛様　　　　　　　　　　　　　」
```

6) 佐々木文書によって，藤島亥治郎博士は「江戸時代民家の文献的研究」のなかで家の復原を試みている。ここで，平側では柱が1間間隔にたつのに，妻側が2間であるのは不思議である。文書からはそうせざるを得ないとおもうが。高見沢文書では二間，七間の家となっているが，佐久の家別人別帳にはこのように長細い規模の家は1棟も見あたらないし，文書に見積られた部材によって合理的に二間，七間の家をつくるのは困難である。

7) 寛政11年の比田井・高呂・片倉・大谷地新田村（現望月町の一部）の共同入会地の利用規定
```
「　　嶽山草野定書之事
先年より山相定之儀者，売木決而不仕候事，百姓家作等仕候節ハ山元江注文書差出し，山元より御役所様迄願上，御意を以材木伐候程之儀ニ御座候，然ル処近年甚猥ニ相成，其上去午年比田井村繁次郎高品村新蔵彦兵衛　安右衛門　片倉村金五郎由蔵，右之者共御他領山沢伐込，売木致し芦田八ケ村と及掛
```
今　比田井高呂両村より書付差出し内済仕候，依之此度相改先年通り急度相守候様，右之通り相定申候（以下略）　　」
（太田博太郎「封建的土地所有の崩壊過程」御茶の水書房昭34より）
この文献は東大生産技術研究所　加藤安雄氏の御教示による。

8) 宮沢智士「民家における書院的座敷の成立時期の一例」日本建築学会論文報告集　第95号　昭39.2
9) 備考村村社は未調査しているのみである。
10) 太田博太郎，宮沢「八千穂村の民家」長野県教育委員会　昭38

11) 普請帳については宮沢智士「新潟県小千谷市の民家」日本建築学会論文報告集　第99号　昭39.6　「民家普請における職人についての一考察」同第109号　昭40.3

12) 篠田家文書は加藤安雄氏の御厚意により拝借させていただいた。

13) 「明治四拾弐年七月拾日起工
兄彦三郎，分家久次郎雇下真人自分所有杉木切リ初メ，柱析板弐拾四本，字農庭ニ於テ北山平沢様所有山林杉木拾八才根此代拾六円十十銭，字陣ケ平ニテ自分所有杉木四本，字源藤山沢一同ヨリ桐島義助所有杉木二丁代金四円，此外北山中沢様ヨリ杉木四丁七寸廻リ吉本，源藤山区　星野清五郎宅地附近一於テ賁代六円五十五，天井板五尺九寸廻リ壱丁，之ニテ天井板全部アリ。源藤山丸山恒吉様杉木壱本三尺七寸廻リ，之ニテ柱弐本取得タリ。分家大久保栄八様ヨリ杉木壱本四尺六寸廻リ，之ニテ柱本其外ハ板木使用シタリ。金沢定吉ヨリ貸置キタル代木ニ杉木壱本取得タリ，之ニテ柱壱本弐間敷居天井小骨等ニテ使用ス。床柱，落掛ハ自分所有字陣ケ平石名板吉内ヨリ買受小林ヨリ伐リ出シ槻ニテ使用ス。床板ハ大工太四郎ヨリ代五十銭ニテ買受，床縁ハ中山祭吉ヨリ代五十銭ニテ買受右使用ス。（中略）
障子弐間ハ長岡ヨリ買入壱間代壱円拾五銭，此代弐円参拾銭運賃拾五銭計弐円四十五銭右之要記ニ因リ起工峻工ヲ為シタリ
　　建坪　七坪　　弐間参間半
　　柱尺　拾六尺　四寸六分角　（以下略）　　　　」

14) 実地にこの見積りと遺構とを比較してみると，大柱6本，さす5組，はり7本（これは梁行の梁のみ）は実際と一致する。げや柱70本については遺構の復原のできない部分があるのでぴったりあうかどうかは確められないが，ほぼ見合う数である。2.5間の指物はちゃのまの上部に用いられるものであろう。このほか，指物，かもい等はその長さに少々疑問のあるものもあり，員数が実際より少ないようである。また桁の書入がまったくない。

ここで「かもい」というのは「かもいざし」ともいわれ，梁の一種で，その先端を桁より持ちだしてせがい造の軒を出す部材である。上屋は側廻りより半間内側にあるので，長さ5尺の「かもい」は2尺が桁より持ちだしになる。

佐久八千穂村の資料は昭和36年東大太田研究室が行なったさい得たものであり，小千谷市の資料は昭和38年吉田靖氏，福田晴虔氏と宮沢で行なったさいに得たものである。大切な資料を拝読させて下さった所有者の方々，またいろいろと御教示御協力下さった方々に感謝します。

この点からして，1961年長野県南佐久郡八千穂村で行った民家調査のさいにえた，佐々木嘉幸家の住宅遺構はこの地方を代表するものと考えられ，普請帳等の文献資料もあって重要である。文献資料を検討し，遺構の再調査を行った結果，上にあげた問題の1つである2室続きの座敷の成立時期をはっきりさせることが出来た。八千穂村民家調査報告（吉田靖「長野県八千穂村の民家について」建築学会論文報告集・第71号，「八千穂村の民家」長野県教育委員会 1963年3月）では，佐々木家の寛保3年の普請は新築普請と考えていた。そして延享の座敷は寛保3年に，すでに計画されていたと考えていたので，2室続きの座敷成立の時期を明らかにすることができなかった。これは，寛保3年の家普請を移築普請でなく，新築普請と考えていたためである。

図1 佐々木家の外観

* 東京大学建築学科太田研究室
（昭和38年12月10日本稿受理，討論期限39年7月末）

屋（洪水にあったが流されなかった）を移築した。このち，延享4年には座敷の増築を行い，佐々木家は2室続きの座敷を持つようになった。そののち，佐々木家のような座敷形式は，この地方の名主格の家，幕末には経済力のある家の形式として定着するのである。

佐々木家の享保の家の建築，延享の座敷増築の過程よりして，この地方で，名主格の家に2室続きの座敷が成立する時期は享保にさかのぼらず，延享よりは前であると考えられるのである。

上に述べたことを，文献，遺構を検討することによって示したい。

第1表 佐々木家普請の年表

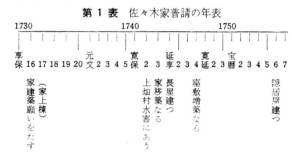

2 普請帳の検討

ここで取りあつかう文書は佐々木家に所蔵する次の3点である。

［文-A］ 奉願口上書之御事（享保16年の家建築願い）

［文-B］　　　　　　　信州佐久郡上畑村
　　　　寛保三亥年家普請人足諸入用帳
　　　　　　　併ニ家見大工見舞
　　　　　延享元子年長屋入用末ニ有
　　　　　　　　佐々木孫之丞真延

[文-C]　　　　　　　信州佐久郡上畑村
　　　　　　　　　延享四年座敷普請入用覚帳
　　　　　　　　　　　佐々木藤吉真延判

[文-A]については，後に述べることとして，まず，[文-B]，[文-C]の普請帳の内容を検討する。

2-1 普請帳の内容

[文-B]（図2）は家，長屋，隠居屋の3棟の建物の普請に関する記録が順に記載されており，[文-C]（図3）は座敷に関する記載である。いま，建物ごとに記載事項の順に番号をつけて，その内容を表にしておこう。

第2表 普請帳の記載内容

文　献	建物名	番　号	記　載　内　容
[文-B]	家	No. 1/33	材料の記録
		No. 34/37	棟上の時の品
		No. 38/47	職人の手間
		No. 48/199	助人足の手間
		No. 200/251	家見記（家の完成祝）
		No. 252/268	満水（洪水）の時の見舞
	長屋	No. 1/36	材料
		No. 37/40	大工の手間
	隠居屋	No. 1/33 No. 37/38	材料
		No. 34/36	大工の手間
		No. 39/74	家見覚
[文-C]	座敷	No. 1/11	もらった材料等の覚
		No. 11/88	材料
		No. 89/93	大工覚
		No. 94/99	造作材料

手間，材料，部材などの数量と代金を建物別に整理して第3表に示した。この表をもとにして，建物別の普請についてみてゆこう。

2-2 寛保3年　家の普請

[文-B]の家普請の記録が現存の本家に関するものであることは遺構の古さから判断して，疑う余地がない。いままで，この記録は本家新築の普請ものと考えられていたが，実は本家移築の普請の記録なのである。この理由を普請帳の内容より説明しよう。

座敷増築以前の本家は，梁間4間，桁行10.5間で，居室部分の裏側に半間の下屋がつき，表側に居室部分より土間部分にかけて出1間，長さ約9間の庇がつく。面積は約45坪（庇を除いて）である。

普請にかかった費用，手間，材料をみると規模に対して，全般的に少ないことに気づく。また，材料，手間のかかり具合に片寄りがみられ，新築普請とは考えられない。すなわち，全費用は9両余と換算されているが，これは村方の助人足の手間を換算して加えてあるので，これを差引くと，約5両である。職人には大工，ふき大工（屋根屋），壁塗りは見えるが，杣，木挽，建具屋等は見えない。大工手間は52人半で坪当りわずか1人強である。ふき大工手間は31人で，この規模の家の手間にみあっている。

材料ではかや・麻・よし・たるき・縄など屋根・壁材料は多いが，材木類は少ない。このほか釘類がわりに多い。村方の助人足の仕事は"家取のけ"（家の解体）"家かわし"（家の移動）"家立"（上棟）に多くの手間をかけている。（第3表の注2　参照）

以上のことからして，この普請は移築普請であり，移築の仕事と，屋根ふき，壁塗りの仕事が主体になっていることがわかる。

2-3 延享4年　座敷の普請

[文-C]の座敷普請帳が現存の座敷の普請に関する記録あることは遺構と普請帳の内容からみて疑う余地がない。座敷は本家の西側に増築され，梁間4間，桁行2.5間で，裏側にトコ・タナ，表側に幅1間の庇がついている。面積は庇，トコ部分を除いて10坪である。

普請の費用は約10両で，坪当り約1両となる。手間，材料は本家の場合と異なり，まんべんなくかかっている。すなわち，大工，木挽，杣，ふき大工，壁塗り，畳屋の職人が入っている。大工手間は坪当り10人以上かかっており，この大工手間には造作の手間も含まれていると考えられる。木挽については請負の形式がとられたらしく，出来高に対して銭が支払われている。

材料は木材，屋根・壁材，建具，畳，釘・金物があり，新築普請であることがわかる。買った3間半・四間の古家は「是ハたるき其外かや小道具取」とあるから，たるきなど屋根材に使ったのであろう。

なお，木材の材種はから松，松，つがなどが多く使われ，もみも使われている。

さて，普請帳よりわかる座敷の造作，建具などの復原について記そう。

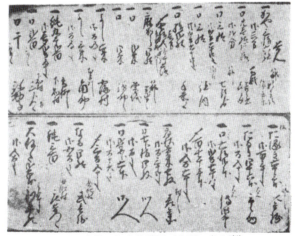

図2 寛保3年家普請帳（1丁の表と裏）

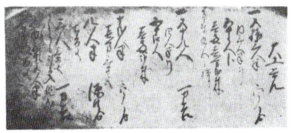

図3 延享4年座敷普請帳（大工覚）

第 3 表 佐々木家の普請の手間と材料

建物		家		座 敷		長 屋		隠 居 屋	
建築費 1)		[9両 531文]	2両12貫831文	[9両1貫3文]	4両3分・22貫488文	[2両1分・346文]	1両・5貫314文	[1両3分167文]	1両1分・2貫719文
手間	職人	(職人手小計)		2分・5貫893文		3両1分・6貫973文		3分・900文		1分・600文
		大工	52.5人		3貫950文	135.5人	3両・100文	55人	3分・900文	24.5人(内4.5人まける)	1分・600文
		木挽					3貫645文3)				
		杣					300文				
		ふき大工(屋根屋)	31人		2分・800文		1分				
		壁塗り(左官)			1貫143文		1貫140文				
		畳屋					1貫224文				
		手間	11.5人				500文				
		駄賃					64文				
		助人足	185.5人2)		(15貫456文)			41人		10.5人	
材料	かや・縄・木材など	(かや等小計)		1両2分・4貫64文		4)	2分2朱・6貫747文		3貫611文		1貫494文
		かや	75.5駄(+2駄)	1両2分・528文	13駄(+3駄)	1分					
		よし・笛(ママ)	9束	300文	1駄3束	196文			8束	262文
		笹板			20束	525文	24束	650文		
		麻	4駄							
		縄	10000(+1500)	1貫350文	280	50文	1束	24文		
		たるき(丸太)	175本	558文						
		なる(丸太)	4駄	500文			1束	124文		
		かつは							400枚	200文
		棟折板								
		古板			13本	2貫200文	32束	700文		
		柱			4丁	124文	8本	450文		
		敷居			20本	250文	104通	939文	15枚	183文
		貫木	19枚	500文	1本	64文	3本	80文		
		四ツ割				60文				
		飛そ			18.5枚	492文	2枚	32文		
		松板			27枚	450文				
		松板一付ひさし	10枚	216文			4枚	56文	13枚	424文
		から松板			9枚	340文	2枚	32文		
		栂板			3枚	252文				
		もみ板			39枚	1分2朱				
		姫子(松)板								
		から松板留				64文	4枚	100文		
		黒板7尺5寸			2本	1貫395文				
		くろ松三六・四寸			7丁	285文				
		三六・二寸五分								
		から松五寸六分	1丁	112文						
		三寸八分板					3枚	206文		
		四三					1丁	44文		250文
		引墨						50文		
		木材						124文5)		175文6)
		家			3間半・4間	900文	1丈1尺・2間	1分・52文	2間・3間	1両
建具・造作		(家具・造作小計)				3分2朱・5貫260文				
		からかみ(唐紙)			6本	1分				
		から紙			100枚	332文				
		引手			8ツ	332文				
		戸・志やうじ(障子)				2分2朱				
		袋戸			4本	424文				
		袋戸引手				132文				
		みのかみ			20枚	40文				
		とのこ			300匁	86文				
		きら(雲母)			2匁	16文				
		ゆえん(油煙)			2分	3文				
		畳			11帖	1貫680文				
		畳べり			2端(反)	894文				
		ござ			12枚	1貫321文				
釘・金物		(釘・金物小計)		1貫738文		2貫608文		751文		484文
		大ねた付(釘)	200本(+200本)7)	500文			10本	18文	50本	100文
		中ねた付(〃)	100本	164文	100本	80文				
		並ねた付			200本	64文				
		大敷板付	640本(+160本)	685文	1550本	894文	700本	376文	250本	149文
		並敷板付			200本	100文	556本	207文	50本	23文
		大戸はき			1400本	436文	100本	35文	200本	54文
		戸はき・並戸はき(〃)	200本(+100本)	78文					200本	50文
		小戸はき		35文	1000本	250文				
		大猿手付	200本	200文	1わ	72文				
		猿手付・並猿手付(〃)	100本	76文	100本	60文	40本	36文	50本	50文
		本3寸(〃)				184文			100貫	58文
		大六寸釘(〃)					10本	35文		
		折釘(〃)					2本	24文		
		大平(釘?)			5丁	24文	4丁	20文		
		かきかね				38文				
		大串ゆい(針金?)				356文				
		車(雨戸用の)			8ツ	50文				
				1貫136文						141文

(第3表の注) 1) 建築費のらん左側は普請帳に記入されている金額。右側は各項目を合計した値。2) 185.5人の内わけ地形24人・家取のけ30.5人・家かわし27人・家立73人・かべぬり10人・こまいかき6人・かわやかべぬり7人・その他8人。3) 内わけ、松木3丁賃銭50文・から松土台賃銭50文・松木七尺五寸3丁賃銭駄賃共132文・松板63通り曳賃587文・から松貫木23通196文・から松貫木12通同敷居1丁100文・松板145通り1貫500文・松板20通218文・松木栗木200文・なけし・天井ぶち200文・木挽400文・曳賃12文・4) もらった材料にから松なげし4本・松引物1本・松木小引物1本・から松5寸角2本がある。5) 材料屋に渡している。6) 内わけ、柱1本・板留2枚・四ツ割2本・下もの戸ぶち8本・下たき2枚, 7) 例えば(+200本)は、金額にふくまれていない分 8) 座敷普請では5貫文を、隠居屋では4貫200文を、家, 長家では4貫文を1両としている。

天井；天井板は姫子松で，さおぶち天井（現存）。
長押；から松の長押（現存）。
畳　；「ざしき」（10帖），「おくざしき」（8帖），わきの廊下（2帖）に敷かれた。10帖は新調し，10帖は表を取りかえて使用している。麻の畳べりがつけてあった。文献にはほかにもう1帖の畳を買っているが，どこに敷かれたか明かでない。なお，ござを12枚買っている。
建具；からかみ（ふすま），障子を用いている。
雨戸；送り戸（雨戸）には車がついていた。買った車は8つであるから，雨戸4本分と考えられる。雨戸位置は「ざしき」の表側であろう。
トコ；トコ板はもみ材である。タナには袋棚があり，袋戸4本が用いられていた。
庇　；座敷前面には庇（"付ひさし"とある）があった。この屋根は笹板ぶき（板ぶき）であった。

普請帳よりみても，この座敷はトコ・タナが設けられ，天井が設けられ，長押も廻っていて，書院的性格の強いことがわかる。

2-4 長屋，隠居屋の普請

［文-B］に見える長屋，隠居屋は現存していない。長屋は本家に続いてすぐ（延享元年）に建てられている。門戸のついた長さ1丈1尺，横2間の建物を買い，このほか柱，板類も買っている。大工手間が55人かかっているから，長屋の規模は10坪前後と考えられる。この長屋は買った古家をもとにして，規模を大きくしたと考えられる。屋根は笹板ぶきである。

長屋はどんな目的に使用されたであろうか。門戸があるから長屋門であったことは考えられる。このほか「長ヤ蔵」「庄屋・蔵長ヤ」の文字が普請帳に見えるから，この長屋が蔵としても使用されたのであろう。

隠居屋（宝暦6年）は買った2間3間の古家をもとにして，これに手を加えたのであろう。

3 遺構の検討

敷地内の建物の配置について，まずふれておこう。敷地の現在の状態は図4のように本家があり，これに付属して牛小屋があり，東南の位置には便所，蔵がある。本屋の裏には屋敷神がある。これらの建物のうち，普請帳にみえるのは本家（座敷部分を含めて）のみで，ほかの建物は新しく建てたものである。普請帳にみえる長屋，隠居屋の位置は現在わからなくなっている。ただ，「むかし，蔵がろじの上（敷地の南西位置）にあったが泥棒に入られたためこわした」といういい伝えがある。これがあるいは，普請帳の長屋にあたるかも知れない。

さて，本家からは現在の状態のほか，（図8）延享に座敷が増築された当時の状態（図7），座敷増築以前の状態（図6）が復原できる。座敷増築当時の復原平面図はすでに紹介されているので，ここでは，ざしき増築以前の平面の復原について説明したい。両者の平面でもっとも異っている点は，増築前では土間と田字型の4室よりなり，接客の座敷は1室のみであるが，増築後は座敷が2室ふえて，接客空間が充実したことである。増築によって，いわゆる鍵座敷の形式をとったのである。

復原で問題になるのは増築前と増築後の境目の部分である。この境の柱位置に南側からa～gの記号をつけておこう。復原の結果は図6のように柱a・柱b間が格子窓，柱b・柱d間がトコノマになり，柱d・柱g間は現状の通り土壁である。

柱aの南，西面はかなり風化のあとがみえるが，仕口などの痕跡はない。東面は風化はほとんどなく，痕跡もない。北面は図5（左）のように現敷居の上端30.5cmの位置にマチホゾがあり，103cmの位置に1×6cmの穴がある。このマチホゾとホゾ穴の間，および現指鴨居との間には1×2cmの穴が3個ずつある。これらの穴はいずれも柱面中央より西側によっている。現敷居とマチホゾの間にも1×2cmの穴が柱面の中央にある。

これらの痕跡より判断して，柱aの南・西面は外部に面しており，東面は外部に面していなかった。北面はマチホゾの位置に中敷居が入り，これより上にある穴は格子の横桟と推定される。中敷居の下の穴は胴縁穴であろう。このように柱aの北面には格子窓があったと考えられるのである。

柱bは柱aより柱dまでに入っている指物のため切断され上部が残っている。

柱cは半柱であり，座敷増築の時に入れたのだろう。

柱dの痕跡は南面に図5（右）のようなカネメチがあり，西面には，現内法より上部にコマイ穴，下にドウブチ穴がある。北側は現在土壁であり，東側にはパネル状の1間幅の板戸がはめこまれており，鴨居の入った痕跡がある。なお，柱dと柱c間の指鴨居，敷居には1本溝が掘ってあるが，指

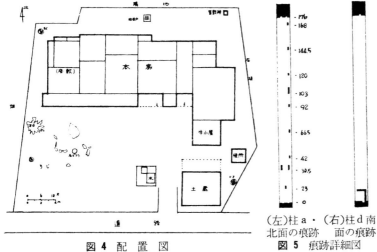

図4　配置図　　　（左）柱a・（右）柱d南北面の痕跡　　面の痕跡
　　　　　　　　　図5　痕跡詳細図

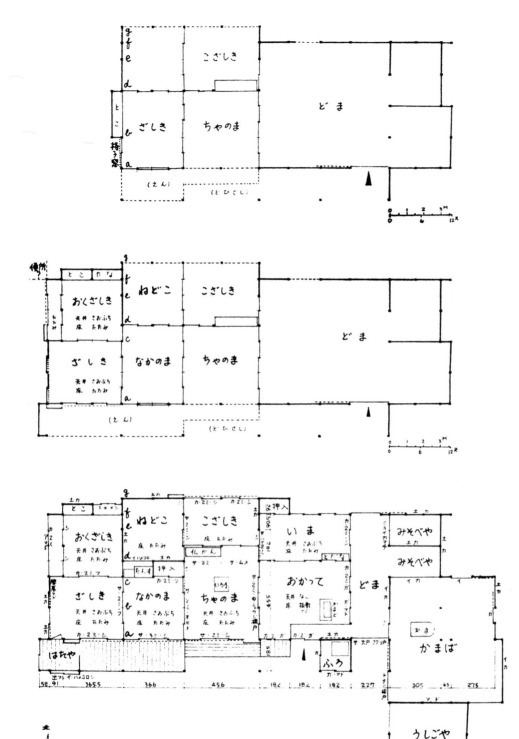

（上）図6　座敷増築前復原平面図　（中）図7　座敷増築時復原平面図　（下）図8　現状平面図

鴨居，敷居とも当初材でないので問題にならない。

　以上の痕跡より，柱dの南面にはカマチが入り，西面からは壁のでていたことがわかる。ここにトコのあったことが推定できるのである。北面は現状どうり土壁，東側には建具が入っていたと考えられる。

　さて，柱a北面の格子窓，柱dの南面からのトコはどこまで延びていたであろうか。この上の部分の構造をみると，柱bより柱dまでの間に1間半の梁が入ってい

る。この梁の上部にはさらに，柱aより柱fまで約12cm角の桁が入っている。この桁の列はもとの側廻りであるから，柱を建てる位置は比較的自由なはずである。それなのに，柱bより柱dにはりを入れている。これは，柱cを抜くためであるとしか考えられない。以上のように柱aと柱dの間には柱bが建つのみであるから，格子窓は1間，トコは1間半と考えられるのである。

4　本家の建築年代

　寛保3年に移築した本家はいったい，いつ建てられたのであろうか。これを示すのが[文-A]である。[文-A]は享保16年8月に御役所あてにだした家の建築願い書である。この願い書の願主は孫之丞であり，佐々木家の先祖であるから，願い書が佐々木家のものであることは疑いない。その内容は「家がこわれてきたので，古い材木を使って長さ4間，横9間半のかやぶきの家を，この秋より来春にかけて建てたい。不足する分の材木は自分の山から切る」というものである。

　この願い書のとおり家を建てたとすれば，享保16年秋より翌17年春にかけて建てられたはずである。

　さて，上の願い書にある長さ4間，横9間半は梁間4間，桁行9間半の意味であろう。いま，これを座敷増築前の本家とくらべると桁行で1間短い。この違いはどこからでたのであろうか。これには2つの場合が考えられる。一つは，願い書のとうりに建てず，最初から4間・

10.5 間のものを建てた。もう一つは，最初は願い書どうり 4 間・9.5 間のものをたてたが，のちに 4 間・10.5 間とした。このどちらであるか現在，決めることはできない。なお，移築した本家が佐々木家のものでないということも考えられないではないが，これは次の理由によって，否定される。第 1 に古家を買った記録がない。座敷，長屋，隠居屋の普請では古家を買ったが，これは記録されている。次に，遺構に説明のできない無駄な痕跡がないので，もとの家を規模まで変えて建てたとは考えられない。この建物は規模から名主格の家と考えられるし，また，洪水にあがた家を移築したといい伝えられている。

佐々木家が享保 16 年の建築願い書によって建てられたことはほぼ疑いなかろう。享保 17 年より洪水のあった寛保 2 年までは約 10 年であり，建ててから間もなかったため，洪水による被害も少なく，移建して再び使用することができたのであろう。

5　座敷増築の意義

これまでの考察によって，本家は享保 17 年に建てられ，寛保 2 年に洪水にあい，寛保 3 年に現在の敷地に移築され，延享 4 年にいたって，座敷が増築されたことが，ほぼ疑いないとおもう。

これまで本家は寛保 3 年に新築されたと考えていた。このため，座敷増築の計画は最初からあったが，何かの都合によって，座敷は本屋と同時に建てられず，時期的に少々遅れて建てられたと考えられていた。本家の建築を寛保 3 年とすれば，座敷増築まで 5 年であるから，こう考えるのは一理がある。しかし，上に述べたように本家は最初，享保 17 年に建てられたと考えられるので，座敷増築まで，およそ 15 年のへだたりがある。そして座敷増築前の平面は図 6 のように，トコのある座敷をそなえており，平面としてまとまった形式をとっている。このことを考えると，座敷増築の計画が享保からあったとは考えにくい。むしろ，計画は最初なかったと考えるほうが自然であろう。

上のように考えると，佐々木家では，享保には 2 室続きの座敷を持たなかったが，延享になって，2 室続きの座敷，いわゆる鍵座敷の形式をとるのである。佐々木家が名主格の家であることを考えると，村の上層の家においても，享保には鍵座敷の形式が一般的でなかったと考えなければならない。佐々木家の規模は梁間 4 間，桁行 10.5 間であるから，最初から鍵座敷にしようとすれば，十分にできる規模であった。

佐々木家の座敷増築後の形式，すなわち，土間部分と 6 室の部屋からなり，鍵座敷となる形式は，この地方の上層の家，幕末には経済力のある家の一形式として，そのご定着しているのである。このことからして，上層においては延享ごろになると佐々木家のような平面形式の家が要求されるようになったのであろう。

八千穂村の佐々木家より規模の小さい家の平面は土間部分と 4 室よりなるのが一般的である。鍵座敷の形式にする時には，上手の 2 室を座敷にしている。この形式をとる遺構で，年代のわかる古い例は文化 5 年の井出酉松家住宅である。しかし編年の結果によれば，文化 5 年より古いと考えられるグループ（報告書の第Ⅱグループ）の遺構にもこの形式のものはあるから，これより以前に，村役でない層にも 2 室続きの座敷形式は成立していたと考えなければならない。そして，第Ⅱグループでは，同じ階層と考えられる家でも，2 室続きの座敷を持つものと，持たないものが混在しているから，ほぞこのグループの時期（18 世紀後半）に 2 室続きの座敷はできたのであろう。

次に，八千穂村以外の上層の家をみよう。

長野県駒ヶ根市の竹村源吉家住宅は貞享元年（1684 年）に建てられたと伝えられているが，この平面は佐々木家の座敷増築以前の平面とほぼ同じである。

下伊那郡大鹿村の松下樟実家は元禄 9 年（1696 年・普請帳）の建築で，現在，改造して 2 室続きの座敷を持っているが，もとは座敷 1 室であったと考えられる。同村の御堂島五男家は安永 2 年（1773 年・棟札）の建築で，2 室続きの座敷を持っている。

神奈川県の例では，津久井郡沢井村の石井達夫家は宝永 4 年（1707 年・墨書）の建築で 2 室続きの座敷を持っている。石井家に近いところにある小俣徳家（山梨県北都留郡上野原町）は元禄 11 年（1698 年）ごろの建築と推定されており，玄関のほか，2 室の座敷を持っている。しかし，この家の「ざしき」（広間）は接客の部屋とのて機能をまだ，多く持っているという。

新潟県中魚沼郡中里村の広田実家は検地案内人をしており，享和 3 年（1803 年・普請帳）の建築で 2 室続きの座敷を持っている。しかし，同村の小柳善作家は名主を勤めた家柄であり，文化 4 年（1807 年・棟札）の建築であるが，2 室続きの座敷を持っていない。このことより，この地域では 19 世紀初頭ごろに，2 室続の座敷が成立したと考えられる。

以上のように村の上層の家でも 2 室続きの座敷が成立する時期は地域によって相当のへだたりが認められる。

この考察にあたり，指導教官太田博太郎博士，大河直躬博士はじめ，横浜国立大学大岡実博士，関口欣也氏の御指導と助言によるところが大きい。文献の解読については東大生産技術研究所の加藤安雄氏に御指導していただいた。また，1963 年 11 月に行った補充調査のさいには，八千穂村教育長佐々木久男氏，居住者の佐々木嘉幸氏に大変お世話になった。これらの方々に記して厚く感謝したい。

2-3

結城家住宅（仙台市青葉区大倉）

結城家雪景色遠望－修復直前

給排気と通気の経路

夏（229頁のグラフの説明）

　仙台市のうちでも、山間部なので30℃を越える日でも夜間の外気温は20℃近くまで下がる。昼は壁面の全ての開口部を開放して暮らしている。夜は19時ごろに全ての窓を閉鎖。同時に屋根裏採光用のトップライト1箇所をタイマーで23時まで開放して夜間換気を行う。ひんやりした空気がおりてくるのを感じるという。温度計設置場所が食卓近くであるため夕食時に照明負荷と食事等による温度上昇がある。絶対湿度が常に外気より少ないのは、土壁、漆喰、スギの床板など自然材料の調湿作用と考えられる。

2-3 結城家住宅

上／竣工主屋正面
下／昭和45年（1970）民家緊急調査時の主屋正面（民家緊急調査報告書『宮城の古民家』より）

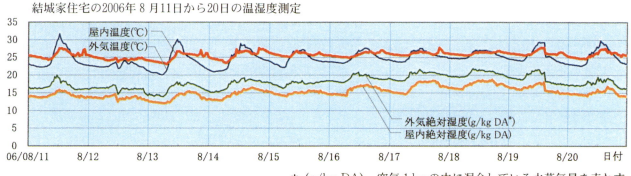

結城家住宅の2006年8月11日から20日の温湿度測定

＊（g/kg DA）－空気1kgの中に混合している水蒸気量を表わす

高断熱高気密は家を広くする／宮澤智士

はじめに

結城家は仙台市青葉区大倉にある。大倉は仙台の中心街から西方20km程の位置にある山がちな地である。仙台中心街とくらべると、冬は寒く雪も多い。

当家は江戸時代には肝入を勤めた格式高い旧家である。その住宅は、主屋を中心にして多くの付属屋をともなっている。敷地の構えや建物は、江戸時代以来の姿を現在に伝えている。

本稿では主屋を取り上げる。主屋は本屋とその上手に接続する広間からなっている。この本屋は、建築後二百年は経ていると考えられる古い建物である。一方、広間（客座敷）は本屋建築後の間もない時期に、本屋に接続して増築された。

結城家主屋を建築の構造、デザインの観点からみてもっとも特徴とするところは、規模雄大、その木組みが武骨で力強い点にある。この特徴は大きな空間を有する土間にもっともよく表れている。

家の規模と空間構成

結城家住宅の主屋は、正面が27.69mある大規模の建物である。このうち主屋の本屋は正面20.05m、この上手の客座敷である広間は正面7.64mである。本屋は、土間部と居室部とに分けられる。

土間部は、もっとも面積が広く、天井が張ってなく、屋根裏までが見通せる大空間である。その正面は9.5m・奥行は10.5m、面積は99.75㎡、坪数に換算して30.2坪、つまり60枚の畳が敷ける勘定になる。

居室部は4部分に分かれる。このうちの表側の畳敷きの2室は、15畳のナカマと12畳半のデイである。両室の間仕切りの板戸を取り外すと、27畳半の一室として使えるようになっ

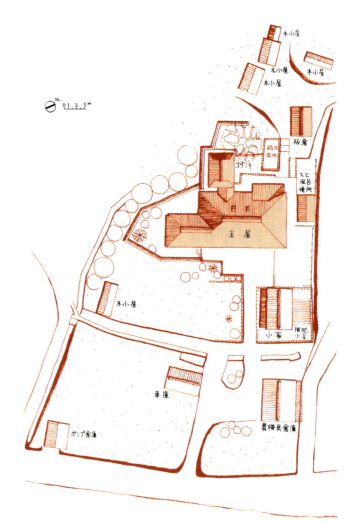

配置図　　　　　　　　　　図：江村日奈子

ている。2室の表側に幅95cm程の縁側があり、デイには表を向いて左右に並ぶ床の間と仏壇が設けてある。ナカマとデイ、縁側には天井が張ってあるものの、ここも大きな空間であることにはかわりない。

なお、居室部の裏側は、寝室（おばあさんの部屋）、納戸、浴室、便所とその通路、屋根裏部屋の階段室にあてられている。上手の広間は、もともとは床・棚・書院を構え、廻り縁を設けた書院座敷である。現在は部屋境、縁側境の建具を取り外し、畳敷きを板敷きに変えて、全体を一空間として使っている。

土間ニワ下手裏、長さ3間のヒウチ梁

土間ニワ下手表、長さ2間余のヒウチ梁

土間の構造形式とヒウチ梁

　土間まわりの柱の建ち方は、1間を6尺3寸程として、壁部分は柱が半間ごとに建ち、開口部は開口にしたがって建つ。この柱の建ち方によって、土間は桁行五間、梁間五間半と数えられる。

　東北地方の古民家では、柱は建物の外壁まわりだけでなく、その内側に柱が独立して建つ例が多くみられる。土間ニワの下手中央に建つ太いニワ大黒柱、ウシモチ柱などと呼ぶ独立柱はその好例である。

　当建物は、サスが乗る梁間四間の上屋を中心にして、その外側に一段低い半間の下屋をまわし、さらにその外側に半間の孫下屋（下々屋）をまわして、規模を拡大する構造形式を採用している。この場合、孫下屋にいたる長い梁を架けることによって、上屋側柱や下屋側柱を抜くのであるが、平面形態や架構方式によっては、上屋側柱や下屋側柱を抜く必要がなかったり、また、抜くことができなかったりする場合がある。この場合、独立柱となる柱がでてくるのである。

　結城家主屋の構造は、上記の通り、上屋・下屋・孫下屋からなる形式である。下屋裏側の下屋柱2本が独立柱として建っていた。ただ、この独立の下屋柱と孫下屋柱との間に戸棚を後に作り付けたので、現在は独立柱が建っているようにはみえない。結城家主屋は孫下屋まである構造であるにもかかわらず独立柱が少ないのは、ヒウチ梁を用いるなどして独立柱を抜く構法をとっているからである。ヒウチ梁は、土間ニワ下手の表裏の両入り隅に用いられている。ヒウチ梁の両端は、表では隅から桁行・梁間ともに1間半入った桁上に乗り、裏では隅から2間入った桁上に乗って、ともに上屋隅柱を抜き、ウシモチ柱も抜いている。斜めに架かるヒウチ梁の長さは、2間半、2間のルート2倍になるから、表のものは2間余、裏のものは3間の長材である。ヒウチ梁が用いた部分の梁の組み方は相当に複雑である。写真（231、232、233頁）・図面（234頁）をみていただきたい。

　結城家主屋の両入り隅のヒウチ梁の用い方は、大胆であり発達した段階にあるようにみえる。ヒウチ梁が用いられるようになった時期について小倉強先生は「ヒウチ梁はすでに二百年以前のものに見られ、ウシモチ柱の省略は百七、八十年前から行われている」と、著書「東北の民家」で述べている。この著書の初版は1955年発行であるから、上の二百年以前は250年以前、百七、八十年前は220～230年前と読み替えられる。

土間と居室部の梁組の相違

　結城家主屋の構造は土間部と居室部とでは、大きくデザインが異なっている。

　土間部は大空間で、天井が張ってなく、梁組を大々的にみせるデザインをしている。下手両入り隅に長大なヒウチ梁を用い、上屋の隅柱2本とウシ柱を抜き、この構法を見どころのひとつにしている。これに続く上手部分は、中央に大きなウシ梁を通し、この上に曲がりをもつ投げかけ梁や細い梁を巧みに組み合わせて架けている。広い空間に対してやや

2 実践的わが民家研究史

上：小野吉彦 撮

上　修復前の土間ニワ　　下左／屋根裏の一部に床を張る。電動開閉のトップライトで採光、夜間換気可能。
下右／屋根裏から新設の階段と通路をみる

上／土間ニワの大空間と梁組－窓下のＦＦ式ストーブ１台でこの大空間と背面の新設台所を暖房する。
下／ナカマとその奥のデイーデイのストーブで個室水回りを含む座敷部を暖房する

2　実践的わが民家研究史

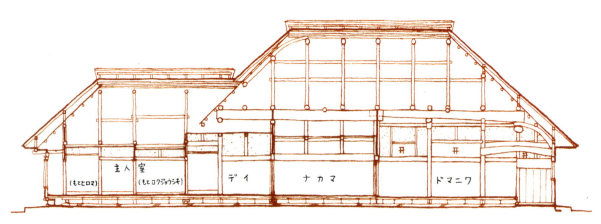

主屋　修復竣工平面図　S＝1:200

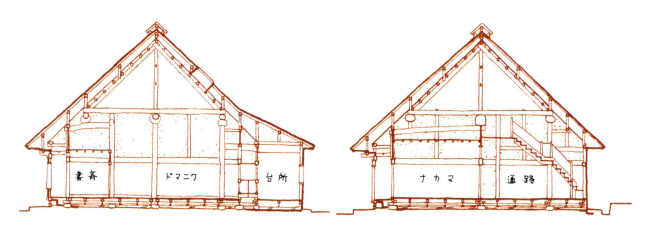

A-A'桁行断面図　S＝1:200

B-B'梁間断面図ドマニワ部　S＝1:200　　　C-C'梁間断面図座敷部　S＝1:200

図：江村日奈子

細くみえる梁もある。

これに対して居室部は、中央の太いウシ梁、この両側に平行する土居と称する材を通し、この土居上に上屋梁を乗せる。梁組はしごく簡素である。現在、居室部には天井が張ってあるので、部屋から梁組はみえない。

大空間を細分して眺める－主屋空間の把握

結城家は大規模で、土間もナカマ・デイもヒロマも大空間である。この点に注目して、上では平面、構造をみてきたが、そこで大空間ということから離れ、大空間を細分して各部を切り取って眺めてみた。こうしてみると大空間のなかの各部は、端正でプロポーションがよかったり、また、神を祀る棚は賑やかで鮮やかに彩られて飾りつけられていたり、これらは大空間を引き立てていることがわかってきた。飾りつけをし、そこに人が住み、掃除をして、はじめて住空間は生きいきしてくる。飾りつけがない空間は空き家である。大空間を引き立てている各部を以下にあげる。

- 土間部背後の戸棚と上の神棚の飾りつけ正面3ヵ所
- 土間部の置カマドとその上の神棚の飾りつけ正面
- 土間部表側入り隅のヒウチ梁の立面
- 土間部裏側入り隅のヒウチ梁の正面、側面
- ナカマと裏の部屋境に建つ格子戸と欄間の立面
- デイの仏壇正面
- デイの床の間正面
- ヒロマの床・棚の正面
- ヒロマの床脇の書院窓の正面

上にあげた各部は、建築当初からのものもあるが、後世の改造である箇所が多い。前者は、構造体そのものであるヒウチ梁、ヒロマの書院座敷の床飾り、後者は神棚など飾りつけ、デイの仏壇、床の間である。民家の美しさは、建築当初からのものだけではなく、後世の改造によって作られる箇所も少なくない。生活のなかから生み出されてくるものである。

高断熱高気密の家－家を快適にし、広くする

結城家に限らず、多くの民家は寒い時期に暖房をするが、暖房しているのは1室なり2室であり、そこに家族が集中して住むことになる。家の面積は十分に広いのだが、日常生活で実際に使える部屋は狭い範囲に限られていた。寒い便所に行くのはおっくうになりがちである。

結城家主屋の今回の修復は、長い年月の間に建物が弛んでいたり、破損や腐朽したりしている部分を修理し、建物として欠陥がある部分を修正し、また、建築後の改造によって醜くなっていた部分を復原修正した。このような建物を長く維持し、美しくする修復とともに、建物全体にわたって厳密な高断熱高気密の施工を施し換気を計画的にできるようにした。ようするに建物の性能を高くする工事をしたのである。この結果、屋内はどこにいても寒くなく、建物のどこもが使えるようになった。建物は実質上、広くなったといえる。たとえば今回、屋根裏の一部に床を張ったのだが、間仕切りを作って1室として囲っていないが、個室として、また、隠れ部屋として十分に役立つ。高断熱高気密の寒くない家は同時に夏に暑くない家でもある。

民家の高断熱高気密による修復は、建物を湿気や結露から開放し、建物をさらに長持ちさせ、屋内のすべてを広く使えるようにする。また、気密性が高いので屋内にホコリが入りにくく、掃除機を使う時間が減るなど、長寿命省エネに貢献する。そして快適で、迫力ある空間は、家を大切にし、長持ちする意欲を引き立たせる。

*

ところで試算によると、暖房にかかる費用はヘビースモーカーの煙草代でほぼ間に合う勘定になるようだ。

2-4

ぶなの木学舎（新潟県十日町市川西町）

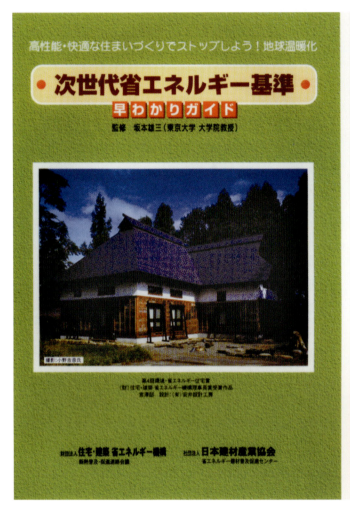

上左／次世代省エネルギー基準普及のためのテキスト表紙に採用
上右／雪に埋もれるぶなの木学舎－省エネ長寿命住宅普及のための著書の表紙
下左／いろりの間の背面　　　下右／いろりと自在かぎ（宮澤智士撮影）

特記以外の写真は三沢博昭撮影

結　章　沖縄の石造文化

　「沖縄の石・水・祈りの空間力」を標題とする本稿は、「実践日本民家史研究」の一部をなすものであり、沖縄の建造物、特に民家建築にかかわる石造物が、民家全体の中でどんな位置をしめているか、その解明を試みている。

・主屋と付属屋

　民家建築は、一般的に主屋を中心として、これに附属屋をともなっている。ここでいう附属屋とは、納屋、便所、畜舎、離れ座敷、土蔵、屋敷神、各種の門、塀、などの建造物である。この附属屋に対する考え方は本土の場合をもとにしいる。しかし、沖縄の場合は、この附属屋の内容ついて本土と多少異なった考え方をする方がよいと考える。その理由は、沖縄の附属屋には建造物としては括りきれず、環境物件、附属物件とでも呼ぶべき井泉、天水槽、墓などの物件が存在する。これらを民家を構成する物件として加えてあつかうことによって、沖縄民家の地域的特徴を浮彫にすることができると考える。

・木造と石造

　その第1点は主屋および主屋に続く附属屋は木造であるが、ヒンプンなどと呼ぶ目隠し塀や敷地をとりまく塀は石造が圧倒的に多い点である。このような沖縄の特性を考慮して、今回は調査が比較的進んでいる北中城村・中城村・宜野湾市の3市村を取りあげた。石造建造物に関してはつぎのような特性がみられる。

　石造建造物は地面との係わりが直接的であり、周辺の環境と密接する。さらに石造物はコンクリートブロックや、タイル貼りなどとは異なり、そこには石の厚みを思わせ、重量感が見えてくる。こんな石造物が当地域にはそこかしこにあって、これらの石造物とそれが作りだす空間に、われわれの身体は力強さを感じているのである。

・キーワードとしての「平和」

　さて、本稿のキーワードとして、共同井泉・石垣・墓・祈り空間とこれにくわえて「平和」を選んでみた。これらの内、共同井泉・石垣・墓など石造物に関しては序章で説明したが、「平和」に関してはこれまでに説明していない。今回の調査を通じてで改めて感じたことは、特に宜野湾市、北中城跡において米軍の飛行場および基地が大変広範囲の土地を占有しており、この土地造成にさいして多くの集落がつぶされ、共同井泉など石造物もつぶされたことである。この飛行場、基地の周囲には民家が密集しており、危険な状況にある。いうなれば、民家が密集する集落のなかに米軍の飛行場、基地があるのだ。沖縄にあって戦争はいまだ完全には終わっていないとの感じ強くした。

・まとめ

　繰り返しになるが、上で述べたことを次のようにまとめてみた。沖縄県に多種多様の石造物があることは古くから知られていた。今回取りあげた地域は、北中城村・中城村・宜野湾市の3市町村に限っており、また取りあつかった物件も、民家に所属する石造物を中心にしたものである。沖縄の歴史的伝統的民家の主屋、そして多くの付属屋は木造である。しかし、住宅の付属物件、環境物件ともいうべきもののなかに石造物が多くあって、これらが民家にとっても重要な位置をしめている。このことは沖縄県内の重要文化財建造物の指定内容をみても明らかである。このことから沖縄の民家調査研究においては、本土と違った新しい発想と方法が必要であることがわかってくる。本稿においては特にこのことを主張しておきたい。

　本文中の写真は安井妙子が撮影した。他から引用したものは出典をそれぞれの箇所に記した。

【参考文献】
- 沖縄県教育委員会編『沖縄の文化財』（1987.10）
- 「沖縄の土木遺産」編集委員会『沖縄の土木遺産〜先人の知恵と技術に学ぶ〜』（2005.5　沖縄建設弘済会）
　目次「1総論、2港、3道・橋、4河川、5庭園・グスク、6集落、7技術、8まとめ、座談会、講演、琉球の土木史年表」。16名の分担執筆。土木遺産を取りあげた初期の出版としても注目される。
- 北中城村教育委員会『北中城村の文化財』（2008.9）
　詳細で充実した内容をもつ。別冊付録「北中城村大字・小字界図」「民俗（地名・旧跡）地図」「屋号地図」が付く。これらの地図は基礎資料として大変有意義。
- 北中城村史編纂委員会編『北中城村史　第二巻民俗編』（1996.3　北中城村役場）文化財、石造物などにかかわる記述も充実している。
- 宜野湾市教育委員会編『ぎのわんの文化財』第7版（2007.1）きわめて充実した内容。表現に工夫がみられる。
- 中城村教育委員会『中城村の文化財』2004
- 『中城村地域散策』パンフレット
- 福島駿介『沖縄の石造文化』（1987.9 沖縄出版）；［福島1987］
　沖縄の石造物を総合的に取りあげた文献。内容は次の6章からなる。「1 沖縄の石造文化とその周辺、2 石造建造物の調査、3 石造建造物の歴史的経緯、4 石造建造物の技術と意匠、5 石造建造物と石材、6 風俗・習慣に関わる石材」。石造建造物を6種に大分類する。
　　◎城・門・遠見台　　◎御嶽　　◎墓　　◎橋・道
　　◎井泉　　◎住宅関係
出版事業が盛んな沖縄県にあっては、上記の他にも文化財関係の出版物が数多くある。

【付　記】
　本研究は、公益財団法人LIXIL住生活財団 平成23年度（第20回）助成研究『「日本民家史研究の集大成」のうち特に中世近世について調査研究』の一部をなすものである。本稿では沖縄の民家にかかわる石造物を中心にしてとりあげている。ここに記して公益財団法人LIXIL住生活財団の研究助成に対して謝意を表したい。

関連文献 国外

2-7 カオハガン島の省エネそのものの暮らし

長寿命省エネ住宅への道所収

2-8 青洲十里古街まちの表情

2-9 イタリア中部の一山岳集落における民家調査報告

奈良国立文化財研究所学報第33冊
マルコポーロ賞受賞

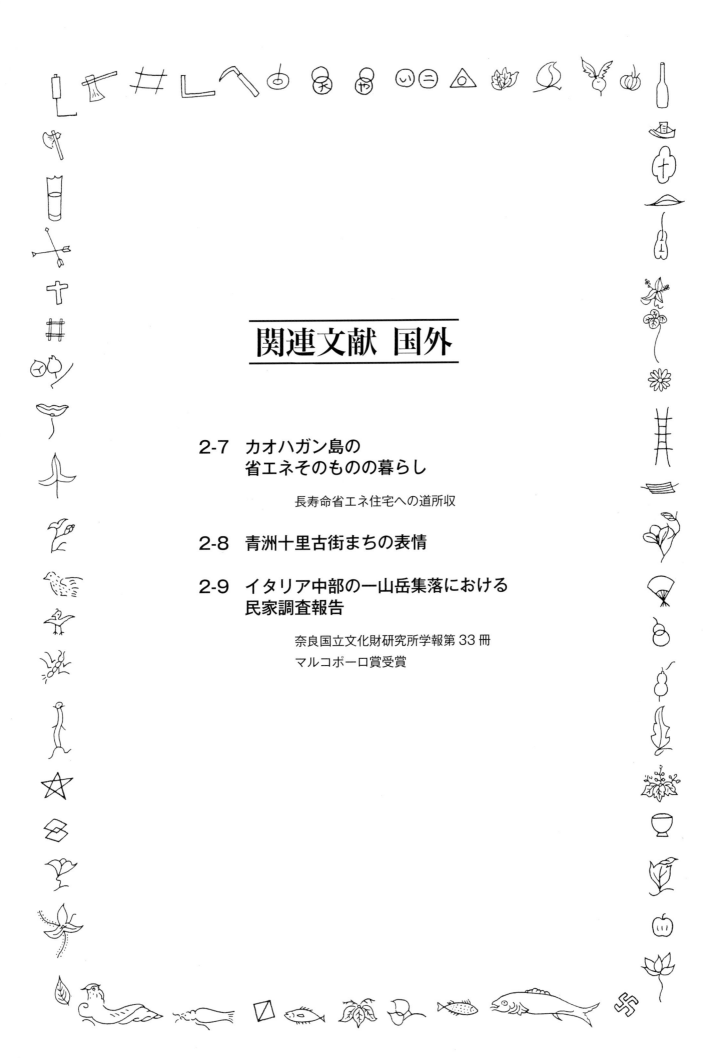

2-7
カオハガン島の省エネそのものの暮らし／宮澤智士

カオハガン島の位置

図：江村日奈子

カオハガン島の海と草木　①日の出－2006年6月16日の5時26分
②海から島を見る－高いココ椰子の木。左手の船はアウトリンガー
③「母屋」庭先の草花　④草ビランビラン－島では野菜とする

写真はすべて宮澤智士撮影

はじめに

　カオハガン島は、周囲2キロメートル程の小島で、フィリピン中部のセブ島東の沖合にある。オランゴ環礁のなかの一島であって、周囲は浅瀬の海に取り囲まれている。余りにも小さいこの島は一般的な地図帳には載っていない。この地は北緯10度・東経124度、モンスーン熱帯気候である。日本からカオハガン島まで時間的には意外に近い。東京成田を午後二時半に発セブ・マクタン国際空港行きの直通便に乗ると、その日のうちに島に着く。日本との時差は1時間。

　私は、ＮＨＫ深夜放送を聴いて、崎山克彦さんとカオハガン島の存在を知った。深夜放

島の住居－アノン・ナノイの家　　⑤正面－右は高床、左は土間　　⑥高床の右側面
⑦背面－左手にかまど小屋、右手は炊事場　　⑧左手側面－軒下の柵内に大きな水甕
⑨かまど小屋の三石かまど　　⑩土間の入口を振り返ってみる－竹壁から光が漏れる

送の崎山さんの話には共鳴するところが多くあった。さっそく、崎山さんのカオハガン島に関する著書を読んだ。カオハガン島と崎山さんについての関心はさらに強まった。

「何もなくて豊かな島－南海の小島カオハガンに暮らす」1995　新潮社
「青い鳥の住む島」1997　新潮社
「世界でいちばん住みたい島－風の島カオハガンに楽園を創る」2001　PHPエディターグループ
「ゆっくり生きる」2002　新潮社
「カオハガンからの贈りもの」2004　海竜社

カオハガン島は、崎山克彦さんの所有で、島には崎山克彦さんとともに、現在五百人程の島民が暮らしている。私は、現地で崎山克彦さんに直接お会いし、「崎山克彦の美学」を学び、島の経営の実際を肌で感じることを思い立ち、カオハガン島に飛ぶことにした。さっそく六月半ばに島に七泊した。

カオハガン島滞在中にみた、島の人々の暮らしは、私の眼には、日本の縄文時代的であり、省エネルギー生活そのものであるように写った。この省エネは、島人の日常生活のなかから生まれたものであり、恣意的にエネルギーを省略しようとしているのではない。そこには様々な智恵と工夫がみられ、現在の日本人にとって学ぶべきところが多くある。「崎山克彦の美学」に関しては、崎山さん著書を見ていただくこととし、本稿では島人の暮らしのなかの智恵と工夫について記したい。

暮らしのなかの智恵と工夫－水の使い方

カオハガン島は、砂が溜まってできた島である。井戸を掘ってもこれまで水脈にあたったことがないという。セブ島の年間降水量は2500mm程である。カオハガン島の雨量もほぼこの数値に近いであろう。四月五月は乾期で雨が少なく、風も吹かないので暑い。六月から年を越して三月までは雨が降る季節であり、風も吹く。六月になると人も動物も植物も元気になる。

島で暮らすためには、まず水の確保が必要である。それぞれの家では、屋根の雨水を樋で集めて水甕に溜め、普段はこれを使っている。雨水を効率よく集めるために、ニッパ椰子の葉で葺いていた屋根は裕福な家からトタン葺きに替わってきている。また、集落では公共タンクをもち、小学校でも専用の水槽をもっている。この水を簡易水道にして使っている。雨水に頼って暮らしている島民にとって、乾期には水がなくなることがあり大変である。島の水がなくなると、他の島から買ってくることになる。しかし、先のことはくよくよと考えない島民は、乾期が近づいても節約して使うという意識はあまりないようだ。とはいっても日本人と、水を無駄に使わない習慣が身についている島民とは、使う水の量はまったく違う。島の一家族が一日に使う水量は60リットル程度、乾期には20リットルまで少なくなるという。東カオハガン島のシャワーの使い方は、まず、海に入って身体をよくこすってから、最後に真水で塩水を流し落とすだけである。真水を使わずに海水で済ませる人も少なくないようだ。トイレには一切真水は使わない。宿泊施設の共同洗面所では、水道の栓を開け閉めして水を出すのではなく、洗面器の下に設置してある踏み板を踏むと水道水が出る仕掛けがしてある。そこから離れれば水は自然に止まる。なお、この共同シャワー室では節電の工夫もしている。シャワー室に入って内側でドアをロックすれば照明が灯り、出れば消える。

食器洗いも、海で洗った後に真水で濯ぐか、わずかな真水を何回も効率的に使って洗ってしまう。カオハガンでは、雨の中に洗濯物が干してある風景をよく見かける。雨の日に皆が洗濯をし、晴れて乾くのを待つのだそうだ。水を大切にする無駄のない使い方を習慣づけること、水を節約する工夫など、日本人がカオハガン島の人々から学ぶ点が幾つもある。

椰子の木と竹の家

カオハガン島の伝統的な家は、高床式の寝室を基本にし、これに一段低い土間の居間や炊事場を付属する形で作るか、または炊事場を別棟にして建てるなどしている。いずれに

しても、高床式の建物ですべての日常生活をしているのではなく、高床と土間とが一体となった建物で暮らしている。

伝統的な家は、ココ椰子の幹と竹とを構造の主要な材料として用い、屋根をニッパ椰子の葉で葺く。材料となるココ椰子の幹と竹とニッパ椰子の葉が、カオハガン島内で十分に調達できるわけでないので、近くの島で買って間に合わせる。建物の構造は、いたって簡素であり、用いられている部材の種類も少なく、多くの工具を必要としないし、技術的にも難しいところはほとんどない。島の多くの人は、自分の家は自分で建て修理する技術をもっている。この建物の構造の概略を説明する。

椰子の幹－構造材

柱はココ椰子の幹を製材した角材である。その断面は比較的太く、一辺は12から17cm程あるが、寸法はマチマチでそろっていない。この柱を建物の各隅、部屋の隅、また、その中間に建てる。この柱に、やや厚板状の横材を、床位置と柱上部でクギ打ち留めする。日本建築の長押のような扱いである。陸梁（ろくばり）も厚板状の材で、柱上部の横材の上に架け渡され、柱にクギ打ち留めとする。小屋組は、陸梁の中央上部に棟束を建て、棟束上部の両側から合掌（力垂木）を架け下ろす。棟束の上部で合掌に、下部で陸梁にそれぞれ添え板を添えてクギ打ちして両材を固定する。上でみるように、柱以外の部材は厚板状である。固いココ椰子の木に、細かな仕口の細工をせず、柱に横材をクギ留めし、また添え板をしてクギ留めしている。厚板状の材、添え板を用い、また、クギ留めを基本とする部材結合を用いている理由は、固いココ椰子の材にクギ打ちしやすくし、高い技術でなくても建物が建てられる工夫のあらわれであると考えられる。

竹－仕上材・化粧材

竹は、割竹にして、床材、壁材、建具材として多く用いている。床材としては、高床の床に一面に割竹の表を上にして密に敷き並べ、

⑪私が泊まったロッジDの室内

根太にクギ留めする。ていねいな仕事はクギを打つ位置にクギ彫りをする。割竹の幅は2から3cm前後でマチマチである。密に敷き並べても割竹と割竹との間にはわずかな隙間ができ、風の通り道になる。

壁材にも割竹を用いるが、こちらは竹の表皮をとったものをアジロなどに編んで用いている。割竹を縦桟にしてクギ留めする。割竹の幅は大小あるが、幅が大きい方が上等のようである。直接外部に面する壁は表裏二重に張るのがていねいな仕事である。

建具も縦桟と横桟の枠内に、壁同様に割竹を用いる。ただ、建具の方が幅の広い割竹を用いるなどていねいな扱いをしているようだ。

柱の表面はカンナなどでていねいに仕上げてはいないが、割竹を張って化粧にしている箇所もみられる。この場合も竹の表皮をとって用いている。

床も壁も建具も、割竹でできており、全面的に竹を有効に多く用いている。

ニッパ椰子の葉－屋根葺き材

屋根はニッパ椰子の葉っぱで葺くのだが、葉を二つに折りムシロのような幅1m程の部品を予め作っておき、垂木の上に直接葺く。屋根の葺き材はごく薄い。日本の茅屋根のように、大勢の人によって厚く葺くのではない。

椰子の木と竹の家の構造は簡単簡素であり、地元の材料、地元の技術を用い、専門の職人でなくても建設が十分に可能である。竹

の壁や床からは風が通る。この島の気候風土そのものの建築である。建物の重量はごく軽い。したがって地震で崩壊することは少ないであろう。しかし、大風にはけっして強くはない。これまでに大風にあって、島の家々がほとんど倒れるような大被害を何回も経験している。

省エネルギーそのものの暮らし

大風が止むと直ぐに、島人はみな家の修理や建て直しにかかる。風で飛んだ部材を集め、材料を用意し、二、三日で住めるようにする。あまり頑丈な建物にせず、壊れたら直すという考え方は、カオハガンのような熱帯地方の島や少数民族の間では、ごく普通のことであ

⑫

⑬

⑭

⑮

⑯

⑰

⑫⑬土間の炊事場内部－簡単な屋根構造に注意　⑭別棟の炊事小屋に女と子どもたちが大勢集っている　⑮⑰朝食の準備－小魚を海で捕り、ハラワタを取り出しウロコを剥ぐ　⑯トウモロコシを細かく砕いたマイスを煮る－味は米と変わらず

る。まさに省エネルギーそのものの暮らし方である。建物をあまり頑丈にせず、壊れたら直すという大胆な考え方は、今の日本にはない。

　自分自身で、雨水から飲み水を得、海で魚をとり、野の野菜をとって料理し、みずから家を建て、船を造り修理もする。モノを多く持たずに暮らしている。まさに省エネルギーそのものの暮らし方である。島の人々はこの暮らしの中で、生活に必要な智恵と工夫を創造している。

　モノがあり余っているなかで暮らしている我々は、島の人々の暮らし方から学ぶべきことが多くある。

⑱広場の掃除をする子ども　　⑲カメラに向かって愛嬌を振りまく子どもたち
⑳チャペルの内部－島民はみなカトリック教徒　　㉑八角形のキルト会館内部
㉒大きなキルト－ベッドカバーになる。身近なものをデザインした島民の作品

2-8

中国山東省濰坊市
青州十里古街
まちの表情

中国山東省歴史的建造物共同調査団
長岡造形大学・濰坊市人民政府外事與僑務弁公室
宮崎県日向市・青州市人民政府弁公室外事僑務室

1 概　要

1.1　調査経過

　中国・山東省歴史的建造物共同学術調査は、1999 年度に第 1 回を開始して以来、本年 2002 年度で 4 年 5 回目になる。第 1 回目は、中華人民共和国成立 51 回目の国慶節 10 月 1 日を挟んで 1999 年 9 月 27 日から 10 月 4 日にかけて実施した。調査は、濰坊市寒亭区楊家阜村を中心にしておこない、これに青州市十里古街、同市郊外の五里鎮の家屋の予備的な調査をくわえた。第 2 回目も、気候のよい国慶節を挟んで 2000 年と同じ時期に、青州市十里古街の回教寺院真教寺を中心にして調査をおこなった。第 3 回目は、2001 年 10 月 1 日から 8 日にわたって、十里古街とくに棋盤街を中心にして各住宅の配置、平面、立面などスケッチ、写真撮影、聞取りをふくむ町並み調査をおこなった。また、十里古街に所在する回教寺院清真寺、省立四師範旧址（現青州第二中学）などの実測調査もくわえた。第 1 回、第 2 回、第 3 回の調査結果は、つぎにあげる報告書としてまとめた。

　『楊家阜村・青州市の集落と建物調査』2000.2
　『中国山東省濰坊市青州真教寺と十里古街』2001.3
　『中国山東省濰坊市青州十里古街の町並み』2002.3

　今回 2002 年度（平成 14 年度）の調査は、夏 8 月に第 4 回目、冬 12 月から翌年 1 月にかけて第 5 回目と 2 回にわたって実施した。第 4 回目の調査は、山西省の古建築、町並みとこれまでに調査を続けてきた山東省とを比較検討する目的をもち、山西省の古建築、町並みを見学調査した。次の第 5 回目の調査は、青州十里古街の棋盤街の 4 方を道路で囲まれた区域内の家々を悉皆調査する目的でおこなわれた。夏と冬の調査の間の期間に中国に留学する 2 人が棋盤街で未調査の家々の図面を作成していた。このこともあって、結果として、冬の調査で棋盤街の悉皆調査するという目的が達成できた。すべての家の平面図と屋根伏図の作成、写真撮影ができたのである。今回の調査団は日本側 7 名（うち 2 人は中国への留学生）、中国側 3 名である。

日本側
団　長　宮澤智士　長岡造形大学教授
副団長　黒木久遠　日向東臼杵南部広域連合事務局長
秘書長　御船達雄　和歌山県文化財センター技師
団　員　田村　収　絵写工房代表
　　　　元井文・江島祐輔　濰坊学院留学生
　　　　筑波祐介　長岡造形大学大学院生
中国側
団　長　劉偉地　濰坊市人民政府外事與僑務弁公室　亜洲科長
副団長　王欽孟　青州市政府弁公室外事僑務室主任
団　員　張培剛　青州市政府弁公室外事僑務室員

共同調査団の面々　王文奎家にて

1.2　十里古街の調査と友好関係

　回族が集住する青州市十里古街の建築と町並み調査は5年目になる。この間、中国側濰坊市・青州市人民政府の方々、地元住民の協力により調査は順調にすすんだ。たとえば、回教寺院清真寺では10人以上の信徒が、朝からわれわれ調査団を快く迎えてくれたし、棋盤街ではわれわれに自宅の調査を申し出るものがでてくるほどであった。

　このように住民とわれわれ調査団との関わりはきわめて友好的になってきた。これにはこれまで3年にわたる現地調査とその報告書の刊行、街とその人びとを撮った写真がおおいに役立っている。住民の方々は報告書を食い入るように見、また、知人などにまわし、みなが自分や知人が載っている写真の場面を探した。かつて調査をした家々の方々もわれわれが訪れると大変に歓迎してくれた。

　この日中共同の学術調査が順調にすすんだ裏には、16年におよぶ日向市と濰坊市との友好都市としての付き合いが大きく働いている。このことがなくしては調査それ自体が可能でなかったであろう。これらお世話になった多くの方々に感謝しお礼を申し上げる。

　前にもしばしば記している通り、十里古街には、中国の少数民族である回族が集住し、この中に漢民族も住む古い街である。ここに回教寺院、真教寺と清真寺の2か寺がある。青州市はもと益都県といい、都市として城壁で取り囲まれていた。この都市を囲む城壁の東面は、現在の東門街と東関街との間を通る雲門南路の位置に築かれていた。清真寺はこの城壁内にあり、東面城壁の直ぐ西側に接して大門を東向きに開き、この西側に伽藍を構成していた。一方、真教寺は清真寺の東方約500 mの城外の昭徳街に位置している。その伽藍は南北に通る昭徳街の西側にあって、大門を街路に面して東向きに開く。諸堂宇は東西の中心軸にそって左右対称に配置されている。

　十里古街の街並みの魅力は、街路とそこでおこなわれている商業活動など人びとの伝統的な日常生活にあるが、小路を入ったり、大門を潜って入ったりした奥には多くの場合、数家族の居住部分があり、老若男女の生活ぶりがうかがえる。街路とともに奥の部分も魅力にみちている。

1.3　棋盤街の悉皆調査達成

　今回の調査対象にした棋盤街の街区は、東西に長い4辺形で、4方を街路で囲まれている。この街区は東関街に属する。棋盤街の東北角の十字路は東関十字口と称し、4方からくる街路が交差している。この十字口の西は東関街、東は粮市街、北は北閣街、南は昭徳街につづく東関街である。十字口の南方約500 mのところの昭徳街西側に真教寺がある。寺には東から入る。十字口の西北角地は、現在は雑貨店であるが、もとは百貨店であり、かつてここ一帯は繁華街であったという。

　中国の民家は、一般的にごく単純な平面・構造の正房・相房・店舗など、複数の建物を組みあわせて構成されている。その代表的なものが四合院である。棋盤街の住宅は、四合院またはその省略型である。

　棋盤街では、東西南北の各街路に面して家々は並んでいる。このうち東西方向の街路の中央部に位置する家々は、北面または南面に大門を開き、奥行きの深い敷地をもち、敷地背面はそれぞれ反対側の家の敷地背面に接している。これに対して南北方向の街路に面する家々や街区の各角の家々の敷地は奥行きが浅い。これは南北に主軸をもつ四合

院の性格を反映しているのである。また、棋盤街はかつての繁華街であるから、南北方向の街路にも店を開いている。この街路が繁華街でなく、一般住宅地の小路であったならば、建物の側面や背面を小路にみせていたであろう。

棋盤街の外まわりや南北方向の街路である昭徳街では、街路から東また西に小路をいく筋か通し、また、大門を開いて奥の敷地に通じる街路網になっている。

棋盤街の悉皆調査ができた。

青州市十里古街の建築と集落の調査は、1999年以来4年にわたった。今回で一区切りつけることにした。とりあえず、東関街のうちの一部、棋盤街の内部について悉皆調査ができた。悉皆調査の内容は、棋盤街の4方を街路にかこまれた街区内の全建物の平面実測、屋根伏図、街路に面する4面の連続立面図を完了した。これに加えて棋盤街を南北に切る断面図もできた。

この悉皆調査を可能にしたのは、4年にわたる調査の経緯のなかで、われわれ調査団と地域住民とのあいだに築かれた信頼関係である。このことは大変に嬉しい出来事である。

1.4 十里古街のくらし点描

a. 回族が集住する十里古街の変容

十里古街は、真教寺、清真寺を中心として、イスラム教を信仰する回族が集住する地区である。この街区は、ここ数十年来、猛烈な勢いで開発がすすむ中国にあって、濰坊市、青州市のなかでは、古い街並みがのこる数少ない1街区である。十里古街には少数民族である回族が集住するが、その間に漢族も住んでいる。

回族と漢族とは、文化、宗教、衣食住など生活習慣が異なっている。建築にあらわれた違いの1例をあげれば、回族の家では入口にアラビア文字が書いてある。一方、漢族の家には影塀や入口の扉に「福」などの漢字を書いたり、紙を貼ったりしている。しかし、回族といえども、家内には漢字の軸が掛かっているし、書道は漢字である。

調査期間の4年間のうちに、地区内で建て替えられた建物はほとんどない。建て替えられたものがあったにしても、以前とくらべて異質なものは建っていない。ただ、まったく変化がないかというと、そうではない。けっこう大きく変わっている点もある。

前回訪れた2002年8月と今回の2002年12月とをくらべると、十里古街のうち東関街の街路に面する建物の色彩が変わっていた。9月に塗装工事がおこなわれたという。各建物の街路に面する部分の柱や窓、扉は赤っぽく濃い茶色、奥に通じる大門の扉は黒、レンガやモルタル仕上げの柱型や壁面は一様に灰色である。青州市人民政府が、塗替え工事を実施したのである。

2001年10月の調査中に、棋盤街の北面の街路で映画撮影がおこなわれた。そのさいに、街路を跨ぐ鉄製の大門が新設された。そこに昭徳街の文字が入っているが、この街路は東関街であって昭徳街ではない。鉄の錆色の大門は十里古街にはふさわしくないとおもう。

真教寺の中心軸に建つ「影塀」は、2001年と翌2002年の調査の間に、同規模、ほぼ同形式に建て替えられた。しかし彩色は違ったものになっている。

清真寺では二門が建て替えられた。2001年には、まだ未塗装で白木であったが、翌年には朱塗り、彩色が施されており、塗装工事は終了していた。

b. 土足の生活—冬の十里古街

街の景観

　今回調査を実施した年末から年始にかけての8日間は、日本では学校や役所は年末・正月の休日が続くが、中国では農暦によっているので、一カ月後の西暦2003年2月1日が恭賀新春になる。西暦の1月1日は休日であるが、日本のように新年や正月の祝いはとくにしない。市民の日常生活は普段と変わるところがない。

　この時期は日が短くもっとも寒い。最低気温は零下10度をくだり、最高気温も零度前後である。日陰などに雪がわずか積もっていたが、一日中融けることがない。空気は乾燥している。木々はみな葉を落とし幹と枝だけである。わずか街路にある針葉樹の緑もあざやかではなくどす黒い。街の景色は夏期と冬期とではまったく違っている。

　青州十里古街の道路沿いに開く市では野菜、果物が豊富にならび、いつものように肉も釣針状の釣金に吊って売っている。豆腐売りや饅頭売りの特徴ある売り声が響きわたっている。豆腐は60cm四方、厚さ10cm余りある大きな硬いものを板上にのせて自転車の荷台に置き、切りわけて天秤ではかって売っている。お茶も餃子もみなはかり売りである。

　寒くても街は元気である。

屋内環境

　青州十里古街の住居は、四合院を基本とし、その省略形とからなっている。建物はみな壁面をレンガ積みとし、柱と小屋組は木造である。屋根は、多くは瓦葺きであるが、一部に草屋がある。床は土間で、居室はレンガ敷きであったり、タイル張りであたり、モルタル仕上げであったりする。ここで土足の生活をする。外でも内でも同じ靴をはいている。日本のように家にはいって履物を脱がないのである。靴を脱ぐのはベッドにはいるときだけだ。

　冬期の屋内は暖房をしている。暖房は比較的小さなストーブで豆炭や石炭を焚いてい

る。それでも室内温度は 10 度以下であろう。煙突に手でさわっても熱くはない。我々には室内でも寒く感じる。一部の比較的新しい家には、街のセントラルヒーティングによる輻射暖房パネルが室内壁面に設置してある。このパネルに手で触れるとやや熱いお湯がとおっている。室内温度は、ストーブの室内よりやや高く 10 度ほどであろうか。ストーブ、パネルの暖房とも室内が暖かいという感じはそれほどなかった。

重ね着

冬の今回の調査で知ったことは、人びとはみな屋外と屋内で同じ服装をしていることである。外の寒さにたえるような重ね着をしている。履物も着物も屋内外で履き替えたり着替えたりしない。土足の慣習は、日本と大きな違いであるが、寒いときに重ね着をすることは、1960 年ころまでの日本でも同様であった。土足の慣習、開口部が少なく隙間風が少ないレンガ壁の家、省エネルギーを考えると、屋内外の重ね着は今後も続くかもしれない。

暖房設備

a. 部屋の奥のストーブと左壁面にとりつけられたパネルラジエータ
b. ストーブ。上にヤカンがのせてある
c. ベッド向うの窓下にパネルラジエータがある 物干としても使う
d. 山積みされた石炭。人頭ほどの大きさがある

c. 水・炊事場

中国に限らず、海外旅行では生水を飲んではならない、といわれる。事実、生水を飲んで下痢をする人は多い。水道の飲料用であっても沸かして、一度は沸騰したものを飲む。この点は海外旅行では特に気をつけ なければならない。

洗瞼台とその後ろの鏡

店舗棟の裏側にある炊事場

洗面台

　水を大切にしている。家屋の調査にいくと、まずはお茶を出してくれる。白湯のこともある。家々ではお湯を沸かしてつねに魔法瓶に蓄えておく。今回調査した昭徳街の某家では、水は水がめに溜めてあって、そこから汲みだして大切に使っている。奥さんは、お茶を出すのに先立って、まず、茶碗にお湯をついで茶碗を温める。そこで使ったお湯はただ捨てたりはしない。居間の洗面台の洗面器に移した。

　この日、われわれは某家を朝9時過ぎに訪問した。主人はまだベッドで休んでいたが、われわれが来たことをつげられると、すぐに着物を着てベッドから離れ、洗面台に来て洗面器にさきほど入れたお湯、すでに水になっているかもしれない、お湯を使って顔を洗った。この洗面台は中国語で「洗瞼台」という家具である。ほぼ腰の高さに洗面器が置いてあり、その上部に鏡が掛けてある。

炊事場

　炊事場を別棟にする家はあるが、多くの家では建物のひと隅や脇に、ちょっとしたかまどや炊事用具が置いてあるにすぎない。流しなどは見受けられない。日本の台所のように設備がそろった部屋はない。街にはさまざまな食べ物屋があり、また、売りにも来る。手のこんだ料理は家でしないのであろうか。

2 「棋盤街」の家の構造

建物は、木造、切妻造、平入、瓦葺き、平屋建てを基本としている。ただし、妻壁を厚いレンガ積みとするものが多い。

a. 材料と構造

軸部は、古いものは木造、新しいものにレンガ造とみられるものがある。木造であっても両側面の妻壁にレンガを厚く積むので、一見したところレンガ造にみえる。木造とレンガ造の一種の混構造である。

b. 屋根と瓦、階数

棋盤街では、角地に建つ建物の一部は両方向からくる切妻屋根が突きあたるところに隅棟をつくって寄棟風におさめている。

瓦は、伝統的な青瓦と新しい赤瓦のものがあり、一部に草葺きのものがあるが、棋盤街には現在草葺きはない。

青瓦の屋根は円瓦と平瓦を用いた本瓦葺きのものと、平瓦のみでその左右を突きつけ

a,b 角地に立つ建物の屋根形態　　c 天井が張ってあって大梁のみがみえる　　d 室内に建つ円柱の上屋柱
e 上屋柱と下屋柱を連結する繋梁と添梁　　f 二重梁形式の小屋組

て葺いたものとがある。これらの屋根は、葺きあがった状況では縦の線が強くみえる。一方、赤瓦の屋根は西洋風のもので、瓦を横に突きつけて並べ、その上に一定の葺き足を設けて上に葺いていく。この場合、瓦下端がそろっているので、葺きあがった状況では横の線が強くみえる（写真 d、e 参照）。なお、一部に陸屋根の新しい建物がある。建物の階数は、平屋建て（一階建て）であるが、棋盤街内郭には一棟のみ二階建てがある（写真参照）。この建物は新しい。

c. 軸組と小屋構造

「上屋」と「下屋」という概念を導入すると、軸組は上屋と下屋からなるものと、上屋のみで下屋がないものとに分けられる。梁間の狭い小規模な建物は上屋のみで下屋がなく、柱の長さがみな同じである。これに対して上屋と下屋からなる建物は、建物の中核となる長い上屋柱とその外側に建つ短い下屋柱からなる。上屋柱は角柱ではなく円柱のものが多くみられる。円柱が室内に建つ家には古さを感じさせる。

小屋構造は、上屋のみのものでは、大梁を梁間に架けわたし、その上に2本の束を左右に建てて、二重梁を受け、その中央に棟束を建てて棟木を支える。いわゆる二重梁の形式をとる（写真 d、写真 b)。束が建つ位置ごとに桁が通る。桁は軒桁、母屋桁、棟木と合わせて5丁になる。この場合、母屋桁の間が4つある。中国建築では母屋の間を数えて建物奥行のおおよその規模をあらわす。

上屋と下屋からなるものは、上屋柱の外側1メートル余りの位置に下屋柱を建て、上屋柱と繋梁で連結する。下屋を設けると、最も単純な構造のものは、前後に1進ずつ増

a 登梁を人字型にしたサス組類似の小屋　　b 母屋桁につっぱりの細い添桁を入れる
c 上屋柱に取りついてのこる切断された繋梁　　d 壁面にでる切断された繋梁の小口

えるから6進となる。ただ、棋盤街の家々の上屋と下屋部分構造のあつかい方には多く
の変化がある（図参照）。大梁の先端を延ばして、その先端に母屋桁をおくもの、繋梁
上に東を建てて、ここに母屋桁を通すものなど多様である。

d. 街路拡幅と建物前面の切断

棋盤街北面の東西街路は1980年代に拡幅された。そのさいに街路両面の建物の前面
が切断された。前面の下屋柱をとりはらい、また下屋柱の位置を奥に移動したり、家々
によって切断したりする方法が異なっている。これら切断の痕跡が明確にのこっている。
多くは 中途で切断された繋梁の先端が壁面から突きでている。また切断が大きく、上
屋柱の通りが外壁位置にあらわれているものがあり、その上屋柱に繋梁の仕口痕が刻ま
れていたりする。

この街路は幅が狭く、中央に3列の大きな石が敷いてある。これに対して拡幅された
北面から西面をかこむ街路は、中央部3列の石敷きをのこすが、その両側店舗との間が
広くあいている。街路幅が違う両者のマチ空間は大きく異なっている。

a

b

　a 拡幅されていない棋盤街東面街路
　b 拡幅された棋盤街北面街路

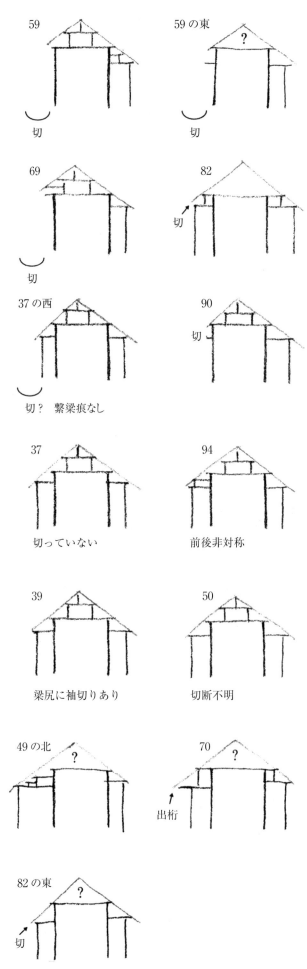

街路に面する建物前面の切断状況略図

2-8 青洲十里古街まちの表情

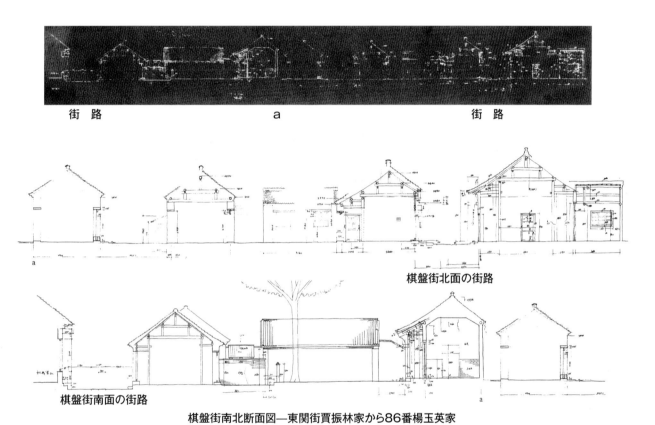

街　路　　　　　　　　　　a　　　　　　　　　　街　路

棋盤街北面の街路

棋盤街南面の街路

棋盤街南北断面図―東関街賈振林家から86番楊玉英家

イタリア中部の一山岳集落における民家調査報告

宮澤 智士

PUBLCATIONS OF NARA NATIONAL CULTURAL PROPERTIES RESEARCH INSTITUTE, NO.33

RICERCA SULLE CASE TRADIZIONALI DI UN VILLAGGIO NELLA REGIONE MONTUOSA DELL'ITALIA CENTRALE
CERQUETO di Teramo, Abruzzo —1977

Satoshi Miyazawa

奈良国立文化財研究所
学報 第 三 十 三 冊

序

　昭和二十年代後半にはじまった伝統的な民家の建築学的研究の進展と、三十年代の復興期におけるそれら民家の滅失は、伝統的な民家の保存を求める声をよびおこした。これらを受けて、昭和四十年から文化財保護委員会が全国的な民家の調査をはじめ、その成果にもとづいて代表的作例の重要文化財の指定が急速に進行した。今日二百八十五件四百九十五棟が指定され、全国の代表的民家を包括している。

　奈良国立文化財研究所も設立以来建造物研究室において、これら調査研究の重要な部門を分担し、大きな役割をはたしたことは各地の報告書および研究所の年報等で明らかな通りである。その後民家の個々の指定保存だけでなく、群として面的保存をすべきとの運動がおこり、これについても当研究所の調査研究成果を学報第二十四冊、第二十九冊、第三十冊において飛騨高山、木曽奈良井、奈良県五條等として刊行した。文化庁は伝統的建造物群を七市町村、九地区において選定するにいたっている。

　これらの調査研究の分担者の一人宮澤智士は、昭和五十二年八月より十月にかけて、文部省在外研究員として、ヨーロッパに派遣されることとなり、ヨーロッパの民家を日本人の目で見て調査することを計画した。主として調査対象に選んだのはイタリアの中部の山地にあるチェルクエト村であった。短期間の調査で意をつくさない点は多々あったと考えられるが、ヨーロッパで山村の一つを面的にとらえようとする試みは興味深い問題を提起できたものと考えている。ヨーロッパとわが国の民家の比較の上にも大いに役立つだろうし、さらに厖大な民族学的な民家の研究に比べ、必ずしも十分であったとはいい難い建築学的な比較研究が今後進展するきっかけとなればと思っている。そして何よりもこの研究が国際的な学術的交流に少しでも寄与できればと希望したい。

　昭和五十三年二月

奈良国立文化財研究所長
坪　井　清　足

図　　版

図版 1 〜 3	チェルクエトの集落(カラー)	1
図版 4 〜 7	カステッロの家並(カラー)	4
図版 8	チェルクエトの周辺のまち(カラー)	8
図版 9 〜 11	広場	9
図版11〜15	集落外廻り	11
図版16〜28	家並、家並詳細	16
図版29〜32	屋根詳細、新築工事、付属屋	29
図版33〜35	民家の内部(カラー)	33
図版36	村の人々、建築材料(カラー)	36
図版37〜38	No.1 の家	37
図版39〜40	No.2 の家	39
図版41〜43	No.5 の家	41
図版44〜45	No.7 の家	44
図版46〜47	No.8 の家	46
図版48〜49	No.10の家	48
図版50〜51	No.11の家	50
図版52〜53	No.12の家	52
図版54〜55	No.13の家	54
図版56〜57	No.15の家	56
図版58〜59	No.16の家	58
図版59〜60	No.17の家	59
図版61〜68	チェルクエトの家並	61

図　　面

図面 1	チェルクエト周辺地形図	69
図面 2	チェルクエト地籍図	70
図面 3 〜 5	カステッロ平面図	71
図面 6 〜 7	道路詳細図、広場廻り展開図、東西断面図	74
図面 8 〜 9	カステッロ家並展開図	76
図面10	No.1、No.2 の家実測図	78
図面11	No.5、No.6 の家実測図	79
図面12	No.7、No.8 の家実測図	80
図面13	No.9、No.10、No.11の家実測図	81
図面14	No.11、No.12の家実測図	82
図面15	No.13〜No.15の家実測図	83
図面16	No.16、No.17の家実測図	84

I 概　　要 ……………………………………… 86

　　チェルクエトの概要
　　調査研究の概要
　　謝　辞

II 住いの思想とデザイン ……………………… 89
　　──イタリアと日本の比較──

　　比較の前提
　　格式と機能とデザイン
　　プライバシーに対する関心
　　土足と椅子式の生活
　　木割と技術

III 調査経過 ……………………………………… 94

　　調査にいたるまでの経過
　　調査内容と経過
　　調査用具について

IV 集落の形態 …………………………………… 102

　　集落の概観
　　家数と人口
　　広　場
　　集落の外廻りの景観
　　カステッロの家並
　　チェルクエトの下の住区の家並

V 民家の形式と住い方 ………………………… 107

　　民家の概要
　　住居の構成
　　開口部と建具
　　屋根と瓦
　　設　備
　　新しい民家
　　家　事
　　食　事

VI 調査民家の解説 ……………………………………… 116

No. 1
No. 2
No. 3
No. 4
No. 5
No. 6
No. 7
No. 8
No. 9
No.10
No.11
No.12
No.13
No.14
No.15
No.16
No.17
付属屋

VII SOMMARIO ITALIANO ……………………… 128

Profilo del Villaggio e della ricerca

Concetti residenziali e tipologie —
　　confronto fra i due paesi, Italia e Giappone

Funzione per gerarchia e tipolozie

Inportanza della "privacy"

Vita nelle scarpe, vita sul "Tatami"

Modulo e Tecnica

Indice

イタリア語日本語対照表、索引 ……………………………… 135

挿図・表目次 ……………………………………………………… 136

2-9 イタリア中部の一山岳集落における民家調査報告

チェルクエトの集落
1:10,000

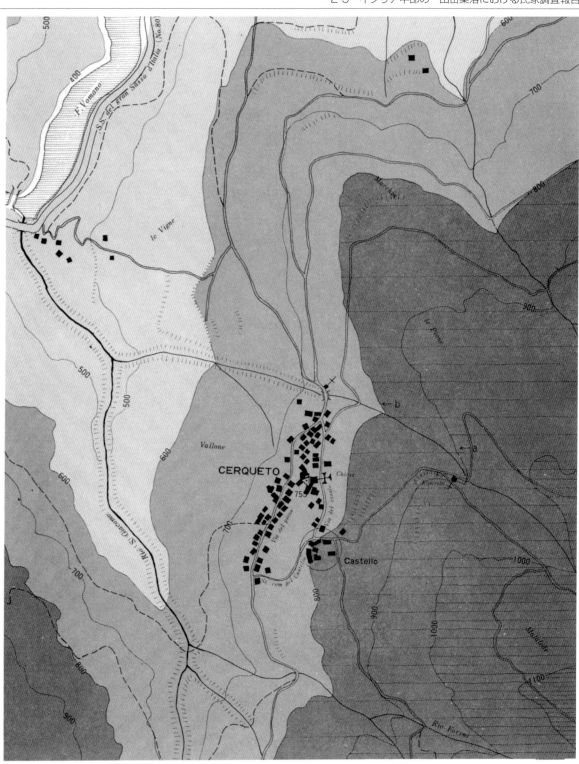

アブルッツオ地方略図
1:2,000,000

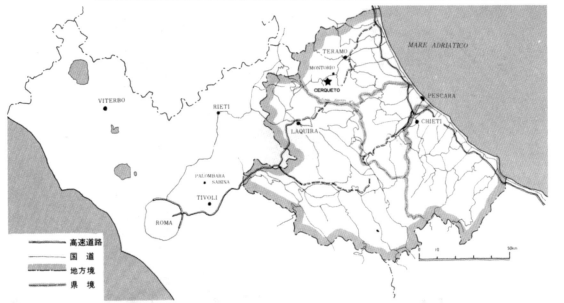

高速道路
国道
地方境
県境

1   a   チェルクエト全景　牧草地からみる　左端の一画がカステッロの住区
   b   雪のチェルクエト　背後にグラン・サッソの山塊をみる　Don Niccola Jobby 司祭撮影

図版 2　チェルクエトの集落

a　教会付近

b　教会の塔から北をみる

c　教会の塔から南をみる

図版3
チェルクエトの集落

a カステッロの広場から牧草地に向う羊、山羊

b 羊たち　背のマークは所有者をあらわす

c カステッロの広場から東をみる。牧草地もみえる。

図版 4　カステッロの家並

a　広場とアーチ

b　アーチの内部　南をみる

c　内側のアーチから南をみる

図版5 カステッロの家並

a 南北通り No.8の家付近から南をみる

b 南北通り No.5の家付近から南をみる

c 南北通り No.4の廃屋付近から南をみる

d 南北通り No.2の家付近から南をみる

図版 6　カステッロの家並

a　南北通りの南端

b　南の小道とNo.17の家

c　南北通り　No.1の家付近から北をみる

d　南北通り　No.2の家付近から北をみる

図版7　カステッロの家並

a　南北通り　No.3、No.4、No.5の家付近

b　南北通り　No.5の家付近から北をみる

c　アーチとNo.11の家

d　アーチ内部　北をみる

図版8　チェルクエトの周辺のまち

a　ピエトラカメーラの家並

d　ポンジョ・ウンブリッキョの家並

g　テラモの市街地

b　ピエトラカメーラの家々

e　ポンジョ・ウンブリッキョ　向うの山腹の集落はチェルクエト

c　モントリオの町全景

f　ポンジョ・ウンブリッキョの家々

図版33 民家の内部

a 台所

b 台所 炊事用具が並ぶ

c 暖炉

2-9 イタリア中部の一山岳集落における民家調査報告

図版34　民家の内部

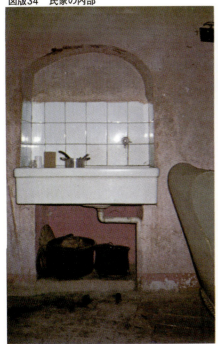

a　流し

b　パン焼がまの炊口　手前はガスオーブン

c　便所　最近に新設した

d　食堂　机の上に花を飾る

e　酒倉　生ハムは天井からつるしてある

f　入口のドア　　　g　寝室　　h　寝室
i　地階の酒倉への入口　　j　倉庫
k　ブドウ絞り機　　　l　ブドウ酒作り

34

2 実践的わが民家研究史

図版35　民家の内部

図版36　村の人々・建築材料

a　フェスタ・マドンナ　教会に入るところ

b　フェスタ・マドンナ　教会内部

c　一日の仕事を終えて

d　広場に集まった村の人々

e　村の人々

f　村の子供たち

g　屋根瓦

h　瓦とコンクリート・ブロック

i　空洞ブロック

図面I　チェルクエト周辺地形　1:25000

図面2　チェルクエト地籍図

この図面はチェルクエト村の集落がある地区を中心とした地籍図ともいうべきものである。原図の名称は次の通りである。

　　Sviluppo A "Cerqueto"
　　　scala di 1：1000
　　PROVINCIA DI TERAMO
　　Comune di Fano Adriano
　　　Foglio No 10

この図面を採用するにあたって、各地籍ごとに記入してあった地番を除き、これにかわって説明の文字を多少加えた。また原図は1/1000の縮尺であるが、これをさらに1/2に縮少した、なお、この図面には、現在ある自動車道は記入されていない。図中の薄墨は道路・広場等。

2　実践的わが民家研究史

図面3　カステッロ平面図（I）
屋根伏図

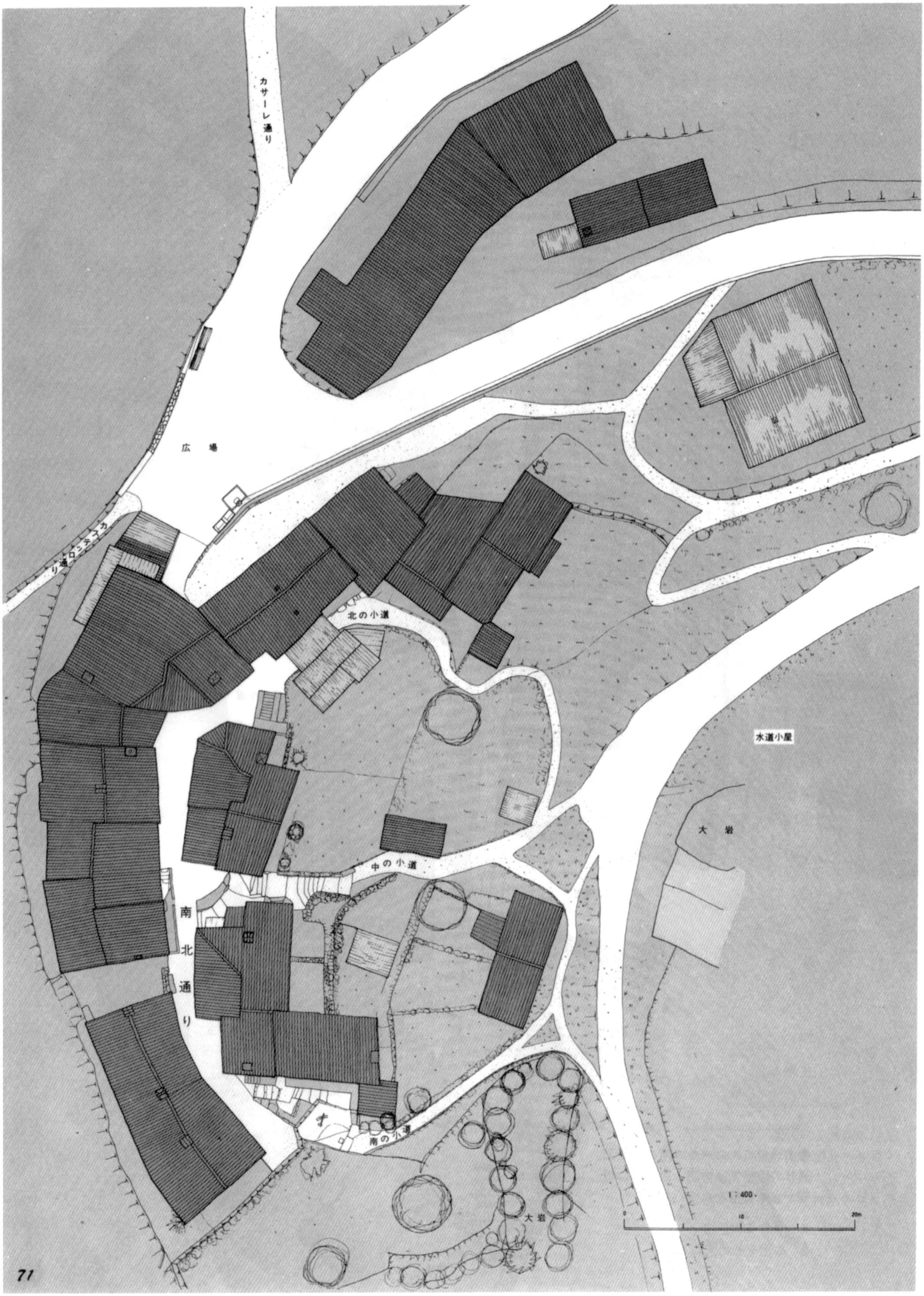

カサーレ通り

広場

り通ロニミラカ

北の小道

南北通り

中の小道

南の小道

水道小屋

大岩

大岩

1：400

71

2-9 イタリア中部の一山岳集落における民家調査報告

図面4　カステッロ平面図（Ⅱ）

南北通りに入口をもつ階の平面図。
通りの西側では中階、東側では地
階がおもに描かれている。

▲　おもな入口
△　地階などの入口

2 実践的わが民家研究史

図面5　カステッロ平面図(Ⅲ)

カステッロ平面図(Ⅱ)に描かれた上の階の平面図・南北通りの西側ではおもに上階、東側では上・中階が描かれている。東南隅のブロックについては上階を別にとりだしてある。

2-9 イタリア中部の一山岳集落における民家調査報告

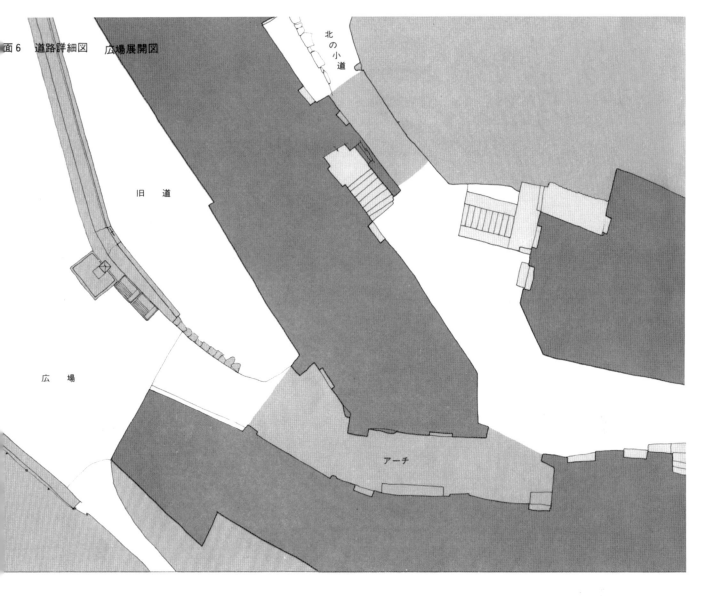

面6　道路詳細図　広場展開図

北の小道
旧道
広場
アーチ

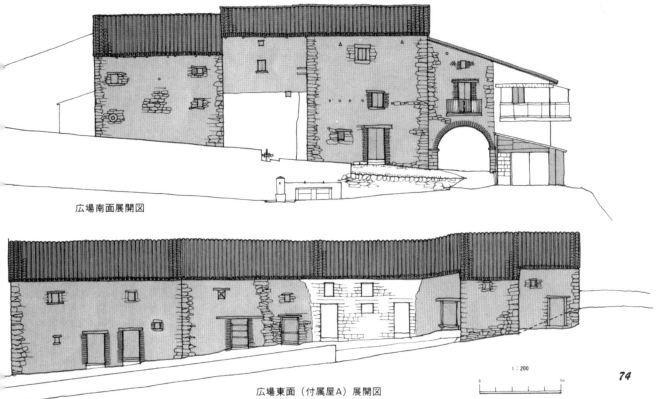

広場南面展開図

広場東面（付属屋A）展開図

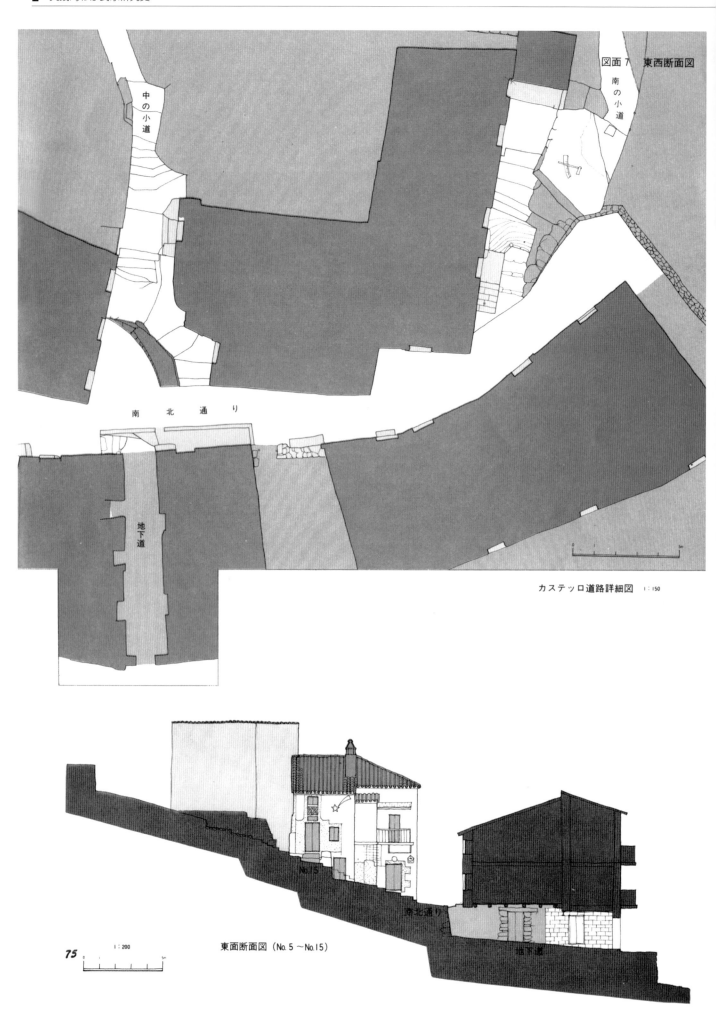

カステッロ道路詳細図　1:150

東面断面図（No.5～No.15）　1:200

図面8、9　カステッロ家並展開図

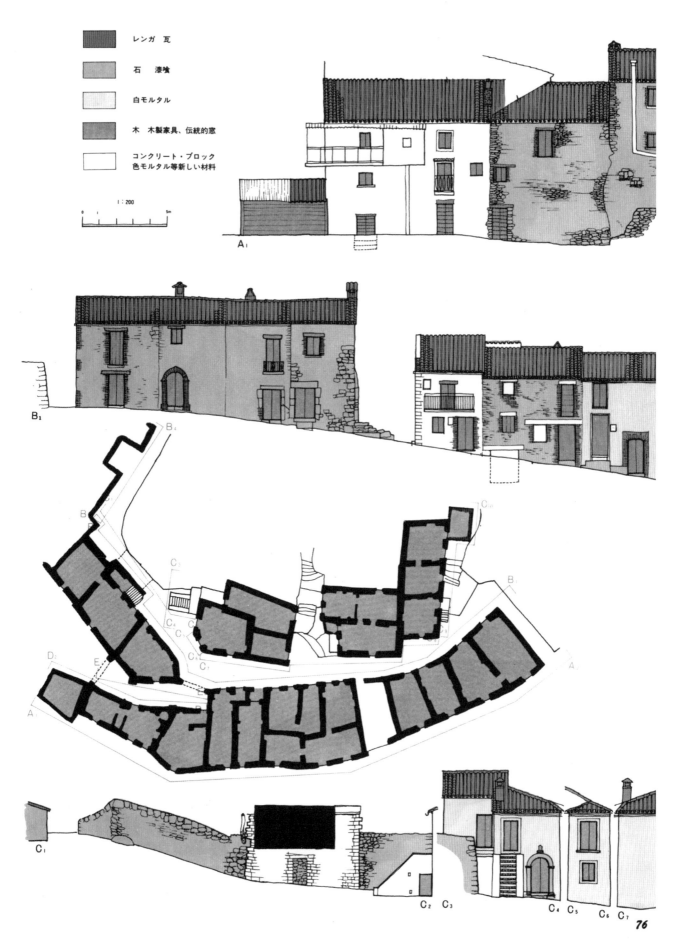

A_1-A_2 展開図

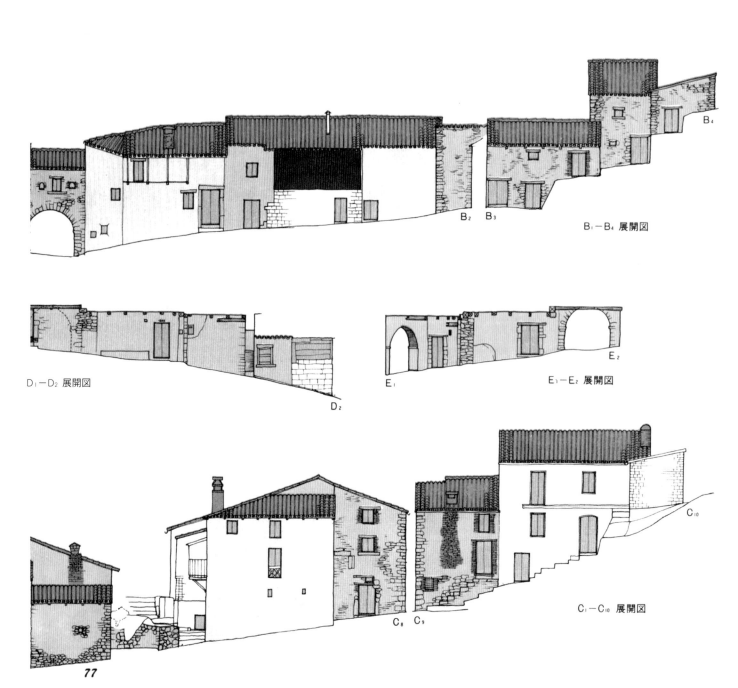

B_1-B_4 展開図

D_1-D_2 展開図

E_1-E_2 展開図

C_1-C_{10} 展開図

77

図面10　No.1、No.2の家実測図

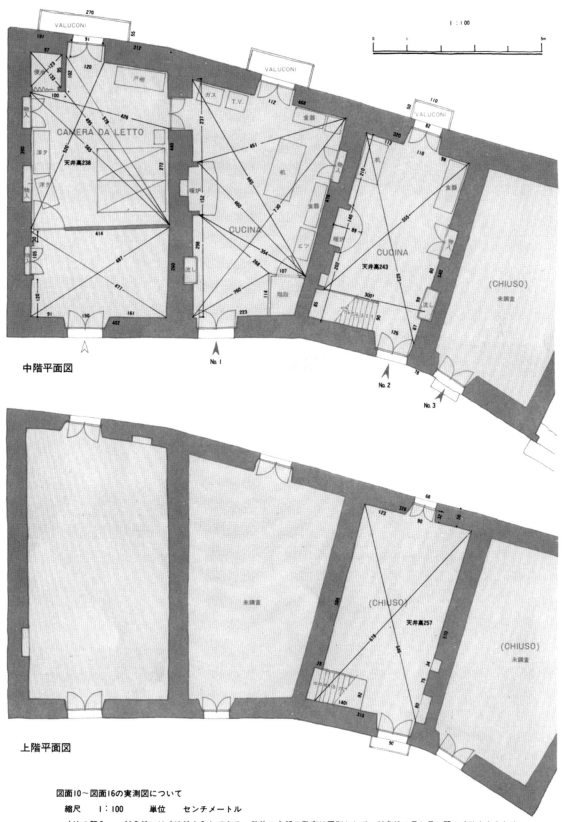

中階平面図

上階平面図

図面10～図面16の実測図について
　縮尺　1：100　　単位　センチメートル
　寸法の記入　対角線には寸法線を入れてある。壁体の内部の数字は原則として、対角線の足と足の間の寸法をあらわす。
　　　　その他の数字は各部分の寸法をあらわす。
　出入口の記号　主要な出入口は矢印をぬりつぶす。その他の出入口は白抜き。
　略号　洋ダ―洋服ダンス　　ガス―ガスレンジ、ガスオーブン　　食器―食器棚　　洗濯―洗濯機　　冷―冷蔵庫
　　　　T.V.―テレビジョンなど
　　　　なお、ベッドなど記入がなくても形や位置から明らかなものは略号等を付していない。

2 実践的わが民家研究史

図面11　No.5、No.6の家実測図

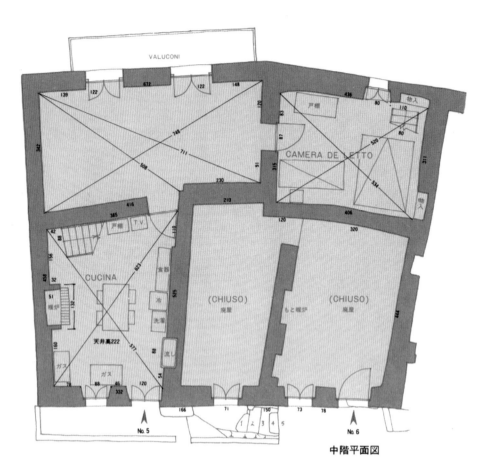

中階平面図

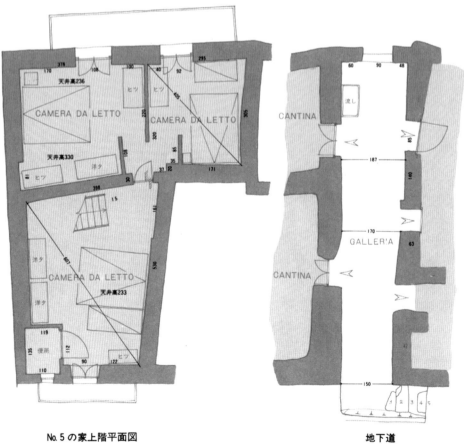

No.5の家上階平面図　　　　　地下道

図面12　No.7、No.8の家実測図

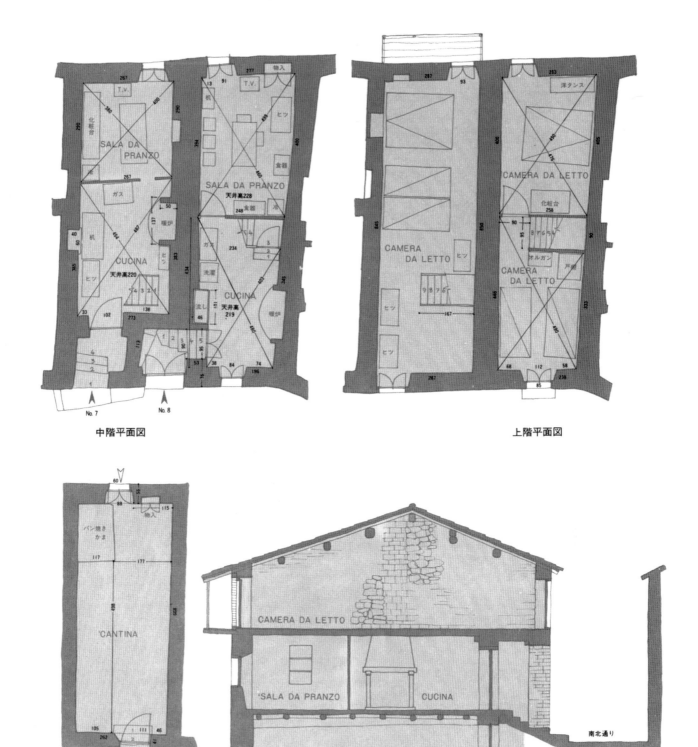

中階平面図　　　　　　　　　　　　　　　上階平面図

No.8の家地階（No.7の家の下階にある）　　　　　　　No.7の家断面図

図面13 No.9、No.10、No.11の家実測図

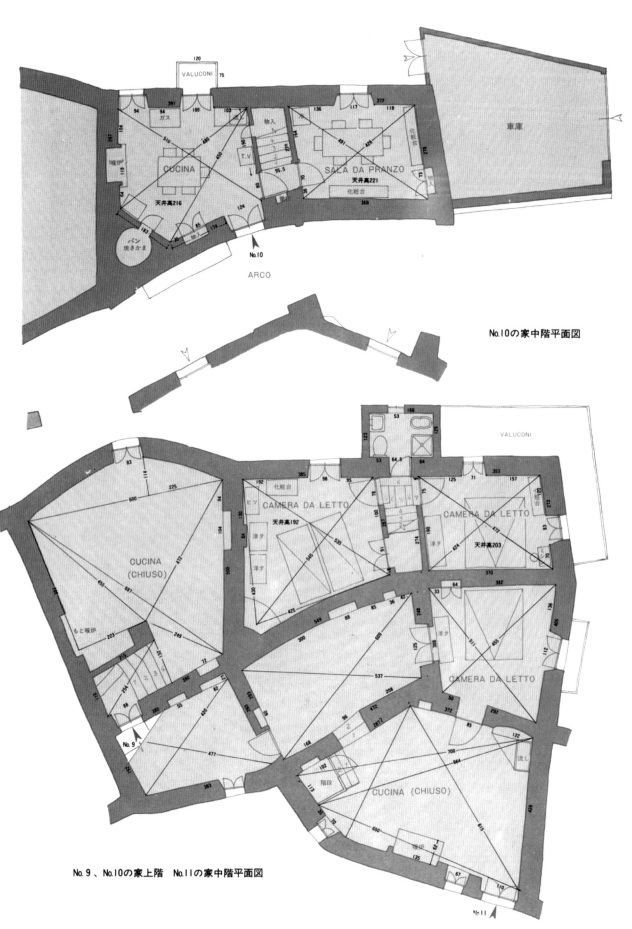

No.10の家中階平面図

No.9、No.10の家上階　No.11の家中階平面図

図面14　No.11、No.12の家実測図

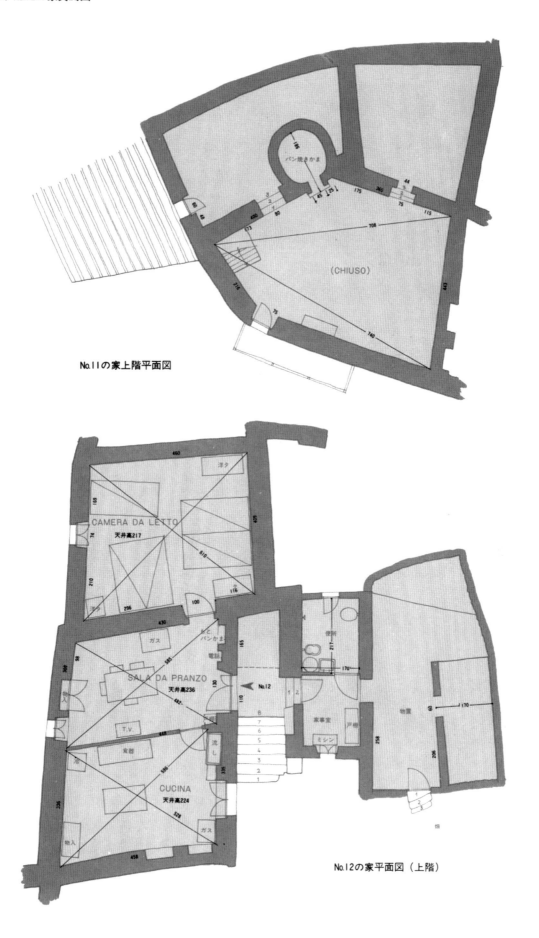

No.11の家上階平面図

No.12の家平面図（上階）

2 実践的わが民家研究史

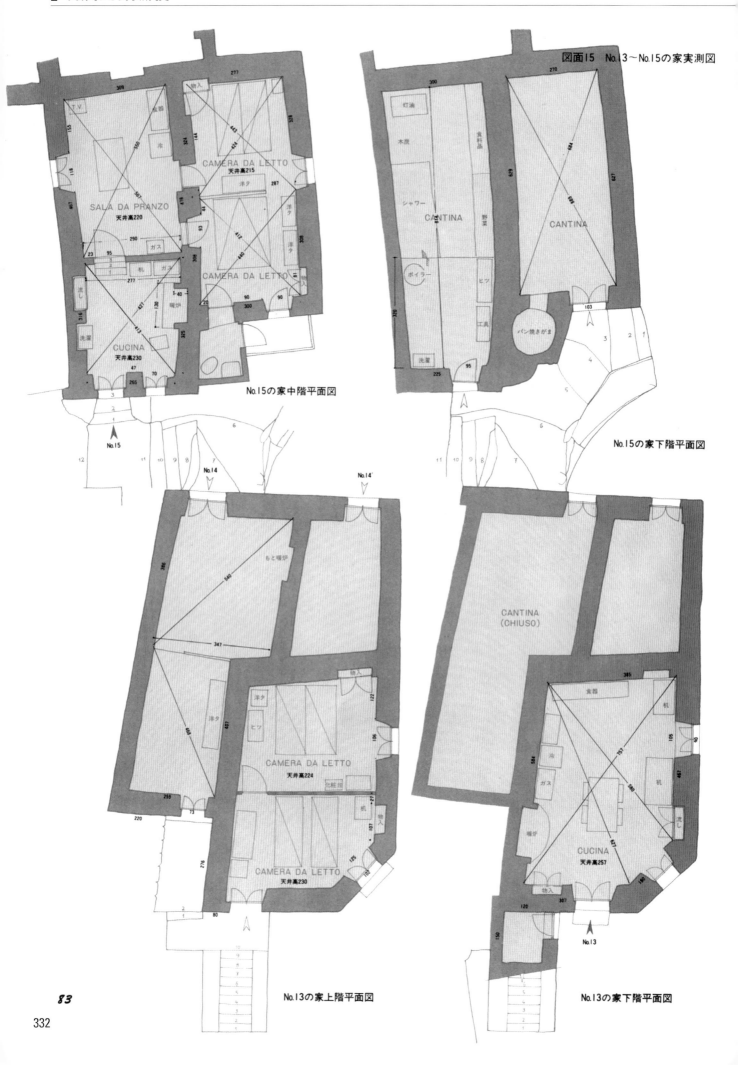

図面15　No.13〜No.15の家実測図

2-9 イタリア中部の一山岳集落における民家調査報告

図面16 No.16、No.17の家実測図

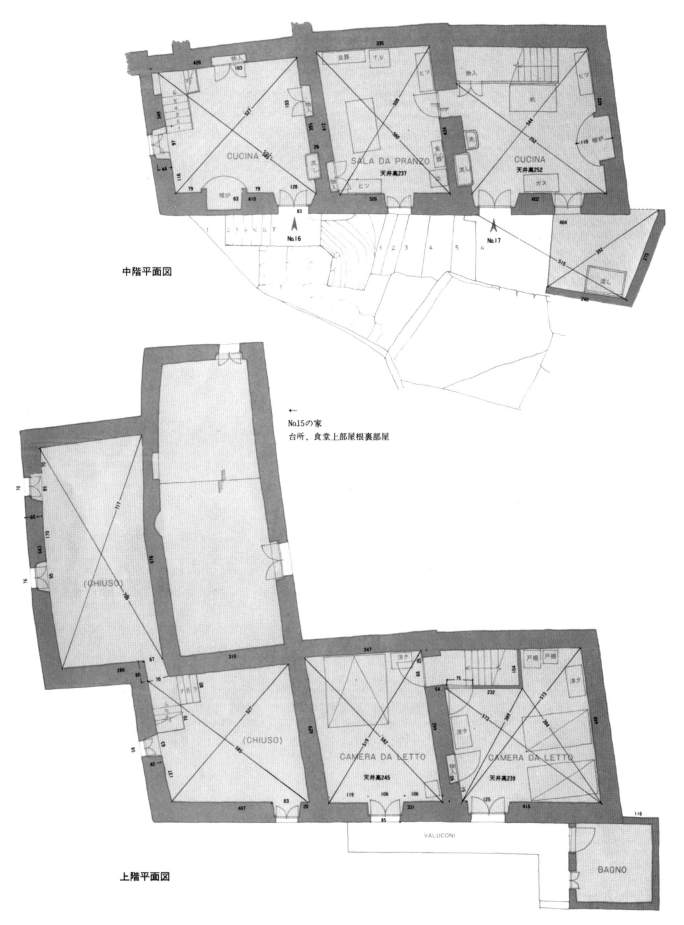

2 実践的わが民家研究史

本　文

I 概要

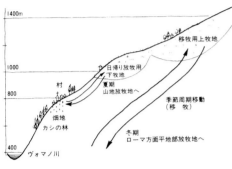

●チェルクエト村における生活空間の分布模式図（谷氏による）

　この報告は、1977年9月から10月にかけて、イタリア中部の一山岳集落、チェルクエト村で実施した民家と集落に関する調査の結果をまとめたものである。調査は、ヨーロッパの民家と集落の実態を知るためのケース・スタディとして行なわれた。調査対象としたチェルクエト村は、谷泰氏らによって、社会学的な学術調査がすでに実施されている。その成果は、報告書、論著として刊行されており、日本人にはなじみの深い村である[*1]。今回の調査にあたっては、調査地の選定をはじめとして、谷氏の学術的蓄積および助言に負うところがきわめて大きい。このことがあったから、現地での調査は順調にすすみ、また短期間のうちに一応の成果をあげえたと考える。

チェルクエトの概要

　谷氏の報告書からチェルクエト村[*2]（図版1）の概要を引用しよう。

　チェルクエト村は、アブルッツォ地方の一山村である。アブルッツォ地方は、イタリア中部のアドリア海側にある一地方である。西には、中部アペニン山脈が横切り、山がちである。東部は、ゆるやかな起伏ののち海に達する。チェルクエト村は、この山地部に属し、グラン・サッソ山の山腹斜面に位置している。かつてはナポリ王国の最北端の領域として、王国支配下にあったが、現在は、テラモ・プロヴィンチアの一コムーネ、ファノ・アドリアーノに含まれ、主村ファノ・アドリアーノの一妹村として、行政的に編成されている。

　グラン・サッソ山の山腹は、岩がちな稜線付近から、やや高度をおとしたところに、広い放牧地がひろがっている。その下、約7〜800m付近から、斜面はやや傾斜をまし、約300mあたりを流れるヴォマノ川へ達する。この高度7〜800mあたりから川床までの斜面には、クェルクスを主にした林がひろがり、その部分が主要な農地としてひらかれ、700mあたりに村落が点在している。ちょうど上の放牧用のメドウと、畑地との境界線上に村が位置している。チェルクエト村は、そのような村の一つであり、まさに牧村としての立地をもった村である。

　チェルクエト村がいつ生れたかは明らかでない。伝説によると、ミラノから3人の炭焼きがここに住みついてから、この村ができたといわれている。かなり確実にいえることは、この付近の村落で、14世紀ころにその歴史がさかのぼれる村があるということである。事実、隣村のファノ・アドリアーノの旧い教会の洗水盤には1369年という年号が刻んである。チェルクエト村の下のヴォマノ川の川筋には、古くからアクィラ経由でアドリア海側からローマへ通ずる街道の一つが通っていた。移牧路はこの街道を通ってローマへとむかっている。14世紀にすでにあった村から、この時代に移牧のムレが、ローマへとむかっていたかどうかは明らかでない。しかしこの付近の村の、農地の狭い立地を考えると、長距離移牧はともかく、アブルッツォの平地部との間を往復する移牧程度のものは、存在したと考えてよいかもしれない。外界と村との交渉は、このような移牧を通じてかつてからあったと考えられる。

---

*1 ●谷　泰『イタリア中部山村の調査報告』（京都大学人文科学研究所調査報告　28号）1971年
●谷　泰「イタリアの山の村から」（『季刊人類学』1-4）1970年
●谷　泰『牧夫フランチェスコの一日　イタリア中部山村生活誌』日本放送出版協会　1976年

*2　チェルクエトの位置は、集落のほぼ中心の教会付近で次の通りである。
　　北緯42度32分42秒　東経13度36分16秒
　　標高775 m

*3　本文中 " ・ " のルビは、それに関する挿図が同頁もしくは見開き頁、あるいは近くの頁にあることを示す。

*4　Vol. XXI "La case lurale negli Abruzzi" 1961

●移牧のルート（谷氏による）

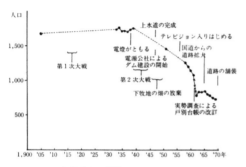

●村の人口推移
人口数は主村ファノ・アドリアーノとチェルクエト村との合計数である。谷氏による

●カステッロの住区　東北からみる

しかし村と街道の間は、高度差約400mの急斜面の間道で結ばれている。そのためロバによる物資の搬入が細々とみられただけで、戦前までは、近くの町モントリオに出るのさえ、遠出であった。そのため商店の近代的物資が村に入るようになったのは、きわめて新しく、間道が拡幅される数年前までは、まったく伝統的な物質文化による生活を維持してきたと考えてよい。事実、現司祭の努力で村の伝統的生活用具を集めた小博物館が、村につくられているが、そこにあるものは、陶器を除くと、ほとんどが自家製の用具である。農具や、臼なども中世以来の形態とまったく変りないものばかりである。衣類も、数年前には手織のものを使用していた。現在、家庭にはテレビや電気洗濯機が入り始めているが、それ以前はほとんど伝統文化を維持してきたといえよう。それまでの歴史的変化といえば、多分、移牧経営における牧夫としての村民の地位の変化ぐらいではなかったろうか。ところが戦後の現在では、物質文化、つまり生活具の変化はもちろん、伝統的な移牧的生業そのものが急速に消滅しつつある。

かつて、このチェルクエト村の伝統的生業は、自家消費用の貧弱な農業を除くと、移牧の牧夫職と、巡回渡り職という形での、梳毛手仕事だけであった。とくに、この移牧の牧夫職が主生業で、現在40歳以上の男子のほとんどが、牧夫の経験をもっている。かれらは大羊所有者ないし、企業的な移牧経営者に雇傭されて、季節的に、ローマの北の放牧地と、グラン・サッソ山腹の放牧地を往復するのが常であった。

ところが現在、牧夫を専業とする村民は数人をかぞえるにすぎない。過疎化の波とともに、多くの村民家族は、ローマに移出し、主に筋肉労働者になっている。また村内にとどまるものの多くも、出稼ぎ労働者として、ローマへ週5日働きに出ていたり、スイス、さらにカナダ、ヴェネヅエラに、長期的出稼ぎに出て、かつての生業、移牧から、都会の出稼ぎ労働へと急速な変化を経験している。

上に引用したようなチェルクエト村のうち、われわれが、調査にもっとも時間をかけたのは、集落の南東端にあって、古い民家が集中している「カステッロ」と称する一住区である。カステッロは城、城砦、要塞集落、要塞都市などを意味する。その名のごとく、このカステッロは17軒の民家とその付属屋が、要塞をおもわせる配置をとっており、集落の内に入るにはアーチを通りぬけなければならない。

調査研究の概要

調査に精力を集中したカステッロでは、基本図として、a.住区の地図（野帳縮尺1：100）、b.主道路の詳細図（1：50）、c.各民家の平面図（1：50）、およびd.家並展開図（1：100）を作成し、また、e.集落、家並および各民家の内部の写真撮影をした。基本図はすべて図版に収録してある。撮影した写真の点数は、カステッロをふくめ、チェルクエト村全体で、白黒430点、カラースライド150点にのぼる。今回の調査でえた資料は、図面にしても、写真にしても、どれひとつとして、厳密にいうならば完成していない。したがって調査は未完成である。これについては今後の調査によって補うこととし、とりあえず資料を刊行することにした。

イタリアの民家と集落の調査研究の現況をのべることは、浅学な筆者にとって困難である。しかし、目にふれた文献を多少あげておこう。

民家に関しては、1938年以来、地理学者による、地方ごとの報告書が刊行されており、1977年までに30冊がでている。チェルクエト村が所在するアブルッツォ地方は、第21巻目

があてられている。第25巻目は文献目録、第29巻目はイタリア民家の概要である。

都市・集落に関しては、膨大な調査研究がある。最近とくにさかんなチェントロ・ストリコに関するものにかぎっても、その数量は多い。また日本人による都市や集落の紹介や写真集、スケッチ、実測図をふくむ報告があることもひとつの特徴である[*5]。とくに、マルチェッロ・ヴィットリーニ、陣内秀信両氏による「都市の思想の転換点としての保存ーイタリア都市・歴史的街区の再生」(雑誌「都市住宅」1976年7月)には、イタリアにおけるチェントロ・ストリコの総論とフェラーラ、ボローニャ、リミニ、ヴェネツィア、パドヴァ、ナポリ、アンコナなどの各チェントロ・ストリコの再生・保存に関する実践の報告がおさめられており、ひじょうに参考になる。このなかに、都市住宅の図面について次のような指適がある[*6]。「イタリアの中規模以上の都市には、家屋登記台帳があって、都市の全建物をカバーしているが、そこにのっている図面は平面図のみであり、縮尺(1:200)が小さすぎ、また形が正確でないため、修覆再生事業の実施にあたっては、役にたたないので、実測にもとづく、正確な図面の作成が前提となる。」

日本人によるイタリアの研究は、文献によって机上で間接的に行なわれるだけでなく、現地で実際にフィールドに飛びこんで行なわれはじめている。日本人にとって、イタリアひいては外国の事情を、より正確により深く理解するためには、現地での調査研究が必要なことはいうまでもなく、これらの事例を増すことによって、外国ばかりでなく自国を理解することにもなるであろう。

謝　辞

チェルクエトにおける民家と集落の調査は、筆者が文部省在外研究員として、「ヨーロッパにおける歴史環境の保存に関する研究」の一環として実施したものである。この調査にあたっては、鈴木美治氏、妻、宮沢友子の協力をえた。調査が順調にできたのは、チェルクエトの方々のこの調査に対して、厚意をよせ、全面的な協力があったからにほかならない。とくにドン・ニコラ・ヨビイ司祭、調査家屋の居住者の方々には、ひとかたならず協力をえることができた。これらの方々に深く感謝の意を表する。

本報告では、調査した事項を図面、写真、解説などによって、できるだけ正確に記録することに努めるとともに(第Ⅳ章〜第Ⅵ章、図面、写真図版)、民家と集落の調査方法についても、日誌(第Ⅲ章)のなかで多少詳しくしるした。調査者と地元住民との間に、互に通じあうに十分な言葉をもたないなかで、家々の内部のすみずみまで実測する調査であったので、それだけに調査は手続からして正攻法で行なったと考えるからである。調査地チェルクエトの概要(第Ⅰ章)はおもに先学の蓄積によっている。またイタリアと日本の住いに対する考え方とそれが住いに実際にどのように表現されているか、若干の考察を試みた(第Ⅱ章)。ヨーロッパと日本の比較はすでに多くなされているところであるが、新しい視点を多少加えることができたと考える。なお、この報告書がイタリアで利用されることを期待し、第Ⅰ章の要約と第Ⅱ章のほぼ全体をイタリア語に翻訳して付した(第Ⅶ章)。イタリア語の翻訳は鈴木美治氏をわずらわせた。本書の校正にあたっては、中村雅治氏の協力をえた。また、写真焼付は佃幹雄、池田千賀枝の両氏にお願いした。これらの方々に記して謝意を表する。

最後に、今回在外研究員としての機会を与え、また渡航費を支給された文部省、および渡航について理解を示し、さらにこの報告書を刊行することを許された奈良国立文化財研究所に感謝する。

(1977.12.25)

[*5] イタリアの民家、集落に関する日本人による報告書等
- 二川幸夫　横山正『イタリア半島の村と街Ⅰ』世界の村と街4　1973.7
  二川幸夫　鈴木恂『イタリア半島の村と街Ⅱ』世界の村と街5　1974.12
- 森俊偉『11の集落・外空間の構造　志摩半島と南イタリアの集落ー比較調査研究』都市住宅別冊ー集住体モノグラフィNo.1　1975.6
- 『語りかける中世　イタリアの山岳都市ーテベレ川流域』同上No.2　1976.6

[*6] 都市住宅の図面についての指摘 ── Paolo Torsello "ANCONA—Teria e pratise del risanomento urbano del centro storico"

II 住いの思想とデザイン

— イタリアと日本の比較 —

日本の文化は、明治以来、欧米を先進国として、その文化を取りいれることに汲々としてきた。現在の日本の文化のなかに、欧米の文化の影響をみることは容易である。建築文化についても事情は同様である。いちがいに欧米といっても、ヨーロッパとアメリカとは風土も歴史もまったく異なるし、ヨーロッパのなかでも国々、民族、風土の差は大きい。したがって、日本とヨーロッパとを比較する場合、大局的にヨーロッパ全体をあつかうほか、時代、地域、民族などを限定した比較も必要である。

比較の前提

いまここでは、イタリア（チェルクエト）の民家と日本の民家を比較して理解しようとしている。すなわち、日本の民家を通じてイタリアの民家をみ、逆にイタリアの民家を通じて日本の民家をみようとしている。そこで次にのべる三点を前提として考察をすすめたい。

その一は、イタリア、日本の民家ともその建築された時期がほぼ同じである点である。チェルクエトで、今回調査対象とした民家は、おもにイタリア統一がなる1870年以前、おそらく18世紀〜19世紀に建築されている。1870年という時期は、日本では、ちょうど江戸時代（1600-1867）から明治時代（1868-1912）へ、すなわち、近世封建制社会から近代社会へと歩みをはじめたばかりの時期である。両国にとって、1860年代から1870年代にかけてはひとつの大きな転換期であった。

われわれが、日本の民家として現在おもに取りあげているのは、江戸時代に建築された庶民の住宅である。この庶民の住宅には、日本の風土、民族そして地域的なものが色濃く表現されている。またイタリアでもチェントロ・ストリコ[*1]（歴史の中核である街区）では、イタリア統一以前の建築をおもな対象としている。この点、いまここで比較しようとしているイタリアと日本の民家は時代的にほどよく重りあう。しかし日本が近代化への道を歩みはじめる以前であるので、両国の民家の間には、直接的な関係はなく、それぞれが独自に変化発展してきたはずである。確かに、一方は木の文化、もう一方は石の文化であり、両者は異質である。

その二は、木の文化、石の文化と異質なものではあるが、ともに工業化される以前の社会の産物であり、両国の民家はほぼ同水準の発展段階にあったと考えることができる。いまその例として、民家の部屋割の内容を比較してみると、両者とも次の三群にわけることが可能である。

	イタリア	日本
Ⓐ	台所・食堂	台所
Ⓑ	寝室	座敷・寝室
Ⓒ	酒倉・倉庫	ニワ

チェルクエトでは、三階建を基本としており、Ⓐ台所・食堂を中階（二階）に配し、その上の階にⒷ寝室、その下の階にⒸ酒倉・倉庫を配すのが最もよくみられる形式である。こ

● 木造の民家（長野県木曽奈良井）

*1 CENTRO STORICO イタリアの都市は、中世に起源をもつものが多い。現在の都市はこれを核として構成されている。この部分は長年月をへていることから都市機能が低下しており、多くの問題をかかえてきた。1970年にはいると、コムーネではこの部分を都市の中心をなすものとして、再生保存し、積極的に活力を与えることにつとめている。この都市の中核をなすものが"CENTRO STORICO"であり、各コムーネごとに設定することになっている。チェントロ・ストリコが何カ所あるかという、われわれの質問に対して、イタリアのコムーネの数は約8000であるから、8000以上はあるはずだということであった。

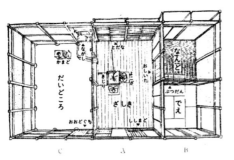

● ヒロマ型の民家（神奈川県秦野）約1：300
ⒶⒷⒸ三群からなる。各部分の呼称は地域によって異なっている。図中の「ざしき」が本文中のⒶ台所、「でえ」・「なんど」がⒷ座敷・寝室、「だいどころ」がⒸニワに相当する。

● 書院風な座敷（福島県会津）
トコ・タナ・ショインなど座敷飾をそなえている。

れに対し日本では、Ⓐ台所を中心とし、それに接する一方の側にⒷ座敷・寝室、もう一方の側にⒸニワを配する形式によって江戸時代民家の間取を代表させることができる。

その三は、生活様式の近代化の問題である。いまここでは、チェルクエトと四国山間部の村、徳島県美馬郡一宇村とを具体的に比較してみたい。[2]一宇村は剣山（1,955m）の北斜面に立地し、過疎化が著しく、長期間の出稼にでている者が多いことではチェルクエトと一致している。近代化の指標として、電気製品などいわゆる耐久消費材の所有率をみると、民家調査を実施した両村の家々は、電話、テレビジョン、電気洗濯機、冷蔵庫、ガスレンジ、ストーブなどをほとんどが所有していた。また、便所については、チェルクエトでは元来、便所をもたなかったが、最近では便所を新設する家がふえている。この点、一宇村では、どの家も便所をもっているが、その位置が主屋の前面または側面の縁先にあって、不衛生なことから、最近では位置を移動し、新しい形式の便所に改築することが流行している。チェルクエトは水洗便所、一宇村は汲取便所であり、そこに用いられている器具の種類などは異なるが、類似した動きがみられる。

チェルクエトと一宇村とは国が違い遠くはなれているが、近代化という観点からみれば、互に無関係ではなく、同じ世界史のなかで動いている。

以上のように、同時代、同発展段階、そして現在では、近代化という同じ道を歩んでいるイタリアと日本の民家と生活様式を比較することによって、風土、文化、歴史が相違する両民族の住宅に対する考え方とそこに表現されたデザインについて若干の考えをのべよう。なお、チェルクエトの家々には貧富の差はあるけれども、地主と小作の関係など上下の階層はない。[3]日本の江戸時代には複雑な階層があるが、ここではごく一般的で大多数をしめる農民や商工民などの庶民、民俗学でいう常民の住宅を対象として考える。

機能と格式とデザイン

チェルクエトの民家は、さきにのべたようにⒶ台所・食堂、Ⓑ寝室、Ⓒ酒倉・倉庫の三群の部屋からなり、各部屋の機能は明確である。日本の江戸時代民家を代表する間取の一つであるヒロマ型をみると、Ⓐ台所、Ⓑ座敷・寝室、Ⓒニワの三群からなり、各部屋の機能はやはりはっきりしている。各部屋の内容をみると、台所は、チェルクエトでは暖炉、日本ではイロリを中心とする家族生活の中心となる部屋であって、両者はほぼ同じ機能と性格をもっている。チェルクエトでは台所に接して食堂をもつ家がある。この食堂は日本の茶の間に相当する部屋と考えてよい。

次にチェルクエトの寝室と日本の座敷・寝室部分をみると、寝室が就寝のための部屋であり、あわせて貴重品を収納する機能をもった部屋であることは同様であるが、日本の民家には、寝室とは別に座敷がある。座敷は、古くはここに仏壇を構えており、仏間としての性格が強い部屋であるとともに、接客のための部屋でもある。江戸時代後半（18世紀後半以降）になると、トコをもつ書院風の座敷に転化する。この部屋は最も格式の高い部屋であり、客を接待し、また夜は客の寝室にあてられる。チェルクエトでは客のために用意された寝室はあるが、寝室は就寝のための部屋であり、接待は台所・食堂で行なわれる。特別な客のために格式の高い部屋、すなわち接客座敷を用意し、この部屋を重要視していることは日本民家の特徴である。この部屋を確保しようとする欲望が、日本の民家を変化発展させたひとつの大きな源動力である。規模が大きな家ほど接客のための部屋（座敷）は充実しているといってよい。この座敷を広くとると、その分だけ家族の寝室は狭いものになる。これに対しチェルクエトでは、家の規模の大小はおもに寝室の数が多いか少ないかという点

●いろり（徳島県祖谷山）

にかかわっている。

次にチェルクエトの酒倉・倉庫は収納のための空間である。いっぽう、日本の民家のニワは作業空間と考えてよい。ニワは台所に接した位置にあり、土間である。一部で炊事が行なわれ、一部は収納部分にあてられる。取入れどきはここで農作業も行なわれた。またニワにウマヤ（畜舎）を付設する地方も多い。ニワ部分に限らず、家全体を養蚕のために使ったり、タバコの乾燥のために使う地域も少くない。

チェルクエトの民家が居住のための専用の住宅であるのに対し、日本の民家は作業空間を兼ねた併用住宅としての性格をもつことも相違する点である。[*4]

また、日本の民家は平家建を原則としており、主要な部屋は同一階に配されるのに対し、チェルクエトでは三階建が原則であって、台所を中心として、たとえば寝室をその上の階、酒倉・倉庫を下の階に配すなど、異なった階に主要な部屋を配すことが一般的に行なわれている。

チェルクエトの民家は専用住宅であり、平家建でなく、そしてカステッロの住区に限れば、家々が連続した集合住宅であり、山村に立地しながら都市住宅的な要素を強くもっている。[*5] 山村の集落が、このような都市的性格をあわせもっていることは、チェルクエトに限らずイタリアの多くの山村の集落にみられるところである。イタリアにおける都市の歴史の長さと伝統の根強さを感じさせる。

次に室内のデザインを多少比較してみよう。

チェルクエトの台所では、暖炉が室内のデザインの中心的な役割をはたしている。しかし、暖炉は格式を表現するものではない。これに対し、日本の民家のイロリでは、座る位置に上下の格があり、主人、主婦、家族、来客の座る場所がきまっている。主人が座る座が「上（かみて）」であり、その方向が「上手（かみて）」であって、室内のデザインに方向性と格式をあたえている。家全体では上手に座敷、下手にニワを配すのが原則である。台所にはイロリのほか、デザインの中心的役割をはたす設備として、押板や帳台構などがある。これらも部屋のデザインに秩序と方向性をあたえている。座敷に設けられるトコ・タナはこの効果をもたせる最も有効な要素である。日本の庶民は、江戸時代には武家階級に支配され、その文化の影響を強く受けてきた。住宅もその例外ではない。トコ・タナは武家住宅の様式をあらわす代表的な要素であって、トコ・タナを構えた座敷をもつことが庶民の願望のひとつであり、この願望が民家を変化発展させる大きな源動力となってきた。上述のようにトコ・タナは部屋に格式と方向性をあたえるとともに上下の差をあらわす秩序もあたえている。このような日本の民家の空間構成にくらべ、チェルクエトの民家には、格式や上下の関係をあらわす構えを特にもっていない。たとえ暖炉がそのような性格をそなえたとしても、日本の民家にくらべれば、その性格は著しく弱いものとおもわれる。

プライバシーに対する関心

チェルクエトの民家は、礫を用いた組積造であり、部屋ごとに厚い壁で囲まれる。この点、木造で薄い壁や建具で間仕切をする日本の民家と異なる。厚い壁は、プライバシーを保つうえで、遮音効果が大きいから有効であるが、壁が厚いからといってその家にプライバシーがあるとは限らない。プライバシーの問題を考える場合、プライバシーについてどのような関心をもっていたかを考慮しなければならない。ここでは民家の平面計画の方法をさぐることによって、当時のプライバシーに対する関心を推定してみたい。

まず、チェルクエトの民家の各部屋の配置と動線をみると、台所と食堂とは、必らず接

*2　チェルクエトと一宇村とは、集落の形態はまったく異なるが、地形や社会的ないくつかの状況が類似しており、両者を比較することは可能であると考える。

*3　チェルクエトはみな自作である。また司祭をのぞけば、調査中、村人の間にいわゆるボス的な人物の存在を感じなかった。

*4　日本民家は、主屋のみで付属屋をもたない家や地域もあるが、納屋、蔵、さらには離座敷をもつのが願望であったと考えられる。

*5　チェルクエトでは、本文にしるしてあるように、住宅は三階建の連続住宅が原則で、各家は一つの階でなく、上、中、下階の三つの階を専有し、階段は各家でもっている。この点は一戸建住宅と類似しており、一つの階段を中心として、ここから各階ごとの各家に通じる都市の集合住宅の形式とは異なっている。

●自然のなかにとけこんだ集落（愛知県稲沢）

しており、連絡している。そして台所または食堂から寝室に通じている。酒倉・倉庫は別に入口をもつのが普通である。ここで問題となるのは、寝室のあり方である。台所・食堂はもともと私室でなく家族全体の部屋であるから、個々人のプライバシーを保つようにはなっていない。チェルクエトの伝統的な民家には廊下がないからここが通路になる。これに対し、寝室はもっともプライバシーが保たれることが望まれる部屋である。寝室が一室の家では、個々人のプライバシーは保てない。寝室が一室の家は多い。ただ、この寝室を通路になる位置に配してある家はない。次に寝室が二室の家をみると、二室がそれぞれ別々に入口をもっていて独立した寝室となっている例もあるが、いっぽう、片方の寝室を通らなければ他の寝室に行けない例が少なくない。このような例はもと一室であった寝室に間仕切を設けて、二室に改造した家に多いのだが、通路となる部屋ではプライバシーは保てない。

　上記のような例からみると、チェルクエトの伝統的な民家は、個々人のプライバシーが確保されるようには計画されていないと考えてよい。しかし最近新築されている新しい家では、廊下を設けて各部屋に通じる間取がみられるし、また、No.5の家（図面12）は、最近寝室部分をふくめた改造が行なわれており、各寝室を独立させる配慮がみられる。このように最近になってプライバシーに対する関心が高まっている。

　次に日本の民家の場合を考えると、状況はイタリアとよく似ている。台所が中心に配され、そこから座敷、寝室、ニワに通じる。寝室はネマ、ネドコ、ナンド、ヘヤなどと地域によってその呼称は異なるが、主人夫婦の寝室である。就寝の形態は家族構成によって異なるが、二世帯家族の場合にはもう一部屋別の寝室を設ける。それは座敷であることもあり、主屋内に付設することもあり、また別の建物であることもある。家族は台所に寝るようなこともある。このように日本の民家では夫婦の寝室をわけることは行なわれているが、のちのちまで、他人が寝ている部屋を通過するようなことが行なわれているから、プライバシーに対する関心が高かったとはおもえない。畳敷きの部屋では、ふとんを上下すればどこでも寝室になりうるが、江戸時代の庶民はみなふとんをもっていたわけでなく、わらを積み重ねたなかに寝ることもあるから、畳敷きの部屋が普及する以前は、寝る場所はかなり固定していたものと考えられる。

　伝統的な民家の系譜をひく農家などでは、子供の勉強部屋をつくったり、二階を私室にあてる家が最近では多くみられ、プライバシーに対する関心が高まっている。

　このようにイタリア、日本ともプライバシーに対する関心が高まったのは最近のことである。

土足と椅子式の生活

　家のなかへは履物を脱いで入る日本と異なり、イタリアでは室内へ土足のまま入る。土足の生活である。そして日本は座式の生活の伝統をもつのに対し、イタリアでは椅子式の生活である。この生活様式の違いはいくつかの点で建築にあらわれている。

　日本の民家には、履物を脱ぐ場所がとられる。ニワやトオリニワ、玄関などがそれにあたる。履物を脱ぐ場所と床上部との床高の差を大きくとる（50cmほど）。差が大きいので、こ

＊6　天井高は2.1m～2.5mほどであり、日本の座敷の天井が2.4m前後であるのとくらべても高いとはいえない。

こで履物を抜ぎ、上にあがることがはっきりと意識できる。これに対し、チェルクエトの伝統的な民家では入口を入るとすぐ台所である。最近建築される家では、入口を入ると廊下となっているが、玄関のような屋内と屋外の緩衝空間はない。下足の生活であるから、入口のドアのところで、屋外と屋内で10cmほどの差はとるとしても大きな段差はつけない。

日本では軒の出を大きくし、軒下をつくり縁側を設けるなど、ここも屋内外の緩衝空間である。この空間も座式と下足でない生活に関係していよう。座式の生活が行なわれる民家では、座ったときに落着くように室内はデザインされている。ヨーロッパの住宅は天井が高く、窓の丈が高く、室内への採光は高い位置から行なわれるのが一般的であるが、チェルクエトの民家では天井は高くなく、また窓の位置も高くない。[6]

床の仕上げ材料も異なる。日本の民家では床に畳、むしろなど敷物を敷くが、チェルクエトではレンガ敷きが普通で、敷物を敷く例は少ない。これは土足でない生活と土足の生活、座式と椅子式の生活という生活様式の違いに関係している。

座式から椅子式の生活へという問題は、日本の住宅の近代化のなかで大きくとりあげられた。椅子式の生活は現在の日本人の日常生活のなかへ深くはいりこんでおり、欧米の生活様式の影響が強くあらわれている部分である。これに対し、下足は公共的な建物には広く普及しているが、一般住宅にはほとんど普及していない。椅子式の生活が普及したとはいえ、座式の生活はいまだ根強い。座式の生活と下足とは両立しないし、また日本人は下足で家のなかへ入ることを望んでいない。

木割と技術

チェルクエトの民家を実測して、強く感じたことのひとつは、日本の民家の場合にはいちいち物差をあてなくても、間取や断面のスケッチが描けるのに対し、チェルクエトでは物差なしでは図が描けないことである。これはチェルクエトの民家の各部屋が不整形であること、組積造の厚い壁のため隣りあう部屋の関係がわかりにくいことにもよるが、最も大きな違いは、日本建築にみられるような木割（モデュール）が存在しないことによる。日本の民家では、柱と柱の間隔は1間（1.82m～2.0m）を単位とし、内法（ほぼ建具の高さ）は一定（1.73m～1.76m）であり、また1尺（0.303m）を単位寸法として用いているから、間取や断面のスケッチは容易である。さらに、畳敷きの部屋であれば、畳の枚数をかぞえるだけで、面積まで正確につかめる。これに対し、チェルクエトの民家では戸口や窓の位置ひとつにしても、大体の位置は目測できても、正確な位置は測らなければ、隣りの部屋、さらには隣りの家との関係がわからず、図面として納まらなくなる。

モデュールが存在していることは、日本の民家、さらには日本の建築の著しい特徴である。日本の民家もいわば、「建築家なしの建築」であろうが、江戸時代の民家には高度な大工技術が駆使されている。日本の大工たちは簡単な一枚の平面図のみによって、複雑な梁組をもつ民家をなんなく建築している。これには木割の存在が大きく寄与しているものと考えられる。

●木造の民家（岐阜県高山）

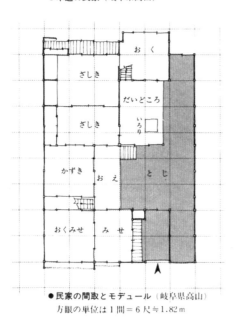

●民家の間取とモデュール（岐阜県高山）
方眼の単位は1間＝6尺≒1.82m

93

III 調査経過

調査にいたるまでの経過

　イタリアは、建築を専攻する学徒にとって魅力ある国である。イタリアの都市やその建築は、日本に多く紹介されているが、農村や山村については少ない。かねて、農山村とその建築を実地に調査したいと考え、適当な地域を探していた。そこで目にとまった論文が、祖父江孝男「文章完成法テストよりみたイタリア人のパーソナリティ：日本人およびアメリカ人との比較分析」[*1]である。この論文のなかに、イタリア中部アブロッツォ地方の一県庁所在地テラモ、テラモ県の小都市モントリオ、山村のチェルクエトが調査対象地区として取りあげられていた。このうちチェルクエトについては、前述の通り、谷泰氏らによって社会学の立場から調査が行なわれており、チェルクエト村を舞台とした著書、「牧夫フランチェスコの一日：イタリア中部山村生活誌」は、ひじょうに興味をそそった。ここにはチェルクエトの村人の生活がいきいきと描かれており、しかも筆者が関心をもって、日本で調査をすすめている山村の過疎化の問題が一つのテーマとして取りあげられていた。筆者が現在調査をすすめている地域は四国山地の村であって[*2]、チェルクエトとは国が異なり、民族が異なり、風土が異なり、宗教が異なり、生活の手段が異なるのに、遠くはなれた両山村の間には多くの共通点があることを感じた。谷氏の著書にでる地名や人名を日本の地名や人名に置きかえるならば、そこに扱われている多くの問題は日本のことと錯覚するほどであった。

　1977年7月初旬、京都大学人文科学研究所に谷泰氏をたずね、チェルクエトが私の目的とする調査地になるかいなか、また他に適当な調査地があるかどうかをうかがった[*3]。谷氏の研究成果や助言によると、チェルクエトを調査の第一候補地とすることが可能であり、できるならば、周辺の町村に及ぶことが考られた。日本の木造建築と比較することを考えると、イタリア北部のオルテゼイなどが調査地としてあげうるとの助言もえたので、とりあえず、イタリア北部を第二候補地とすることとした。

　イタリアでの調査計画の概略ができたところで、ローマに在住する友人鈴木美治氏に調査について協力をえるため連絡をとった。鈴木氏はローマ大学に留学し、イタリア建築史を専攻し、現在は建築設計に従事する建築家である。氏が最近になって、転居していたこともあって、返信がとどいたのは、日本を出発する三日前であった。鈴木氏によると、チェルクエトという地名はテラモ県内に二ヵ所あり[*4]、どちらのチェルクエトかという問題もあった。山間の一集落はとくに知られている地名ではなかったのだ。ローマに入るのは9月中旬の予定であったから、さっそく調査候補地であるほうのチェルクエトの地図、調査要項について詳しい説明を手紙に書き、8月29日最初の寄港地ロンドンに向って、日本を発った。

　9月15日の午後、ロンドンからローマ国際空港に着く。鈴木氏の出迎えを受ける。ローマでは、翌16日にユネスコ・ローマ修覆センター[*5]を訪れ、また、市内の見学をする一方、チェルクエトでの調査の準備をすすめた。9月20日には鈴木氏とともに現地を訪れ、調査

[*1] 国立民族学博物館研究報告 1977.3 2巻1号
[*2] 調査報告書として「四国の民家と集落□一宇村」宮沢智士 1977.8 四国民家博物館がある。
[*3] 調査地として適する条件として次にあげる点を考慮した。①伝統的な民家が多い集落 ②地元に受けいれ態勢があること ③三週間ほどの滞在期間にある程度まとまった調査ができる集落の規模
[*4] 調査対象とした Cerqueto は Comune di Fano Adriano に属する。もう一方の Cerqueto は Comune di Ciuitella del Tronto に属し、Teramaの北方20km余のところにある。
[*5] ユネスコ・ローマ修覆センターは、現在、ローマのVia di San Michele 13にあり、その正式名称はフランス語で
"Centre international détider pour la conservation et la restauration des culturels."
英語で
"International centre for the study of the preservation and the restoration of cultural property."
そして略号は〔ICCROM〕である。

●ローマ、ラクイラ間の山岳都市

地として適当であるかいなか下調べをすることとした。

9月20日、天気は曇、朝8時半にローマのホテルを鈴木氏の車で発ち、一途チェルクエトに向った。混雑するローマの中心街を抜け、高速道路に入る。よく整備された道路のドライブは快適であり、途中でみるイタリア中部の都市、とくに高い岩の上に立地する山岳都市は、初めて見るものにとって、これぞイタリアに来たという感じをもたせた。[*6] このような途中の都市の遠望を二、三写真におさめた。高速道路はローマの東110kmのラクイラまでで、その先はまだ完成していない。グラン・サッソの峰を正面にみながら、高速道路をおり、グラン・サッソを北側に迂廻する道(国道80号線)をとった。[*7] 岩はだをむきだしにした山々や牧草地を通り、曲りくねった道を通り、峠を越えると、ヴォマノ川の谷に沿って東に向った。チェルクエトの手前、ファノ・アドリアーノにコムーネの役場があるので、[*8]チェルクエトに関する地図などの資料があるかをたずねに立寄ることにした。ファノ・アドリアーノに入る道や周辺の風景に注意しながらすすんだ。ファノ・アドリアーノのコムーネは国道から7kmの山道を登ったところにあり、ちょうど正午に到着した。ローマから3時間半かかっている。イタリアでは新学期が始まったばかりであり、小学校帰りの実にかわいい子供たちにであった。コムーネでは、地図などの資料はえられなかったが、司祭ドン・ニコラがチェルクエトの教会に現在も勤務していることが確認できた。

再び山道を降り、ヴォマノ川に沿う国道を2kmほどすすみ、次にチェルクエトへの山道を登った。4kmほどで、教会の近くにある広場に着いた。ここがイタリアで調査する最初の地であることをおもうと、一種の緊張をおぼえた。まず教会脇にある司祭館へ行った。司祭は昼食には帰るとのことであったが、昼食後の休息もあることであろうから、その間にわれわれも昼食をとることにした。村内には適当な食事の場所がないので、一たん山をおり、チェルクエトから最も近い町であるモントリオまで行った。チェルクエトの人々は、すでに日本人になじみがあり、持参した「牧夫フランチェスコの一日」を村人にみせると、非常に興味を示し、われわれは互に親しみを感じた。

鈴木氏から司祭に、調査を実施したい旨を手紙で伝えてあったが、その手紙は土曜日(9月17日)に着いたばかりで、返事を書くひまがなかったとのことであった。なにしろ司祭は非常に忙しい人で、また仕事も多岐多彩にわたっていた。

筆者はこれまでに日本で調査した民家の報告書を持参していたので、これを示し、そこに載っているような図面をつくり、写真をとりたいことを説明した。司祭はすぐに了解した。また資料としてのチェルクエトの地図（1:1000、図面2）があることがわかった。

チェルクエトの集落を歩いてみた。集落の一番高いところにカステッロと呼ぶ一画があり、比較的古い形態を持っていることが知られた。そこで、チェルクエトで調査をすることが可能であると判断し、調査は一日おいた22日から始めることにして、とりあえず宿泊する場所をきめる必要があった。この村にはアルベルゴ(ホテル)があった。夏期にはにぎわうホテルもちょうどこのころ冬期に入り、閉鎖するというところであったが、司祭がなんとか出来ないかという交渉をし、いずれにしてもホテルが無理でも他に泊るところはつくるということであったから、22日の午後に再び来ることを約して、ローマに帰った。

21日には調査にそなえて、多少の買物をし、また荷づくりをした。家族全員4人で来ていたので、一部不要なものをホテルに預けたが、荷物はかなり多かった。

22日朝ローマをたち、チェルクエトに向った。前々日と同じ道をたどった。ただこの日は、途中ピエトラカメーラに寄った。ピエトラカメーラには司祭ドン・ニコラが兼務する教会があり、町並も古いとのことであった。ピエトラカメーラはファノ・アドリアーノと隣

*6 土地利用の形態は国々によって違いがあるが、イタリアでは岩の上など耕地として利用しにくいところに都市、集落が立地しており、しかも狭い範囲に集中し、周辺は農地、牧草地など空地である。これに対し日本では平坦部はほとんどが宅地化し、何にも利用できる可能性がある空地を残さないことは、実に無駄な土地利用の形態であるとおもわれた。
*7 アブルッツォ地方略図、viii頁参照。
*8 イタリアの行政単位。ほぼ日本の市町村にあたる。その役場自体をもコムーネと呼ぶ。ここには二人の職員がいた。机は他にもあったから数人の職員がいるらしいが、小さく小じんまりとし、日本のかつての村役場の感じをうけた。

2-9 イタリア中部の一山岳集落における民家調査報告

接するコムーネであるが、ここへ入る道は、ファノ・アドリアーノとチェルクエトの中間にある山道から入る。多くのヘアピン・カーブをもった山道を9km行ったところにある。山腹に立地するやや大きな町で、町の彫刻的な構成には非常な魅力をおぼえた（図版8a、b）。レストランがあったので、ここで昼食をすませた。当地は小雨模様であった。

チェルクエトに着き、車から荷をおろしていると、近所の少年がさっそく手伝に来た。彼はその後も度々われわれのところへやって来た。好奇心の強い少年である。カステッロを最初にして、集落内の主な道を歩いてみた。主な道といっても、自動車が通る一部の舗装路を除き、細い山道であり、これらの道にそって家々がたっている。

ここでとりあえずカステッロの一画について調査を始めることにした。しかし、どのような調査が実際に可能であり、どの程度できるか見当がつきにくかったし、また調査を始めてみて、調査地として適当でなければ、調査地をピエトラカメーラに移すことも内心では考えていた。

調査を始めてからも、調査地、調査方法についていろいろと迷った。その第一の原因はチェルクエトのほかにもピエトラカメーラ、ヴォマノ川の対岸にあるポンジョ・ウンブリキッォ、モントリオなどそれぞれ特徴があり、しかも魅力的な町や集落があったからである。また、調査にあたるわれわれの戦力は、筆者のほかに、鈴木氏、それに妻の三人であり、時によっては子供たちにもテープの端くらいは持たせなければならなかった。

●ポンジョ・ウンブリッキオの集落

われわれの戦力で、限られた期間に出来ることには限度がある。あまり手を広げては収拾がつかないことになる。また、他の町や集落では調査の受け入れや宿泊場所についても明らかでないこともある。少くともチェルクエトは受け入れ体制は良好であり、宿泊場所も集落内にあるという好条件をそなえている。そこで、時間がゆるすならば、チェルクエト以外については町や集落内を歩いてメモを取り、写真をとる程度の調査で資料をえることを考えた。

結果からみるとチェルクエトの一区画であるカステッロの調査が手いっぱいであり、他にまで手がまわらなかった。カステッロに限定して、集中的に調査したことがむしろ成功であったと考える。調査の実際の方法や内容については次の日誌のなかでのべる。

調査内容と経過

チェルクエトで本調査に入った9月22日以降の経過と、調査内容や感想を、日をおってしるそう。

●チェルクエトから山腹のポンジョ・ウンブリッキオをみる。

9月22日　小雨　朝ローマを9時にたち、途中ピエトラカメーラに寄り、午后4時チェルクエトに着く。カステッロに行き下調べ。また下の住区を歩く。

9月23日　小雨　カステッロの民家・集落の観察を筆者、鈴木氏、妻の三人で続ける。MAさん（№10の家）をポラロイドカメラで撮る。MAさんからお茶によばれる。民家の内部に初めて入る。この家はカステッロの住区の入口であるアーチのなかに出入口がある。紅茶を飲みながら雑談する。ただし、鈴木氏を除いて、イタリア語はわからない。実測して間取図をつくりたい旨を伝え許しを受ける。各部屋ごとに入ってもいいかと手まねなど動作で示し、許しを受ける。この家は入口を入るとすぐ台所で、階段をはさんで食堂があり、階段を上ると正面が便所、両側が寝室となる間取で、階段は複雑な形態をしている。各部屋は不整形であるので、部屋の各辺、対角線をはかり、また窓の位置、暖炉、流し、レンジ、ニッチなどの位置を測る。一間単位のモデュールをもち、畳を敷き、内法高さが一定しており、各部屋とも直角でできている日本の民家とくらべて手間がかかる。対角線を測るには最低

2　実践的わが民家研究史

●テラモのまち

●テラモの教会内部。

*9　チェルクエトの集落は大別すると、集落の南東で最も高いところに位置する「カステッロ」とその下方にほぼ南北にのびる家並からなる。後者を仮に「下の住区」と呼ぶことにする。
*10　チェルクエトでの調査中、物が盗られるという心配はまったくする必要がなかった。イタリア人の名誉のため記しておく。
*11　たとえば、次のような短文である。
この家（の室内）を見せてくれますか
　　Posso vedere (l'interno di) questa casa?
この家はいつ建ったか
　　Quando fu costruita questa casa?
写真をとってもよいか
　　Posso fotografare?
この家の家族は何人か
　　Quante persone siete a vostra famiglia?
イタリア語ができない
　　Non porlo Italiano.

二人の手が必要である。最初に台所、食堂の各辺、対角線を三人で測り、部屋の大きさと形を図に描く。次に二手に別れ、一方は窓、設備などを加えていき、他は上階の寝室部分の実測にかかる。昼近くまでかかる。妻は子供達をホテルに残してきたので、少し早く帰る。このあと調査用具のかたづけをしたところ、実測用のコンベックスがない。各所を探したが見当らない。実は妻が先に持ち帰っていたのだが、MAさんには実に悪いことをした。後で鈴木氏から聞いたところでは、MAさんは神に誓って私は盗っていませんといったそうだ。*10

午後はヴォマノ川をへだてた対岸にある村ポンジョ・ウンブリッキォ（図版8d～f）の見学に行く。チェルクエトから見るこの集落は南斜面の山の中腹の小さな山頂に立地しており、古そうな集落に見える。鈴木氏の車があるうちに一度行ってみようということで、小雨が降っていたが行くことにした。この山岳集落はチェルクエトとは全く異った構成の集落である。山頂に立地するので家のたつ位置は家ごとに大きな差がある。この集落を図面で表現するとしたらどういうことになるのか。家は切石を多く用いて築いており、チェルクエトの家が礫であるのと異なる。また、各家には入口にポーチがある。互に近くにある集落でありながら、この集落といい、ピエトラカメーラといい、なんと異なり、特徴をもっていることか。ポンジョ・ウンブリッキォの集落は小さな山頂にあるが、周辺には平坦な地面がかなりあり、よく耕されている。夜、実測したMA家の図面の整理。ただし、図面は後に整理しなくてもよい程度に現場で仕上げておかなければならないことを感じる。なんといっても各部屋の形は不整形であるから。司祭から借用したチェルクエトの地図のトレース。

9月24日　快晴　朝8時半モントリオの広場で司祭ドン・ニコラに会い、司祭に伴われてテラモに向う。トレーシング・ペーパーを買求め、昨夜トレースをしたチェルクエトの地図を青図に焼き、司祭の紹介で、テラモのツリスモに行き、ジャーナリストのS氏からこの近辺の歴史等について話を聞く。聞き手は鈴木氏であったが、ラテン語を混えたなかなか名調子の話は、難かしかったとのことである。テラモ県庁に寄り資料をもらう。昼にチェルクエトに帰る。午後から道路の測量。夕方、鈴木氏は、司祭にレベルを借用したい旨の手紙を書き、ローマに帰る。夜、手紙を司祭に手わたす。翌日は日曜日なので、月曜日に手配するとのこと。互に共通の話し言葉はなかったがなんとか通じる。ちなみに、イタリア語の出来ないわれわれは常に辞書を持ちあるいた。またこの日、後の調査のために鈴木氏に調査に直接必要と考えられるいくつかの文章をイタリア語でメモ帳に書いてもらう。*11

この日、妻はMA家へコンベックスの件で、子供をともなって謝りに行く。リンゴや結婚式の菓子をもらい、しばらく雑談して帰る。

9月25日　快晴　午前中、道路の測量。見通しがきく範囲ごとに水糸を張り、基線をつくる。ここから家その他の地物をオフセットして行く。3：4：5の比例の三角形をつくり、直角をだしながらすすめる。20mの巻尺と3.5mのスチールのコンベックスを使用し、縮尺1/50で、野帳である方眼紙にできるだけ正確に書きおとしていく。これには15cmの三角スケールを使用。道路、建物など曲りが多いので、野帳にできるだけ正確におとしておかないと、収拾がつかなくなる。MI家でコーヒーをごちそうになる。ポラロイドで写真をとる。午後、広場付近の測量。

9月26日　快晴　広場付近の測量を続ける。範囲が広くなると、オフセット測量は測量法として適さず　困難をともなう。RU氏にロバを引いているところの写真をとるよう依

2-9 イタリア中部の一山岳集落における民家調査報告

●牧草地へ追われる羊たち

●下の牧草地

*12 壁面に流星が描いてあるので、調査中「星の家」と呼んでいた。
*13 チェルクエトの牧草地は、集落の東方の山腹にあって、毎日羊をおって日帰りする「下の牧草地」と、これからさらに奥の山中にあって、夏場に泊込んで放牧する「上の牧草地」がある。86頁挿図参照
*14 Festa Madonna 聖母祭。

頼される。ポラロイドで撮る。午後、枝道(仮称、北の小路、中の小路、南の小路)の測量。中心部の道路図ほぼ完成。このころまでには村の人たちと親しくなってきている。RU氏は前から盛んに飲みにこいと誘っていたので、午後ブドウ酒と生ハムをごちそうになる。毎日お茶に呼んでくれる家があらわれる。また随時ポラロイド写真をとる。一部、家並展開図の作成にかかる。

9月27日　快晴　この日から各家の間取図の作成にかかる。まず初めに、いつもわれわれの調査を見守っていた老人RD氏に調査を依頼する(No.5の家)。各部屋ごとに入っていいかどうかを確める。この家の後半部は改築してあり、一部工事中で完成していない部屋があったが、ここも調査できた。間取は実測しながら1/50の図を三角スケールを用い、その場で作図した。どの部屋も不整形なので、その場で作図しないと、後からでは隣りあう部屋の関係は図にできないし、測りわすれているところのチェックも出来ないので、現地で作図することがぜひとも必要である。午後はMA家と親しいMI家(No.13の家)を調査し、さらに、向いのDG家(No.12の家)を調査。多少冷込み、老女1人暮しのDG家ではガスストーブをつける。LE家に明日調査をしたいと依頼し、ホテルに帰る。三戸調査したので遅くなる。この日より、MI家わきの建物(No.14')の取壊しが始まる。

9月28日　曇　午前、LE家(No.7の家)調査。寝室は屋根裏部屋であるので、略断面図をつくる。午前と午後にかけて、DP家(No.1の家)調査。納屋、酒倉も調査できる。次にDP家の向のGA家(No.17の家)調査。夕方RU家(No.8の家)を明日調査したいと頼んでおく。昼に司祭がレベル、トランシット、スタッフを持ってきてくれる。

9月29日　快晴　午前、RU家および星の家[*12](No.15の家)を調査。これで現在居住している9戸の家の間取をつくる作業は酒倉など一部を残して終了する。午後、道路のレベルをとる。

チェルクエトで調査を始めてから一週間になり、間取図をつくる仕事が一段落し、また昨日とうって変って上天気となったので、レベルはMA家に預け、村の子供達とともに下の牧草地[*13]をハイキングがてら見に行く。このころになるとイタリア語の片言を多少覚える。

9月30日　快晴　立面図をつくることにしていたが、星の家で酒倉と地下室を見ろというので、見せてもらい実測する。以後空家など、人が入ってドアがあいている場合には、その場で調査を依頼することとする。気長に仕事をすすめる。No.2の家が開いていたので調査依頼。午後、立面図をつくっていると、No.16の家の戸が開いていたのでやはり調査依頼し実測する。

ホテルでカステッロに何戸の家があるかたずねると9戸といい、カステッロの住人に同じ質問をすると11戸といい、この2戸の差の意味がわからなかったが、いま察すると、9戸というのは、現に居住している家の数であり、11戸というのはNo.2の家とNo.16の家とを加えた数であろう。この二戸は居住はしていないが、他の家で、物置や作業場として使用し、管理しており、すぐ住居として使える状態にある。

10月1日　快晴　午前、広場に面する建物の家並展開図作製。この間、光線の調子のよい時間(10時)を見はからって、先日行ったことのある牧草地に、チェルクエトの全景写真をとりに行く(図版1a)。

午後、No.5の家―No.15の星の家間の東西断面図作製。MA家の隣の家(No.9 空家)の調査。夕方、鈴木氏来る。

10月2日　晴　家並展開図の作製。カステッロ集落内のレベル。アーチ上部の家(No.11 空家)調査。土曜、日曜にかけて、ローマなど出先から帰省する人多い。

●頭上で物を運ぶ婦人

●石ケンをつくる婦人達

フェスタ・マドンナ[*14]。以前からこの祭の写真をとることをMI嬢に依頼されていたので、昼過ぎカメラを持ってでかけ、教会で写真をとる。また夜にも教会で写真をとる。昼と夜の2回祭の儀式があり、夜は主役のもつ花飾りに紙弊を貼りつけていた（図版36b）。

「10月2日までに調査した事項とその残り」として、調査項目をあげ、どれだけ既に出来、どれだけ残っているか日誌に記しているので、次にこれを収録しておこう。

☆カステッロの全戸の平面図1/50の作成
　●住戸部分は全部終る
　○一部、地下室、屋根裏に未調査あり　　　（●ほぼ完了　○未完了、未調査）
☆カステッロの配置図、地図1/50の作成
　●主道路について完成
　○各家の背後に未完成部分
☆主道路にそった各家の展開図（家並展開図1/100または1/50）
　○数戸の家の高さの実測
　○屋根高の記入
　○壁面の材料の種類と仕上の状況
☆東西方向の家並断面（立面図1/100）の作成
　○高さのチェック
☆屋根伏図1/100
☆写真―各家の室内と居住者の撮影
　●白黒で室内を撮る。ただしNo.10は多少加える必要あり
　○カラーで室内および居住者を撮影する
　○各室、家の細部の撮影
☆写真―カステッロ以外のチェルクエトの集落と民家
　●山からの全景の撮影
　○道路から家並の撮影
　○一、二の家の室内、外観の撮影
☆カステッロの集落
　●道路にそった家並の白黒およびカラーの撮影
　○小道にそって、また町並の背後、その他スナップをとる

以上のように作業はかなりすすんだが、100％終了しているものは少ない。明日からはそれぞれの作業が終結するようにすすめる。

10月3日　快晴　レベル測量。主としてカステッロの集落の外廻りで行なう。家並展開図の仕上げ。

午後、チェルクエトのピアノ通り、カサレ通りぞいの家並を一定の距離をおいて連続的に写真をとっていく（図版61～図版68）。途中、某家の内部を見せてもらう。また途中、道路わきで洗濯用石ケンをつくっている婦人達に出合う。No.8、No.13の家で便所新設工事にかかる。

10月4日　快晴　地図の完成をめざし、トランシットを用いて測量。立面図に材料、材質を記入。写真の不足分を撮影。

調査を明日のうちに終え、ローマに帰る予定であるので、調査で世話になった家にお礼を述べてまわる。司祭にもお礼の挨拶をし、トランシット、レベル、スタッフを返却。次女

●チェルクエトの教会
上から塔屋、鐘、正面のドア

六才の誕生日。ホテルでこの日のためにニワトリの丸焼を出してもらうよう頼んでおいたので、これとブドウ酒で、調査の打上げをかねて乾杯。宿泊代支払う。6,000リラ/人×58人＝348,000リラ＝400米ドル≒104,000円。174,000リラと200米ドルで支払う。なお調査費は全体で、800米ドル程と推定される。

　10月5日　快晴　最後にもう一度カステッロを歩く。昨日調査終了の挨拶をしていたので村人は不思議に思ったようだ。また、教会の塔の上に登り、集落の写真撮影。教会のドアはいつも開いているので自由に登ってよいという許可を、司祭から昨日のうちに得ておいたのである。新築工事中の家が教会のすぐ下にあり、前々から一度、その現場を見学したいとおもっていたのがきょうになる。設計者がちょうど居たので話を聞く。ただし、互に通じる言葉をもたないので、片言と図でなんとか話をする。この話が長かったので、一部写真撮影が残ってしまう。

　司祭は昼食に帰るというので、最後の挨拶のため待ったが、なかなか帰らず、4時間前にやっと会える。お礼を述べ、話をする。チェルクエトの民俗資料をとった写真等もみせてもらう。ポラロイドカメラをお礼として置いてくる。

　4時すぎにチェルクエトをたち、ローマに向う。帰路はラクィラから高速道路に入らずに、これまで通ったことのないリエテを経る道を通る。チェルクエトからローマへの移牧の羊の道はこの辺りを通っているはずである。夜になってしまい、山道の運転はかなり大変。ただし、ローマまでの時間はほぼ同じで、9時にローマのホテルに着く。

　明日、再びローマセンターに行き、10時にディレクターと会うことを約してあったので、仕事に残りを感じたが、一応終了としたのである。

　チェルクエトでのわれわれの調査期間はわずか二週間であったが、この間村の人々と親しく付合うことができた。村人の生活のリズムはゆっくりしている。鶏が時を知らせるとともに、教会の鐘が朝昼夕の時を知らせる。その時刻は日によって10分程度の差はある。朝八時前後には、牧草地に向う羊たちが鈴をならしながら集落内を通っていく。この村には新聞が来ていない。朝食を食べながら新聞をみるようなことはありえない。またテレビジョンをみながら食事をすることもないようだ。8時をすぎるころ子供たちが学校へ行く。チェルクエトに小学校はあるが、中学校はないので、モントリオまで行かねばならない。中学生は朝早く家を出る。学校は午前中で終るらしく、中学生も昼過ぎには帰えってくる。モントリオなど町へでるときも村人は朝早いうちに家をでる。

　昼食には時間をかける。昼食が終るのが午後3時から4時になることもある。昼食前の挨拶はボン・ジョルノで、食後はボナ・セーラに変る。極端な言いかたをすれば、村人は会うたびに挨拶をする。たとえ5分前に会っていても。広場には村人はよく来る。ここで雑談をしている。物売りの車もここに来る。牧草地から羊が帰えってくるのは遅く、日がとっぷり暮れてからである。

　チェルクエトの過疎化は著しい。しかし、そこには日本の過疎地にしばしばみられるような悲愴さは感じられなかった。この村の男たちの職業はかつては移牧の牧夫職と巡回渡りの梳毛職が主なものであって、男たちが外にでて、その間、女たちが家を守るという生活は昔から続いていたことであり、現在では男たちが出稼ぎにでているが、このような生活にはなれている。またイタリア特有の家族主義が、母親に会うために、出稼先や嫁先から息子や娘たちを家にしばしば帰えらせている。空家が多いとはいえ、家々が密集し、子供たちも多く、強い血縁関係で結ばれた村人は孤立せずにいる。

調査用具について

今回の調査にあたっては別表にあげる用具を使用した。用具の大部分は、日本で用意し持参したが、一部現地で借用、購入したものもある。また、調査中必要を感じた用具もある。これらも同時にあげる。

調査用具について多少のコメントをつけておこう。

写真では28mm程度の広角レンズが、道の狭い集落や室内撮影のためにぜひとも必要である。欲をいえばアオリのきく28mmがあればさらに有効であったろう。コニカC35は各室の室内が明るい仕上げであり、比較的面積が狭いこともあったので有効であった。ポラロイドカメラの、撮影してすぐその場で写真ができるという特性は、今回の調査ではその威力を十分に発揮した。ポラロイドカメラに関しては、ほとんど光の入らない室内や夜間には白黒フイルム（ASA3000）を用いてカラー用（ASA75）にセットし、撮影する工夫をした。この場合シャッターが下りないので多少のブレはあるが、一応の写真はとれた。ASA400の白黒フイルムは、窓が小さく、光量が少ないこの地の民家にあっても、内装が比較的明るい仕上げであることもあって、ストロボ、フラッシュ等を用いなくとも、一脚を用いることによって写真撮影ができ、しかも光の入り方がよくわかる写真ができた。ASA400のフイルムの使用は成功であったと考える。いま記したように一脚は三脚にくらべその安定性はないが、手軽に使用でき、手ぶれをふせぐのに有効であった。また、高さなど測るのに 物差としても使え便利であった。

この地の民家の室内は不整形であり、実測したものをその場で作図する必要があるので、三角スケールは充分役立った。巻尺は1巻を用意したが2巻を必要と感じるときもあった。2個以上必要でない用具については、必要以上に用意することを故意にしなかった。必要以上にあると安心して紛失しやすいからである。これまでの調査経験からそのように考えた。

小さいもので有用であったのは測量用釘である。大小あわせて6本を用意したにすぎないが、補装してある道路にも打込むことができたので役立った。

レベルやトランシットは、高低差が大きく、曲りの多い集落の測量にはぜひ必要である。今回のような小規模な調査では、これを用意していくことは不可能であるが、現地で借用できたのは幸であった。ただし、これらを充分に使いこなせなかった。時間的にも、人数的にもそれだけの余裕をもてなかった。なお、トランシット、レベルとも角度の目盛のきざみは一周400度であり、またスタッフの形式および目盛の打ち方は日本のものと異なっていた。スタッフの読みに慣れたころには調査を終了しなければならないときになっていた。

調査中に必要を感じたが準備していなかった用具に、コンパス、チョーク、磁石がある。不整形の部屋の作図にあたって、コンパスがあったほうが便利であったろう。また測量にさいして、道路等にマークをつけるのにチョークが必要であることを感じた。現地で短いチョークを一本借りることができたが、すぐに減ってしまった。用意したが、とくに必要としなかったのは、三角定規と温度計である。三角定規を用いて平行線を描く必要がなかったのと、ポラロイドカメラは温度計を用いなくとも期待するできばえであった。

最後に、もっとも有用であったのは谷泰氏の著書「牧夫フランチェスコの一日」である。この書物は日本語で書かれてはいるが、写真が多くのっているので、現地の人々は写真をみて十分に楽しんでおり、これがわれわれの調査をやりやすくしたことは疑いない。

●調査用具一らん

■測量・実測関係

巻尺　20m（塩ビ製）	1巻
コンベックス　3.5m（スチール）	1個
三角スケール　15cm	1本
三角定規	1枚
水糸	1巻
測量用釘（中・小）	6本
方眼紙　B4	80枚
方眼紙　A4	50枚
トレーシングペーパー（現地購入）	1巻
鉛筆（ケシゴム付）、色鉛筆	数本
ナイフ	1丁
金槌（現地借用）	1丁
トランシット（現地借用）	1台
レベル（現地借用）	1台
スタッフ（現地借用）	1本
メモ用紙	1冊
セロテープ、スコッチテープ	各1巻
懐中電灯	1本
磁石（忘）	1個

■写真関係

カメラ

アサヒペンタックスL.P	1台
同レンズ　28mm	1本
コニカC35	1台
オリンパス―35EC	1台
ポラロイドカメラ　66EE	1台

フィルム

ASA400　白黒　35EX（コダック）	20本
ASA100　カラースライド（フジ、サクラ）	10本
ポラロイド用フィルム　カラー	4箱
ポラロイド用フィルム　白黒	5箱
写真用一脚（三段、全長162cm）	1本
フラッシュバルブ	1個
フラッシュガン	30球
温度計	1本

■その他

道具入カバン、手さげ袋	各1
谷「牧夫フランチェスコの一日」	1冊
日伊辞典	1冊

IV 集落の形態

集落概要

●ポンジョ・ウンブリッキオからチェルクエトをみる
大きく蛇行した山道がチェルクエトに向う

●カサーレ通り
カステッロの調査で毎日通った道

＊1 国道からの道路拡大は1965年、道路舗装は1970年である。
＊2 図版2aの写真の左端やや上部にファノ・アドリアーノ、右端やや上部の山腹にポンジョ・ウンブリッキオの集落がみえる。

　チェルクエトの集落は、ヴォマノ川の南側の山腹に立地する。ヴォマノ川の一支流サン・ジャコモ川が集落の西側を北流しており、このため集落がある一帯の地形は、サン・ジャコモ川に向って西に強くさがり、そして全体としてはヴォマノ川に向って北にゆるくさがる斜面となっている(図面1、viii頁挿図)。ヴォマノ川にそって走る国道80号線から、チェルクエトの集落まで高低差は400mあるが、自動車が通れる道路が通じている。この道路が通じたのは古いことではない。[*1] 道路は集落の北端で、集落内を等高線にそって通る南北道路(ピアノ通り)に接続する一方、集落のすぐ下を北から南に向って走り、南端で大きく曲って、カステッロの住区と下の住区との間に出て、北東に向い、集落の北東端近くで南に折れ、カステッロの住区の北側の広場に達し、この住区の北側と東側を取りかこむように曲りながら、さらに上に向い、牧草地に通じる。カステッロまでは舗装されているが、それより上は舗装されていない。ただ自動車が通ることは可能である。このほか集落内を通る主な道路に、集落の北端でピアノ通りから分かれ、その東側をやや東に振れながら、聖エヂディオ教区教会のわきを経て、南方のカステッロに通じる、登り坂のカサーレ通り、カステッロ北端から下の住区の南端に通じる降り坂のカステッロ通りがある。これらは勾配が強く、幅も狭いので車は通らない。舗装もしていない。

　家々は、ピアノ通りとカサーレ通りにそって、またこの道路に挟まれたところ、およびカステッロに集中している。そして各家々へ通じる小道が主道路から出ている。ピアノ通りにそって、家々は500mほど続いており、カサーレ通りにそっては200mほど続き、カステッロでは南北道路にそって60mほどの家並をつくっている。

　集落は、前述のように、山の中腹に立地する塊村であり、海抜は最も高いカステッロで810m、最も低い下の住区の北端で710m、集落のほぼ中央にある聖エヂディオ教区教会のところで755mある。集落は100mの高低差をもつが、ピアノ通りは海抜730mほどのところを通り、その名のごとく高低差は少ない。

　集落の東から南にかけて、1000mを越える急峻な山がせまっている。南西方の山あいにはグラン・サッソの高峰が雄しき姿をのぞかせている。西方はサン・ジャコモ川の谷をへだてて、岩肌をむきだした対岸の急峻な山をみる。北方一帯は、ヴォマノ川の対岸の山々、さらには遠く、アペニン山脈の山々が見わたせる。東南方に高い山がせまっているため、この集落の家々に朝日があたるのは遅く、秋分の日で9時前後である。

　チェルクエトから近い集落には、西北西に本村のファノ・アドリアーノ、北北西にポンジョウンブリッキオ、南南西にピエトラカメラなどがある。前二者はチェルクエトから展望できる(図版2a)。[*2]

　チェルクエトの集落のうち、カステッロの住区については、道路詳細図、家並展開図を作成し、また民家の調査も行なっているので、カステッロの住区を主として、集落の形態を観察してみよう。

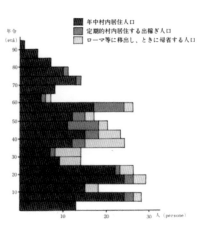

●チェルクエトの人口構成（1969年）

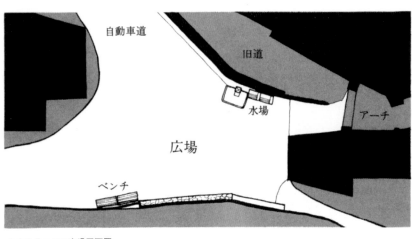

●カステッロの広場平面図

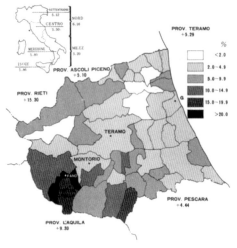

●テラモ県のコムーネ別空家率（1951.11.4現在）
Amminstrazione Provinciale-Teramo
"Piano Urbanistico ed Economico della Provincia Teramo" 1970による

●カステッロの広場
　水場とマンホールがみえる

家数と人口

　カステッロの住区の家数は、現在居住している家9戸、留守宅2戸、空家3戸、廃屋2戸、その他1戸で、計17戸である。チェルクエト村全体の家数は、谷氏によれば、1969年に69世帯である。われわれが調査した時には約60世帯とのことであるが、正確な数は明らかでない。出稼ぎのため村外に流出している家など流動的なところがあるからである。カステッロの家数についても、カステッロの住人は11戸と答えるが、他で聞くと9戸といっており、両者の間には2戸の喰違いがある。カステッロの人は留守宅を数えて答えているらしい。チェルクエト村では1960年から1969年までの約10年間に、38世帯が流出しているが、1969年以降の流出は10世帯ほどであるから、流出の度合は最近になって低下していることがわかる。次に人口については、今回の調査時で250人余ということであった。このうちカステッロには30人が居住していた。人口も流動的であって、正確な数をつかむことは困難である。常住している人数は少ないが、土曜、日曜には、出稼ぎ先から帰省する人が多く、人口は増大する。いずれにしても、常住者には20代から30代の人が著しく少なく、過疎地の特徴をしめしている。1969年のチェルクエト村の人口年齢階層別構成を、谷氏の報告書から引用しよう。なお、チェルクエト村に限らず、主村のファノ・アドリアーノも過疎化が著しく、また周辺の山岳集落も同様である。1951年時点での空家率は、テラモ県ではファノ・アドリアーノが最も高い。

広　　場　　図版9〜図版11

　広場はカステッロの住区の北端、アーチの外側にある。カサーレ通り、カステッロ通り、新しくできた自動車道がこの広場に通じている。広場の北端にたって南をみると、正面に住区への入口であるアーチがあり、視点となる。アーチの左側はやや手前に寄りながら建物が続くので、透視図的な効果がでている（図版4a）。右側は横に建物が続くのでなく、背後に延びる。広場から東に向う自動車道をへだてて、畜舎がたち、広場の東側を区切っている。広場の北側からは自動車道とカサーレ通りが通じており、広場が自然に道路にかわっていく。西側はサン・ジャコモ川の谷に向って、急にさがり、その下は畑になっており展望がよい（図版9b）。広場の西辺に置いてある長椅子から南方をみると、山のあい間にグラン・サッソの高峰が望める。

●地下道の入口
　取毀中のNo.14'の建物がみえる

広場には、とくにこれといった施設があるわけではない。アーチの手前の道路わきに、水場（水道と流し）があり、西辺の縁に長椅子二脚があるにすぎない。広場は何事につけ村人が集まってくる場である。洗濯機が普及した現在では、ここで洗濯をする人は少なくなったが、しかし大型のものや自動車などはここで洗っている。毛糸の編物をしながら世間話をし、椅子に腰かけて日光浴もする。穀物の干場にもなる。町から日常生活に必要な物資を積んできたトラックはここを売場とする（図版10a、b、c）。われわれが調査した時期が、ちょうど冬に入る前だったせいか、トラックはしばしばやってきた。衣料、果物、穀物、野菜、荒物などのほか、ブドウ酒をつくるためのブドウを積んできた。この広場でもう一つ重要なことは、ちょうどこの広場が村と牧草地との中間点にあり、また広場のわきに畜舎があることもあって、カステッロに限らず、チェルクエトの個人持ちの羊や山羊が毎朝この広場の畜舎に集められることである（図版3a）。羊や山羊は、昼間は共同管理が行なわれている。ここから村人が日々交代で牧草地へ追って行く。カステッロの人々は、夕方になると、この広場にやってきて、牧草地から戻ってくる羊や山羊を待つのである。

集落の外廻りの景観　　図版11〜図版15　　図面6、8、9

カステッロは、前述のように要塞集落を意味する。今回調査したカステッロの住区は、周囲に城壁こそ廻っていないが、住区の内部に入るにはアーチを潜りぬけなければならず、建物が周囲を囲むようなかたちでたちならび、要塞集落的な形態をもっている。

カステッロの集落の景観を、広場に面する北側、崖になっている西側、石塁状の岩がある南側、そして集落の背後で付属屋がある東側の順に図面、図版にそって観察しよう。

　　a　北側　（図面6）

カステッロの集落の北側から西側にかけては建物が要塞のごとくにたっている。北側では、しばしば述べたように、集落の入口であるアーチを視点とし、アーチの右側がNo.10、アーチ上がNo.11、アーチ左側の建物の上階がNo.12の家で、これらは住居のための建物であるが、他は物置、畜舎である。No.12の家の建物から西側にNo.10、11の家の屋根が片流れの形で大きくふきおろされている。壁面はNo.10が全面にモルタルに塗り替えられ、No.12の家の寝室部分が漆喰、その下方がモルタル塗りであるほかは礫積みの壁面をそのままあらわしている。壁面の仕上げの相異は、そこで所有者が違っていることを示す（図面6）。アーチや窓のわきなど部分的にレンガを積み、形を整えている。戸口や窓のマグサやカマチには細長い石材や木材を用いて開口部をつくる。

　　b　西側　（図面8、9）

カステッロでは東から西に向って急傾斜する斜面に家々がたち、このため南北通りからは二階建に見える建物も西側では三階建の立面となっていて、大きな壁面をみせている。建物の壁面から1〜3mの平坦部をのこして崖になり、その下は畑になる。

家々は等高線にそって棟をとるが、最も高い南端と最も低い北端とでは地盤に7mの高低差がある。この高低差にしたがって、南北通りの西側にたつNo.1〜No.10の家々の棟の高さは ⓐNo.1〜4、ⓑNo.5〜8、ⓒNo.9〜10の家の三群で大きく異なっている。No.4は廃屋であるが復原するとⓐのグループに属する。No.6は西側には面さない。西側の壁面は全体として西に張出す弓なりであって、各グループ間で曲りが大きく、No.9は特に曲りが強いので、扇形の平面になっている。なおNo.5の家の西半部（後半部）は改築の結果新しくなっており、他とは違和感がある。このほか壁面の仕上げの状況が所有者ごとに異なることは、前述の北面と同様である。

●カステッロ住区の東方
　上：大岩付近から牧草地への道を南にみる
　中：大岩をみる
　下：大岩かげの物置、老人と筆者

2 実践的わが民家研究史

● カステッロの住区東方
上：大岩付近から牧草地を東北に遠望する
下：近くに別荘が建っている

各家とも上階、中階、下階の三つの階をもつが、これらが必ずしも上下に正しく重なっているとは限らない。両端のⓐ、ⓒのグループは上下に重なるが、中間のⓑグループのうちNo.7、8では、下階が中階、上階の真下でなく、南側の家の下にある。これは、各家が互に接続しているにもかかわらず、日本の町家のように通庭をもたないので、集落の両端では比較的容易に家の裏にまわれるが、中間の家では他の家の敷地を通らねばならず、また距離が長くなるため、No.8、No.9では地盤の高さの差を利用して、数段下りる程度で下階に入れるような工夫をし、No.5とNo.6の家の間には南北通りから裏側に通じる地下道（ガレリーア、図面7、図版43e）をつくって、下階に入る入口をここに設け、また家の裏にまわることができるようにしてある。

c　南側

集落の南側では、南北通りを中央において、その西側にNo.1の家の側面、東側に南の小道にそって入口を設けているNo.16、17の家の正面がみえる。これらの南側は一段高くなっており、小さなくるみ畑がある。南北通りの南端とNo.1の家の南側は高い石積がしてあるので、くるみ畑の傾斜はゆるい。このくるみ畑のなかに、ほぼ東西から東でやや北に振れる石積と大きな岩が、集落の南を限るごとくに並んでいる（図版14a）。これが集落を囲む施設の残存したものかいなかは詳しい調査が必要である。

d　東側　（図版14、15）

建物が連続して大きな壁面をみせている西側とは異なり、集落の東側は、南北通りよりかなり高く、また南北通りより東に向う北、中、南の三条の小道や樹木の間から家々の側面や家々の屋根がみえ、また畜舎、納屋など付属屋が数棟あって、集落の裏側であるかの状況になっている。しかし、広場から大きく迂回して集落の東側に達する自動車道がついた現在では、ここに車が置ける平坦地があることや岩かげに車庫がつくられていることもあって、集落への通用口の役割をはたしている。もともとここは山や牧草地への通用口であったであろう。また集落の南側から続く大きな岩が、集落の東側で、急斜面になる山肌にぶつかっている。

カステッロの家並　図版4〜7、16〜23　図面8、9

大きく開いた広場から、狭いアーチを通り抜けると、緊張した家並があらわれる。集落内の主道路である南北通りは、小さな曲りをもつ、やや登り坂の道で、約60mほど続く。道幅は広狭あるが、ほぼ2mほどである。通りの西側は、棟割長屋のように家々が連続しており、北端のアーチのところで東側の家並に続く。通りの東側は、アーチのすぐわき、

＊3　カステッロの集落の正面アーチから南にのびる道路を「南北通り」、ここから東に出る三条の枝道を北から「北の小道」「中の小道」「南の小道」と仮称する。

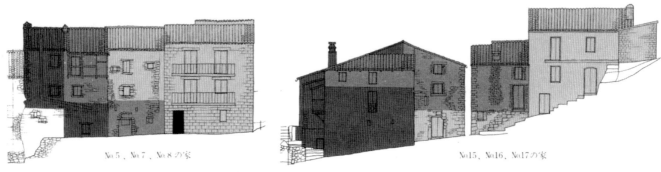

● 階によって所有者が異なる例　（濃さの違いによって居住者別をあらわす）

● ホテル前の広場

家並のほぼ中央、家並の南端の三カ所から小道がでており、この小道によって、家々は三群にわかれる。西側の家々は南北通りに面して二階建の立面をつくり、どの家もみなこの南北通りに面して正面と入口をもつ。これに対し、東側の家は、南北通りに面して二階建、一部三階建の立面をつくるが、正面と主要な入口をこの通りにもつものがなく、正面と入口は小道に面している。したがって、南北通りの西側と東側とでは建て方が異なっている。この理由は、この集落が、東から西に向ってさがる斜面に立地し、下階を半地下形式とし、ここに酒倉や物置をつくり、その上の中階、上階に台所や寝室など居住の部屋をとることを原則としているからである。すなわち、南北通りの西側では道路面と台所のある中階がほぼ同じ高さであるのに対し、東側では中階にある台所に入るには、小道を東へややあがるか、階段を登らなければならないので、南北通りに主要な入口が設けられないのである。

　壁面の仕上げは、家ごとに異なることは前にものべたが、南北通りの東側ではNo.13、15、17の家などモルタル仕上げのものがあり、漆喰で仕上げ、壁体の礫がところどころみえているものにくらべ新しい感覚になっている。

　アーチから南北通りの南端にいたる家並は閉じられた空間をつくっており、山村の集落ではあるが、日本の「マチ」空間と類似している。

チェルクエトの下の住区の家並　　図版１、２、61～68

　図版61から68に、下の住区の家並の写真があげてある。ホテルの下の広場から、カサーレ通りを下り、ピアノ通りにでて、ここからピアノ通りを南に向い、新しい自動車道を通って再び広場にもどる道順をとっている。ほぼ10ｍ間隔でシャッターを切り、またそれぞれの枝道も写した。図版にあげた写真は、このなかから、家並の続き具合がわかる範囲で選んである。簡単な解説は図版のところに付した。

　下の住区の集落形態はカステッロの住区とは異なる。カステッロの住区と比較し、また周辺の集落と比較することは興味があるが、詳しく調査する余裕がなかった。

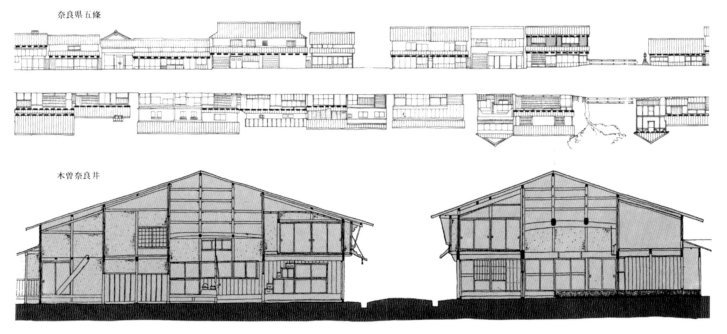

● 「マチ」空間
奈良県五條の町並－起し絵図風に描く
木曽奈良井宿－道路の両側に町家が連続して建ちならぶ

V 民家の形式と住い方

民家の概観

チェルクエトの伝統的な民家は、礫を主材料として壁体を積みあげて構造体をつくり、屋根を瓦でふく。いっぽう最近新築した家は、礫にかわって、新しい材料として、空洞ブロックやコンクリート・ブロック（図版36i）を用いている。このような新しい家は下の住区のピアノ通りに多い。今回の調査で主要な対象地区としたカステッロの住区には、伝統的な民家が集中しており、新しい材料であるブロックを用いているのは、最近になって改造した建物の一部や便所など部分的にしかすぎない。チェルクエトではブロック造の新しい家が増加しているとはいえ、半数以上がいまだ伝統的な民家である。谷氏はチェルクエトの民家について、L.V.の家の注で、次のように記述している。[*1]

　L.V.の家は、一部はレンガ積みの家である。レンガ以前は礫をつんで、その間をしっくいで固めて、壁をつくっていた。古い家屋ほど部屋のサイズは小さい。平均して、一家族5～6室を所有している。もちろん、シャワーもない家が一般的で、戦後になって、シャワー付の家が現われた。また便所も、上水道の施設ができる以前にはないのが普通で、戸外で用をたしていた。ときに便器などをもちい、この用のためトイレットが家の奥にある。

　一般に家の間どりとしては、入口から入ってすぐの部屋が食堂、炊事場、客間を兼用している場合が多い。そしてそこに暖炉がある。ときに食堂が、そのつぎの間にあることもあるが、例は少ない。寝室は一般にその奥、あるいは二階にある。

　倉庫つまり、食糧、その他農具類を入れる部屋は、地階ないし裏にあり、一応生活空間から独立させてある。また乾草貯蔵および家畜小屋は全く独立した棟をつくっているのが一般で、アクイラ付近のように同じ棟で、一階が家畜小屋、二階が住居という形式とは異なる。

　伝統的家屋と別に、さいきん新しいモダンな家が増えてきている。これは一般に出稼ぎ仕送りによる資金調達が多いが、建材は都会で使うブロックと全く同じものを使って、部屋サイズも大きい。間取りについても、従来の家は、扉をあけるとすぐ部屋になっているのに、新しい家は、玄関を入ると廊下があり、その左右に部屋があるという形式に変っている。

　ただし建築仕事は、家族員が休暇の折り自分でやるか、村内の青年を雇って、建てるかのいずれかで、建築費は、意外に安い。40坪位の家で約500万円である。したがって、かつてロバで建材を運んでいた頃にくらべ、運送賃が安くなっただけ、経済的に楽になったともいえる。

　チェルクエトの一部であるカステッロの住区の民家も個々にみれば、基本的に上記の記述と異なるところはない。いまカステッロと下の住区とを比較し、多少異なる点をあげれば、カステッロには一戸建の独立住宅がないのに対し、下の住区には一戸建が多い。これはカ

●礫の壁体

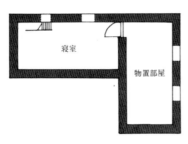

●某家の間取（谷氏による）

[*1]　前掲「イタリア中部山村の調査報告」

●チェルクエトの下の住区の某家の台所
1907年建築

ステッロが要塞集落的な形態をとっていることに関係がある。

前述したように、伝統的な民家は礫を主材料とする組積造である。集落が立地しているところは、地表近くに岩盤があるので、とくに基礎をつくることなく、岩盤から壁体を積みあげる。壁厚は60cmほどで、これより厚い部分もある。また上の階では厚さを減じることも行なわれる。原則として各部屋ごとに厚い壁で区画される。建物の角では切石や形のととのった礫を用いる。これに対し中間では不整形なものを用いるが、長手を水平方向にとるのが原則である。礫と礫の間は漆喰で固め、壁面の仕上げに漆喰を塗る。最近では漆喰にかわってモルタルを塗るものがふえている。畜舎など付属屋では、礫を積んだままで、仕上げないのが普通らしい。居住部分でも、漆喰やモルタルを塗って、つねに手入れをしていないと、漆喰などははげ落ちて、礫がむきだしになってくる。

床と屋根は木造である。床のつくり方は、まず床位置の壁面に穴を約1m間隔にあけて、ここに木材の大引を配る。この上に床板を張る。多くの場合、この上にセメントを流し、レンガを敷いて仕上げる。このレンガを敷いた床は、日本人には、コンクリートスラブのように剛性が高くみえるが、古くなった家では木のねばりが弱まって、剛性が低くなり、歩くとゆれる。また部屋の中央部がたわんでたれさがっている例もある。

屋根も床の場合と同様に、壁から壁に母屋、棟木をわたし、垂木を配り、上に野地板を置き、屋根瓦をふく。日本の民家のような梁組や小屋組はみられない。壁体を屋根の形に積んでおくのである。

各家の建築年代はあまり明らかでない。調査中に聞くと、どの家でも「ベッキオ、ベッキオ[*2]」（古い古い）との答えが返ってくるのがつねであった。ただしNo.10の家の入口上の楣に1869の刻銘があり、この文字はこの家の建築なり修理なり記念すべき年号を示しているものかも知れない。カステッロの各家は一戸建でなく、どの家も接続しているから、各家が別々に建築されたのでなく、接続している家どうしは、同時の建築であるということも考えなければならない。No.1〜3、No.7・8、No.9〜No.11などそれぞれ同時に建築されているようにおもわれる。

今回の調査で、建築年代を示すに十分な指標を見出すことはできなかったが、平面形式や構造形式、そこに用いられている技術は類似しており、建築年代に大きな差がないように考えられた。大引、床板、バルコニーの手摺などに用いられている木材は相当に風化していた。ただ日本の木材と質が異なるので、直接比較することは困難である。下の住区でみた家は、1907年の建築ということであった。この家にくらべると、カステッロの各家のほうが古くみえた。はっきりしたことは不明であるがカステッロの家々は18世紀から19世紀の建築ではなかろうか。

各家の建築後の修理や改造をみると、No.5の家のように構造体である壁体の一部を取毀して礫からブロックに変えるという大がかりなものもあるが、このほかの家では壁体を大きく変えているものはないらしい。もと一室であった部屋に木造の仮設的な間仕切を設けて二室にする例や室内に便所を設ける例、また屋根裏部屋や大引天井に新しく天井を張るなど小規模な改造にとどまっている。なお、壁面にニッチなどを作ることは比較的簡単な仕事であり、この例はいくつかあるらしい。ただ喰漆などで仕上げをしているので詳しいことはわからない。次に修理については、外壁の塗りかえ、ペンキの塗りかえが主なもので、最近では漆喰にかわってモルタル塗りの外壁がふえている。また床のレンガにタイルを貼る家が少数みられる。

改造は比較的少ないと考えられたので、復原調査を特に詳しく行なうことをしなかった。

*2 VECCHIO

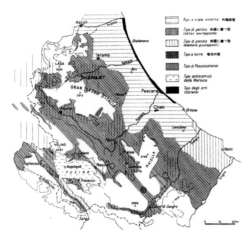

●アブルッツオ地方の民家形式分布
("La casa rurale negli Abruzzi"による)

ただ各家の主な改造については第Ⅵ章の調査家屋の解説のところに記してある。改造が少ない理由を考えると、組積造であること、しかも各家が一戸建でなく連続していること、各部屋の機能が単純で一定していること、さらに生活様式の急激な変化がなかったことなどがあげられよう。

住居の構成

どの家も斜面にたつので、最下階の部屋の一方の側は地上にあらわれるが、他の側は地下になる。最下階はいわば半地下といったものになる。この半地下をふくめて三階建とするのが普通である。一部に二階建もあるが、平家建はない。

各階の呼び方は、家々が斜面にたっていることもあって多少まぎらわしい。二、三の例をあげよう。No.8の家は、南北通りの西側にあり、入口を入ると、小さな踊場があり、ここから石段を数段のぼると台所の階、わきの石段を数段おりると酒倉(半地下)に入る。この家では半地下の酒倉を一階(プリモ・ピアノ)、台所の階を二階(セコンド・ピアノ)、台所の上の寝室の階を三階(トレッツォ・ピアノ)と呼んでいる。No.10の家は、アーチ内部に入口があり、ここを入ると台所である。台所の上に寝室、下に酒倉など半地下がある。酒倉の入口は裏手にある。この家では台所の階を一階(プリモ・ピアノ)、寝室の階を二階(セコンド・ピアノ)といっている。No.15の家は南北通りの東側で、中の小道に面している。中の小道にそって、まず酒倉の入口があり、次に倉庫の入口がある。これらは半地下である。ここから小道の石段をのぼると台所への入口がある。台所の奥に三段あがって食堂があり、食堂のわき(酒倉の上)に寝室がある。この家では台所を一階、わずかに床高が高い食堂、寝室を二階(セコンド・ピアノ)と呼んでいる。なお、これらの上にさらに屋根裏部屋がある。台所、食堂の上はこの家に属し、外から梯子をかけてのぼる。寝室の上はNo.16の家に属している。

以上でみたように、各階の呼び方は複雑であって、ヨーロッパで一般的に行なわれている呼び方、すなわち、日本の二階を一階とする呼び方とは異なる。この報告書では、このまぎらわしさをさけるため、三つの階に対して、上から上階、中階、下階（または地階）と呼ぶことにし、二つの階の場合には上階、下階と呼ぶことにする。

各家は次にあげるA、B、Cの三群の部屋からなっている。

　　　A　台所　食堂　　　　　B　寝室　　　　　C　酒倉　倉庫

台所は入口から入ってすぐのところにあり、炊事、食事、接客、団らんなどが行なわれ、日常生活の中心となる部屋である。われわれが調査に訪れたさいにも、すべて台所で接待を受けた。台所と別に食堂をもつ家では、食事と団らんの一部が食堂で行なわれる。食堂は必ず台所と隣りあっている。カステッロでは、現在居住している9戸のうち、7戸までが食堂を台所から分離している。これに対し留守宅や空家では食堂をもつ家は少ない。

寝室は家の奥や、台所の上の階にとってある。寝室にはベッドのほかタンスなどが置いてあり、その機能ははっきりしている。寝室の数は、二室の家が最も多く、一室の家がこれに続く。四室をもつ家もある。ただし、二室の家のなかには、当初は広い一室の部屋であったものを仕切って二室にしている家もあるから、昔は一室の家のほうが多かったと考えられる。寝室の数は家族構成や里帰りをする人の数などに関係しており、多くの寝室が必要な場合には物置部屋を寝室にあてる。現在は過疎のため人口が著しく減少しているので、寝室の数が不足している家は少ない。

酒倉、倉庫は下階にあるのが原則である。酒倉では、ブドウ酒、ソースをはじめとする食料品を貯蔵する。酒倉とは別に、多くの家では農具類、燃料、保存用の野菜を収納する倉庫をもつ。倉庫に洗濯場やシャワーを設けている例が少数ある。酒倉へはNo.8の家のよ

109

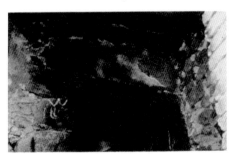

●No.7の家入口上部の持送り

うに台所と直接連絡している場合もあるが、一般的には一たん外へでて、別の入口から入る。酒倉や倉庫はやや離れた場所にある家もある。

　上記のA.台所、食堂、B.寝室、C.酒倉、倉庫の各群の床面積は、ごくおおざっぱにみればほぼ等しい。図式的にあらわせば、中階をA、上階をB、下階をCにあてている。No.2、3、7、8、10、17の家はそうなっている。

　部屋の平面の形は、四辺形のものが大部分をしめている。四辺形といっても長方形や正方形のものは一室もなく、みな不整形である。四辺形のほか、五辺形のものや、壁面が直線でなく曲面をともなうものも少なくない。礫の組積造であるので、このへんは自由である。天井高は2.1～2.5mほどである。天井は上の階の床がそのまま下の階の天井となる大引天井が多く、最上階の部屋では天井を張らずに屋根裏部屋としたものが普通であったらしい。最近ではボードを張るものがふえているが、この場合、天井高をできるだけ高くとるために、屋根面にしたがって傾斜しているものも少なくない。上記のように部屋の形は変化に富んでいる。

開口部と建具

　開口部は、ⓐ家への主要な出入口、ⓑ外から直接出入できる酒倉、倉庫などの出入口、ⓒ各部屋に開く腰付きの窓、ⓓ中、上階などの開口で、床高までいっぱいに広く開く窓、およびⓔ空気抜き程度の小さな穴窓などに分類できる。組積造であるので、開口部は概して幅が狭く、丈が高く、縦長で、全体として少ない。開口部のうち窓（上記分類のⓒⓓ）にかぎれば、下階を除いた各部屋に一ヵ所ずつあるのが原則であり、二ヵ所にある例が少数ある。開口部の平面形は外側が狭く、内側で広くなる台形をなしており、したがって建具は内開きとなる。建具は壁の外面から三分の一ほどの位置に取りつけられる。

　開口部廻りは、礫を積んだのでは仕事がしにくいので、切石やレンガを用いている。マグサには木材や長い切石を用い、ケハナチにも切石やレンガを用いる。これらの材料の用い方や開口部の立面形は、上記の分類した開口部の違いによって多少の特徴がある。これらをあげよう。

　ⓐの家への主要な出入口は、他の開口部にくらべればていねいな仕事をしている。No.1やNo.13の家では両側にレンガで柱形をつくり、この上にアーチをかけている。No.7の家は、入口のドアは道路より入りこんだ位置あり、ここのマグサを石製の肘木状の持送りによって支えている。なお、ⓐの分類の出入口ではマグサに木材を用いているものはない（図版35a）。ⓑⓒⓓの開口部の形はいずれも長方形である。

●入口廻りスケッチ三種
　左：No.1の家、中：No.3の家、右：地下室の入口の例

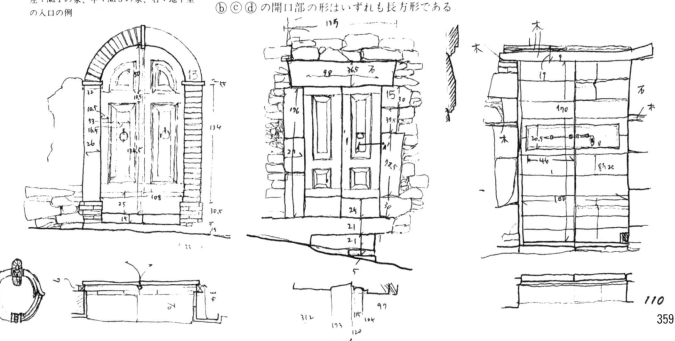

●行基葺（奈良県元興寺極楽坊）

●暖炉の煙突二種

●新旧二種の瓦寸法（単位mm）

		古	新
全　　長		420	457
幅	広端	220	180
	狭端	150	155
高	広端	87	70
	狭端	72	60
厚	中央部	22	15
	端部	15	10

ⓔは小さな開口部であり、その形は長方形のものが多いが、円形、三角形のものが少数ある。マグサなど開口部廻りは石やレンガを用いている。ⓔの開口形式は居住部分には少なく、もっぱら物置部屋や畜舎など付属屋に用いられている。

建具は、上の開口部の分類のⓐⓑは木製ドア、ⓒⓓはガラス戸かまたは板扉である。ⓔは特に建具を用いない。ⓐに用いるドアは枠組で両開き、現在ではオイル・ペイントを塗っている。金具をつける。これに対し、ⓑのドアは多くは両開きで、板を横ばめにした簡単な板扉が多数をしめ、また仮設的な戸をたてている例もある。ただ詳細にみればいろいろなデザインのものがある。ⓒⓓに用いるガラス戸で特徴的なのは、ガラス戸自体の内側にさらに板戸をとりつける形式である。光を取りいれるときにはこの板戸を開き、また夜や昼間でも光をさえぎるときには板戸を閉めるのである。

屋根と瓦

屋根は、仮設的な建物を除くと、居住部分、付属屋をふくめみな瓦ぶきである。屋根形式は切妻や片流れが多く、寄棟に類似したものもある。ただカステッロでは一戸建がなく、数戸の家が集合し、それも随意に結合する形をとっているので、屋根伏は複雑である。むしろきまりきった形式のものが少ない。屋根勾配は3寸5分前後である。

瓦は素焼き質のもので、赤味をおびている（図版36g, h）。瓦の種類は、日本の行基瓦と同様の形をした丸瓦一種のみである。これを背と腹を交互に重ねてふく。平瓦や役瓦は用いず、棟もこの丸瓦をふせておさえる。棟積みをしたり、文様のある軒瓦を使用することはまったくない。瓦は野地板の上に粘土を置いて、これで止めたらしいが、詳しいことは未調査である。ただ古い家では、長い年月がたったため、ズレている瓦も多く、一見したところではいかにも無雑作にふいてあるようにみえる（図版29）。軒先、ケラバ、棟などに人頭大の石を置き、ズレや風でとぶのをふせいでいる建物が多い。雨仕舞には日本のように神経を使っていない。これは雨量が少ないことに関係していよう。

軒の出は小さく、30〜50cm程度である。軒先には雨樋をかける。ケラバの出はほとんどなく、ケラバのふき仕舞は丸瓦の腹を上に向けるのが原則である。

暖炉の煙突には小さな屋根を設けて、瓦をのせる例も多く、愛敬のある姿を示している。

現在使用している新しい瓦と、古い家に使用している瓦とでは、寸法が若干異なっている。その一例を別表に示す。この表からわかるように、新しい瓦のほうが幅が狭く、長さが長く、厚さが薄い。古い瓦のほうがずんぐりしている。

設　備

建築設備として、電気、ガス、給排水、暖房などの設備のほか、各部屋に設けられたニッチなどがある。

電気はどの家にも引いてある。照明のほか給湯用ボイラーにも用いる。ガスは都市ガスでなく、ボンベにつめたものを使用し、炊事のほか、ストーブにも用いている。給水設備としては村営の水道があり、一部を除いて各家に引いてある。水道が引いてない家は広場の水道を使う。下水道は南北通りの地中を通っており、広場その他の場所にマンホールがある。次に暖炉、流し、パン焼きがま、各種のニッチ、便所について説明しよう。

a　暖炉（図版33c）

どの家も台所に暖炉をもっている。他の部屋にはない。暖炉の形式は、壁面に造りつけたもので、一般的に多くみられるものと同様である。すなわち、壁面に床上から高さ1m、

●水道ポンプの建物

●暖炉廻りスケッチ

幅1.5m　奥行0.3mほどの凹部をつくり、ここにレンガを積み、腰より下の前面は開き、この上には煙を集めるフードをつくり、煙道に導く。煙道は暖炉の直上、壁体のなかを通って屋根面に達し、屋根面から1m前後突出した煙突となる。煙道、煙突ともレンガを積むのが伝統的な構造である。炉床面は、床からレンガ厚分を高くし、半円または長方形に前方に張出す。フードの内部から自在鉤がさがっており、鍋など炊事用具をつるす。また下にはごとくを置き煮炊きをする。燃料は薪である。暖炉は採暖とともに炊事のための設備であり、日本の民家のイロリ[*3]と類似した機能をもっている。

b　流し（図版34a）

流しも台所にある。多くの家では壁面に凹部をつくり、ここに埋めこんだ形式にしている。ただ流しの深さは50cmほどあり、壁面のへこみはこれより浅いので、流しの前方は壁面から多少突出する。流し廻りに磁器質のタイルを張ることが、最近流行している。

台所には水壺を置くためのニッチが、かつてはどの家にもあったはずである。しかし水道が普及したいまでは、これは少なくなっており、現にニッチに水を置いているのは一例のみであった。

c　パン焼きがま（図版34b）

パン焼きがまをもつ家は5戸である。それが築かれている位置は一定していない。台所に焚口をもつもの2例、酒倉、倉庫に焚口をもつもの2例、屋根裏に築いてあるもの1例である。築いてある位置が一定せず、臨時に築いたらしいものがあるところをみると、比較的新しい時期（各家が建築された時期よりのち）にパン焼きがまをつくることが流行したものと考えられる。

現在、パン焼きがまを使用している家はなく、また、自家製のパンを焼くことも特別のときに限られる。家族数が少なくなったいまでは、パンは店で買っている。

パン焼きがまの構造は、礫を粘土で固めながら築いたもので、かまの焚口は0.5mほどの長方形である。かまの内部は大きいものは深さが2m近くもあって熱容量を大きくしている。

d　ニッチ

組積造で壁厚が厚いので、この壁面に長方形の凹部をつくり、物を置き、また物を入れる場所にあてる。幅は30cmほどの小さいものから1mをこえる大きなものまであり、高さも30cm程度のものから2mほどのものまで各種ある。しかし深さは壁厚の半分、ちょうどレンガ一枚の長さ、すなわち25〜27cmほどに統一されている。ニッチ廻りは礫でなくレンガ積とするからである。ニッチには両開きの扉をつけているもの、カーテンを引いているものが多い。物品の収納のためにはこのほうがよい。彫像や花瓶を置くためのニッチはほとんど設けていない。ただ、集落への入口の内側のアーチ[*4]の上方、すなわち、No.11の家の物置部屋の窓の両脇に、上部をアーチ形にしたニッチがある（図版27b）。この用途は明らかでないが、カステッロの住区のシンボルとなるものを置いたのであろうか。

e　便所（図版34c、42d、53c）

谷氏がのべているように、各家に以前は便所はなかった[*5]。現在居住している家9戸のうち、調査した時点では、6戸に便所があり、2戸が新設の工事にかかった。残る1戸には便所はなく、留守宅、空家にもなかった。便所がつくられるようになったのは最近のことである。便所の位置は、いずれも寝室の近くにあるが、新設中のものまでふくめて、寝室内にあるもの4例、寝室の外にあるが、屋内で連絡しているもの1例、いったん屋外に出なければならないもの3例である。便所には便器のほか、多くは手洗器、ビデがあり、給湯している。シャワーがある例が3例あり、これらは広さが必要なため、屋外にあるものに限られる。

[*3]　91頁挿図参照

[*4]　カステッロの住区に入るには広場に面するアーチを潜りぬけ、トンネルを通り、再び集落の内側の側にあるアーチを潜りぬける。これら二つのアーチのうち、前者を「広場に面するアーチ」、後者を「内側のアーチ」と区別して呼ぶことがある。

[*5]　夜は、ベッドの下に置いてある便器を用いた。昼は付近の畑などで用をたす。

● レンガ、ブロックの寸法 (単位mm)

	長	幅	厚
レンガ	258	130	60
空洞ブロック	257	130	123*
〃	250	242	77*
コンクリート・ブロック	400	260	120

＊空洞がある面

新しい民家

滞在中に、カステッロでNo.14'の建物(倉庫)が改築され、また便所を作る工事が２戸で行なわれた。また教会のすぐ南で住宅一戸が新築工事中であった。これらについて簡単な説明を加えよう。

　a　No.14'の建物の改築　(図版20c・d、図版30)

この建物は南北通りと中の小道との角にあり、No.13とNo.14に接続し、面積は14m²である。改築前は礫を積んだ二階建で、礫と礫の間の漆喰は壁の表面ではなくなり、二階床が落ちるなど荒廃していた。この建物を取毀し、これと同規模のコンクリートブロック造の建物が新築された。この建物の所有者は、現在カステッロに居住する者ではないことだけはわかったが、名前などははっきりしなかった。取毀しは９月27日の朝からかかり、一日で終了した。人手は男４人で、ホッパーを使用して、礫と廃土を運んだ。取毀しに用いた道具はつるはしとスコップである。われわれが想像しているよりはるかに簡単に取毀した。翌日から新築に取りかかった。基礎をコンクリートで打つこともなく、壁が立ちあがる位置の地面を30cmほど掘りさげ、この面を水平にするために、低い個所には角材をかましていた。[*6] その上からコンクリート・ブロック(以下C.B.と略す)を積みはじめた。C.B.の大きさは40×26×12cmであり、空洞はない。日本のもの(39×19×10～20)とは形が異なる。C.B.を積むさいにはハンド・レベルで水平をみ、水糸を張る。C.B.の幅(26cm)を壁厚とし、長手を壁方向にむけて積む。長さがちょうどあてはまらないと、C.B.を適当な大きさに割って用いる。日本のブロック造のようにブロック割の考えはない。鉄筋を入れないので、これが可能なのである。目地は２cmほどである。C.B.を15段積んだところで、この日の仕事は終了した。翌日はこの上に鉄筋コンクリートの渠梁を廻る。渠梁のセイは20cm、幅はC.B.と同じ26cm。鉄筋は10mm筋を四隅に入れる。両側に歩み板をあてて型枠とし、パッキンで固定する。[*7] そこにコンクリートを打ち、渠梁の上に二階床をつくる。二階床は大引としてＩ型鋼(12×6)を95cm間隔に配り、この間に床用空洞ブロック(90×25×6)を挟みこみ、上にコンクリートを流す。渠梁の上の第一段目のみは空洞ブロックを用いる(第三日目)。翌日からは二階のC.B.を積みはじめ13段積み、二階渠梁の配筋、渠梁のコンクリート打ちをする。第五日目には、破風のC.B.を積み、屋根スラブを二階床と同じ要領でつくる。屋根は片流れで、ほぼ３寸５分勾配。

取毀しから主構造体をつくるまで５日間で、手間20人である。この間に使用した主な道具はさきにあげたもののほか、コテ、ネコ車、足場丸太、ハンマー(C.B.をわる)、バケツなどにすぎない。４人のうち１人は棟梁格のムラトーレ[*8](レンガ積工)である。コンクリートの調合はカンでやっているらしい。セメントは零に近い、ウン・ポーコ[*9]ということであった。

　b　便所工事　(図版26d)

10月２日の日曜日を１日休み、翌３日から、同じ職人によって、No.8の家で便所を作る工事が始まった。上階の寝室の一隅、ちょうど道路に面する場所である。工事はまず足場をくみ、屋根瓦をおろし、壁体を取毀すことにはじまる。次に床を設けるために壁体に穴をあけ、Ｉ型鋼を片持梁として45cm程持出す。床工事の内容はNo.14'の場合と同じ。古い家の壁厚は60cm程あるから、これと片持梁の分とあわせると、室内に出張らせずに奥行１mほどのスペースがとれる。翌日は壁面にモルタルを塗る。この新しい便所のすぐわきは窓で、便所の張出した壁面にあわせてバルコニーをつくる。10月５日は工事は休み。壁面が乾燥するのを待ったのであろう。この日でチェルクエトでの調査を終了したので、残念ながら

＊６　角材をかましたのは、手抜き工事か。あるいはこの程度のことは気にしていないか。

＊７　鉄筋をＣ字型に曲げたもの。鉄筋のバネを利用して、型枠を両側から挟む。

＊８　MURATORE　石積み、レンガ積みの家を建てるこの地域では、ムラトーレが日本の大工と同じような役割をはたしている。伝統的な家はムラトーレによってそのほとんどが出来上る。

＊９　UN POCO　ほんの少しの……、少量……　コンクリートの調合比を聞いたが、はっきりした答はえられなかった。

●新築工事中の家の現場

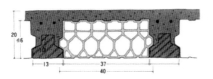

●新築中の家の床断面詳細（単位cm）

●ホテルの一室―新しい建物の例

その後の観察はしていない。

同じ10月2日にNo.13の家でも便所を作る工事を始めた。場所は二階の寝室に登る階段の下で、物置になっているところ、ちょうど台所に入る戸口のわきである。滞在中には、物置の内部をととのえることと、便所からの排水管を南北通りの下を通る下水管に接続する工事が行なわれた。排水管を埋設するため舗装のコンクリートを割る仕事は、No.10の家の当主が行なっていた。

便所の普及は最近のことであるが、下水道はすでに完成している。長い都市の歴史と伝統もつ国と日本の都市づくりとの違いを感じさせる。

c　新築の家　（図版31）

教会のすぐ南側、西側に崖がある敷地で新築工事が行なわれていた。滞在中には、二階床のブロックが並べてあり、この上にコンクリートを流す手前まで工事は進んでいた。10月5日、設計監理をしている建築士（ほぼ日本の二級建築士にあたる）がちょうど来ていたので話を聞くことができた（イタリア語であったので手まねと図をかきながら）。この家は北に出入口をもち、正面8.5m、奥行8mの規模で、入口から中央に廊下をとり、その右側に表から台所、便所、寝室を配し、左側に食堂と寝室を配す間取である。この日までには、左側の二室は壁に囲まれていたが、廊下およびその右側にくるべき部屋の間仕切壁はまだなにも出来ていなかった。

壁体は空洞ブロック二枚積みで、厚さ53cm、各部屋に窓が一ヵ所ずつある。窓の腰から下の壁厚はブロック一枚積み。床はレンガ敷きである。二階床は逆T字型のプレキャストの大引を入れ、この間にブロックをはめこみ、上にコンクリートを流しこむ工法である。設計図がなく、二階の規模や間取については、明らかでないが、家の内部に階段がなく、外から上るということであるから物置かも知れない。工費は施主に聞いたところでは2000万リラということである。

なお、構造体となる壁の間隔は心々で最大長7mであるという。この家は壁体の間隔は7mよりはるかに短かいが、われわれが宿舎としたホテルは3年前の建築であり、部屋を実測した図面から推定すると、7mをモジュールとして設計されているらしい。

家　事

台所の中央には食卓兼調理台となる大きなテーブルが置いてある。日本のように、流し台に続く調理台という形式はみられない。イタリア料理はひじょうに豊富であるが、この山村での調理は実に簡単で、菜をきざむにも、肉を切るにも、小刀様の包丁で、テーブルの上でチョコチョコと切っている。菜などちぎっているという方が適当におもえる。このテーブルは、気のはらない客との応待、お茶、簡単な食事にも用いられる。テーブルは木製のもののほか石製のものもある。

台所の壁面には、大小さまざまな鍋やフライパンが掛けてある（図版54a）。打出しの分厚い鍋は、スープ類をつくるのに用いるのだろう。

日常の簡単な煮炊き、湯沸しは、暖炉のほか、現在では二口のガスコンロ、またはオーブンつきの六口のガスコンロを用いる。

チェルクエトは、海抜800mの山中にあるから寒さは厳しい。厳寒期の暖は暖炉でとるのだが、現在ではどの家でも大きなガスストーブをもっている。60×40cmほどの反射型のもので、上には鉄板がついており、鍋をあたためたり、パンを焼くことができる。一種のコンロとなっている。

多くの家で、全自動の洗濯機をもっており、台所に置いてある。電気冷蔵庫もほとんどの家で所有しており、食堂がある家では食堂に、台所だけの家は台所に置いてある。夏も涼しい山間の地であるので、冷凍庫はついていないか、ついていても小さい。電気器具や厨房器具は日本にくらべてかなり安いようだ。

台所、食堂には、木製の食器戸棚を置き、また、壁をくりぬいて作った棚（ニッチ）には野菜かごを置いたりする。

食堂は台所の隣りにあり、ここにテレビジョンが置いてある。サイドボードや化粧台があり、食卓の上には花を飾る。サイドボードの上に聖母子像や家族の写真を飾る。

衣類は洋服ダンス、タンス、日本の長持ちに類似した櫃などに収納する。これらは寝室に置いてある。

村人達の衣生活で特徴的なのは、女の人、といっても結婚した中年以上の人達だが、ズボンを決してはかないということだろう。裾の長いスカートをはくことはあっても、日本流のもんぺ様のものは、全く見なかった。年を取った婦人は、日常は黒一色の服装をしており、写真をとるなど多少改まったときには白い布を被り、身形を正した。

飼っている羊の毛を刈りとり、糸をすき、毛糸を作り、秋の終りともなると、女達は編みものにせいを出している。歩きながら、立話をしながら、またベンチに腰をおろして、そして家のなかでも編みものに余念がない。

祭などハレのときには正装する。チェルクエトに滞在中の10月2日にフェスタ・マドンナ（聖母祭）があった。この祭のとき写した写真を図版36a、bにあげた。

食　事

村人の食事については、とくに調査をしていない。谷氏によれば、村に自動車が通る道路が開かれる以前は、食糧は自給しており、普通はパンとハム、チーズ、サラダ、そしてアンズなどの果物が主要な食事の要素であり、蛋白源は自家飼育の豚でつくったハム、脂肪ペースト、ニワトリ、羊乳のチーズで、牛肉、羊肉を食べるのは年にクリスマスと復活祭との二回であり、スパゲッティ類も週一回食べる程度だったろうとする。

食事について若干のことをしるせば、夕食に暖炉の前で、ブドウ酒を飲みながら、チーズをはさんだパンを食べていたし、また10月2日のフェスタ・マドンナにニワトリをつぶしている家があった。ブドウ酒をはじめとして、ウイスキーなど酒類は、どの家でもかなり豊富に貯えているようであった。[*10]またコーヒー（非常に濃い。少量を飲む）や紅茶も多くの家にあった。都市に出ている人はこれらを好んでいた。一般家庭の食事とは異なるであろうが、記録としてホテルでの食事についてしるしておこう。

朝は紅茶、イタリアのパン（塩なしの大きな丸パン）を切ったものに、バターとジャム（桃、さくらんぼ、りんごなど）で、昼と夜は別記の献立ての他、パンとブドウ酒がつく。旅館の主婦は、長期の滞在者のために毎日昼と夕の二食ずつ、献立を考えねばならず大変だ。この村は、町から遠く離れているので、新しい肉など、毎日入ってはこない。だから貯蔵品の生ハム、チーズ、自家製の卵料理などをよく用いる。また昼と夜のミネストローネに入っているパスタにしても、毎日目先きを変え、100種以上もあるというパスタの中から、選んでいた。大体二週間の滞在中同じ種類のものは二回づつ出たようだ（1週間置いて）。

村人達が、このような食事を毎食とっているとは考えられない。とくに果物は、この村では少ししか出来ないので、村外から売りに来たものを買っており、子供のおやつなどにとって置きのものといった感じである。

● ホテルでの献立

	昼	夜
9.23	スパゲッティ、肉だんごとじゃがいもの煮込み、果物（洋梨、ブドウ、桃）	ミネストローネ、チーズと生ハム、果物
9.24	スパゲッティ、小牛肉ステーキに赤ピーマンソテー、果物	ミネストローネ、オムレツ、トマトサラダ、果物
9.25	スパゲッティ（手打ち）、トリ肉とポテトチップ、果物	ミネストローネ、生ハム、チュリーア油いため、果物
9.26	マカロニ（太いもの）、小牛ステーキ、赤ピーマンソテー、果物	米とじゃがいものスープ、ゆで卵とキャベツとトマトのサラダ、果物
9.27	スパゲッティ、肉とじゃがいもの煮込み、果物	マカロニ入りミネストローネ、生ハム、チーズとトマトサラダ、果物
9.28	マカロニ、肉とかぼちゃの油いため、果物	ミネストローネ、肉だんごとチュリーア油いため、果物
9.29	ニッキョ、ソーセージ、ポテトチップ、果物	ミネストローネ、肉といんげん豆のサラダ、果物
9.30	スパゲッティ、肉だんごとピーマンソテー、果物	玉子スープ、生ハム、サラミ、果物
10.1	スパゲッティ、肉チシャとトマトのサラダ、果物	ミネストローネ、オムレツ、カリフラワーのいためもの、果物
10.2	スパゲッティ、小羊肉、ポテトチップ、果物	ミネストローネ、生ハム、トマトサラダ、果物
10.3	マカロニ、小牛肉、トマトサラダ、果物	米とじゃがいものスープ、肉だんごチコリーア油いため、果物
10.4	スパゲッティ、小牛肉煮込み、ピーマンソテー、果物	ミネストローネ（白いんげん豆入り）、とり丸焼、ポテトチップ、果物

*10　ブドウ酒は自家製であるが、その他の酒類は購入しており、ウイスキーはスコットランド製であった。ウィスキーはハレの時に用意しているのであろう。

VI 調査民家の解説

カステッロの全戸を解説する。順序は南西端にあるNo.1の家から南北通りにそって、西側の家を北にすすみ、アーチの上にある北端のNo.11の家から東側に移り、ここから南北通りの東側の家を南にすすみ、No.17の家で終る。最後に主な畜舎、納屋など付属屋にも簡単にふれる。

No.1　図版37、38　図面10

● No.1の家正面

● No.1の家背面

カステッロの南西端、南北通りの西側にある家で、南北に並ぶ二区画(間口約4mと3m)を一世帯で使用している。地階をふくめて三階建であって、部屋数は六室である。入口は北側の区画の中階にある。入口を入るとそこが台所で、居間も兼ねた部屋(図版37a、b)である。この部屋は不整形の四角形で、面積は30㎡ほどある。南辺壁の中央に暖炉(図版37c)が築かれ、東寄りに流しが壁面に組み込まれ、西端近くに南側の寝室へ通じるドアが開く。暖炉の両脇にはソファが置いてある。西辺壁の中央に窓が開き光が入る(図版37a)。その両側の壁にそって、ガスレンジ、テレビジョン、食器棚などが置いてある。北辺壁には西端近くに扉つきのニッチがあり、壁にそって食器棚、櫃が並び、部屋の東北隅に上階にのぼる階段(図版37b)が設けられている。部屋の中央に大きな机を置き、炊事のときの作業台としても使用している。この部屋の天井は大引を漆喰で塗り込んであって、天井面は平面でなく、波形の曲線を描いている(図版38a)。天井高2.3m。床はレンガ敷き、壁は漆喰仕上げである。

台所に隣接する寝室の一区画は、ほぼ長方形で、面積は29㎡である。ただし現在では仮設的な壁で前後二室にわけ、表側を物置、裏側を寝室としている。表側の物置の東辺壁の中央には道路から出入できる戸口が開き(図版24a)、南辺壁にニッチを設けている。寝室境の仮設の壁の南端に戸口があって互に連絡する。次に寝室(図版38b)は、西辺壁の中央にバルコニーに出る戸口が開き、そのすぐわき、部屋の西南隅に便所が設けてある。南辺壁にはニッチが二ヵ所にあり、壁面にそってタンスなどが置いてある。西辺壁の北端に戸棚をおく。北辺壁に接して二台のベットを置く。天井高は2.38m。仕上げは天井、壁とも漆喰塗り、床はレンガ敷きである。

上階は台所、寝室(物置部分をふくむ)両方の区画にある。寝室の上部は物置になっているが、常時は使用していない。台所の上部は未調査である。上階の二区画の間の壁面には戸口がなく、互に連絡できない。寝室上部へは外から梯子をかけて昇る(図版24c)。

下階(図版38c)も台所、寝室のそれぞれの区画の下にある。家の裏に入口があるので、家の南側を廻って行かねばならない。

● No.1の家上階屋根裏部屋

この家は、もとは二戸であったものを一戸で使っている可能性がある。すなわち台所の区画がその上階と下階をふくめて一戸分、同じく寝室の区画が一戸分で、現寝室はもとは台所で、上階が寝室であったと考えられる。現寝室の南辺壁の中央にあるニッチは暖炉の跡を利用している可能性がある。この部屋の表側には道路から直接出入できる戸口(図版24a)がある。また上階部分は、前述のように両者が内部で直接連絡していないことなどがその理由としてあげられる。これらが二戸にわかれても、それぞれの面積は隣接するNo.2、No.

3の家とほぼ同じである。

80歳代の老夫婦が居住している。鶏舎などの畜舎は、家の西南方の畑に設けてある。

No.2　図版39、40　図面10

この家はNo.1の北に連続している。留守宅であるが、現在では、No.13の家が物置などに使用している。中・上階ともそれぞれ一区画一室である。中階にある入口を入ると台所である(図版39a)。間口3m強、奥行6m弱で、ほぼ長方形をしている。部屋の東南隅、入口わきに階段があり、上階にのぼれる。南辺壁のほぼ中央に暖炉(図版39b)が築いてあり、西辺壁の中央にはバルコニーに出る戸口(図版39a)が開く。北辺壁のほぼ中央にはニッチがあり、東端近くに流し(図版39c)が壁にはめこまれている。南辺壁、北辺壁の西端近くに机、食器棚がそれぞれ置いてある。天井高は2.43mでやや高い。大引板天井である。床はレンガ敷き、壁は漆喰仕上げである。

上階は寝室である(図版40a、b)。東辺壁、西辺壁にそれぞれ窓が開き、北辺壁にはニッチがある。また、階段は南辺壁の東端につくが、ここの壁にニッチのような凹部をつくり、階段の昇降りを便にしている。天井は板天井、天井高は2.57mと高い。床はレンガ敷きである。留守宅であるが、掃除をすればすぐに居住できる。なお、下階は未調査。

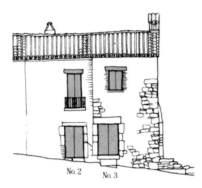
●No.2、3の家正面

No.3　図版25c

この家は、No.2の家の北に連続し、上・中・下階とも各一区画からなる。現在では空家になっている。内部は未調査である。間口は約4mあり、前述のNo.2とほぼ同規模である。

No.4　図版25d

No.3とNo.5の間に、道路に面した間口3.5m(後部で3.9m)、奥行7.5mの空地がある。No.3の壁に続いて、壁体の一部が残っていて、もと住宅があったことがわかる。ここにNo.4の番号をあたえておく。崩れている壁体やNo.3の側の壁面を注意してみると、この建物のおおよそのことがわかる。なお、No.5の壁体は新しいものに変わっているので参考にならない。残存する壁体のうち、道路に面する部分には、出入口の左側の柱石を示す切石(図版25a)がほぼ旧規を保っており、さらにその前面には踏石があるので、ここに出入口があったことは明らかである。この出入口の蹴放の高さはNo.3のそれと同じ高さにある。次にNo.3の壁面をみると、壁面に大引を大入れにした穴とそれにささった状況で大引の一部が残存しており(図版25d)、もとの床のあった位置が知られる。これによると、上・中・下の三階があり、表道路からの出入口は中階に入るものであることがわかる。後部の壁体をみると、No.3とNo.5の中間よりNo.5寄りの壁体の礫に、わずかではあるが、垂直に積んである部分が残っており、ここに下階への出入口があったことがわかる。他の例から類推すると、中階が台所、上階が寝室であろう。階高や屋根の高さは、No.3と同じであったと考えられる。なお、No.3の側の壁面にはニッチはあるが、暖炉の痕跡は残っていない。

●No.5の家正面

●No.5の家背面

No.5　図版41、42、43　図面11

この家は、No.3の家からNo.4の空地をへだてた北側にある。部屋数が多く、寝室の一部は、次のNo.6の背後にとってある。中・上階はL型の平面になっている。中階にある入口を入るとすぐそこが台所である(図版41a、b、c)。台所は不整形の四辺形で、表側に面した部分は3.3mあり、後部はやや広く3.85mである。面積は17m²ほどある。南辺壁の中央に暖炉が

●地下道　西から東をみる

築いてあり、西辺壁にそって、二階へ上る階段（図版41b）が設けてある。階段の下には戸棚、テレビジョンが置いてある。北辺壁には、入口のすぐわきに壁にはめ込まれた流し（図版41c）があり、壁面にそって、洗濯機、冷蔵庫、食器棚が並ぶ。入口のわきには窓が開き、その前にガスストーブが、部屋の南東隅にガスレンジが置いてある。部屋の中央には大きな机が置いてある。台所の背後に広い部屋（図版42a）があるが未完成なので、現在では台所が食堂をかねている。天井高2.22m、壁、天井とも漆喰仕上げ、床はレンガ敷きである。

台所背後の部屋（図版42a）は、前述したように未完成で、仕上げがまだ出来ていない。いわゆる新建材を用いている。将来は食堂になる部屋という。この部屋の北側にもう一室（寝室）がある。No.6のちょうど背後にあたる。この寝室（図版42b）は、面積13㎡ほどの長方形の部屋で、ダブルベッドとシングルベッド各一台があり、物入なども置いてある。西辺壁に窓が開き、このすぐわき、部屋の西北隅に梯子があって、この寝室の上部にある屋根裏部屋にのぼれる。

次に台所の階段から上階にあがると、そこは寝室（図版42c、43b）である。東辺壁の中央に窓が開き、そのわき、部屋の東南隅に便所が設けてある。便器、ビデ、洗面器があり、天井にボイラーが釣ってある（図版42d）。中央、北辺壁に接して、ダブルベッド、その東わきにもう一台のベッドが置いてある。南辺壁にそってタンス、洋服ダンスが並び、東辺壁ぎわに櫃が置いてある。天井高2.33m。天井はボード張り、床はレンガ敷き、壁はプラスター仕上げである。

中階からこの部屋への階段をあがったところ、すなわち、西辺壁の北端に背後の他の寝室に入るドアが開く。一階の未完成の部屋の上にあたる新しい寝屋で、南北二室にわかれている。新しい部屋だけに設計にも新しい要素がみられる。a.入口のドアの両側、つまり東辺壁から袖壁を出し、そこに小さなホールを設けており、寝室の内部が袖壁のかげにかくれて、直接見えないようにしてある。b.天井高は3.3mと高い。c.西側には両方の部屋にわたって大きなバルコニーが設けてある。また、d.バルコニーに出る戸口の建具にアルミ・サッシュが用いてあり、そのすぐ内側にシャッターをそなえている。二つの寝室は、南側の部屋（図版43a）の方が広く、南辺壁に接してダブルベッドを置き、袖壁のかげになる東辺壁にそって、洋服ダンスと櫃、部屋の西北隅にも櫃を置く。次に北側の部屋（図版43c）では袖壁のかげにダブルベッドを置き、その後方、西辺壁にそってベビーベッド、南辺壁にそって櫃を置いている。天井、壁ともプラスター仕上げで、床はタイル張りである。

地階に酒倉（図版43f）と物置がある。ちょうど、台所と未完成の部屋の部分の下にあたる。地階へはNo.6の家との間に設けられた地下道（図版43d,e）から入る。この点、No.1～3の家や後にのべる大部分の家と異なる。地下道へは、No.5の家の前面に幅1mほどのドライエリアのような部分を作り、ここに石段を設けて入れるようになっている。地下道を抜けると、No.5、No.7の家の背後に出ることができる。地下道には流しがある（図版43d、図面11）。

この家では、将来は食堂になる未完成の部屋、この上の寝室、下の地階、および南側の壁体は改築されている。寝室の一隅にある便所もこのときに新設したものであろう。なお、畜舎は、この家から離れた山側にある。

家族は老人、夫婦、子供をあわせて7人であるが、主人はスイスへ出稼に出ている。

No.6　　図版26b　図面11

空家になっており、建具がなくなり、二階の床が落ちるなど荒れている。間口約6m、奥行約4.5mであるが、背後にNo.5の家の部屋がまわってきているので、背面が外に面さな

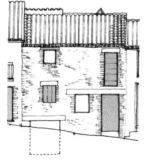

●No.6の家正面

2 実践的わが民家研究史

い。北側はNo.7の家に連続する。中階は北側に台所（暖炉の跡がある）があり、南側に間口の狭い一室がある。この狭い部屋の下は、No.5の家のところでのべた地下道（図面11）である。台所の下の部分に地階があって、やはり地下道から入る。この地階はNo.5の家の後部の寝室の下部とあわせて、三ヵ所に入口をもっており、このうち一ヵ所は次にのべるNo.7の家に属しているが、他の所有関係など詳しいことは明らかでない。

No.7 図版44、45 図面12

この家は、No.6とNo.8の家の間にあって、これらと連続し、上・中階とも一区画からなる。中階は次にのべるNo.8の家の入口部分が、前面に張出しているので、この家の入口部分は幅が狭い。ドアは道路に面してすぐに設けず（図版44a）、石段を数段上って内に入ったところに設けてある。入口を入ると台所である。No.8の家と同様間口（2.7m）が狭い。台所のある中階は入口部分をとってあるので奥行は上階より短かく、6.7mである。ここを仮設的な間仕切で前後二室にわけ前半部を台所、後半部を食堂にあてている。入口のドアを入るとすぐ右わきに、上階にあがる階段がある。北辺壁に炉が築かれ、そのわきに櫃が置いてある。南辺壁にそって櫃、机が置いてあり、中央部には水壺を置くためのニッチがある。西辺の仮設の壁に接してガスレンジが置いてある。食堂には中央に大きな机が、南辺壁にそって冷蔵庫、化粧台、西辺壁にテレビジョンが置いてある。窓は西辺北端に開く。台所、食堂とも天井高は2.20m、ボード張り、床はレンガ敷き、壁はプラスター仕上げである。

上階は寝室である（図版45a、b、c）。間仕切はなく、間口2.87m、奥行8.5m全体が一部屋である。天井はなく、屋根裏部屋である。表と裏に一ヵ所ずつバルコニーに出る戸口が開く。南辺壁に接して最も奥にダブルベッド、その手前にベッド二台がある。階段付近から表側の部分には櫃その他の道具が置いてある。なお、南辺壁の西寄りに隣室へ通じる戸口の跡があるが、現在は閉鎖されている。

この家の上階（寝室）は屋根裏部屋で、天井がなく構造がよくわかるので、この部分の構造について若干の説明をしておこう（図面12 断面図）。棟は中央より前寄りにあり、南北方向に通る。棟より前方では軒との間をほぼ三等分した位置に、後方では四等分した位置に母屋が配されている。棟木、母屋は南辺および北辺の壁で支えられており、梁を用いて支えるようなことはしていない。母屋は20cm角ほどの丸太をふくむ木材で、この上に垂木を配り、野地板を置いて瓦で屋根をふく。前面および後面とも壁の室内側で床から垂木までの高さを測ると約1.7m前後、棟木までの高さは3.2mである。屋根勾配は前後で異なっている。礫を積んだ壁面は漆喰で仕上げてあるところもあるが、一部に礫がそのまま見えているところもある。暖炉からの煙道はレンガできちんと積んである。バルコニーは壁面から木の腕木を出し（出0.7m）、先端を垂木から木材で釣っている。

地下室は、No.5とNo.6の家の間に設けられた地下道の北側、No.6の家の下にある。

家族は40～50歳代の夫婦と子供5人である。畜舎などの所在については明らかでない。なお、この家の下にある地階は、No.8の家に属する。

No.8 図版46、47 図面12

この家はNo.7の家とNo.9の家の間にあり、これらと連続している。各階とも一区画からなる。表の道路から入口を入ると小さな踊場があり、その右手に石階段があり、これを六段のぼると台所に達し、左手の石段（図版46c）を下ると一階[*1]（地階）の酒倉に達する。この家は間口がすこぶる狭く（道路側で約2.3m、裏側で2.8m）、奥行が深い（8.5m）。入口部分はNo.7の家

●No.7、8の家正面

*1 この家では第Ⅴ章でのべたように地階から一階、二階、三階と呼んでいる。

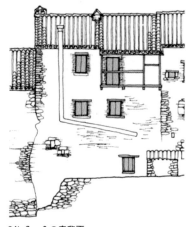

●No.7、8の家背面

の側に突出した形になっている。台所のある階を二階と呼んでおり、この階は、表の道路側を台所、奥を食堂とし、前後二部屋に分けている。間仕切は仮設的な薄い板の壁で、この壁にそって、三階（上階）にのぼる階段を設けてある。

台所では、表側に窓を開き、北辺壁に暖炉（図版46a、b）を築き、南辺壁には出入口のすぐわきに、流しが壁にはめ込まれ、また壁にそって洗濯機、ガスレンジが置いてある。天井高は2.19mと低い。大引をわたした板天井で、三階の床がそのまま天井になっている。床はレンガ敷き、壁はプラスター仕上げである。

食堂（図版47a）では、西辺壁南端に窓が開く。中央に大きな机をおき、壁にそって、小机、櫃、食器棚、冷蔵庫、テレビなどが置いてあり、西辺壁の北端に物入がくりぬいてある。天井高は2.28m、仕上げは台所と同様である。

三階は中央部に設けられた階段を境に、前後二室にわけられ、それぞれ寝室になっている。裏側が主寝室で、ダブルベッドが中央北辺壁に接して置いてあり（図版46e、f）、洋服ダンス、化粧台などが壁にそって置いてある。表側の寝室には、北および南辺壁にそってベッドが置いてあり（図版46d）、このほか物入、オルガンなどがある。天井はボードが張ってあり、床は板敷きである。

次に一階の酒倉（図版47b、c）は、この家の台所、食堂の下にあるのでなく、No.7の家の下になる。南および北辺の壁にそって、ブドウ酒、ソースその他食料品が並ぶ。西辺壁に戸口が設けてあり、このわき（南西隅）にパン焼きがまが築いてある。パン焼きがまの煙突は、西辺壁の外側に出るが、階上はNo.7の家であるので、真すぐ上に立ちあがらず、壁面を北方に斜めにはい、No.8の家の位置まで来てから立ちあがっている（図版11b）。酒倉の天井は大引板天井、床はタタキである。

この家の改造などについて記そう。①いまのべたパン焼きがまは当初からあったのではなく、後に築いたものである。戸口との納り方や煙突がそれを示している。②二階・三階とも中央に間仕切をつくり、前後二室にわけているが、間仕切は仮設的な板壁であり、当初からあったか否かは疑がわしい。また三階の寝室の天井についても当初からあったか疑がわしい。次に特記すべきことは、今回の調査期間中に、この家では便所の新設工事にかかったことである（図版26d）。三階の表側の寝室のバルコニーに出る戸口の南脇の壁体を取壊し、ここに便所を設けた。壁厚が60cmほどあり、これにバルコニーの出を加えると奥行は1mほどになり、部屋の内部に突出することなく、便所をつくることが可能である。調査期間の終りに近いころに工事にかかったので、完成した姿をみることは出来なかった。

畜舎は、カステッロの住区への入口であるアーチの向いにあって5戸で使っているものの一部（付属屋A）のほか、この住区の東にも畜舎を付設した納屋（付属屋M）をもっている。

家族は40歳代の夫婦と子供1人、老人の4人である。農業と牧畜で生計をたてている。

なお、これまでにのべてきたNo.5～No.8の家の各階の床高、屋根面は、北にさがる地形の傾斜にしたがって、北の方の家がやや低いが、その差は、No.3以南、No.9以北にくらべて小さく、わずかである。しかし、地形の高低差はやや大きいので、No.7やNo.8の家では、台所に入るのに階段をのぼるのである。

No.9　　図面13

この家はNo.8とNo.10の家の間にあり、これらと連続している。またアーチの上で、No.11の家と連続している。家への入口は、カステッロの住区への入口となるアーチの内側にある。アーチ内に入口をもつ家は、この家と次のNo.10の二戸で、この家はいまは空家になって

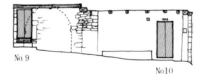

●アーチ内部のNo.9とNo.10の家の入口

＊2　付属屋の記号は127頁挿図参照。

いる。入口を入ると、すぐそこに小さな踊場があり、目隠し壁がある。右手に四段の石段があり、これをのぼると台所（上階）に達し、正面からやや左手に向いて下る石段は、下の階（中階）に通じる。ただ、地盤に高低差があるので、この家の台所の床は、No.10の家の上階（寝室）の床とほぼ同じ高さである。台所は、西側が大きく湾曲して張出し、扇形をしている。面積は27m²である。扇形をしているのは、この家がNo.8とNo.10の家の間にあり、両側の家の向きが多少異るので、これを曲線の壁によってなじませたからである。湾曲する西辺壁のちょうど中央に床面から開く窓がある。暖炉は入口のところにある目隠壁のすぐ内側にあったが、現在では取毀され、その痕跡がのこる。台所が最上階であって、上部に寝室、屋根裏部屋などはない。広い台所一室と、その下に中階、地階をもつが、この部分は未調査である。中階へは入口わきの階段を下って入り、地階へは裏側から入る。裏側の戸口は、No.10との境に接して設けてある。なお、この家の内部の写真撮影は失念した。

No.10　図版48、49　図面13

カステッロの住区の入口にある家で、南北通りの西側、北端にあり、南はNo.9に連続する。また上階の東側はアーチの上にあるNo.11の家と連続している。家への入口はアーチのなかに設けられている。入口から入ると、すぐそこが中階で、台所である。入口のすぐ右手には食堂に通じる通路と上階へあがる階段がある。すなわち、中階には階段をはさんで台所と食堂が左右に並ぶ。台所（図版33、48）は不整形の五角形で、面積は13m²ある。部屋の南東隅にパン焼きがま（図版48a）が築かれており（このため部屋は五角形になった）、南辺壁の中央に暖炉（図版48c）が築かれる。外に面する西辺（図版48b）には、南端に窓があり、ここから1mほどへだてて、バルコニーに出る戸口がある。北辺壁と東辺の入口脇の壁には物入が設けてある。部屋の中央には机が置いてあり、パン焼きがまの前にガスレンジ、西辺壁に接して、ガスレンジと流し、北辺壁に接してテレビジョンが置いてある。天井高は2.16m、仕上げは壁とともにモルタルにオイルペイントを塗ってある。色は天井が白、壁は青である。床はタイル貼りである。

食堂（図版49a）はほぼ平行四辺形で、面積は10m²である。西辺に窓が開き、北辺壁の東端に物入がつくってある。中央に大きな机をおき、北辺壁と東辺壁にそれぞれ大きな化粧台が置いてある。部屋の南西隅には冷蔵庫をおく。天井高は2.21mである。床高は台所より27cm低い。仕上げは台所と同様である。

階段室の壁の小さなニッチに電話が置いてある。階段（図版49c）は複雑な形をしている。中央部分はその先にある便所に通じ、両側はそれぞれの側にある寝室に通じるようにわかれており、踊場を設けない。

上階の寝室二室は階下のそれぞれの部屋とほぼ同形である。食堂の上にある北側の寝室が主寝室（図版49b）で、南辺の西端に出入口があり、西辺と北辺とにバルコニーへ出る戸口がある。バルコニーはこの部屋の西側から北側にかけて廻っている。部屋の中央、東辺壁に接してダブルベッドを置く。南辺壁にそって洋服ダンス、北辺壁にそって化粧台、ミシンが置いてある。天井は高さ2.03〜2.25m、ボード張り、壁はプラスター仕上げ、床はタイル貼りである。もう一方、台所の上部の寝室（図版33）は、西辺に窓が一ヵ所のみ開く。暖

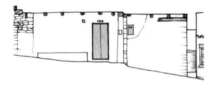

●アーチ内部に面するNo.10の家

●No.10の家の階段

●No.10の家台所展開図　1:60

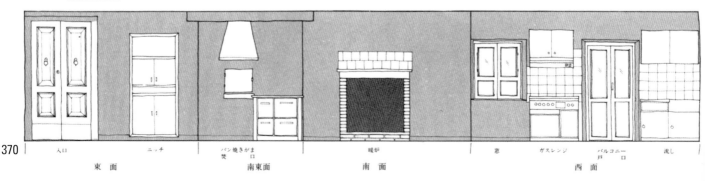

入口　　ニッチ　　パン焼きがま　　暖炉　　　　　　窓　ガスレンジ　バルコニー　流し
　　　　　　　　　焚口　　　　　　　　　　　　　　　　　　戸口
東面　　　　　　南東面　　　　　　南面　　　　　　　　　西面

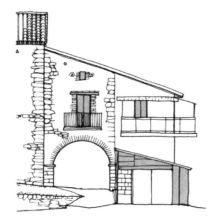
● アーチとNo.10、No.11の家側面

炉とパン焼がまの煙道の形がこの部屋にあらわれている。部屋の中央、東辺壁に接してベッド二台が置いてある。南壁にそって、小ダンス、洋服ダンス、櫃、西壁にそって、化粧台が置いてある。また北辺壁の東端、階段ののぼり口上部にあたる位置に小さな納戸が設けられている。天井は高さ約2m、ボード張り、壁は赤色系統のペンキ塗り、床はタイル張りである。

便所（図版34c）は階段の正面の壁面（西辺壁の外側）から持送りで作られており、大きさは幅1.88m、奥行1.25mあり、南側に便器、手洗器、北側にシャワー、ビデが設置してある。ただ、この便所は近年になって増築したものである。

この家の北側、アーチの入口のすぐわきに庇が下してあって、車庫になっている。ただ調査期間中は車は入っておらず、ここでブドウを絞っていた（図版35）。ここを通り抜けると、家の裏（西側）に出ることができる。台所、食堂の下の地階は裏から出入する。家の裏は建物にそって幅2〜3mの平な部分をへだて西側は急な崖になり、その下は畑である。

以上、この家の現況をしるした。次に住居部分について、改造してあるおもな点をあげよう。①便所は先にふれたように最近に新しく設けたもので、それまでは便所をもたなかった。便所を作ったさいに階段廻りに手を加えていると考えられる。②二階の西側から北側にまわるバルコニーは新しく作ったものである。もとはそれぞれの戸口のところにのみある小さいものであったと考えられる。なお一階台所のバルコニーも新しいものに変えられている。③寝室の天井は、はっきりしたことはわからないが、後に設けた可能性がある。④室内のタイル張りの床は、最近レンガ敷きから変えたものである。

なお、この家の入口の上の楣(マグサ)に1869年の刻銘がある。この年号がこの家の建築年代を示すものか、改造などの年号を示すものかは明らかでないが、いずれにしても、この時にこの家があったことは確実であろう。

● 付属屋B(左)と付属屋C(右)

畜舎、物置は住居部分とは別の場所、アーチの外にある。そのうちの一つはカステッロから下に向う車道の途中から少し登った山の中腹にある畜舎、他の一つはカステッロのアーチ前から東に向って、上に登る車道を少し行った道脇にある。この建物は新築して間もないかなり大きな建物である。

この家に現在住んでいるのは、50歳代の夫婦である。調査期間中に息子が何回か帰ってきていた。

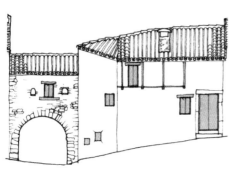
● No.11の家正面と内側のアーチ

No.11　図版50、51　図面13、14

この家の入口は北の小道に面しており、ちょうどNo.13の家の向い側にある。現在は空家である。この家の台所以外の部屋はアーチの上にあり、西はNo.9・No.10の家と連続し、北はNo.12の家と連続している。入口を入ると中階で、台所である（図版50a）。面積23㎡のすこぶる不整形な部屋で、四辺形とも五辺形ともみることができる。入口は部屋の東辺壁北端にあり、そのすぐ南わきに窓が開く。窓のすぐ南側に、暖炉（図版51e）が築いてある。暖炉から南側の壁面は湾曲し、その南端隅に階段がある。階段わき、西南辺壁にはアーチの上の奥の部屋に通じる戸口がある。この部屋の西北隅に流しがある。天井、壁ともプラスター仕上げ、床はレンガ敷きである。天井高は2.22mである。

アーチ上には北、中、南の三室があり、北と中の部屋には台所から、直接出入できる。南の部屋へは中の部屋を通らないと入れない。なお、この三室の床高は台所より40cmほど高い。北の部屋は寝室（図版51a、d）である。形は不整形の四辺形、面積は11㎡である。北辺壁の中央に戸口が開きバルコニーにでることができる。この戸口は、カステッロの正面をし

*3 112頁の*4参照。

めすアーチのちょうど真上にある。部屋の中央に西壁に接してダブルベッドを置く。現在は使用していない。南辺壁の中央には中の部屋へ通じる戸口があるが、この前に大きな洋服ダンスを置いてこれをふさいでいる。西辺壁の南端近くにニッチがある。天井高は2.54m。壁はプラスター仕上げである。

中の部屋は細長い四辺形で、東、南、北辺の壁に、台所、南の部屋、北の部屋へ通じる戸口をもつが、外部にはまったく面していない。西辺壁に二ヵ所、南辺壁に一ヵ所ニッチをもつ。天井高は2.27mである。床は台所より40cm余高く、この間に段が二段ある。南の部屋(図版51f)は不整四辺形で、東辺壁に窓を開く。この窓は集落の入口のアーチの内側のアーチのちょうど上にある。西辺壁にニッチが二ヵ所ある。天井は大引板天井で、高さは2.25mである。中の部屋、南の部屋とも最近では寝室としては使用せず、物置としていたらしい。

台所の階段をあがると、階上には下と同形の部屋がある。ただし、アーチ上の南の部屋の上はたちが低く部屋がとれない。台所の上の部屋(図版50b、c)は広く、いろいろな道具が置いてある。しかし他の部屋は、部屋といってもまったくの屋根裏の狭い空間(図版51c、e)である。ここで面白いのは、パン焼きがまが、中の部屋に築いてあることである(図版51c)。かまどの焚口は台所の上の部屋にある。

この家は、ベネズエラへ出稼に出ているとのことである。ついでにいうならばチェルクエトで毎年催している写生大会のときの作品が数枚、台所に置いてあった。なお、この家の下には地階があって、戸口がアーチの内部に二ヵ所設けてある。この地階の所有関係は明らかでなく、未調査である。

No.12　図版52、53　図面14

カステッロの北端にある家で、No.11の北側に連続し、そしてこの家の北側には納屋、畜舎が接続する。これらの建物はカステッロの住区の北辺を固めるがごとくにたっている。

この家の入口は、やはり北の小道にある。家に入るのには、建物にそって設けてある階段を、ほぼ一階分あがらなければならない。階段をあがったところに踊場があり、左手が居住部分、正面がパン焼きがま、右手は、北の小道の上を跨いで建てられている便所、家事室であり、この東側にはさらに仮設的な物置が続いている。

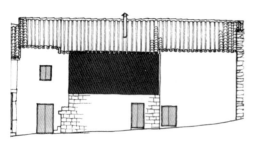

●No.12の家東面

●No.12の家入口の階段

入口から入ると、そこは上階で、食堂(図版52a)である。部屋の形はほぼ平行四辺形、面積は13㎡である。中央に食卓を置く。西辺壁に窓を開き、そのわきにニッチを作る。南辺壁に接してテレビジョンを置く。北および南辺壁の東端にはそれぞれ隣室への戸口がある。東辺壁の出入口わきには電話を置いた小さなニッチがあり、そのわきにパン焼きがまの焚口があるが、いまは使用していない。天井は高さ2.36m、ボード張り、床はレンガ敷き、壁はプラスター仕上げである。食堂の南側には仮設的な壁をへだてて台所がある。食堂と同様、部屋の形は平行四辺形、面積は14㎡ある。東辺壁のほぼ中央に窓を開き、そのわき、戸口に近い側に流しを壁にはめこみ、反対の側の部屋隅にはガスオーブンを置く(図版52c)。南辺壁には東端と中央近くにニッチがある。西辺壁に接して物入、冷蔵庫、北辺壁にそって食器棚を置く。部屋の中央に机を置く。天井高は2.24m、仕上げなどは食堂と同じである。

次に食堂の北側の部屋は寝室である(図版53a、b)。形は四辺形、面積は20㎡である。西辺壁の中央に窓を開く。東辺壁の中央に接してベッド二台、南辺壁の西寄りにダブルベッド、西辺壁の北よりにもう一台のベッドを置く。南辺壁の東端にタンス、西端に洋服ダンス、北辺壁の東寄りにも洋服ダンスを置いてある。天井は大引板天井で、高さは2.17mである。

床はレンガ敷きで、食堂よりは少しレベルが低い。

踊場の東側、ちょうど小道の上にあたる位置に4㎡ほどの家事室があり、ミシン、戸棚が置いてある。この北側は便所である。面積4㎡で、便器、ビデ、洗面器、シャワーがあり、ボイラーも設置してある（図版53c）。これら家事室、便所の東側に物置が付属している。

この家はこれまでみてきた家と異なり、入口から入ったところがすぐ食堂になっている。しかし、これは改造の結果である。すなわち、食堂と台所とを仕切る壁はのちに設けたもので、もとは一部屋であった。また暖炉がないが、南辺壁の中央部にあるニッチ（現在炊事具を入れる）のところがもとは暖炉であったかとおもわれる。

この家の台所、食堂、寝室の各室は最上階にとられている。この下に中階と地階とがあり、中階の戸口は上階にのぼる階段のわきにある。地階の入口はアーチの外にあるが、内部は未調査である。

居住者は60歳代の婦人1人であるが、休日には、町にでている娘さんが帰省していた。主人はローマに出稼に出ている。

No.13　図版54、55　図面15

南北通りの東側に、No.13、No.14、No.14′からなる一ブロックがある。No.13の家はこのブロックの北半分をしめている。ちょうど、南北通りと北の小道の角にある。建物は二階建で、下が台所、上が寝室である。台所の入口と寝室の入口が別々になっている。すなわち、台所の入口は、北の小道と同レベル、寝室への入口は外階段（図版19c）をあがった一階上にある。台所の内から寝室へは通じていない。台所は不整形の五角形で、面積は23㎡である（図版54a, b, c, 55a）。五角形になっているのは、道路の交叉部分で角を欠いているからである。窓はこの角を欠いた部分と西辺壁に設けられている。入口の東わきの壁には扉つきのニッチがある。東辺壁の北端近くに暖炉（図版55a）が築いてあり、暖炉の南側には、壁にそって、ガスレンジ、冷蔵庫、机がならぶ。南辺壁には大きな食器棚が置いてあり、その西端近くにニッチがある。部屋の南西隅にはテレビジョンが置いてある。西辺壁の北端に流し（図版54a）が壁にうめこんであり、流しと窓の間の壁の前に机を置く。部屋の中央に食卓を置く。天井は大引板天井で、高さは2.57m、床はレンガ敷き、壁はプラスター仕上げである。

寝室は台所と同じく不整形の五角形であるが、現在では南北中央に仮設の壁を設け、前後二室にわけている。窓も台所と同じ位置にある。北側の部屋（図版55b）には、中央にベッド二台を南辺の仮設の壁に接して置き、その西側に机、東側にタンスとミシンを置く。西辺壁にはニッチがある。南側の部屋（図版55c）には、中央にダブルベッドを南辺壁に接して置き、東辺壁にそって洋服ダンス、櫃、北辺の仮設の壁にそって化粧台などを置く。仮設の壁の東端にドアが開き二つの部屋を連絡している。南辺壁にニッチがある。寝室の天井は板天井、高さは2.30m、床はブロック敷きである。前述のように寝室へは台所から直接あがることはできない。一たん外に出てから、入口わきにある階段をのぼって入る。ただし南の寝室の南西隅の床に階段があった穴のあとがあるので、もとはここからのぼりおりしたことがわかる。

寝室の出入口の前には踊場があり、ここから寝室の外側を東にまわると、3mほど南に別の入口がある。ここを入ると面積10.5㎡ほどの平行四辺形の部屋がある。大きな洋服ダンスが西辺壁にそって置いてある。天井がなく、かなり荒れている。この部屋の南には仮設の壁をへだててもう一室がある。この部屋は面積13㎡強で、南辺壁に戸口があり、西辺壁には暖炉を築いた跡がある。現在この部屋は物置となっている。

● No.13の家正面と隅部分

いま、ここにあげた二部屋は、もとはNo.13とは別な一戸の家であったと考えられるから、No.13とは別にNo.14の家とする。暖炉の跡をのこす南側の部屋が台所で、中の小道から出入できる入口がつく。北側の部屋が寝室であったと考えられる。現在、この家は一部をNo.13の家で使用している。

なお、いまのべたNo.14の家の台所の西側と、No.13の家の台所、寝室の南側に、入口が中の小道に開く二階建の建物が付属している。しかし、この建物はちょうど調査期間中に取毀され、コンクリート・ブロックでもとと同規模の建物に改築された。どの家の所有かははっきりしなかった。この工事については図版30にやや詳しく写真をあげた。この建物は一戸の住宅ではなく、もともと物置であろう。No.14′としておく。

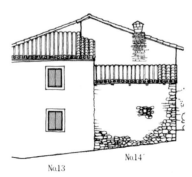
●No.13の家側面とNo.14′の建物

No.14、No.14′　　図版30　図面15

No.14、No.14′ともに概略は、No.13の家のところですでにのべた。両者とも中の小道に面して入口をもつ。なお、No.14の家の部屋の下には地階があり、入口が中の小道に面して設けられているが、内部は未調査である。

No.15　　図版4　図版56、57　図面15

この家は、No.14の家と中の小道をへだてた南側にあって、さらにこの南に連続するNo.16、No.17の家とともに、一ブロックをつくっている。地階をふくめて三階建である。中の小道にそって三つの入口がある。最も下に酒倉および倉庫への二つの戸口、ここから小道を一段あがり、南北通りから7mほど離れ、3mほどあがった位置が台所への入口である。

●No.15の家正面

台所は面積8.5m²ほどの長方形に近い形の部屋（図版56a）で、北辺壁の入口西側わきに窓をあけ、西辺壁には暖炉が築いてある。東辺壁のほぼ中央に凹部をつくり、洗濯機をはめこみ、そのすぐ南側には流しをはめこんでいる（図版56b）。南辺壁の東よりには奥にある食堂へ通じる戸口があり、そのわきの壁にそって、机、ガスレンジが置いてある。天井は大引を配しボードを張る。天井高は2.30m。床はレンガ敷きである。壁には腰に磁器質のタイルを張っている。

台所から食堂へは三段をのぼって入る。食堂（図版56c）は奥に深いほぼ長方形の部屋で、面積は14m²ほどである。中央に大きな机を置く。東辺壁に窓が開く。南辺壁の東端にテレビジョンを置き、西辺壁の南端から食器棚、冷蔵庫を置く。この壁には隣の二つの寝室に通じる戸口二ヵ所がある。北辺ぎわにストーブをおく。天井は大引板天井で、天井高は2.20mである。壁はプラスター仕上げ、床はレンガ敷きである。

台所、食堂の西側に寝室の区画がある。寝室の北辺壁は台所のそれより2mほど南に寄っている。寝室の区画は全体で間口3m、奥行6.4mあるが、南北中央に仮設の仕切壁を設けて二室にわけている。南側の部屋（図版57b）から説明する。西辺壁に窓が開き、部屋の東南隅は東辺、南辺の壁ともに凹部になり、南辺壁のほうは戸がつき物入になっている。南辺壁に接してベッド二台を置き、北辺の仮設の壁に接して洋服ダンスを置く。仮設の壁の西端があいていて、北側の部屋と行き来ができる。次に北側の部屋（図版57a）では、仮設の壁に接してダブルベッドを置き、西辺壁にそって、タンス二棹を置く。北端にはニッチ（物入）がある。北辺壁の西よりにバルコニーに出る戸口があり、東端に便所に通じる戸口がある。

便所は北側の寝室と台所との入隅にあって、北側の寝室とその前面に設けたバルコニーの両方に出入する戸口がつく。二つの寝室は、天井高2.15m、大引板天井、ペンキ塗り、壁はプラスター仕上げ、床はレンガ敷きである。

台所、食堂の上部に両方の部屋を通した細長い屋根裏部屋がある[*4]。家の内部からはあがる階段がなく、東辺壁にあく戸口に外から梯子をかけてのぼる。この部屋は北辺壁に窓を開く。物置としているが、普段はあまり使用していない。寝室の上部にも屋根裏部屋があるが、このほうは次に記すNo.16の家に属している。

地下室は台所、食堂の下部、寝室の下部の両方にあり、前者にはボイラーを設置し、シャワー、洗濯場を設けてあるほか、燃料、野菜、諸道具などが置いてある（図版57c、d、e）。後者は酒倉である（図版57f）。両方の地下室の入隅、ちょうど便所の下にあたるところにパン焼きがまが作ってあり、酒倉から使うようになっている。

この家の外壁は、仕上げを改装してあり、意匠をこらしている（図版21c、d）。たとえば、壁面の高い位置に流星を描き、地階の入口の上には1800年代の刻銘をもつ石臼をはめこみ、また腰壁には濃い茶色系の小石を散りばめている。外壁を改装しているので、一見したところでは新しい家にみえるが、内部は他の家と同様に古い。

畜舎などの所在は明らかでない。この家には50歳代の夫婦が住んでいる。

No.16　図版58、59　図面16

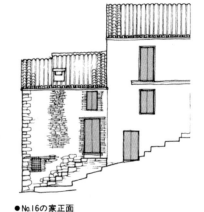

●No.16の家正面

この家は、No.15の家の南側とNo.17の家の西側に接し、南の小道と南北通りとの角にある。家への入口は南の小道にあり、階段をのぼって入る。現在は留守宅であり、No.8の家が物置として使用している。

入口を入ると中階で、すぐそこが台所である（図版58a、b）。台所の形はほぼ平行四辺形、面積は15m²ほどある。南辺壁の東端に出入口があり、壁面のほぼ中央に暖炉を築く。西辺壁は中央に窓を開く。壁にそって北隅に階段があって、南からのぼる。西北隅は踊場になっており、ここにニッチがある。北辺壁の中央にニッチがある。東辺壁にもニッチがあり、南端近く、入口わきには流しが壁にはめこまれている。階段から上階にあがると、台所の上部に同形の部屋（寝室　図版58c）がある。この部屋は南辺壁と西辺壁に窓を開く。踊場から北に狭い通路があり、もう一つの別の部屋に通じる。間口3m弱、奥行6.5mほどの細長い屋根裏部屋（図版59a、b）で、西辺壁に窓を二ヵ所で開く。この部屋は、前にのべたNo.15の家の寝室の上部にあたり、南北道路に面している。物置として使用している。かつて使用した銅製の水壺なども置いてある（図版59e）。もとは寝室として使用していたらしい。

なお、この家の台所の下の地階にあたる部分は、次にのべるNo.17の家に属している。

No.17　図版59、60　図面16

●No.17の家正面

[*4]　図面16の下の図のうち、上方に突出する右側の部屋。

カステッロ住区の東南端にある家で、南の小道に入口をもつ。東が高い急な斜面に、等高線と直角の方向に棟をとるので、地上にでている部分は、東と西とでは大変に異なる（図版23）。上階が寝室二室、その下の中階が台所と食堂であって、家への入口はこの階に設けである。中階の西側の部屋（食堂）の下には地階が設けられていて、この家に通じる石段の途中から出入できる。また、この家の南辺東端隅に接して、便所の建物が新築してある。便所は寝室と同レベルであって、寝室南前面のバルコニーが便所西前面のバルコニーに続いており、このバルコニーの南端から山道におりられる。便所の下は半地下になっており、洗濯場などとして使用する。床の高さは台所とそろう。ここから家の東側面へ抜けられる。

台所（図版60a、b）はほぼ平行四辺形で、面積は17m²ほどある。家への出入口は部屋の南辺壁の西端にあり、その東に窓が開くが、この前面に洗濯場ができたため、採光は期待できない。入口と窓の間の壁面の前にガスレンジを置いている。東辺壁のほぼ中央に暖炉が築

●No.17の家の便所背面

●南の小道（東からみる）

かれ、北辺壁にそって上階にのぼる石製の階段が設けてある。階段の下は物入として利用している。西辺壁には階段わきに食堂への入口が設けられ、その南には洗面器がつき、流しが壁にはめこまれている。部屋の東北隅、階段へののぼり口のところに櫃、階段の南辺に接して机が置いてある。天井は大引板天井で、天井高は2.52mである。床はレンガ敷き、壁はプラスター仕上げである。

食堂（図版60c）は、台所に隣りあい、形はほぼ平行四辺形、面積は13㎡ある。南辺壁の中央に窓が開く。部屋の中央に机を置き、南辺壁の西端に櫃、東辺壁の南端に冷蔵庫、戸棚、北端に櫃、北辺壁にそってテレビジョン、食器棚を置き、西辺壁の南端近くにニッチを作る。天井は大引板天井で、天井高は2.37mである。壁はプラスター仕上げ、床はレンガ敷きで、台所より床高は一段高い。

階段をのぼると小さな踊場があり、階下の部屋と同形の寝室二室が設けられている。東側の寝室（台所上部 図版59d）は南辺壁に窓が開く。東辺壁に接して二台のベットがあり、部屋の東北隅にタンス、物入、西辺壁にそってタンスが置いてある。また、西辺壁にニッチが設けてある。天井高は2.39m、床はレンガ敷き、天井、壁とも仕上げはプラスターである。次に西側の寝室（図版59e）は南辺壁にバルコニーに出る戸口が開く。東辺壁と北辺壁に接してそれぞれダブルベッドを置く。北のベッドのわきに洋服ダンスがある。天井高2.45m。天井、壁、床とも仕上げは東側の寝室と同様である。前述のように両寝室の前面にはバルコニーが設けてあり、ここから便所に行くことができる。

食堂の下の地下室のほか、前述のNo.16の家の地階に酒倉をもつ。この酒倉へは南北通りから入る。

家族は50〜60歳代の夫婦と子供（20歳代）2人の4人である。

畜舎はカステッロ住区の広場の北にある共同のもの（付属屋A）の一部を使用している。

付属屋

付属屋には畜舎、納屋、車庫などがある。これらは居住部分とは別に、カステッロの住区では、居住部分の東側から北側にわたって建てられている。別図に示すように、ほぼ北からA、B、C、の記号をつける。付属屋については内部にまでおよぶ調査を行なう余裕をもたなかったので、ごく概略をしるすにすぎない。

付属屋Aは間口35mにもおよぶ大規模な畜舎である。礫の組積造、片流れ、瓦ぶきで、斜面にたつので、半地下形式になっており、半地下をふくめると二階建である。半地下部分（図版32b、c）は西側に入口があり、主として羊舎である。上階（図版15c）は東側から直接入ることができる。乾草小屋である。上下階とも八区画にわかれ、これらを5戸の家で使用している。畜舎の長屋ともいうべき建物である。

付属屋B（図版3c）、Cは最近の建築になるブロック造、二階建の建物である。仕上げ、建具などには完成していない部分があり、現在は物置として使用しているが、住宅として建てられたものらしい。CはNo.10の家の所有である。

付属屋D〜Gは礫の組積造の畜舎である。D（図版32a）の東側には小さな牧草地がある。規模の小さなE（図版32e）、Gは鶏舎である。所有関係は未調査。付属屋Hは、No.12の家に接続した二階建の納屋で、伝統的な手法によっている。付属屋IはNo.12の家の物置であり、仮設的な新しい建物である（図版15a）。付属屋K、Lは畜舎、付属屋M（図版32d）は納屋である。いずれも伝統的な手法によっている。MはNo.8の家のものである。付属屋Nは、大きな岩かげにある仮設的な車庫、物置であり、付属屋OはNo.10の家の車庫である。

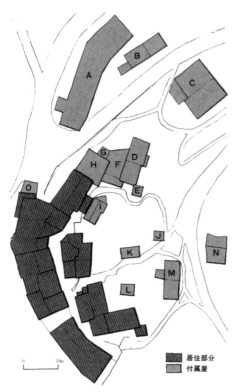

●カステッロの住区の付属屋の分布

VII SOMMARIO ITALIANO

RICERCA SULLE CASE TRADIZIONALI DI UN VILLAGGIO NELLA REGIONE MONTUOSA DELL'ITALIA CENTRALE

CERQUETO di Teramo, Abruzzo —— 1977

SOMMARIO ITALIANO

PROFILO DEL VILLAGGIO E DELLA RICERCA

La nostra ricerca sul complesso di case tradizionali di Cerqueto, un villaggio montanaro dell'Italia centrale, si è svolta tra settembre ed ottobre del 1977, nel villaggio stesso.

La ricerca ha scopo di studio campione, per conoscere le circostanze attuali europee di urbanistica ed architettura in cui si trovano le case tradizionali e loro complessi. Cerqueto è già stato oggetto di un ampio studio socioetnografico, condotto da un gruppo di studiosi giapponesi guidati dal Prof. Yutaka Tani e pubblicato in edizione bilingue. Suddetto studio gode di buona popolarità tra certi cultori intellettuali e curiosi giapponesi.

Cerqueto, frazione del comune di Fano Adriano, in provincia di Teramo in Abruzzo e nelle vicinanze di una nota stazione invernale, Pietra Camela, è sito nella discesa settentrionale dei due "Corni" del Gran Sasso d'Italia. Un tempo, fu dominato dal regno di Napoli e ne costituiva una frontiera settentrionale.

La Regione Abruzzo, costeggiando l'Adriatico, è composta quasi interamente di colline e montagne appartenenti all'Appennino Centrale, che dalla parte più rapida e alta dell'est scende ondulatamente verso il mare.

Tradizonalmente, l'intera economia dei cerquetani era costituita solamente dall'allevamento di pecore e dalla pettinatura della lana durante la transumanza. Le poche e povere colture agricole bastavano appena per il consumo domestico. La pastorizia e relativa transumanza costituiva il mestiere principale e tutti i cerquetani attualmente ultraquarantenni ne hanno fatto esperienza.

Questi pastori, di norma impiegati da grossi proprietari di pecore o imprenditori nella pastorizia — i cosiddetti "fiduciari" — viaggiavano da stagione a stagione portando le pecore nei pascoli sotto il Gran Sasso e nei prati della periferia settentrionale di Roma. Oggi però, si contano pochissimi pastori perchè con il fenomeno di spopolamento molte famiglie si sono trasferite a Roma, dove gli uomini fanno i braccianti. Quelli che sono rimasti al paese, per la maggior parte lavorano come operai a Roma, facendo così i pendolari, senza contare quelli che vanno all'estero per lunghi periodi, di preferenza in Svizzera,

Canada e Venezuela. C'è stato così un profondo cambiamento ed i cerquetani da pastori viaggiatori che erano sono diventati lavoratori di città.

In questa nostra ricerca, la maggior parte del tempo disponibile è stata dedicata al quartiere più tradizionale, il cosiddetto "Castello", agglomerato di carattere medioevale composto da diciassette case famigliari ed alcuni edifici di servizi. Il tutto forma una specie di fortezza, come spiegato dal proprio nome e vi si accede passando sotto un arco. Il "Castello" sta alla frontiera sudest del villaggio di cui occupa anche la parte più alta.

Citiamo qui di seguito i principali lavori eseguiti al "Castello" durante la ricerca.
Disegni originali da rilievo:
    a. Planimetria del quartiere (scala rapp. originale 1:100)
    b. Piante particolareggiate delle vie principali (scala 1:50)
    c. Piante di tutte le case (scala 1:50)
    d. Prospetti continui dei complessi (scala 1:50)
(Tutti i suddetti disegni sono riportati in questo volume)

Le fotografie originali di tutto il villaggio compreso il "Castello" sono 430 in bianco e nero e 150 diapositive a colori.

Il materiale ricavato in questa prima fase della nostra ricerca, sia gli elaborati grafici che le fotografie, non potranno ancora formare un documento scientifico completo e riteniamo perciò la ricerca incompiuta. Sperando comunque di poter approfondire e completare il lavoro in futuro, pubblichiamo questi risultati quale primo messaggio da Cerqueto.

Questa ricerca è stata condotta dal Dott. Satoshi Miyazawa,* ricercatore esterno del Ministero della Pubblica Istruzione, in collaborazione con il Dott. Arch. Yoshiharu Suzuki** e Dott. sa Tomoko Miyazawa.***
    *   Storico e archeologo d'architettura, responsabile d'architettura presso l'Istituto di Ricerca dei Beni Culturali Nazionali di Nara
   **   Architetto, residente in Roma
  ***   Ingegnere civile di architettura

Ringraziamo di tutto cuore a Don Nicola Jobbi ed agli abitanti di Cerqueto per la loro generosità a viva collaborazione alla nostra ricerca.

— CONCETTI RESIDENZIALI E TIPOLOGIE — CONFRONTO FRA I DUE PAESI, ITALIA E GIAPPONE

Sin dall'epoca della Restaurazione di Meiji, il Giappone è stato fortemente spinto ad assumere la cultura occidentale come modello avanzato. È molto frequente trovare ancora oggi questa grande influenza occidentale nella cultura giapponese, così anche nella cultura architettonica.

In queste pagine, cercheremo di mettere a confronto le caratteristiche delle case tradizionali italiane (quelle di Cerqueto) e quelle delle case nostrane: tenteremo di osservare le case italiane tramite quelle giapponesi e viceversa.

A questo scopo, tratteremo come premessa alla nostra analisi tre aspetti socio-storici principali.
Il primo riguarda il fatto che ambedue i paesi costruiscono le loro case pressapoco nello stesso periodo. Le abitazioni cerquetane sembrano essere state costruite o rifatte nel settecento e ottocento, prima comunque dell'Unità d'Italia e cioè, 1860 a 1870. Quest'ultimo periodo corrisponde in Giappone all' epoca di transizione tra il periodo Edo dello Sciogunato (1603~1867) e l'Era di Meiji (1868~1912),

arco di tempo che va dalla società feudale premoderna a quella moderna capitalistica. Possiamo dire quindi che c'è coincidenza tra i due paesi nel cambiamento storico. In Giappone, ci interessano soprattutto le case popolari del periodo Edo perchè esprimono intensamente il carattere naturale nazionale e vari aspetti locali. Paragonate alle costruzioni pre-risorgimentali dei centri storici italiani, queste case giapponesi corrispondono periodicamente a quelle italiane. Naturalmente, la mancanza di comunicazione culturale tra i due paesi durante questo periodo pre-moderno giapponese, ha fatto sviluppare in mode diverso le case popolari di ciascuno dei due paesi. Si differenziano soprattutto nel design, dal fatto che un paese vive tuttora una cultura di legno e l'altro una cultura di pietra.

Il secondo aspetto riguarda il fatto che, a parte il grande contrasto di design causato dalla diversità dei materiali dei due paesi, le case rurali in discussione sono prodotti di due società pre-industriali, e quindi, storicamente, si possono considerare quasi allo stesso livello civile. Proponiamo qui di seguito un paragone tra i due casi secondo la divisione in stanze e locali.

ITALIA (Cerqueto)
A) Cucina, pranzo
B) Camere da letto
C) Magazzino

GIAPPONE (in generale)
A) Cucina
B) "Zashiki" (=salotto), camere da letto
C) "Niwa" (=cortile interno di servizio; una parte è anche magazzino)

La casa tipo di Cerqueto ha tre piani in tutto: il piano intermedio è occupato dal gruppo (A), con cucina e sala da pranzo; il piano superiore con le camere da letto (gruppo B) e il piano inferiore o seminterrato con il magazzino (C). Il tipo rappresentativo giapponese del periodo Edo si sviluppa orizzontalmente partendo dal centro con la cucina – (A) – con la distribuzione dei due gruppi (B) e (C) da un lato e dall'altro della cucina.

Il terzo aspetto riguarda il problema della modernità della vita. Confrontiamo Cerqueto con un villaggio montanaro giapponese, il villaggio Icciu in provincia di Tokushima, nell'isola di Shikoku e alla discesa settentrionale del monte Kenzan (1955m). Questo villaggio presenta un forte fenomeno di spopolamento dovuto alla emigrazione, ed anche qui come a Cerqueto, per la ricerca di un lavoro in città. Un tipico indicatore di modernità nei due villaggi consiste nel possesso di beni di consumo durevoli, come per esempio elettro-domestici. Quasi tutte le famiflie dei due paesi possiedono telefono, televisione, lavatrice elettrica, frigorifero, cucina a gas, stufa domestica, ecc. E mentre i cerquetani sino a ieri non avevano il gabinetto e oggi molti di loro se lo costruiscono, gli abitanti di Icciu l'hanno sempre avuto. Il gabinetto nel villaggio giapponese era sempre esterno al nucleo abitativo, fiancheggiando o fronteggiando la casa principale; oggi si ricostruisce modernizzandolo. Perciò, a parte la differenza di sistema tecnico e di apparecchi –Cerqueto usa scarico d'acqua mentre Icciu il sistema primitivo– si assomigliano nella tendenza a modernizzare. Ciò significa che, nonostante la distanza fra loro in diverse nazioni, i due villaggi sono sotto una stessa influenza e non possono non vivere una stessa storia mondiale.

Come abbiamo visto fin qui, i due villaggi hanno vari punti in comune: contemporaneita delle costruzioni, stesso livello di sviluppo civile, tendenza a modernizzare.

Esaminiamo ora sotto questi aspetti i concetti residenziali e design espressi dai due popoli.
A Cerqueto ci sono benestanti e poveri, ma non esiste ceto alto e ceto basso, così come non ci sono proprietari e affittuari. In Giappone al contrario, durante il periodo feudale di Edo la gerarchia è complicata; ma qui trattiamo di case del popolo, e cioè, di agricoltori, commercianti e manufattori.

FUNZIONE PER GERARCHIA E TIPOLOGIA

Come già abbiamo visto, a Cerqueto una casa si compone di tre gruppi di stanze: cucina e pranzo (A), camere da letto (B), magazzino (C) e ciascuna stanza ha chiare funzioni. Così è anche in Giappone, con gruppo di cucina (A), Zashiki e camere da letto (B) e Niwa (C). La cucina cerquetana e quella giapponese del tipo "Hiroma" (grande salotto centrale) hanno la stessa funzione e costituiscono il nucleo della vita familiare, la prima con un camino e la seconda con "Irori" (focolare). A volte a Cerqueto, accanto alla cucina si trova una sala da pranzo che corrisponderebbe alla saletta da tè giapponese "Chanoma". Anche le camere da letto dei due paesi si corrispondono, con la comune funzione di depositare beni precisi oltre che per dormire. Ma il "Zashiki", attrezzato e separato dalla camera da letto, ha storicamente il ruolo di camera di preghiera, con l'altare di Budda, e funziona anche come camera degli ospiti. Nel tardo periodo Edo (dal tardo settecento in poi), il Zashiki si trasferisce nella "Shoin-zukuri" (casa-studio) con il "Toko" (alcova ornamentale) ed è un luogo di massimo rispetto nella casa, dove si ricevono e si fanno dormire gli ospiti. A Cerqueto, anche quando troviamo case con la camera per gli ospiti, questa camera non ha funzione di ricevimento, che si svolge sempre in cucina o nella camera da pranzo. La caratteristica disponibilità giapponese, di riservare un considerevole spazio agli ospiti, costringe le camere da letto familiari ad essere piuttosto strette.

Il gruppo (C) di Cerqueto è occupato dalla cantina, mentre il nostro "Niwa" si può considerare spazio di lavoro. Sito accanto alla cucina e non pavimentato in alcun modo, in una parte del "Niwa" si cucina, mentre un'altra serve come deposito e luogo di lavoro nell'epoca della raccolta. In molte zone del Giappone, il "Niwa" ospita la stalla. Succede spesso che non soltanto il "Niwa" ma tutta la casa giapponese sia usata per la sericoltura o per l'essiccazione del tabacco. Possiamo dire quindi che, mentre la casa cerquetana è esclusivamante abitazione, la casa giapponese è allo stesso tempo abitazione e laboratorio, e mentre l'abruzzese si svolge su tre piani, quella giapponese si sviluppa orizzontalmente.

Questo villaggio teramano, con le sue due caratteristiche — sovrapposizione dei piani e residenza esclusiva — e principalmente il "Castello", compone un piccolo continuum urbanistico, quasi una mini-città montanara.

Il popolo nipponico ha tentato e realizzato una stanza di rispetto e questo ha costituito una grossa spinta per sviluppare e qualificare le case giapponesi. A Cerqueto, non esiste questa stanza speciale.

A Cerqueto, in cucina, il camino costituisce il punto centrale del design anche se non stabilisce gerarchie. In Giappone, lo "Irori" stabilisce tutte le gerarchie, e cioè, la posizione del padrone, della massaia, dei familiari e degli ospiti. Il posto del padrone di casa si denomina "Kami" (superiore) e la sua direzione si dice "Kami-te" (verso il superiore). Con questo senso di rispetto, tutto il design della stanza acquista un orientamento e dignità. Nel "Kami-te", cioè, verso il superiore, si pone il "Zashiki", la stanza degli ospiti; nel "Shimo-te", verso l'inferiore, il "Niwa", la terra interna.

In cucina, oltre allo "Irori", come punti·di riferimento al design, ci sono altri elementi architettonici come armadio e scrittoio che ne danno una consonanza e un orientamento. I più importanti elementi allo scopo sono il "Toko" (alcova) e il "Tanà" (scaffale). Lo spazio residenziale cerquetano non presenta quasi alcun elemento rappresentativo.

IMPORTANZA DELLA "PRIVACY"

Le case cerquetane sono in struttura di pietra ed ogni stanza viene circondata da pareti spesse, al contrario delle nostre che sono sottili ed in legno. Ma per la "privacy", oltre all'utile effetto di isolamento acustico del muro spesso — che non sempre stabilisce la "privacy" — bisogna esaminare il concetto totale della pianificazione residenziale. A Cerqueto, la cucina e la sala da pranzo attigua hanno sempre un collegamento diretto, e per andare in camera da letto si passa dalla cucina o dalla sala da pranzo. Solo il magazzino o cantina ha un ingresso proprio.

Queste stanze costituiscono uno spazio comune per tutti i familiari, senza problema di "privacy", e al "Castello" le case più tradizionali mancano di corridoio e lo spazio cucina-pranzo funziona da passaggio. Al "castello", non poche case plurifamiliari hanno una sola camera da letto e quindi senza "privacy", ma almeno questa unica stanza non serve da passaggio, è indipendente. Nelle case con due camere da letto ci sono due casi: nel primo, due camere indipendenti ognuna con il suo ingresso proprio; nel secondo, una camera introduce nell'altra. All'origine di quest'ultima situazione sta la divisione di un'unica stanza in due tramite una parete che scorre in mezzo; la seconda camera quindi serve anche da passaggio e manca così di "privacy". Questo prova che la privacy individuale non era tenuta in gran conto nelle case tradizionali di questo villaggio. Le costruzioni più recenti tengono conto del corridoio per assicurare entrate indipendenti a tutte le camere. La casa Nr. 5 (disegno 11) è stata di recente ricostruita e possiamo costatare la preoccupazione per assicurare l'indipendenza ad ogni camera. Un sintomo dell'interesse attuale verso la "privacy".

La situazione giapponese assomiglia a quella italiana. Dalla cucina, in posizione centrale, si passa al "Zashiki", alle camere da letto e al "Niwa". Di solito, la camera da letto. anche se con denominazioni diverse secondo la località (Nema, Nedoko, Nando, Heya, ecc.) si identifica con la coppia-padroni e nei casi in cui la casa è abitata da due famiglie, si forma un'altra camera da letto. Questa può risultare dall' adattamento del "Zashiki" o dall'aggiunta di un'altra stanza, interna od esterna all'edificio.

I familiari, a volte dormono in cucina, perchè pavimentata con tavole di legno sopra le quali vi si appoggia la stuoia. Quindi, a parte la "privacy" riservata alla coppie, gli altri familiari dormono in stanze di passaggio. Quando le stanze di una casa sono foderate con "Tatami" (tipica stuoia giapponese abbastanza spessa), si può dormire ovunque si desideri con comodissimi materassi giapponesi. Nel periodo feudale, i materassi non erano molto diffusi tra il popolo, e si dormiva frequentemente su mucchi di paglia. Da ciò si deduce che prima della diffusione del "tatami" le stanze da letto erano abbastanza fisse.

Di recente, soprattutto gli agricoltori che abitano ancora in vecchie case tradizionali, fanno aggiungere delle camere per i ragazzi, o trasformano il piano superiore, tradizionalmente di servizio, in camere indipendenti, con ulteriori fenomeni di "privacy". I due paesi, simultaneamente e soltanto oggi, fanno entrare la "privacy" nelle case tradizionali.

VITA NELLE SCARPE, VITA SUL "TATAMI"

Una chiara differenza di costumi divide l'architettura dei due mondi. Come è noto, in Giappone si lasciano le scarpe all'ingresso dell'abitazione, nel "Niwa", il vestibolo. A Cerqueto, subito oltre la porta d'ingresso ci si immette nella cucina. Nelle costruzioni moderne troviamo il corridoio ma senza alcun intervallo con funzioni di vestibolo.

I materiali da pavimentazione, da noi, per la vita senza scarpe, sono molto soffici: tatami o legno con stuoie sopra. A Cerqueto, il pavimento in genere è fatto di mattoni e non si usa tappeto sopra.

Nella vita moderna giapponese si è introdotto profondamente l'uso occidentale della sedia.

MODULO E TECNICA

Durante il nostro lavoro a Cerqueto, il fatto del tutto nuovo per noi ricercatori giapponesi, è che dovevamo adoperare la misura per rilevare e disegnare pezzo per pezzo tutti gli elementi architettonici e strutturali, dovendo persino fare ricorso alle diagonali. Le case cerquetane tradizionali, tutte irregolari, con pareti spesse e mai parallele sono prive di un modulo. Noi invece siamo abituati a rilevare e schizzare piante e sezioni di case tradizionali senza dover ricorrere a una misura minuziosa, perchè l'architettura giapponese ha creato una lunga e affermata tradizione di una unica unità di modulo, senza la quale nessun architetto o falegname nostrano avrebbe potuto fino al giorno d'oggi costruire una casa. L'unità di campata tra pilastri è di uno "Ken" (sei piedi giapponesi = 1,82m~2,00m); per l'altezza interna le misure sono fisse secondo i componenti (1,73m~1,76m), partendo dalla misura minima di un piede (0,303m) che viene adoperata dappertutto. Questa unità di modulo risparmia faticosi lavori di rilievo, come quelli che abbiamo dovuto eseguire a Cerqueto per posizionare ogni porta e finestra.

Le case tradizionali giapponesi sono figlie di questa caratteristico sistema di modulo ed essendo frutto di una cosiddetta architettura senza architetti sono costruite da falegnami specializzati. La tridimensionalità residenziale è tradotta con grande facilità in complicate strutture di legno con l'ausilio di una semplicissima pianta.

INDICE

INDICE GENERALE (Pag. 85~127)

I	Profilo del villaggio e della ricerca	86
II	Concetti residenziali e tipologie - confronto fra i due paesi, Italia e Giappone	89
III	Metodo della ricerca	95
IV	Morfologia del villaggio	103
V	Classificazione delle forme delle case e loro modi di abitazione	108
VI	Interpretazione di ciascuna casa indagata	117
VII	Sommario Italiano	128

INDICE DELLE FOTOGRAFIE (Pag. 1~68)

Dalla fig. 1 alla fig. 8	: (a colori) il villaggio	1
Dalla fig. 9 alla fig. 15	: la piazza; aspetti esterni del villaggio	9
Dalla fig. 16 alla fig. 29	: strade, archi, case e tetti del "Castello" e loro particolari	16
Figg. 30–31–32	: nuove costruzioni; un edificio di servizi	30
Figg. 33–34–35–36	: (a colori) alcuni interni	33
Dalla fig. 37 alla fig. 60	: interni	37
Dalla fig. 61 alla fig. 68	: viste del complesso di Cerqueto	61

INDICE DEI DISEGNI (Pag. 69~84)

Disegno 1.	Topografia dei dintorni di Cerqueto 1:25000	69
Disegno 2.	Carta catastale 1:2000	70
Disegno 3.	Planimetria generale del "Castello" (I) – tetti 1:400	71
Disegno 4.	Planimetria generale del "Castello" (II) 1:200	72
Disegno 5.	Planimetria generale del "Castello" (III) 1:200	73

Disegni 6, 7.   Particolari della strada del "Castello"   1:150 74
                Sezione Est-Ovest del "Castello"   1:200
                Prospetti circondanti la Piazza del "Castello"   1:200
Disegni 8, 9.   Prospetti d'insieme delle facciate delle case   1:200 76
                – la strada Sud-Nord, il lato Est
                – la strada Sud-Nord, il lato Ovest
                – il lato Ovest del complesso
Disegno 10.   Rilievo delle case Nr. 1, 2, 3.   1:100 78
Disegno 11.   Rilievo delle case Nr. 5, 6.   1:100 79
Disegno 12.   Rilievo delle case Nr. 7, 8.   1:100 80
Disegno 13.   Rilievo delle case Nr. 9, 10.   1:100 81
Disegno 14.   Rilievo delle case Nr. 11, 12.   1:100 82
Disegno 15.   Rilievo delle case Nr. 13, 14, 15.   1:100 83
Disegno 16.   Rilievo delle case Nr. 16, 17.   1:100 84

イタリア語日本語対照表、索引

用語対照表

- A ARCO アーチ
  ARMADIO MURO 納戸
- B BAGNO 浴室 便所
  BLOCCO DI CEMENTO コンクリート・ブロック
  BROCCA IN COCCIO 水壺
- C CAMERA 部屋
  CAMERA DA LETTO 寝室
  CAMINO 暖炉 煙突
  CANALE 瓦(丸瓦)
  CANTINA 地下室 酒倉
  CASA 家
  CENTRO STORICO 歴史の中核となる街区
  CONCA 銅製水壺
  CORDOLO 梁
  CUCINA 台所
  CUCINA ECONOMICA A GAS ガスレンジ
- D DISEGNO 図面、スケッチ
- F FONTANA 泉 水場
  FORNO パン焼きがま かまど
- G GALLERIÁ 地下道
- I INGRESSO 入口
- L LETTO ベッド
  L'PORTE 扉 入口
- M MATTONE レンガ
  MENSOLA 木鼻、肘木
  MURATORE レンガ積 左官
- N NICCHIA ニッチ
- P PENDENZA TETTO 屋根勾配
  PIANO 平面 計画 階
  PIÁZZA 広場
  PLANIMETRIA 平面実測図、配置図
  PÓRTICO ポーチ 柱廊
  PROGETTO 計画 設計
  PROSPETTO 立面図
- S SALA DA PRANZO 食堂
  SALETTA 小居間
  SCALA 階段
  SEZIÓNE 断面図
  STALLA 厩舎 家畜小屋
- T TAVELONI 床材
  TAVOLA(TAVOLO) テーブル 机
  TEGOLA 瓦(平瓦)
  TORCHIO ブドウ搾り機
  TRAVE 梁
- V VALUCONE バルコニー

地名対照表

- ABRUZZO アブルッツオ
- CASTELLO カステッロ
- CERQUETO チェルクエト
- FANO ADRIANO ファノ アドリアーノ
- L'AQUILA ラクイラ
- MONTÓRIO AL VOMANO モントリオ
- PLETRA CAMELA ピエトラカメーラ
- PONGIO UMBRICCHIO ポンジョ ウンブリッキォ
- TERAMO テラモ
- VOMANO Rv ヴォマノ川

内容索引

- ア 空家率 103
  新しい瓦と古い瓦 111
  厚い壁 91
- イ 椅子式の生活 92
  イタリア人のパーソナリティ 94
  イタリアと日本の比較 89
  イタリア料理の豊富さ 114
  移牧の牧夫職 87
  入口のポーチ 97
- ウ 裏側に通じる地下道 105
- エ ASA400のフィルム 101
- オ オフセット測量 97
  女達の編みもの 115
- カ 開口部の分類 110
  開口部廻り 111
  家屋登記台帳 88
  各階の呼び方 109
  格式の高い部屋 90
  カステッロ住区の入口にある家 121
  カステッロと称する一住区 87
  カステッロの戸数 98
  過疎化 87、100
  家族主義 100
  家族生活の中心となる部屋 90
- キ 企業的な移牧経営者 87
  北、中、南 三条の小道 105
  木の文化、石の文化 89
  基本図 87
  逆T字型のプレキャストの大引 114
  行基瓦と同様の形 111
  木割の存在 93
  筋肉労働者 87
- ケ 建築仕事 107
- コ 工業化される以前の社会の産物 89
  小道の上を跨いで建てる 123
- サ 座式の生活 92
  山岳都市 95
  三群の部屋 109
- シ 自家消費用の貧弱な農業 87
  四国山地の村 94
  自在鉤 112
  下の住区 96
  下の牧草地 98
  社会学的な学術調査 86
  斜面にたつ家 109
  10m間隔でシャッターを切る 106
  集落への通用口の役割 105
  巡回渡りの梳毛手仕事 87
  上階、中階、下階の三つの階 105
  人口階層別構成 103
  寝室への入口は外階段をあがる 124
- セ 生活様式の近代化 90
  石畳状の岩 104
  設計に新しい要素 118
  1369年の洗水盤 86
  1860年代から1870年代の転換期 89
  1869年の刻銘 122
  専用住宅 91
- タ 耐久消費材の所有率 90
- チ チェントロ・ストリコ 89
  中央に廊下 114
  長距離移牧 86
  調査費 100
- テ 手洗器、ビデ、給湯 112
  出稼ぎ労働者 87
  デザインの秩序と方向性 91
  天井にボイラーを釣る 118
  伝統的な物質文化による生活 87
  伝統的生活用具を集めた博物館 87
- ト 同水準の発展階段 89
  銅製の水壺 126
  戸口に外から梯子をかける 126
  都市住宅的な要素 91
  土足の生活 92
  トランシット測量 99
- ナ 7mのモジュール 114
- ニ 日常生活の中心となる部屋 109
- ハ 柱石を示す切石 117
  半地下形式 106
- ヒ 肘木状の持送り 110
  羊、山羊の共同管理 104
- フ フェスタ・マドンナ 99
  不整形な部屋 122
  ブドウを絞る 122
  プライバシー 91
  ブロック割の考えはない 113
- ヘ 併用住宅 91
  壁体は空洞ブロック二枚積み 114
  壁面の仕上げの相異 104
  部屋の各辺と対角線をはかる 96
  便所工事 113、120
- ホ 牧夫フランチェスコの一日 94、95
  乾草貯蔵、家畜小屋 107
  ポラロイドカメラ 96
- マ マチ空間との類似 106
  町の彫刻的な構成 96
- ミ 水壺を置くためのニッチ 112
  民家と集落に関する調査 86
- ム 棟割長屋のような家々 105
  村人達の衣生活 115
  村人の食事 115
  村人の生活のリズム 100
- メ 目隠し壁 121
- モ 文部省在外研究員 88
- ヤ 屋根裏の狭い空間 123
- ユ 床と屋根は木造 108
  ユネスコ・ローマ修覆センター 94
- ヨ 要塞集落的な形態 104、108
- リ 良好な受け入れ体制 96
- レ 礫を用いた組積造 99
  レベル測量 91
- ロ ローマへ通じる街道 86
  ロバによる物資の搬入 87

挿図・表目次

- チェルクエトの集落　viii
- アブルッツォ地方略図　viii
- アブルッツォとモリーゼの風俗　85
- チェルクエト村における生活空間の分布模式図　86
- 移牧ルート　87
- 村の人口推移　87
- カステッロの住区　87
- 木造の民家（長野県木曽奈良井）　89
- ヒロマ型の民家　90
- 書院風な座敷　90
- いろり　91
- 自然のなかにとけこんだ集落　92～93
- 木造の民家（岐阜県高山）　93
- 民家の間取とモデュール　93
- ローマ、ライラク間の山岳都市　95
- ポンジョ・ウンブリッキオの集落　96
- チェルクエトから山腹のポンジョ・ウンブリッキオをみる　96
- テラモのまち　97
- テラモの教会内部　97
- 牧草地へ追われる羊たち　98
- 下の牧草地　98
- 頭上で物を運ぶ婦人　99
- 石ケンをつくる婦人達　99
- チェルクエトの教会　100
- 調査用具一らん　101
- ポンジョ・ウンブリッキオからチェルクエトをみる　102
- カサーレ通り　102
- チェルクエトの人口構成　103
- テラモ県のコムーネ別空家率　103
- カステッロの広場平面図　103
- カステッロの広場　103
- 地下道の入口　104
- カステッロ住区の東方　104～105
- 階によって所有者が異なる例　105
- ホテル前の広場　106
- 「マチ」空間　106
- 礫の壁体　107
- 某家の間取　107
- チェルクエトの下の住区の某家の台所　108
- アブルッツォ地方の民家形式分布　109
- No.7の家入口上部の持送り　110
- 入口廻りスケッチ三種　110
- 行基葺　111
- 暖炉の煙突二種　111
- 新旧二種の瓦寸法　111
- 水道ポンプの建物　112
- 暖炉廻りスケッチ　112
- レンガ、ブロックの寸法　113
- 新築工事中の家の現場　114
- 新築中の家の床断面詳細　114
- ホテルの一室　114
- ホテルでの献立　115
- No.1の家正面　116
- No.1の家背面　116
- No.1の家上階屋根裏部屋　116
- No.2、3の家正面　117
- No.5の家正面　117
- No.5の家背面　117
- No.6の家正面　118
- 地下道　118
- No.7、8の家正面　119
- No.7、8の家背面　120
- アーチ内部のNo.9とNo.10の家の入口　120
- アーチ内部に面するNo.10の家　121
- No.10の家の階段　121
- No.10の家台所展開図　121
- アーチとNo.10、No.11の家側面　122
- 付属屋Bと付属屋C　122
- No.11の家正面と内側のアーチ　122
- No.12の家東面　123
- No.12の家入口の階段　123
- No.13の家正面と隅部分　124
- No.13の家側面とNo.14'の建物　125
- No.15の家正面　125
- No.16の家正面　126
- No.17の家正面　126
- No.17の家の便所背面　127
- 南の小道　127
- カステッロの住区の付属屋の分布　127

著作目録

著作目録

No.	名称	著者区分	発行(発表)年月日	発行所，発表雑誌，発表学会等
1	湖北地方民家の編年	共著	昭和35年10月	日本建築学会論文報告集第66号
2	営造方式の木割と"材"について	単著	昭和36年10月	日本建築学会論文報告集第69号の2
3	養老西山麓民家調査報告	共著	昭和37年1月	日本建築学会研究発表会梗概集31(3)，81-84
4	神奈川縣の民家〔IV〕：その1 秦野地方の民家について	共著	昭和37年1月	日本建築学会研究発表会梗概集31(3)，1-4
5	神奈川県の民家〔IV〕：その2 秦野地方民家の復原	共著	昭和37年1月	日本建築学会研究発表会梗概集31(3)，5-8
6	神奈川県の民家〔IV〕：その3 秦野地方民家の編年	共著	昭和37年1月	日本建築学会研究発表会梗概集31(3)，9-12
7	神奈川県の民家〔IV〕：その4 秦野地方民家の平面	共著	昭和37年1月	日本建築学会研究発表会梗概集31(3)，13-16
8	神奈川県の民家〔IV〕：その5 秦野地方民家の構造	共著	昭和37年1月	日本建築学会研究発表会梗概集31(3)，17-20
9	神奈川県の民家〔IV〕：その6 秦野地方民家の若干の問題点	共著	昭和37年1月	日本建築学会研究発表会梗概集31(3)，21-24
10	新潟県新発田市の民家	単著	昭和38年1月	日本建築学会研究発表会梗概集33(2)，1-4
11	福井県の近世民家の類型	単著	昭和38年1月	日本建築学会論文報告集第81号
12	民家における書院的座敷の成立時期の一例（長野県南佐久郡八千穂村の場合）	単著	昭和39年2月	日本建築学会論文報告集第95号
13	神奈川県における近世民家の変遷―秦野の民家	共著	昭和38年3月	神奈川県教育委員会
14	新潟県小千谷市の民家	単著	昭和39年6月	日本建築学会論文報告集第99号
15	近世民家における用材の供給状況―長野県佐久地方と新潟県小千谷地方の場合の比較	単著	昭和40年12月	日本建築学会論文報告集第118号
16	民家普請における職人についての一考察―新潟県小千谷市の普請関係文書を中心にして	単著	昭和40年3月	日本建築学会論文報告集第109号
17	信州伊那大草の民家：遺構と宗門帳記載との比較	共著	昭和40年5月	日本建築学会近畿支部研究報告集．歴史・意匠，29-32
18	泉佐野の町家	共著	昭和40年9月	日本建築学会論文報告集号外，学術講演要旨集，689
19	新潟県特に信濃川中流域の民家	単著	昭和41年1月	建築雑誌（日本建築学会機誌）81巻963号
20	長野県川中島平の若干の民家	単著	昭和41年5月	日本建築学会近畿支部研究報告集．歴史・意匠(6)，9-12
21	新潟県の一民家の普請とその衆中	単著	昭和41年10月	物質文化第8号
22	中世神社本殿の形式分類とその地域的分布（上）	単著	昭和43年9月	日本建築学会論文報告集第151号，51-56
23	中世神社本殿の形式分類とその地域的分布（下）	単著	昭和43年10月	日本建築学会論文報告集第152号，53-59
24	中国の文化財保護と古建築の指定（東洋建築史の展望）	単著	昭和44年1月	建築雑誌84(1005)，73-77
25	福井県の民家 民家緊急調査報告書	単著	昭和44年3月	福井県教育委員会
26	中世神社建築の装飾細部よりみた地域性－鎌倉・南北朝時代－	単著	昭和44年6月	日本建築学会論文報告集第160号
27	福井県の民家 越前と若狭（民家の系譜と保存計画（特集））-(地方の民家)	単著	昭和44年10月	建築と社会50(10)，37，日本建築協会
28	平城宮の建築（地下の正倉院＝平城宮（特集））	単著	昭和45年1月	日本美術工芸(376)，34-39
29	富山県の民家 民家緊急調査報告図録編	単著	昭和45年2月	富山県教育委員会

No.	名　　称	著者区分	発行(発表)年月日	発行所, 発表雑誌, 発表学会等
30	畿内民家における四間取の成立時期	単著	昭和45年5月	日本建築学会近畿支部研究報告集昭44歴史
31	奈良の民家	単著	昭和46年1月	日本美術工芸 (388), 8-24
32	伯耆国分寺の発掘調査	共著	昭和46年3月	月刊文化財 (90), 24-30
33	生活空間における文化財	単著	昭和46年10月	建築雑誌 86(1043), 869-871
34	彫刻・絵画の調査(奈良文化財研究所年報 1971)	単著	昭和46年11月	奈良国立文化財研究所
35	富山県の一農家(佐伯家)の明和年間の家作とその文書	単著	昭和47年3月	日本建築学会論文報告集第 193 号
36	富山県一農家(佐伯家)の明和年間の家作とその文書	単著	昭和47年3月	日本建築学会論文報告集 (193), 69-74
37	社殿 II 日本建築史基礎資料集成二	共著	昭和47年5月	中央公論美術出版
38	今井町の調査(4)(奈良文化財研究所年報 1972)	単著	昭和47年5月	奈良国立文化財研究所
39	町並・集落保存の動向と問題点	単著	昭和48年12月	建築雑誌 88(1074), 1277-1280
40	今井町古図(細川家蔵)の年代について	単著	昭和49年6月	日本建築学会近畿支部研究報告集昭49計画系
41	徳島県勝浦郡上勝町の民家	共著	昭和49年8月	日本建築学会大会学術講演梗概集.計画系, 1551-1552
42	徳島県近世民家の系譜	共著	昭和49年8月	日本建築学会大会学術講演梗概集.計画系, 1553-1554
43	京都府の民家調査報告 (第七冊)	共著	昭和50年3月	京都府教育委員会
44	高山―町並調査報告 (奈良国立文化財研究所学報第 24 冊)	共著	昭和50年3月	奈良国立文化財研究所
45	民家を建てた職人たち: 普請帳を資料として(「近世以降の工匠」棟梁からアーキテクトへ)		昭和50年8月	建築雑誌 90(1097), 794
46	木曽奈良井―町並み調査報告 (奈良国立文化財研究所学報第 29 冊)	共著	昭和51年3月	奈良国立文化財研究所
47	阿波の民家 徳島県民家緊急調査研究報告	単著	昭和51年3月	徳島県教育委員会
48	飛鳥・藤原宮発掘調査報告 I (奈良国立文化財研究所学報第 27 冊)	共著	昭和51年3月	奈良国立文化財研究所
49	平城宮発掘調査報告 VII (奈良国立文化財研究所学報第 26 冊)	共著	昭和51年3月	奈良国立文化財研究所
50	五條―町並調査の記録― (奈良国立文化財研究所学報第 30 冊)	共著	昭和52年3月	奈良国立文化財研究所
51	四国の民家と集落――一宇村―	単著	昭和52年8月	四国民家博物館
52	談山神社社殿の調査(奈良文化財研究所年報 1977)	単著	昭和52年8月	奈良国立文化財研究所, p.18
53	イタリア中部の一山岳集落における民家調査 (奈良国立文化財研究所学報第 33 冊)	単著	昭和53年3月	奈良国立文化財研究所
54	飛鳥藤原宮発掘調査報告書 II (奈良国立文化財研究所学報第 31 冊)	共著	昭和53年3月	奈良国立文化財研究所
55	佐渡の民家 (新潟県民家緊急調査報告 IV)	単著	昭和53年3月	新潟県教育委員会
56	今井町の町並み 1～50(連載 50 回)	単著	昭和53年4月～6月	読売新聞朝刊 奈良県版
57	越後の民家―中越編 (新潟県民家緊急調査報告 II)	単著	昭和54年3月	新潟県教育委員会
58	越後の民家―上越編 (新潟県民家緊急調査報告 II)	単著	昭和55年3月	新潟県教育委員会
59	東山弥生時代集落跡の建築学的考察―竪穴住居論	単著	昭和55年3月	東山遺跡／大阪府文化財調査報告書付論

No.	名　　称	著者区分	発行(発表)年月日	発行所，発表雑誌，発表学会等
60	町家と町並み（日本の美術167）	単著	昭和55年4月	至文堂
61	日本の民家2（農家Ⅱ中部）	単著	昭和55年6月	学習研究社
62	歴史の町並み 関東・中部・北陸編	共著	昭和55年6月	日本放送出版協会
63	南方系の民家	共著	昭和55年8月	月刊文化財
64	旧下木家住宅の移築工事記録	共著	昭和55年8月	四国民家博物館
65	近世民家普請の研究（博士論文）	単著	昭和56年1月	東京大学
66	日本民家史試論	単著	昭和56年2月	建築雑誌（日本建築学会機関誌）96巻1175号
67	新潟県の民家—下越編（新潟県民家緊急調査報告Ⅲ）	単著	昭和56年3月	新潟県教育委員会
68	日本の民家4（農家Ⅳ中国・四国・九州）	単著	昭和56年5月	学習研究社
69	建築の博物館	単著	昭和56年7月	月刊文化財（214），15-20
70	異人館のあるまち神戸北野・山本地区伝統的建造物群調査報告	共著	昭和57年4月	神戸市
71	歴史の町並み近畿編	共著	昭和57年6月	日本放送出版協会
72	建築する手と心―伝統建築の蓄積①　「番付」		昭和57年7月	ディテール73号，123-130，彰国社
73	普請帳成立の社会的背景	単著	昭和57年9月	普請研究第1号
74	建築する手と心―伝統建築の蓄積②　「墨・落書」		昭和57年10月	ディテール74号，131-138，彰国社
75	家普請の相互扶助に関する語彙－合力・手伝・見舞・牛腸・祝儀について－	単著	昭和57年12月	普請研究第2号
76	建築する手と心―伝統建築の蓄積③　「普請帳」		昭和58年1月	ディテール75号，121-128，彰国社
77	ジャワ島ラウ山麓の一民家	単著	昭和58年3月	普請研究第3号
78	建築する手と心―伝統建築の蓄積④　「再生」		昭和58年4月	ディテール76号，125-132，彰国社
79	建築する手と心―伝統建築の蓄積⑤　「図面」		昭和58年7月	ディテール77号，125-132，彰国社
80	近代化アラカルト	単著	昭和58年6月	普請研究第4号
81	今井町民家の今西家以前	単著	昭和58年9月	普請研究第5号
82	建築する手と心―伝統建築の蓄積⑥　「刃形」		昭和58年10月	ディテール78号，123-130，彰国社
83	黎明期の鉄筋コンクリート構造－旧黒澤ビル解体調査報告－	単著	昭和58年12月	普請研究第6号
84	近世民家の地域的特色（講座日本技術の社会史7建築）	単著	昭和58年12月	日本評論社
85	建築する手と心―伝統建築の蓄積⑦　「棟札・祈り」		昭和59年1月	ディテール79号，118-124，彰国社
86	建築する手と心―伝統建築の蓄積⑧　「修理」		昭和59年4月	ディテール80号，111-118，彰国社
87	分棟型民家は南方系か（日本の住まいの源流－日本基層文化の探求－）	単著	昭和59年5月	文化出版局
88	越後の豪農 星名家住宅の格式帳	単著	昭和59年9月	普請研究第9号
89	越後の豪農 渡辺家住宅の建築年代	単著	昭和59年9月	普請研究第9号
90	越後の豪農 笹川家住宅の棟札	単著	昭和59年9月	普請研究第9号
91	分棟型民家の課題	単著	昭和59年9月	普請研究第9号
92	萩の菊屋家の貸畳	単著	昭和59年9月	普請研究第9号
93	佐渡国蓮華峰寺骨堂修理工事報告書	共著	昭和59年11月	普請帳研究会，小木町
94	御子神家の仏事の付合い－幕末・明治・大正・昭和－	単著	昭和59年12月	普請研究第10号
95	近隣組としての根本組	単著	昭和59年12月	普請研究第10号
96	わらじ銭と餞別	共著	昭和59年12月	普請研究第10号
97	「體見神社」修理の費用負担	単著	昭和59年12月	普請研究第10号

No.	名称	著者区分	発行(発表)年月日	発行所，発表雑誌，発表学会等
98	日本の民家	単著	昭和60年3月	小学館
99	建築の仕様書	共著	昭和60年3月	普請研究第11号
100	茅ヶ崎市指定重要文化財級和田家住宅移築工事報告書	共著	昭和60年3月	神奈川県茅ケ崎市教育委員会
101	重要伝統的建造物群保存地区の選定（文化財保護法改正から10年）	単著	昭和60年7月	月刊文化財（262），10-20
102	伝建地区保存の理論と応用	単著	昭和60年12月	普請研究第14号
103	韓国の文化財保護印象記	単著	昭和61年3月	普請研究第15号
104	伝統建造物保存法の解説 大韓民国の伝統建造物保存法	単著	昭和61年6月	普請研究第16号
105	韓の石と木の建築とその保護	単著	昭和61年7月	月刊文化財
106	泊の千歳座の勘定帳と棟札	単著	昭和61年10月	普請研究第17号
107	歴史の町並み　中国・四国・九州・沖縄編	共著	昭和62年1月	日本放送出版協会
108	白川村の合掌造集落	共著	昭和62年3月	白川村，同教育委員会
109	文化財建造物の修理技術集団 文建協の仕事	単著	昭和62年3月	普請研究第19号
110	町並み保存のネットワーク	共著	昭和62年6月	第一法規出版
111	竹富島の家造到来帳	共著	昭和62年11月	普請研究第22号
112	木造建築文化の中心とその影響	単著	昭和62年12月	建築雑誌 102(1267)，40-43
113	門司駅建設の経緯	単著	昭和63年12月	普請研究第26号
114	民家の棟札集成－四国地方民家を中心として－	共著	平成元年3月	文化財建造物保存技術協会
115	長崎居留地大いなる遺産	共著	平成元年3月	長崎市教育委員会
116	大原幽学設計指導の林家住宅	共著	平成元年3月	千葉県香取郡干潟町
117	重要文化財門司港駅	単著	平成元年4月	門司港駅保存会
118	日本列島民家史	単著	平成元年7月	住まいの図書館出版局
119	正福寺地蔵堂の報告書に関連して―初期の修理工事報告書	単著	平成元年9月	普請研究第29号
120	長崎税関口之津支署	単著	平成2年3月	普請研究第31号
121	内子町の大村家住宅と関係資料	単著	平成2年3月	普請研究第31号
122	民家と町並み東北・北海道（日本の美術286）	単著	平成2年3月	至文堂
123	伝統民家にみる地域文化	単著	平成2年8月	住宅第39巻第8号，通巻第455号
124	八巻神社の建立帳　解説	単著	平成2年8月	普請研究第32号
125	ユカタン半島の民家	共著	平成2年12月	普請研究第33号
126	文化財建造物の修理とヴェニス憲章	単著	平成2年12月	普請研究第33号
127	メキシコ国立人類学博物館見学記	単著	平成2年12月	普請研究第34号
128	重要文化財旧花野井家住宅修理工事報告書（増補版）	共著	平成3年4月	千葉県野田市
129	桐生の彦部家と富岡の茂木家	単著	平成3年6月	普請研究第36号
130	カトマンズ盆地の町	単著	平成3年9月	普請研究第37号
131	内子の民家と町並み	共著	平成3年11月	内子町
132	町並み紀行（上）（街道紀行別巻）	共著	平成3年11月	毎日新聞社
133	町並み紀行（下）（街道紀行別巻）	共著	平成4年1月	毎日新聞社
134	重要文化財来迎寺本堂	単著	平成4年5月	教主山来迎寺
135	南国（みなみのくに）の住まい	単著	平成5年	INAX
136	日本列島民家の旅1　沖縄・九州	単著	平成5年	INAX
137	我妻家住宅（蔵王町）	共著	平成5年	新潮社
138	農家の近世から中世へ	単著	平成5年5月	新潮社（日本名建築写真選集第17巻民家Ⅱ農家）
139	人と物との出会い：『普請研究』刊行を通しての「普請帳研究会」十年間の活動		平成5年8月	建築雑誌 108(1346)，148-149

No.	名　称	著者区分	発行(発表)年月日	発行所，発表雑誌，発表学会等
140	アイヌの家屋の調査研究－日本列島における初源的建築の構造とデザインの研究－	単著	平成6年	
141	日本の文化財建造物修復の一側面	単著	平成6年1月	建築医第7号
142	ブータンの伝統的建造物の調査	共著	平成6年1月	建築医第7号
143	伝統技能の継承と振興	共著	平成6年6月	日本建築学会
144	日本の建築の形と納まり	共著	平成6年8月	東洋メディア
145	築造人間史—住まいの文化誌	共著	平成6年8月	ミサワホーム総合研究所
146	琉球と日本文化の接点—薩南諸島民家の特殊な構造に関する一考察	単著	平成6年9月	月刊文化財
147	中世住宅としての茂木家の位置	単著	平成6年10月	群馬風土記
148	日本民家史研究の世紀末	単著	平成6年12月	日韓民家学術シンポジウム韓国建築史学会
149	奄美諸島の住まいの調査研究－日本列島における初源的建築の構造とデザインの研究－		平成7年	
150	芝居小屋内子座80の年輪	共著	平成7年	内子町町並保存対策課
151	彦部家の歴史	共著	平成7年2月	群馬出版センター
152	新潟県指定文化財市島家住宅の地震(1995.4.1)による被害と対策	共著	平成7年4月	建築医第14号
153	旧三国屋邸物語	単著	平成7年6月	ふるさと散歩通信津川町ふるさと開発公社
154	文化協力における民族と国家	単著	平成7年6月	総合開発研究機構
155	アイヌ家屋模型の史料的価値—アイヌ家屋の研究	単著	平成7年8月	日本建築学会大会学術講演梗概集
156	広邸好人—住まいの文化誌	共著	平成7年8月	ミサワホーム総合研究所
157	人は何を築いてきたか—日本土木史探訪	共著	平成7年8月	土木学会・山海堂
158	手始めの建築修復工学教育	単著	平成7年9月	建築医第16号
159	トラジャの伝統的家屋と集落	単著	平成7年9月	牛の博物館特別展示図録—インドネシア・サダントラジャ展前沢町教育委員会・牛の博物館
160	合掌造りを推理する	単著	平成7年12月	白川村・白川村教育委員会
161	文化財保護の現況と二、三の提言	単著	平成8年1月	新潟県教育月報
162	白川郷の合掌造り集落	単著	平成8年2月	造景(創刊号) 建築資料研究社
163	奄美大島笠利町の民家調査報告	共著	平成8年3月	財日本ナショナルトラスト
164	美々津橋の調査	共著	平成8年3月	日向市教育委員会
165	美々津の町並み保存	単著	平成8年4月	造景(No.2)，建築資料研究社
166	和敬塾本館緊急修理工事報告書	共著	平成8年6月	和敬塾本館修理工事指導委員会
167	宿根木の復原	単著	平成8年6月	造景(No.3)，建築資料研究社
168	桐生の大いなる遺産	単著	平成8年8月	造景(No.4)，建築資料研究社
169	竹富島—南の集落小国家	単著	平成8年10月	造景(No.5)，建築資料研究社
170	山形県遊佐町指定有形文化財平津榊原家(旧大組頭斉藤家)住宅解体工事概報	共著	平成8年10月	遊佐町教育委員会
171	竹富島に何が可能か	共著	平成8年10月	東京ソルボンヌ塾
172	堂と小屋	共著	平成8年11月	『絵巻物の建築を読む』所収，東京大学出版会
173	白馬村青鬼の町並み保存	単著	平成8年12月	造景(No.6)，建築資料研究社
174	東海道関宿－町並み保存事始め	単著	平成9年2月	造景(No.7)，建築資料研究社
175	長野県北安曇郡白馬村白馬桃源郷青鬼の集落	共著	平成9年3月	日本ナショナルトラスト
176	美々津の町並み保存5年間の記録1992-1996	共著	平成9年3月	日向市教育委員会
177	商都高岡の五つの町並み	共著	平成9年3月	高岡市
178	日本列島民家入門	単著	平成9年4月	INAX
179	長崎の旧居留地—南山手東山手の洋館群	単著	平成9年4月	造景(No.8)，建築資料研究社

No.	名称	著者区分	発行(発表)年月日	発行所，発表雑誌，発表学会等
180	日向市細島の関本勘兵衛家	単著	平成9年5月	日向市教育委員会
181	内子の町並み保存	単著	平成9年6月	造景(No.9)，建築資料研究社
182	石見銀山─島根県大田市大森町・銀山町	単著	平成9年8月	造景(No.10)，建築資料研究社
183	日本の民家調査報告書集成全16巻	共著	平成9年9月	東洋書林
184	奄美大島の民家と集落─笠利町	単著	平成9年10月	造景(No.11)，建築資料研究社
185	切手解説日本の民家シリーズ─切手コレクション第1集・旧渋沢家住宅・富沢家住宅	単著	平成9年11月	郵趣サービス社
186	御手洗─瀬戸内海の潮待ちの港町とその転換	単著	平成9年12月	造景(No.12)，建築資料研究社
187	建築医たちの神戸北野－震災から学ぶ歴史的な建物の修復－	共著	平成10年1月	建築修復学会編　中央公論美術出版
188	切手解説日本の民家シリーズ─切手コレクション第2集・旧馬場家住宅・中家住宅	単著	平成10年2月	郵趣サービス社
189	妻籠宿─町並み保存の原点	単著	平成10年2月	造景(No.13)，建築資料研究社
190	合掌造りを復原する：岐阜県重要文化財旧山下家住宅修理工事報告書	共著	平成10年3月	野外博物館合掌造り民家園
191	商都高岡の偉大なる遺産─近代から近世へ橋渡しする多様な建築	単著	平成10年4月	造景(No.14)，建築資料研究社
192	切手解説日本の民家シリーズ─切手コレクション第3集・木幡家住宅・上芳我家住宅	単著	平成10年6月	郵趣サービス社
193	横手─町づくりの文化資産	単著	平成10年6月	造景(No.15)，建築資料研究社
194	神戸の洋館群と震災復興	単著	平成10年8月	造景(No.16)，建築資料研究社
195	切手解説日本の民家シリーズ─切手コレクション第4集・神尾家住宅・仲村家住宅	単著	平成10年8月	郵趣サービス社
196	杉源郷智頭板井原の集落と全建物	共著	平成10年9月	長岡造形大学修復工学研究室・鳥取県智頭町
197	甦れ水郷の商都佐原	単著	平成10年10月	造景(No.17)，建築資料研究社
198	杉源郷鳥取県智頭町板井原の町並み保存	単著	平成10年12月	造景(No.18)，建築資料研究社
199	創園─住まいの文化史別巻1	共著	平成10年12月	ミサワホーム総合研究所
200	歴史の広場 町並み探訪─山村集落	単著	平成10年12月	歴史と地理(519)，18-22，山川出版社
201	保存と活用	著者	平成11年4月	『建築学体系50』所収，彰国社
202	宗教都市寺内町富田林	単著	平成11年2月	造景(No.19)，建築資料研究社
203	外壁の意匠	共著	平成11年2月	建築資料研究社
204	切手解説日本の民家シリーズ─切手コレクション第5集・岩瀬家住宅・白川郷風景	単著	平成11年2月	郵趣サービス社
205	豪雪地渋海川流域の民家とその環境	共著	平成11年3月	日本ナショナルトラスト
206	豪雪地・渋海川流域仙田の集落─新潟県中魚沼郡川西町	単著	平成11年4月	造景(No.20)，建築資料研究社
207	「石谷邸住宅保存活用計画」策定業務	共著	平成11年4月1日～平成14年3月31日	
208	屋根	共著	平成11年5月	建築資料研究社
209	新建築学体系50 歴史的建造物の保存	共著	平成11年6月	彰国社
210	欄間彫刻の井波─富山県信仰と木彫りその町並み	単著	平成11年6月	造景(No.21)，建築資料研究社
211	和室の意匠	共著	平成11年8月	建築資料研究社
212	港町・日向細島の文化遺産・自然遺産ネットワーク	単著	平成11年8月	造景(No.22)，建築資料研究社
213	日本銀行新潟支店長宅の価値調査について		平成11年8月1日～平成11年10月31日	
214	民俗学大辞典(上、下)	共著	平成11年9月，12年3月	吉川弘文館

No.	名　　称	著者区分	発行(発表)年月日	発行所，発表雑誌，発表学会等
215	上山温泉城下町と歴史的集落	単著	平成11年10月	造景(No.23)，建築資料研究社
216	国登録文化財石谷邸特別公開	単著	平成11年11月	
217	国指定史跡佐賀家ニシン番屋	共著	平成12年3月	佐賀家ニシン番屋調査会，共同刊行：留萌市教育委員会
218	茅葺き民家京都府美山町北	単著	平成12年2月	造景(No.25)，建築資料研究社
219	智頭町の回り舞台―新田の家々	共著	平成12年2月	長岡造形大学
220	揚家埠村と青州市の集落と建物調査	共著	平成12年2月	中国山東省歴史的建造物共同調査団編・長岡造形大学
221	ゆたかな東北　横手まちづくりの文化資産	共著	平成12年2月	建築修復学会・秋田県横手市
222	宮城県指定有形文化財今野家住宅復元工事報告書	共著	平成12年3月	東北歴史博物館
223	ブータンの歴史的建造物・集落の保存のための基礎的研究研究課題番号08041119	共著	平成12年3月	科学研究費補助金(国際学術研究)研究成果報告書
224	合掌造りを修復活用する	共著	平成12年3月	白川村
225	楊家埠村の民家と集落―中国山東省廣坊市の風筝・年画製作の村	単著	平成12年4月	造景(No.26)，建築資料研究社
226	地球環境―住まいの文化史別巻2	共著	平成12年5月	ミサワホーム総合研究所
227	民家研究における保存と活用	単著	平成12年5月	日本民族建築学会
228	青州市の民家と集落―中国山東省廣坊市の街と村	単著	平成12年6月	造景(No.27)，建築資料研究社
229	西永寺の建築史	単著	平成12年6月	長栄山西永寺
230	蔵の町―会津喜多方と杉山集落	単著	平成12年8月	造景(No.28)，建築資料研究社
231	盛岡の歴史的まちなみと都市景観行政	単著	平成12年10月	造景(No.29)，建築資料研究社
232	絵巻物から読む中世の庶民住宅（特集 建築）	単著	平成12年10月	紫明(7)，13-21，紫明の会
233	智頭町指定文化財「石谷家住宅」整備事業報告書策定業務	単著	平成12年10月1日～平成13年3月31日	
234	長崎五島―天主堂とキリシタンの里を世界遺産に	単著	平成12年12月	造景(No.30)，建築資料研究社
235	新潟下町―原点に立ち戻って町づくりを考える	単著	平成13年2月	造景(No.31)，建築資料研究社
236	中国山東省維坊市青州真教寺と十里古街	共著	平成13年3月	中国山東省歴史的建造物共同調査団編・長岡造形大学宮澤研究室
237	近代和風建築石谷邸	共著	平成13年4月	智書房
238	あたりまえの山村集落のこれから―山形県村山市五十沢集落	単著	平成13年4月	造景(No.32)，建築資料研究社
239	長岡市歴史的建造物悉皆調査	共著	平成13年5月30日～平成14年2月28日	長岡市
240	キリシタン弾圧の痕跡を残す民家―島原の町並み探検	単著	平成13年7月	造景(No.33)，建築資料研究社
241	北のまち小樽―木・石・煉瓦・RCの建築そして運河	単著	平成13年10月	造景(No.34)，建築資料研究社
242	古民家復権―冬も快適にくらす	共著	平成13年11月	みちのく伝統建築研究会
243	島原キリシタン弾圧の痕跡を残す町屋と町並み	共著	平成14年2月	日本ナショナルトラスト
244	武家住宅復権―城下町佐倉	単著	平成14年2月	造景(No.35)，建築資料研究社
245	中国山東省維坊市青州10十里古街の建築と街並み	共著	平成14年3月	中国山東省歴史的建造物共同調査団編・長岡造形大学宮澤研究室
246	遠洋漁業のまち―気仙沼	単著	平成14年5月	造景(No.36)，建築資料研究社
247	奈留町の江上カトリック教会堂とその集落	単著	平成15年12月	『聖母の騎士』所収，2-5
248	合掌造り保存修復のすべて―岐阜県重要文化財旧中野義盛家住宅	共著	平成15年3月	野外博物館白川村合掌造り民家園
249	甦った大組頭の家遊佐町語りべの館	単著	平成15年3月	山形県遊佐町・長岡造形大学宮澤研究室
250	中国山東省維坊市青州十里古街まちの表情	共著	平成15年3月	中国山東省歴史的建造物共同調査団編・長岡造形大学宮澤研究室
251	回族が集住する青州十里古街の街と建築	共著	平成16年3月	中国山東省歴史的建造物共同調査団編・長岡造形大学宮澤研究室

No.	名　　　称	著者区分	発行(発表)年月日	発行所，発表雑誌，発表学会等
252	遊佐町指定文化財遊佐町語りべの館	共著	平成16年4月	ぶなの木塾
253	新潟県松之山の一民家の明治27年主屋建替えと大正14年屋根葺え普請の考察	単著	平成17年3月	長岡造形大学研究紀要第3号
254	白川郷合掌造Q&A	単著	平成17年3月	智書房
255	小野寺家住宅100年の年輪—宮城県気仙沼市小野寺家主屋修理工事報告2004年	共著	平成17年11月	阿部和建築文化研究所
256	長寿命遊佐家三百年の風格	共著	平成17年9月	住まいと環境東北フォーラム
257	長寿命小野寺家100年の大空間	共著	平成17年9月	住まいと環境東北フォーラム
258	新潟県松之山の一民家の明治27年主屋建替えと大正14年屋根葺え普請の考察	単著	平成17年3月	長岡造形大学研究紀要第3号，4-15
259	重要文化財遠山家住宅(岐阜県大野郡白川村)便所の復原考察	共著	平成18年9月	建築史学第47号
260	長寿命省エネ住宅への道	共著	平成18年9月	住まいと環境東北フォーラム
261	明治初期創設の鳥原湊新地の民営上水道施設	共著	平成19年3月	長岡造形大学研究紀要第4号，6-16
262	近代民家普請における村人の相互扶助の変容：岩手県藤沢町 佐々木家住宅の場合	単著	平成19年3月	長岡造形大学研究紀要第4号，17-25
263	合掌造りの成立過程	単著	平成19年3月	矢張下島遺跡調査報告 南砺市教育委員会
264	平成17年度善光寺周辺伝統的建造物群保存予定地区調査報告書序文	単著	平成19年3月	信州大学土本研究室
265	地震と闘った三〇〇年—名古屋市中川区戸田旧山田家住宅調査報告	単著	平成19年7月	宗教法人瑞雲山龍興寺
266	江袋教会の調査記録—長崎県新上五島町	共著	平成19年7月	カトリック長崎大司教区
267	相互扶助で建てた家—岩手県東磐井郡藤沢町佐々木家	共著	平成19年7月	阿部和建築文化研究所
268	善光寺とその宿坊群の普遍的価値を「世界語」で発信しよう	単著	平成19年8月	善光寺を世界遺産に第6号善光寺の世界遺産登録をすすめる会
269	カオハガンの椰子と竹の家	単著	平成19年10月	ぶなの森学舎みやざわ民家研究室
270	武骨な木組の家—仙台市青葉区大倉結城家	共著	平成19年11月	阿部和建築文化研究所
271	白川村加須良の合掌造り旧山本家住宅の復原考察	共著	平成20年3月	長岡造形大学研究紀要第5号，26-40
272	大文覚書1(東関東の近世民家架構の変遷) 田中文男 著	編者	平成20年5月	田中文男
273	端正な千石家住宅をまもり伝える人々	共著	平成20年12月	阿部和建築文化研究所
274	見えないものとの対話：仙台原町の鳥山米穀店修復記録	共著	平成21年	阿部和建築文化研究所
275	我孫子相島新田井上家住宅の昭和初期建設の米土蔵にみる先進性－前近代・近代民家普請の研究－	単著	平成21年3月	長岡造形大学研究紀要第6号，6-20
276	住宅における省エネ対策の事例研究－木造古民家とRC集合住宅との場合－	単著	平成21年3月	長岡造形大学研究紀要第6号，32-43
277	パネルディスカッション(2008年度日本民俗建築学会シンポジウム報告 詣の中心と周辺－善光寺－寺院・宿坊群・仲見世・門前からなる歴史的宗教都市の形成とまちのありかたを考える)	共著	平成21年5月	民俗建築(135)，61-64，日本民俗建築学会
278	特集 歴史的建造物保存と建築士事務所	共著	平成21年5月	アーガス・アイ47(5)，2-11，日本建築士事務所協会連合会
279	髙野家住宅：埼玉県羽生市：関東平野における近代：近代民家修復工事報告	編著	平成22年	阿部和建築文化研究所
280	岩手県指定有形文化財一関市千厩町 村上家住宅の現況と復原考察	共著	平成23年4月	長岡造形大学研究紀要第8号，80-104
281	堀子から石工へ—堀子とはどんな職人か	単著	平成23年4月	長岡造形大学研究紀要第8号，105-113

No.	名　　　称	著者区分	発行(発表)年月日	発行所，発表雑誌，発表学会等
282	合掌造り民家研究その2：白川村大牧の名主太田家住宅に関する覚書	共著	平成22年4月	長岡造形大学研究紀要第7号，18-33
283	十日町市上野の昭和九年建築の第二藤巻医院本館	単著	平成22年4月	長岡造形大学研究紀要第7号，60-73
284	十日町市川西地区にみる蓮華積み石垣の調査－上野の第二藤巻医院の石垣を中心に－	単著	平成22年4月	長岡造形大学研究紀要第7号，74-85
285	沖縄の石・水・祈りの空間力：北中城村・中城村・宜野湾市の石造物	単著	平成24年4月	長岡造形大学研究紀要第9号，16-41
286	様式編年と放射性炭素年代法による建築年代：岩手県指定文化財村上家主屋を例にして	共著	平成24年4月	長岡造形大学研究紀要第9号，42-56
287	土肥本家主屋・土肥分家主屋の編年研究（特集 田中文男の建築学）－（民家から学ぶ）	単著	平成23年8月	住宅建築（428），18-23，建築資料研究社
288	会津の享保期民家の比較研究：重文只見の五十嵐家・会津坂下の五十嵐家を中心にして	単著	平成24年	長岡造形大学研究紀要第10号，59-70，長岡造形大学
289	会津滝沢本陣横山家住宅の特徴と建築年代	単著	平成24年	長岡造形大学研究紀要第10号，71-80，長岡造形大学
290	会津滝沢本陣横山家絵図の作成時期	単著	平成24年	長岡造形大学研究紀要第10号，81-84，長岡造形大学
291	土肥家住宅主屋・土肥家隠居主屋の年代調査について	共著	平成24年9月	日本建築学会学術講演梗概集2012（建築歴史・意匠），745-746
292	会津喜多方新宮熊野神社長床の建築年代研究：建築様式，解体修理による年代推定	共著	平成25年	長岡造形大学研究紀要第11号，64-72，長岡造形大学
293	会津喜多方新宮熊野神社長床の建築年代研究：出土遺物・文字資料・14C年代調査による	共著	平成25年	長岡造形大学研究紀要第11号，73-79，長岡造形大学
294	渋川市指定史跡ハワイ王国公使別邸移築修理工事報告書	監修	平成25年3月	渋川市教育委員会
295	重要文化財旧尾形家住宅の建築年代について：放射性炭素年代調査報告	共著	平成25年8月	日本建築学会学術講演梗概集2013（建築歴史・意匠），301-302
296	千年家の放射性炭素年代調査：箱木家住宅と古井家住宅	共著	平成26年9月	日本建築学会学術講演梗概集2014（建築歴史・意匠），67-68
297	東北最古級の民家－滝沢本陣横山家住宅主屋および本陣座敷の建築年代に関連して－（歴博フォーラム 築何年？ 炭素で調べる古建築の年代研究	単著	平成27年3月	吉川弘文館

おわりに

　私は、長野県更級郡御厨村1836番地（現：長野市川中島町御厨）の農家の長男として1937年（昭和12年3月13日）に生まれた。生家は明治30年代後半に祖父が分家した時に建てられた。つまり私は、生まれながらにしていわゆる民家で育ったのである。民家研究をするようになってから、生家が重要文化財になるような家であればよかったのにと思ったことがあった。残念ながら実際には重要文化財になるような家ではなかった。

　長野県長野北高等学校（現：長野高等学校）にはこの家から10kmの道のりを自転車で通った。高校入学を誰よりも喜んでくれた母は高校2年の時に亡くなり、6人の弟や妹が残された。高校の学費を得るために新聞配達をし、長男として家業の農業を手伝いながら勉強した。1学期は田植えや養蚕などの農繁期と試験が重なり、勉強する暇がなく苦しい時期であったが何とかやり通した。

　横浜国立大学に入学し、民家調査を始めた昭和三十年代は全国的に古民家が当たり前のようにあった時代である。どこへ行っても1600年代末の元禄期の民家があり、それらを中心に調査を行うことができた。つまり、改造の少ないたくさんの民家を見ていることになる。

　横浜国立大学工学部では、大岡實先生のもとで昭和三十年頃から神奈川県下の民家調査を実施していた。このころ民家は本格的建築ではないと考える研究者もいた。本格的建築とは社寺建築、城郭建築などである。しかし私はその考えを受け入れることはできなかった。民家も立派な建築であると思った。

　それまでは実際的な構造系を選ぼうと思っていた私が、何故民家を研究対象としたかは次のような理由による。大学の文化祭で、先輩たちの民家研究の発表や展示を見た。その内容は、民家を調査して民家その物から歴史を読み取るものであった。私は文献からではなく、建築その物を読むことによって歴史がわかるということに驚き、興味を持った。その上に、「実践的わが民家研究史」の"はじめに"に書いたように大岡實先生という一生尊敬するに値する師に恵まれた。この選択が一生の仕事になった。

　研究生活を振り返ってみて、一番大きいのは大岡實先生との出会いである。大岡實先生には大学院時代にご自宅に寄宿するなど生活全般の面倒を見てもらい、聖徳太子奉賛会の奨学金を受けるなど、その後の博士課程の学生生活を送るうえでの経済的後ろ盾も整えてくれた。おかげさまでアルバイトのために勉学に支障をきたすことはなかった。その上に博士課程2年の時には大阪市立大学工学部助手の職をお世話くださった。

　私は貧農の長男に生まれ、建築史研究者として一生を過ごすとは夢にも思っていなかった。充実した研究生活を送ることができたうえに、お付き合いのあった方々の協力で傘寿を記念した書籍を上梓できたことはこの上ない喜びである。誌面をお借りしてお礼申し上げる。

　最後に、これまで私とともに歩んできた、研究者や文化財保存に携わる多くの方々に感謝したい。そして、私を支えてくれた家族に感謝する。

2017年3月

宮澤智士

編 集 後 記

　日本民家史は宮澤先生のライフワークで、奈良国立文化財研究所時代に、それまでの民家研究に時間軸を入れることで日本民家史は書けると考えたそうです。以来、痕跡復原編年法による民家の変遷という、時間軸を追求する民家調査を進めて来られました。「普請研究」や「日本列島民家史」もその大きな構想の一部だったのです。

　2010年に調査執筆を開始された本書について、「日本建築史学は日本史学の中の小さい分野ではあるが、われわれは技術屋だからモノ（古建築）を見て、建築技術や改造変遷などの情報を引き出すことができる、特に民家には文献史には書けない歴史がある。歴史は常に書き変えられるものだから、今書く歴史は今の新しい視点で書かねばならない、私はそう思って書いている。」とも伺いました。

　時間軸に関しては、放射性炭素年代調査が民家研究の次の展開を招くとお考えです。

　また、断熱、気密および構造補強による民家復権が、民家および民家研究を次世代へ継承する最良の方法と考え、享和3年建築の移築自邸「ぶなの木学舎」で実証研究をなさいました。このように、新しい視点での研究手法は本書の各部にちりばめられています。

　本書は、公益財団法人LIXIL住生活財団の2011年度「日本民家史研究の集大成のうち特に中世近世について」および2015年度「日本民家史試論」の研究助成、および2016年株式会社阿部和工務店の出版助成を得て、刊行するに至りました。また、皆さまに出版協力金をお願いしましたところ、長岡造形大学の教え子の方々をはじめたくさんの方が御篤志をお寄せくださいました。装丁は古田悠々子氏がお引き受けくださり、表紙には宮澤先生と深い親交のあった写真家故三沢博昭氏の写真を使わせていただきました。ここに厚く御礼申し上げます。

　第1章「日本民家史研究試論」では、原稿を書き進められる中で長岡造形大学紀要に逐次発表された会津関係の論文を収録しました。第2章「実践的わが民家研究史」では、先生が特に希望されたもののなかから、現在入手困難な著作を収録しました。それらは、研究対象が多岐にわたる先生の御業績を反映する国内外の関連文献となりました。

　『民家史論－わが民家研究80年－』は、宮澤先生の第一線の民家研究者としての野心と、次世代へ引き継ぐ責任感の所産であり、先生を慕い尊敬する人々の協力により出版することができました。

　これからも我々をお導きくださいますよう、そして八十歳にしてなお未来に向かい熱く民家を語る宮澤先生の研究生活がますます充実されますよう、祈念申し上げます。

2017年3月吉日

編集委員　安井妙子、中尾七重、江村日奈子

著者略歴

宮 澤 智 士 —— MIYAZAWA Satoshi

長岡造形大学名誉教授　建築史家
1937年3月生。長野県出身。工学博士（東京大学）。一級建築士。
横浜国立大学建築学科卒業、東京大学大学院数物系研究科博士課程退学後大阪市立大学助手、奈良国立文化財研究所遺構調査室長、文化庁文化財保護部建造物課課長、長岡造形大学教授、東北大学非常勤講師などを経て現在に至る。
1970年第2回マルコポーロ賞（イタリア山岳部の民家調査報告書）、1993年度日本建築学会賞（普請帳研究会10年の活動『普請研究』40冊刊行）、新潟出版文化賞受賞。永年の文化財保存活動に対し瑞宝小綬章受章。
主な著書に『日本列島民家入門 民家の見方・楽しみ方』INAX出版・1993、『古民家復権』（共著）みちのく伝統建築研究会・2001、『白川郷合掌造Q&A』智書房・2005など。他著書、論文多数。

民家史論──わが民家研究80年　　定価はカバーに表示してあります。
2017年3月13日　1版1刷発行　　ISBN 978-4-7655-2597-8 C3052

著　者	宮　澤　智　士
装　丁	古　田　悠々子
編　集	安　井　妙　子
	中　尾　七　重
	江　村　日奈子
発行者	長　　滋　　彦
発行所	技報堂出版株式会社

〒101-0051　東京都千代田区神田神保町1-2-5
電　話　営　業　（03）(5217)0885
　　　　編　集　（03）(5217)0881
FAX　　　　（03）(5217)0886
振替口座　00140-4-10
URL　http://gihodobooks.jp/

日本書籍出版協会会員
自然科学書協会会員
土木・建築書協会会員
Printed in Japan

© Satoshi Miyazawa, 2017　　印刷・製本　昭和情報プロセス
落丁・乱丁はお取り替えいたします。

本書は 公益財団法人 LIXIL 住生活財団の調査研究助成 および 株式会社 阿部和工務店の出版助成を受けました。

JCOPY ＜(社)出版者著作権管理機構 委託出版物＞
本書の無断複写は著作権法上での例外を除き禁じられています。複写される場合は、そのつど事前に、(社)出版者著作権管理機構（電話：03-3513-6969, FAX：03-3513-6979, E-mail：info@jcopy.or.jp）の許諾を得てください。